U0890582

SELECTED CASES IN KNOWLEDGE BUILDING INSTRUCTION:

from Proto-Knowledge Building to Systemic Knowledge Building

知识建构教学案例精选

• 从基本原型到深度变革

卞国湘 彭俊蓉 陆 慧 张义兵 编著

江苏大学出版社
JIANGSU UNIVERSITY PRESS
镇 江

图书在版编目（CIP）数据

知识建构教学案例精选：从基本原型到深度变革 / 卞国湘等编著. -- 镇江：江苏大学出版社，2025. 5.
ISBN 978-7-5684-2515-5

Ⅰ. G622. 3

中国国家版本馆 CIP 数据核字第 2025FY1877 号

知识建构教学案例精选：从基本原型到深度变革

Zhishi Jiangou JiaoXue Anli Jingxuan: Cong Jiben Yuanxing Dao Shendu Biange

编　　著/卞国湘　彭俊蓉　陆　慧　张义兵
责任编辑/张　冠
出版发行/江苏大学出版社
地　　址/江苏省镇江市京口区学府路 301 号（邮编：212013）
电　　话/0511-84446464（传真）
网　　址/http：//press. ujs. edu. cn
排　　版/镇江文苑制版印刷有限责任公司
印　　刷/南京艺中印务有限公司
开　　本/710 mm×1 000 mm　1/16
印　　张/24. 75
字　　数/443 千字
版　　次/2025 年 5 月第 1 版
印　　次/2025 年 5 月第 1 次印刷
书　　号/ISBN 978-7-5684-2515-5
定　　价/88. 00 元

如有印装质量问题请与本社营销部联系（电话：0511-84440882）

序 言

知识建构（Knowledge Building）理论是加拿大多伦多大学的两位教授卡尔·布莱特（Carl Bereiter）和玛琳·斯卡达玛利亚（Marlene Scardamalia）提出的一种知识创造理论。两位学者将知识建构定义为对社区有价值的观点的提出和持续改进[1]。它的基本思想在于，培养学生知识创造能力的最直接的途径不是通过设计学习任务或活动让学生掌握领域知识或获得特定技能，而是把传统的以知识传授和技能培养为目的的教学转变为以发展学生社区内的知识为目标的知识建构。在这种情况下，学生是知识创造者，而学习会成为知识创造的副产品[2]。

知识建构理论起源于卡尔和玛琳对写作心理学的研究。自 1976 年开始，卡尔团队用了 8 年的时间完成了约 120 项实证研究，并撰写了《写作成效》（*Writing for Results*）、《写作心理学》（*The Psychology of Written Composition*）等书，这些著作在今天已经成为写作研究领域的经典。在这个过程中，卡尔通过对比发现，专家与新手在写作时采用了截然不同的策略。写作新手倾向于采用“知识告知”（Knowledge Telling）策略，将写作任务简化为“主题→提取记忆中对该主题的知识→形成规范化的作文”，这是一种自然心理的过程。写作专家则倾向于采取“知识转化”（Knowledge Transforming）策略[3]。

---

1 Scardamalia M. Collective cognitive responsibility for the advancement of knowledge[M]//Liberal education in a knowledge society, Chicago: Open Court, 2002: 67-98.

2 Bereiter C. Education and mind in the knowledge age[M]. New Jersey: Lawrence Erlbaum Associates, 2002: 12-20,269,295,45.

3 Scardamalia M, Bereiter C, Steinbach R. Teachability of reflective processes in written composition [J]. Cognitive Science, 1984, 8 (2): 173-190.

知识转化是一种反思性的规划策略，写作专家会有意识地重构自己的问题，通过不断对自己的观点进行反思迭代，在达成写作目标的同时实现个人目标，也就是说，对写作专家来说，写作是一个解决问题的过程[1]。“知识告知”“知识转化”策略示意图如图 1 所示。

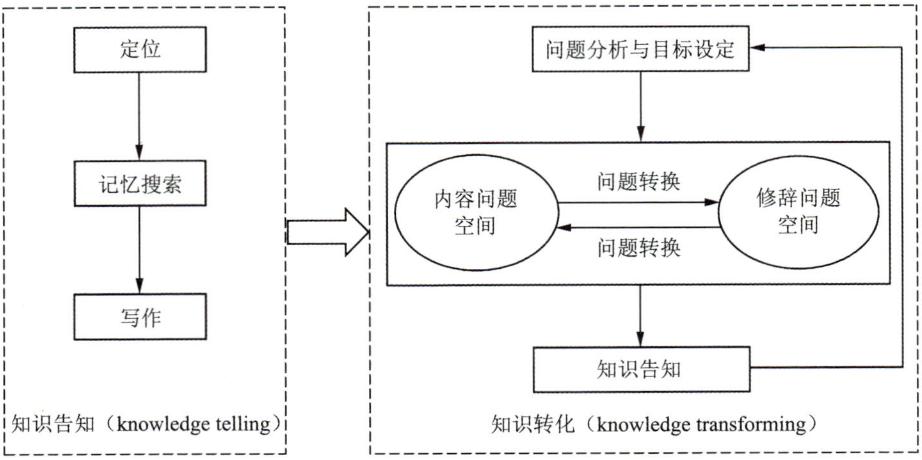

图 1　“知识告知”“知识转化”策略示意图

基于专家和新手的差异，卡尔和玛琳两位教授提出了“意向性学习”（Intentional Learning）这一概念，指出学生在学习过程中也应像专家一样把学习过程主动转化为问题解决过程。意向性学习比我们通常所说的“自主学习”（Self-regulated Learning）高一个层次，它强调的是一种主动、积极探究的心理状态，学生不仅要达到教师提出的学习目标，更重要的是要为自己长期的知识和技能发展负责。1983 年，卡尔团队提出 CSILE（Computer Supported Intentional Learning Environment，计算机支持的有目的的学习环境）项目来辅助意向性学习的实施，该项目是 CSCL（Computer Supported Collaborative Learning，计算机支持的协作学习）领域最早的计算机辅助写作的先驱项目之一[2]。

早期的 CSILE 实践中，课堂作为一个共同体，同样可能有精神生活，它不仅汇集了个人的精神生活，还创建了一个更丰富的情境，使个人的精

1　Bereiter C. Scardamalia M. The psychology of written composition [M]. New York: Lawrence Erlbaum Associates, 1987: foreword.

2　Scardamalia M. The CSILE project: Trying to bring the classroom into World 3 [M]. Cambridge: The MIT Press, 1994: 201-228.

神生活产生新的价值。CSILE 重塑了课堂中信息的流向，使问题、观点、批评、建议及诸如此类的东西通过一个公共空间为所有人共同访问，而不需要通过教师或者依赖学生互相传递[1]。在这种社区性协作过程中，一些班级的学生出于归属的需要，为解决社区内的知识问题努力做出自己的贡献，班级社区和公共知识的理念由此逐渐形成。此后，卡尔和玛琳做了进一步的研究，在哲学家卡尔·波普尔（Karl Popper）“三个世界”理论、后现代教学观等理论基础上提出了知识建构的概念。

知识建构的概念首次出现在一个题为“知识建构环境的设计”的项目中，随后玛琳、卡尔等人通过讨论个人知识和社区知识的关系，把知识建构和学习明确区分开来，正式辨明了知识建构的概念。大多数学习理论认为，知识存在于人的大脑中，学习就是为了促进个人知识或行为的改变；而知识建构理论将知识看作社区的公共财产，认为知识独立于有形的物体和人的思维过程，存在于世界 3 中，知识建构的目的就是发展社区公共知识。因此，知识建构活动是以“观点”（idea）为中心，而不是以任务或活动为中心。由此，强调社区知识的知识建构与强调个人意向的意向性学习正式划清界限，CSILE 也随后升级成了支持知识建构的在线学习环境——知识论坛（Knowledge Forum）。

时至今日，知识建构理论已经在全球多个国家与地区被应用于教学实践。2005 年，知识建构理论首次出现在国内学术视野中，经过 20 年发展，涌现出许多优秀的教学研究与实践成果。通过对中国知网中知识建构文献的搜索，可以发现，国内知识建构研究涵盖理论探究、教学实践、技术开发等多个领域。但由于对知识建构的不同理解或研究方向的侧重，知识建构往往被不同学者定义为协同知识建构、深度知识建构等不同概念，但究其本源，仍万变不离其宗。国内知识建构研究团队众多，其中南京师范大学张义兵教授研究团队在国内知识建构研究中最具代表性，其持续时间之长，影响范围之广，研究内容之深，深受学界认可。张义兵教授 2006 年在多伦多大学访学，跟随卡尔和玛琳教授学习知识建构理论与方法，回国后在国内开展知识建构教学研究与实践，涉及新疆、江苏、辽宁等多个省（区、市），涵盖家庭教育、基础教育、高等教育等多个领域，均取得了显著成效。在实践过程中，张义兵教授带领团队对知识建构理论、教学和支

1 Scardamalia M. Computer-supported intentional learning environments[J]. Journal of Educational Computing Research, 1989, 5(1):51-68.

撑环境进行了深入思考，在知识建构基础理论、知识建构数据挖掘、知识建构教学应用等相关研究方面已经发表论文数十篇，形成了丰富的学术成果。同时，在知识建构的原型的基础上，他们正在探索符合中国教育改革实践的知识建构本土化道路。在实践中，张义兵教授发现，虽然各个试点知识建构教学的效果都得到了验证，但其仍很难大范围推广施行。纵向上，实验（试点）学校的知识建构很难坚持下去，离开研究团队的参与，实验（试点）学校后续难以继续开展知识建构教学实践；横向上，实验（试点）学校的教学过程往往只有学术成果的论文发表，没有对教学过程的整体性透视，难以复刻到其他学校。知识建构教学难以推广的原因很复杂，既包含教师态度、教师教学能力等主观原因，也有制度设计等客观原因。2021年，张义兵教授出任南京师范大学附属邗江实验小学校长，在全校全学科开展知识建构教学改革，探寻知识建构理论下教学改革与推广的突破方法。

南京师范大学附属邗江实验小学落成于2021年。学校在设计过程中专门规划了种植区、养殖区等综合实践场所，为后续知识建构教学改革提供了场地支持。在教学实践过程中，学校进行了全方位的深度知识建构教学改革探索。在教学内容上，鼓励不同学科的教师突破原有学科边界，打破教材带来的桎梏，跨学科组织教学内容。例如，将科学、劳动、信息科技课程依据课程标准重新组织，形成新的综合实践课程。学科内提倡基于大单元的教学设计，打破碎片化、螺旋化的课程单元，形成主题化、情境化的教学内容，如小学语文的整本书阅读、三年级数学的“四则运算”主题等。在教学方式上，强调知识建构教学原则和知识建构在线教学平台的运用，从真实情境出发，变革传统课堂的师生对话方式，把课堂的探究主动权交还给学生。在教学评价上，注重教学过程的形成性评价，抛却传统的唯分数论，创新评价方式，运用并开发适合知识建构教学的信息化评价工具，构建学生的个人学习档案袋。除此之外，还有教师培训方式、课程时间安排等，支撑学校实现深度知识建构教学改革的手段不一而足。从学校建校并实行知识建构教学改革以来，全学科知识建构教学形成了许多优秀案例，将这些案例加以汇总剖析并编撰成册，将为知识建构的持续深入以及更大范围的推广奠定良好的基础。

本案例集的汇编，不是对几年来实行的知识建构教学过程的简单记录，而是通过对知识建构教学改革的实行过程进行解剖，对不同学科的教学过程进行观察，分析其内部机理，既要知其能促进学生深度理解、发展高阶思维的“然”，又要知其为什么能够促进的“所以然”。因此，案例中首先要分析各学科知识建构教学的背景，包括课程内容、学生水平等，分析最初教学设计的基础与目标。其次要追踪教学的真实发生过程，将知识建构十二条原则作为观察工具，剖析知识建构原则的落实方法及作用机制。再其次要赏析学生在观点改进过程中形成的概念性人工制品，分析其在知识建构过程中的作用，体验深度学习的教学效果，同时对知识建构十二条原则的落实成效进行验证。最后要反思教学过程中的亮点与不足，对整个教学过程进行总结诊断，厘清症结所在，并提出进一步改进的设想，以期为读者提供参考。

※ 知识建构理论 ※

【一、理解十二条原则】

知识建构是建构主义的，但它与大多数以理解和建构主义教学名义进行的活动截然不同。它们之间的核心差异就在于知识建构的十二条原则。知识建构教学是基于原则的教学，与基于过程、基于项目的教学等教学设计不同。知识建构的一切教学活动都是依据知识建构的十二条原则组织的，没有固定的流程与形式。知识建构的十二条原则既是组织教学的依据，又是观测知识建构教学的工具，这十二条原则是一个系统性的整体，在实际教学中一个原则的运用往往会引发另一个原则的启动。因此，要开展知识建构理论下的教学设计，就一定要对知识建构的十二条原则有充分的理解。知识建构的十二条原则及其理解如表 1 所示[1]。

表 1　知识建构的十二条原则及其理解

序号	原则	对原则的理解
1	真实的观点、现实的问题	真正能引起学生关注的是生活中的真实问题，而不单是课本中的问题。在知识建构的群体当中，学生通过处理真实的问题，建立深刻的想法和概念
2	多样化的观点	学生提出多样化的概念和想法，正是知识进一步深化的必要过程。我们要了解一个概念，就必须了解所有与之相关的概念，当中也包括与之相反的概念。一个充满多样化的概念和想法的学习环境，能有效促进概念的进化，达至更新和更高的层次

1　张义兵. 知识建构：新教育公平视野下教与学的变革［M］. 南京：南京师范大学出版社，2018：7.

续表

序号	原则	对原则的理解
3	持续改进的观点	学生的概念和想法皆被视为可改进的。学生需要持续改进他们的想法和概念。在这样的学习过程中，学生要经历一些挑战，包括要勇于发表未完善的意见，敢于面对别人对自己的意见的批判。因此，学习的氛围必须让学生感到安全，能自在地表达自己的观点
4	观点的概括和升华	通过愈来愈多元化和复杂的讨论，学生持续改进他们的想法及对知识的理解，逐渐能综合知识，创建出新的理论，学习到更广泛的原则和更高层次的概念
5	学生是积极的认知者	学生主动寻找提升知识储备的方法。他们充分考虑知识建构群体提出的各种意念和观点，并互相协商，寻求适切的结论。他们自主地制定学习目标和计划，主动参与，并做出自我评估
6	社区知识与协同认知责任	学生对群体的共同学习目标做出贡献。个人对群体的贡献会如个人的学习成就一样，得到同等的重视和表扬。作为知识建构群体的成员，学生提供对群体的学习有价值的意见，并共同承担令群体知识进一步深化的责任
7	“民主化”的知识	所有学生不论成绩、能力参差，都可以参与知识提升的过程，并为参与创建新知而感到骄傲
8	对等的知识发展	一个知识建构群体内的各成员或各个不同的群体都拥有各自的专门知识。当他们将自己的知识分享和交换时，就能得到共同的知识增长
9	无处不在的知识建构	知识建构不受特定的情况或科目局限。无论在校内还是在校外，知识的建构都渗透在日常生活中
10	知识建构对话	学生参与讨论不单为了分享交流，还为了改善和革新自己的想法，达到建构新知的目的
11	权威资料的建构性使用	学生需要从批判的角度，关注和理解权威资料，从中接触一些知识的现状及它们的最新发展
12	嵌入活动的形成性评价	目标的评估是促进知识增长的重要元素。评估应包含在每天的学习过程中，用于识别出学习进行期间出现的问题。学习群体自主地设计和参与内部评估。这样的评估比外界的评估更加适切和准确

原则 1　真实的观点、现实的问题

观点是知识建构的核心概念，是知识建构的出发点。知识建构的过程就是针对学生遇到的真实问题进行设计，让学生提出自己的观点并不断改进的过程。学生往往只会研究他们关心的观点，追究自己感兴趣的问题。

真实的观点强调观点的真实性。真实的观点应该来自他们日常学习生活中所遇到、所看到、所听到、所触到的真实问题。这种“真实”并不是狭义的亲身经历，学生在学科学习中的任务，以及学生在自己感兴趣的政治、历史等领域中学习的宏观的、抽象的概念，也可以是真实的。例如，微观的具体问题可以包括“树叶为什么会变黄”“蚕为什么能够吐丝”“校园的植物生长状况”等，宏观的抽象问题可以包括“经济体制改革对中国社会发展的影响”“丝绸之路的由来与发展”等。真实的观点并不是无边际地随意提出的想法，而是要与当前教学内容相联系，要有探究的意义。真实的观点强调观点的复杂性。学生的观点可以是“非科学的”“错误的”，因为这些观点是基于学生的“最近发展区”提出的，其谬误之处会在改进过程中不断被修正。但观点的复杂性关系着观点能不能引起学生的探究情景。相较于封闭的结构化问题，开放的劣构问题更具有“前景”。因此，引导学生提出、分辨“有前景的观点”是非常重要的教学目标，只有具有更广泛潜力和适用性的观点，才能为观点的进一步发展提供一个日益连贯和有效的结构。

原则 2　多样化的观点

正如生物多样性对于生态系统结构的完整非常重要一样，观点的多样化在知识建构过程中同样必不可少。这种知识生态的追求，是对知识建构文化追求的一种体现，能够为学生提供一个安全的环境，鼓励学生提出多种多样的观点。观点的多样性拓展了问题空间，增强了复杂性，也增加了知识创造的潜力。

一方面，观点的多样化体现在其内容的多样化上。观点的多样化是“真实的观点”原则施行的必然产物，每个人对世界的认知不同，必然对同样的情境有不同的理解。比如，有些孩子认为“叶子变黄是因为太阳晒的”，有些孩子认为“叶子变黄是因为缺水”。这些观点，无论正误都会引发学生对于自身观点的进一步思考，为学生的观点改进提供方向与养料。另一方面，观点的多样化还体现在其表征的多样化上。观点表征的形式并不是固定的，教师鼓励学生用多样化的形式表达自己的观点，例如短文、图画、数字、视频等形式。不同的表征形式也是学生理解的一种表现形式，反映了学生的设计思路。例如，“叶子的结构”，有的小组会采用绘图的方式来表现，因为组内成员觉得绘图更加形象；有的小组会采用表格的方式，因为组内成员觉得表格会更有逻辑。

▶▶ 原则 3　持续改进的观点

与强调传授正确知识的传统课堂不同，在知识建构的知识观中，观点不再有简单的对与错之分，所有的观点都是可以被改进的，每个观点都是有价值与意义的。

一是观点的改进需要安全的环境。知识建构强调学生探究氛围的安全性，给学生营造一种“无论提出怎样的观点都不会被嘲笑”的氛围。这种氛围的营造是知识建构文化的基础，是学生能够提出自己的真实想法的保证。学生在这种氛围中可以自由地提出不成熟的观点而不会觉得被嘲笑或轻视，同时更能接受别人的观点，进而依据别人的意见和建议改进自己的观点，使其更科学、更有条理。

二是观点的改进需要跨学科的视角。每一个观点的改进又会引发新的改进方向，这种观点改进的界限不会被学科的边界束缚。随着观点改进的深入，其轨迹会跨越学科内容的限制。这种突破是由其问题的真实性所决定的，真实的情境往往是复杂的，因此，其改进方向不会只局限于某一学科。例如，对语文诗词中的月亮意象的探索会牵扯到天文、历史等学科。在这种“不明确的”目标导向下，要想推进复杂问题的研究，就需要知识建构者建构越来越多的“综合性”理论。

▶▶ 原则 4　观点的概括和升华

知识创造的过程不仅需要观点的不断改进，还需要从多样化的观点中整理、总结、升华出更高层次的观点。这种观点的升华，不仅仅是阶段性工作的总结，更是一种在已有观点基础上的涌现。这种涌现包含着已有观点改进过程的所有成果，还有总结后涌现出的新特征。

观点的总结和升华需要学生在设计模式下工作。设计模式的目标是要对自己的现有工作进行反思，从而在现有的工作基础上，用有更大潜力的观点来解决当前阶段与目标阶段的冲突。升华出的观点并不意味着抛弃或否认过去的工作，而是要保留先前所有工作的价值，并形成更具有包容性的且具有逻辑一致性的成果。因此，在设计模式下工作，意味着学生要超越现有的所有相关的证据、相互冲突和不相关的观点，并升华创造新的观点，同时保留先前观点的价值。这种“自我超越的”心态看似很困难，但这种工作在团队协作下能够成为可能。每个人都为团队的观点做出自己的贡献，帮助成员超越原本自身的认知。

▶▶ 原则 5　学生是积极的认知者

在传统课堂中，教师是课堂的主导者，为学生指定学习的任务、过程、评价方式。在知识建构教学中，学生具有认识能动性，这意味着学生对于自己的行为有发言权，学生可以自己选择观点改进的方向和手段。学生提出自己的观点后，在个人想法与他人想法之间进行协作，激发与维持知识改进的过程，而不是依赖他人指导。教师的主导任务被转移给学生自己执行，学生自己指定观点改进的目标、方式、评估方式等。这种能动性是一种心态，但超越了传统教学中强调的“兴趣”“动机”，它强调学生可以自主调节自身的学习行为，除了“主动的”心态，还包括一种自我反思与控制的能力。

学生的个人能动性通过集体能动性才能得到增强，也就是说，学生的个体能动性的发挥有助于推动集体对社区知识的发展。从广义地说，这也是在推动世界知识的发展。在团队成员的行动中，个人和集体层面的相互促进是显而易见的。学生在观点改进过程中，监测个人与社区知识的发展，从而决定共享或排除一些观点以避免过度简化和因对其他地方的进展一无所知而被隔离在集体之外；个人根据社区知识的发展确定自身的发展位置，从而决定改进自身观点或为社区知识的进一步发展提供方向。

▸▸ 原则 6　社区知识与协同认知责任

在传统课堂中，学习者的责任更多的是在教师督促下对自己的个体认知负责，协作学习只是学生完成个人学习的工具，而不对其他成员负有责任。知识建构教学强调协作学习是一种学习的方式而不是工具，每个学生都对社区知识的发展负有责任，而学生对于社区应该有归属感。换句话说，和以学生的个人提高为目标的教学思想不同，知识建构以社区知识的发展为目标。因此，学生对社区知识建构目标的贡献同样需要得到赞扬。

学生的协同认知责任体现在学生个人观点改进与社区知识发展的关系上，这种责任包括两个方面。一方面，学生承担推进社区知识的任务，即对小组内部，学生提出对组内成员同样有价值的观点，向外关注整个社区的知识发展，并及时和组内成员进行沟通。也就是说，每个学习者都需要了解他人的观点，对他人的观点提出自己的看法，帮助同伴改进观点。学生的贡献包含多种形式，可以是指出谬误、赞同同伴的观点，也可以是批判性分析、寻找新信息、报告实验结果、指出同伴之间的差距等。另一方面，每个人都需要吸收他人的观点，升华自己的观点，向社区展示自己的理论，通过这种方式将自身的观点改进过程融入整个社区知识的改进中，为社区知识的发展提供自身的工作成果。除了行为上的贡献，知识建构还强调学生通过对社区知识的发展承担责任而感到自豪，这比通过独立思考或行动所可能取得的成就要大得多。这种发展代表着共同的创造性努力，并通过接受日益复杂和困难的挑战来实现集体责任。

原则 7 “民主化”的知识

区别于前面介绍的对多样化观点的同等对待，“民主化”的知识强调社区“政治权利”的平等。不仅观点的“正误”与形式的多样是被允许的，而且每个知识建构的参与者拥有平等的权利。

在具体的教学实践中，教师应保证每个学生的观点都得到理解和重视，让每个学生都能参与到知识建构中来，这是“民主化”知识的重要前提。不能因为某个理论是教师提出的，就认为其不能反驳；也不能因为某个观点是学习成绩好的学生提出的，就认为它应该得到更多重视。反过来，不能因为某个孩子考试成绩不高就忽视他的观点，更不能因为某个孩子不善言谈就认为他的观点不重要。

“民主化”知识意味着课堂从传统的教师“威权”转向“自由”的氛围，社区成员拥有平等发言的机会，拥有为社区知识进步而自豪的权利。成员或组织间观点的多样性和差异性并不会导致知识和创新的鸿沟，相反，所有成员都拥有进行知识创新的权利。社区知识发展的成果是全体成员的贡献，意味着每个成员都可以分享、享受和获取社区知识发展带来的资源，从而实现个人观点的改进。除了分享、享受和获取资源，参与者还积极主动地消除知识差距。他们通过对资源的分享和彼此的深度参与来放大观点的价值，不是关心个人的成就，而是让每个成员发挥出最好的一面。他们以关心彼此和世界的方式建构成就，所以所有成员都有归属感。

原则 8 对等的知识发展

传统教学认为，教育是知识从有经验的教师一方传授给知识贫瘠的学生一方的行为。知识建构教学认为，知识分布在社区内部与社区之间，不同的群体在相互协作过程中共同获得知识。

对等的知识发展是社区知识发展的同时个人学习得以实现的原因所在，学生作为社区的一员，分享彼此的观点，互相学习。社区成员了解个人、组内及社区内不同成员的观点的改进水平，积极搜索社区内的观点信息，并共享给组内的其他成员。这样，每一个成员都可以了解到社区内的观点改进阶段，并更好地将自身的观点融入社区知识中。通过社区内外的分布式认知和轮流领导，所有社区成员都参与社区知识的改进，而不是依赖教师或精选成员的信息传递；反过来，社区知识在所有成员的回顾和改进循环中逐渐增加。

对等的知识发展主要表现在学生与学生之间，这既包括个体与个体之间，也包括个体与小组之间、小组与小组之间，乃至不同学习社区之间的对等的知识发展。对等的知识发展也包括学生与教师之间对等的知识发展，这是真正的教学相长的过程，教师的每次知识建构教学过程也是自身学习的过程，因为学生研究的内容有很多是教师自己也没有学习过的。对等的知识发展还包括学生与家长及其他参与到知识建构过程中的人对等的知识发展，比如外请的专家、家庭社区成员、网上参与者。知识建构是所有参与者共同学习、共同建构知识的过程。

➤ 原则 9　无处不在的知识建构

知识建构不是仅仅在课堂上对理论进行探讨，不限定于某一具体场合或科目，它强调学习与现实情境的联通，和学生的生活息息相关。知识建构教学发端于真实情境中的问题，同样也在真实情境下进行改进，最后也在真实情境中进行验证，这是一种在真实情境中进行知识创造的意识与理念。

知识建构观点的相关性和有用性在多种新环境中被积极地测试，而新环境则被挖掘出新的问题观点来扩大理解。知识建构的理念，提倡学生在真实情境下积极提出问题，并用知识建构的方法来改进自身对现实世界的认知。这种理念不受时间、地点、媒体的限制，而是要保持一种“警惕”的心态。

➤ 原则 10　知识建构对话

对话是知识建构教学的基本途径。知识建构对话不同于一般意义上的交谈，而是为了共同的知识建构目标，采用表达、反问、商量、追问等对话形式从而提出问题、假设理论和完善自己的观点。社区成员分享信息、改进观点和达成一致的理解等所有促进协作与知识建构的努力都体现在学习者对话的贡献之中。

虽然知识建构对话的走向是不确定的，但可以通过回溯来明晰其路径。知识建构对话的路径随着时间、媒体和社区发展而延伸。知识建构对话的形式与内容影响着观点的可接受性，许多对话形式是对知识建构的补充，但并不侧重于产生新的知识和观点，例如辩论、提问、真假论证等。许多知识建构对话都致力于连贯性建构——将零碎的信息整合成一个有意义的整体，并识别出不同的和有前景的观点，推动对话前进。而元话语——关于话语的话语——是对知识建构对话的有力补充，支持越来越高水平的观点表达形式与内容。总体而言，知识建构对话为产生更好的观点提供了可能性。

原则 11　权威资料的建构性使用

知识建构以学生的观点为中心，观点的改进不仅需要社区成员的贡献，还需要引入权威资料，了解该领域的发展前沿与现状。

权威资料的来源可以是多元化的，教师可以引导学生运用家长、专家的观点，讨论不同类型的资源，如文本、图片、视频、音频等。但该权威资料的建构性使用要求学生保持一种批判的立场，不是简单复制，而是要认识到“专家”也会犯错，搜集到的信息也可能是片面的乃至虚假的，学生要在分散的和不可靠的来源中寻找可信的资料来帮助观点的改进。当前的“专家观点”也只是观点改进到一定阶段的产物，还有进一步发展的空间。在使用的方式上，对不同年龄的学生可以有不同的要求，随着年龄与经验的增长，可以要求越来越接近科学研究的规范。可以通过不同的范例，引导学生正确引用、归纳和解释权威资料。具体来说，包括发现原始资料的弱点，验证报告来源的可信性，寻求批判性分析，建立资料和现实的联系，用符合当前水平的语言重新组织，等等。

原则 12　嵌入活动的形成性评价

知识建构的评价并不是最终教学成果的评价手段，而是作为知识创造的一部分融入日常的观点改进工作中，用于及时报告知识建构中的问题。知识建构过程因为观点的不同等因素，会在不同的社区成员身上映射出不同的学习过程，产生不一样的学习结果。因此，知识建构教学的评价是融入整个知识建构过程的形成性评价。知识建构社区评价主要关注的是推进社区知识方面的工作是如何进行的。出于观点改进的需要，社区成员往往主动地评估自身发展以检查自身表现与社区发展水平。知识建构教学的评价结果会避免对学生简单下一个“好”或“差”的论断，它倾向于向学生描述当前的工作进展，以及下一步在哪些方面可以改进，以督促学生以更好的状态开展下一步工作。知识建构评价的标准往往是生成性的，有部分预设的目标，不会限制学生知识建构的过程，也不会为其工作设定上限。相较于强调个人评级的传统教学，知识建构教学认为，小组进步和个人成就是相互联系的，因为小组成就取决于个人的贡献，个人的贡献也体现在小组的成就中。因此，知识建构教学评价不能只对某个人进行评价，还要关注知识建构社区的发展。

【二、基本过程】

知识建构教学融合在学生提出观点、改进观点并最终形成社区知识的一系列教学活动中。前文说过，知识建构教学是基于原则的教学，但这并不意味着知识建构无迹可寻，通过对知识建构原则实施的策略与活动进行总结，可以得到知识建构的一般化流程。知识建构教学基本流程只是实际教学过程的参考，在其核心原则不变的情况下，教学策略与活动形式等可以进行灵活更改。

（一）知识建构准备

知识建构教学需要做好适合知识建构教学的教学准备，包括思想理念、教学内容和物质空间。首先在思想理念上，要对教师进行知识建构理论培训，让教师了解知识建构的基本理念、核心原则、技术手段等，让教师从传统教学方式中解放自己的头脑，接受知识建构的教学理念，在思想上做好知识建构教学的准备。在教学内容上，要打破原有教材的螺旋式上升结构，依据课程标准，打破学科之间的界限，以大单元、主题教学、大概念的理念组织教学内容。跨学科的教学内容组织，将有利于给学生留下探究空间，节省教学的时间，减轻教师与学生的负担。

（二）知识建构课堂教学

1. 创设教学情境，提出观点

知识建构原则中要求学生要在“真实的情境”中提出自己感兴趣的观点。观点是知识建构教学的核心。因此，观点的提出成为知识建构教学的起点。教师可以从课程探究主题出发，选择情境。例如，组织学生去观察菜园，让学生从家中收集水的样本，让学生自行组织阅读《西游记》，等等。情境可以是学生可触碰的，也可以是抽象的，但一定要是真实存在的问题。针对真实情境，引导学生提出多样化的观点，学生可以根据所提出观点主题的不同划分为不同的探究小组。虽然以探究小组的形式进行知识建构工作，但对于一些比较偏僻的问题，不能直接忽略其价值，要鼓励学生在集体工作以外积极提出自己的观点，推动自身观点的改进，而不是只盲从于集体的方向，失去自我思考和批判的能力。

2. 持续改进观点

观点的持续改进是知识建构教学的主要工作。学生在不断对话中寻找自身观点的优点及不足，并不断对自己的观点进行改进。学生在课堂上相互讨论分享，在课后寻找并建构性地使用权威资料，并将自己的观点改进过程记录在知识论坛上。观点的改进方式主要有深度发展和广度发展两种，两种方式并不是互相排斥的，而是要协调使用。深度发展即不断引导观点的深度探索，例如，从探索叶子为什么会发黄到探索叶子的内部结构再到探索叶绿体的工作原理。观点的发展内容是同一个主题的不断深化。广度发展是指不断对观点在当前水平下进行补充，例如，对水污染的原因进行分析，除了生活垃圾，又补充工业排放、细菌繁殖、生态入侵等因素。观点的改进方式要求学生浏览、讨论他人观点，也要为自己的观点寻找证据。具体不拘泥于某种形式，例如引用权威资料、科学实验、实践观察等都可以为观点改进提供能量。

3. 升华观点，形成概念性人工制品

正如“观点的概括和升华”原则所说，知识创造的过程不仅需要观点的不断改进，还需要从多样化的观点中整理、总结升华出更高层次的观点。因此，观点的改进过程不是线性的推进过程，而是一个会有阶段性跃升的过程。教师在引导学生不断进行观点改进的过程中，要对观点的改进水平进行观察，及时引导学生总结、概括过往工作，对观点进行升华。例如，在学生对植物叶子变黄的原因进行过一段时间的探究后，教师可以引导学生升华出植物生长阶段理论等。这些升华出的理论以概念性人工制品的形式呈现。概念性人工制品的形式有很多种，包括海报、图表、图画、视频、剧本等。但概念性人工制品的核心是要用合适的形式反映出学生的知识建构工作，而不是只追求制品形式的复杂、精美。因此，概念性人工制品的制作过程是学生在设计模式下工作的过程，是基于现有的成果进行设计、创造的过程。

4. 形成社区知识

知识建构教学是一个不断循环的过程，理论上来说可以一直进行下去，但现实教学是有具体目标的，其近期目标是达成课程标准所描述的弹性标准，其远期目标是将孩子培养成信息时代的合格公民，使孩子具备现代教育所倡导的21世纪技能。因此，在一个知识建构学习社区中，阶段性的学习以逐步形成“理论”为导向。这些理论应该是具有“复杂性”的，比如，孩子细致地画出了银河系复杂的星体在太空的位置；这些理论应该是综合化的，比如，对光合作用，班级中形成了十多种不同的解释。这些理论的形成是所有成员一起工作的成果。因此，教学中教师要引导学生在知识论坛中积极地阅读他人观点、分享自己的观点、为他人的观点改进提供意见，在课堂上学生要积极地参与班级讨论，并定期分享自己的小组工作成果。

这些理论的形成不再和初始的观点一样不追求“正确”，作为建构的理论，要是科学的理论。

（三）知识建构评价

知识建构教学评价贯穿知识建构教学的全过程。教师要注意收集、总结学生数据，及时为学生提供反馈，引导学生主动使用知识论坛上附加的评价功能对自己的工作进行总结、改进。除了知识论坛上的技术工具，教师也可以依据课堂情况，自主构建一些量表或表格，对学生进行检测，从而判断学生的水平。知识建构评价的意义在于以评价促进学生的观点改进过程，因此，评价结果要及时地反馈给学生，引导学生做出改变。

【三、知识论坛】

知识论坛（KF 平台）是专门为实现知识建构设计的知识建构在线支撑环境，其设计理念与知识建构十二条原则相同。虽然知识建构理论离开知识论坛也能够实现，例如对于年龄较小尚不会使用网络的孩子，我们也可以用其他工具代替，但实践证明，知识论坛支撑下的知识建构教学能发挥出更好的效果。在知识论坛的使用中，仍然需要结合其他专业的知识获取与加工、存储与表达、交流与管理等方面的深度学习工具，如 AI、AR 等技术。KF 平台对知识建构的十二条原则的功能支持如表 2 所示。

表 2 KF 平台对知识建构的十二条原则的功能支持

维度	十二条原则	KF 平台功能支持
关于观点	真实的观点、现实的问题	学生创造的“短文”和“视窗”出现在一个所有人都可以贡献的社区空间里
	多样化的观点	观点可以用多种新颖的方式进行重构，以在多样性中创造连贯性
	持续改进的观点	评论、注释、参考资料、链接笔记和分析工具支持渐进的知识进步和观点改进，平台技术所有的设计都支持递进和修改
	观点的概括和升华	支持不断提升的、自然展开而非稳定的目标
关于社区	学生是积极的认知者	支架和可视化支持对个人和团队进步的反思、理论建构
	社区知识与协同认知责任	协作式开放工作空间保留着社区成员的概念性人工制品，鼓励在社交和语义网络分析的支持下构建、链接和重构想法

续表

维度	十二条原则	KF 平台功能支持
关于社区	“民主化”的知识	多媒体笔记和视图为所有人提供了进入共享问题空间的途径；社交网络分析有助于成员监控和平等参与
	对等的知识发展	支持互联性、信息流和观点的交叉融合
	无处不在的知识建构	支持跨越时间、媒体和环境的工作
关于手段	知识建构对话	支持通过自然展开而非预定的工作空间进行丰富的组内和组间对话，以确定共同的问题、分歧与涌现的目标
	权威资料的建构性使用	自动生成的参考书目有助于识别共享的问题、差距以及对新信息的反思或贡献新的信息
	嵌入活动的形成性评价	社区中的知识客体被“评论”“发展”“升华”，自动按需反馈有助于反思性监控和观点改进

1. 平台登录

平台为每位学生申请账号和密码，确保每个人有同等进入社区学习的权利。

注册后登录的就是用户界面，每个人可加入多个社区。选择相应的社区，输入社区注册密钥，单击“join”加入社区。接下来就可以直接进入社区开始交流。社区注册码为社区申请时确定，分为两种，一种是学生注册码，一种是教师注册码。用教师注册码进入的成员将拥有该社区的管理权限，用学生注册码进入的成员则不具备。这为在线社区的管理提供便利。KF 平台申请账号界面、KF 平台加入社区界面、KF 平台设置界面、进入社区后界面见图 2 至图 5。

图 2　KF 平台申请账号界面

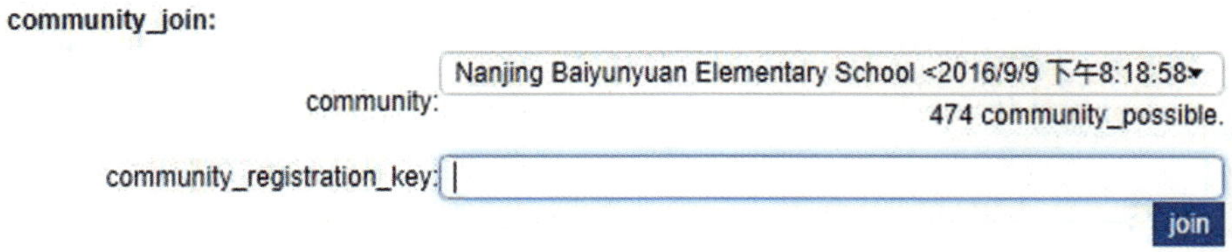

图 3　KF 平台加入社区界面

通过页面右上角的设置按钮，可以实现将界面显示修改为中文、修改密码等功能。

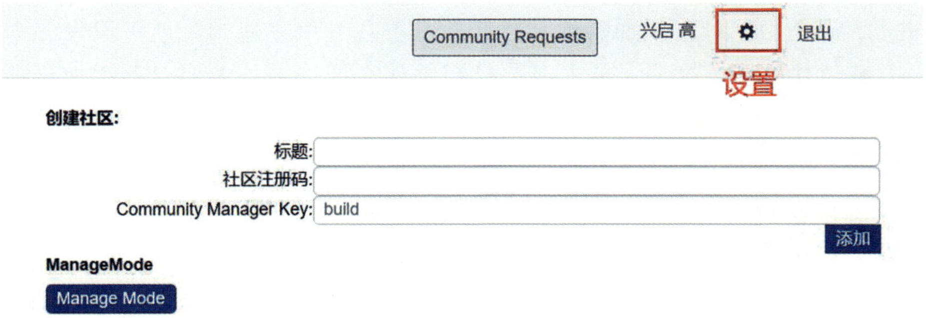

图 4　KF 平台设置页面

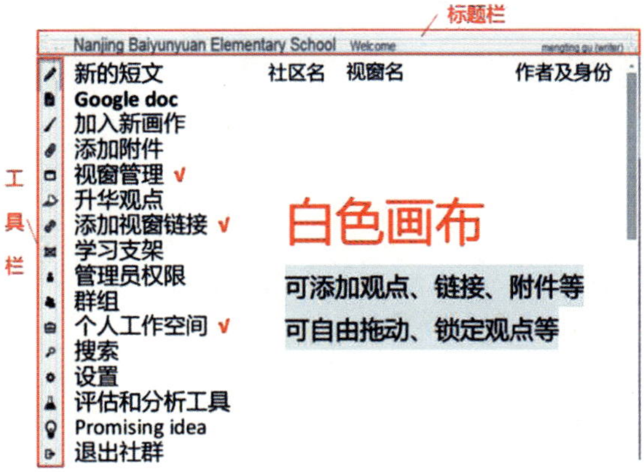

图 5　进入社区后界面

进入社区后，每个社区的主界面都很相似，简洁明了，主要分为工具栏、标题栏和画布三部分。标题栏显示一些简单信息，目前所在的社区名是“Nanjing Baiyunyuan Elementary School”，所在的社区视窗叫作“welcome”，刚进入社区，默认会展示 welcome 界面，右侧是作者的名字及身份。画布就像一张白纸，可添加短文、链接、附件等，画布上的内容可以根据需要创建、拖动、锁定等。

2. 新建短文

知识论坛中观点会以短文的形式出现，工具栏-新建短文，会弹出短文窗口，默认是展示在编辑菜单下。短文窗口的菜单栏有查看、编辑、作者、连接、历史、属性等。标题栏显示的是短文创作者与最近更新日期。一条基础的短文应该有标题、关键词和正文，支架可以帮助我们进行观点的表达，下拉框选择你需要的支架组，单击其中的一个支架，就可以在两个横线中输入正文，可以选择多个支架。当然我们也可以借助字体格式来突出重点。正文中还可以添加附件和链接，点击右下角“建构”就可以发表观点。正文中选中关键词，单击绿色的钥匙就会把选中的内容自动添加到关键词中，选中文本框中的关键词，按退格键删除。图片可以以附件形式添加，选择插入，图片自动上传，可添加多张。其他类型的附件也可以通过这里上传，但上传后不会显示在小框内。所有阅读过的短文图标将会变为红色，以示区分。KF 平台短文窗口见图 6。

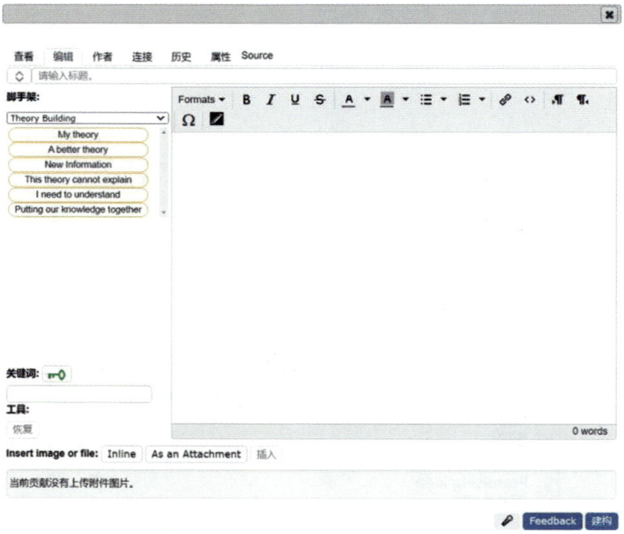

图 6　KF 平台短文窗口

3. 阅读与改进观点

当点击他人的短文时，会默认以阅读菜单展示，右下角只有一个“建构”，单击可以新建短文，发展与改进这条短文。发展、改进短文的过程和新建短文的过程相同。当然，自己建立的短文也可以切换到阅读菜单展示，此时，右下角两个“建构”意义不同，左侧表示创建新的短文，发展自己的观点，右侧表示保存目前的观点（图 7 中的按钮名称是中英文翻译的问题，实则左侧是“发展改进”，右侧是“保存”）。

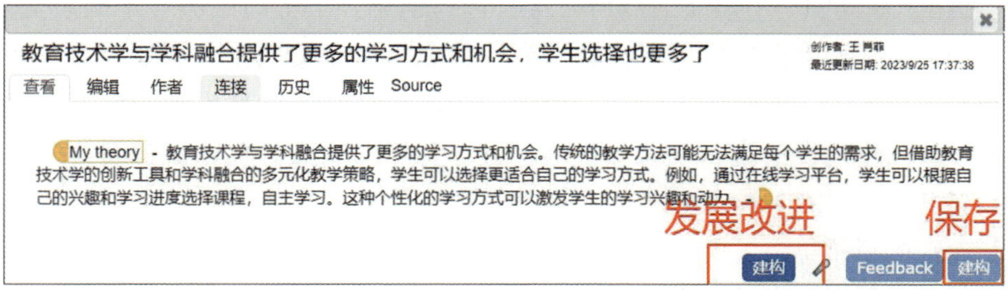

图 7　KF 平台新建短文、发展与改进短文窗口

在阅读菜单下，选中要注释的内容后会有一支笔的图标（单击的图标）弹出，便能进行评论或者加入一些标签，在允许别人看这条注释上打勾，他人在阅读这条短文时也能看到你的评论。注释完成就可以看到选中的字被标出了，鼠标移到注释处就可以看到评论与作者。因为标注透明度的关系，越多人注释，标注的透明度越深。点击“Source”菜单，可以看到这条短文的所有附件。当然如果你是这条短文的编辑者，还可以在这里继续添加附件。KF 平台注释功能见图 8。

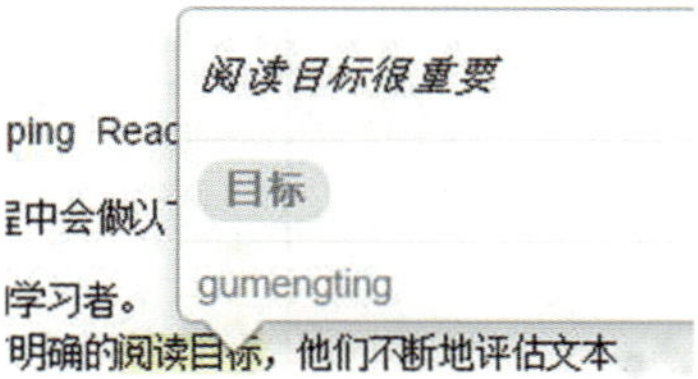

图 8　KF 平台注释功能

短文的改进过程可以引用其他短文，可以引用整个短文，也可以引用短文中的一些内容。将要引用的内容直接拖进或复制到自己的短文中，会自动用斜体标出，在括号中还能看到引用的来源，在阅读菜单下单击就可以追踪到原来的短文。KF 平台观点引用效果见图 9。

图 9　KF 平台观点引用效果

4. 升华观点

当学生讨论过的短文较为完善或有阶段性成果时，可以用“升华”。升华短文有两种方式，选中多个短文后（可以框选，也可以按住“shift”进行多选），在其中一个短文上点击右键，选择创建一个更高层次升华的短文。上面会有提示确保你不是误操作，当确认之后，会发现原来的五个短文在视窗上消失了，取而代之的是一个升华了的短文，图标与原来的观点也大不一样，以此提示这条短文的不同。打开升华的短文，默认会在阅读菜单栏显示，可以看到短文之间的连接关系保持原状，升华的观点也可以再升华。在编辑菜单下可以再编辑这个升华短文的内容，比如总结这些短文的精华。升华观点也可以通过按钮点击“open in window”转换为原始的视窗进行编辑。KF 平台升华短文的两种方式见图 10。

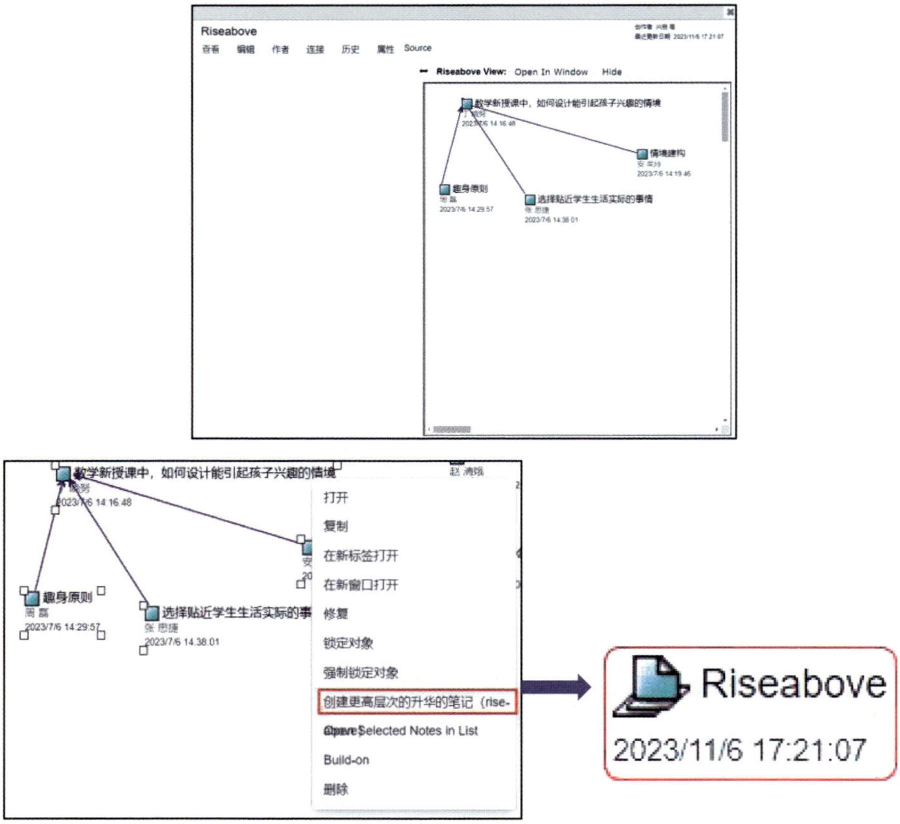

图 10　KF 平台升华短文的两种方式

5. 知识建构评价

知识论坛拥有多种结合使用的评价工具。此处以社会网络可视化工具为例。社会网络可视化分为上、中、下三部分。上面是用柱状图展示随着时间变化整个社区的阅读量的变化（图 11），把彼此之间互相阅读作为一种交互的方式，可以在柱状图上选择时间范围来控制下方饼图的显示内容。

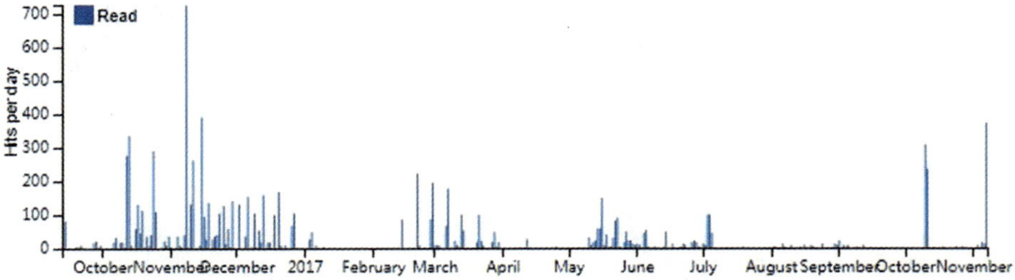

图 11　KF 平台结合评价工具阅读量可视化分析图

中间部分是社会网络分析的动态矢量图（图 12），可以设置不同大小的节点和粗细。一般数量越高，即交互频率越高；点越大，线条越粗。还能勾选方向，表明是谁去阅读了谁的观点。

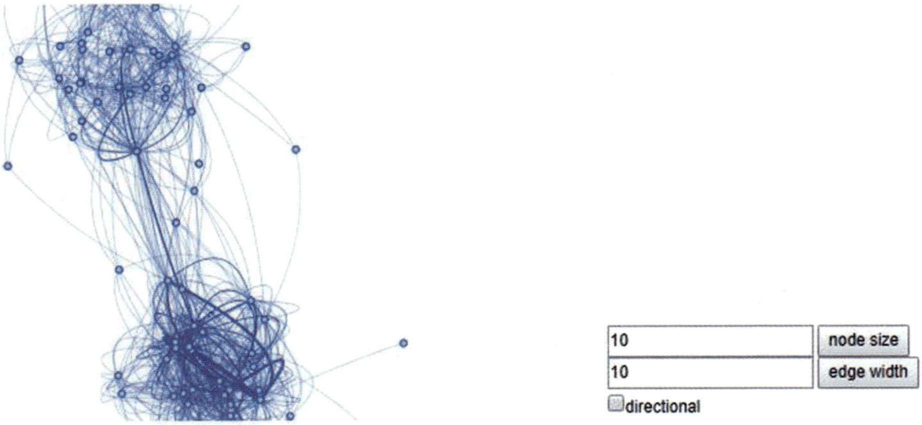

图 12　KF 平台结合评价工具社会网络分析的动态矢量图

图 13 展示的是两张饼图。左边是阅读的数量，而右边是被阅读的数量。以左边为例，每人一种颜色，鼠标经过某一块区域会突出显示这一块颜色。图 13 显示，把鼠标放在了其中一位成员的颜色上，可以看到这位成员与其他人的交互不多，线条也很细。还可以继续移动鼠标，查看这位成员都与哪些人进行了交互，线条粗细如何，一种颜色占的比例越大，表示这两个人之间

的交互越多。从零点顺时针按从多到少的顺序排列，可以看到交互度最大的人是谁，而每一个人内部的交互分为两种，一种是阅读自己的短文，一种是阅读他人的短文，半圆形代表自己阅读自己，而线条链接的两端表明两个人之间发生了阅读或者被阅读的关系，所占面积愈大，表明交互的次数越多。

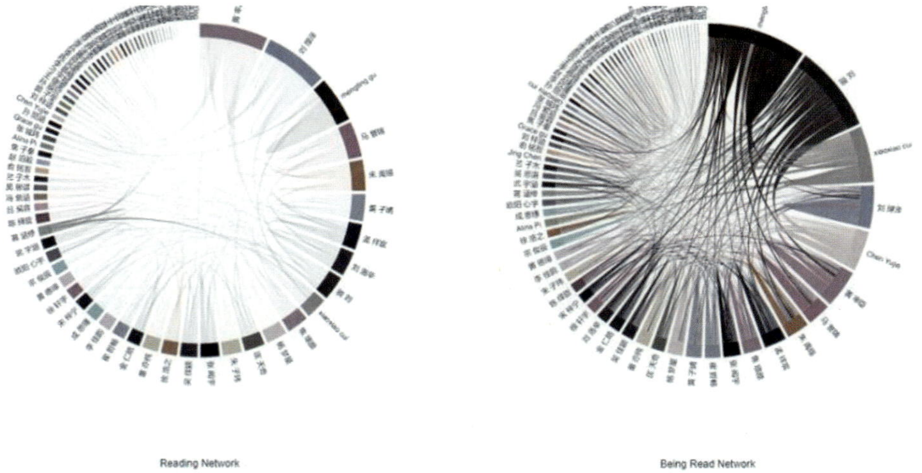

图 13　KF 平台结合评价工具被阅读量及交互关系分析图

目　录

第五单元　道德与法治知识建构案例

第六单元　音体美知识建构案例

第七单元　寒暑假知识建构案例

第八单元　知识建构教师培训案例

第九单元　亲子互动与家庭知识建构案例

第十单元　嵌入过程的形成性评价

第一单元

语文知识建构案例

单元导言

在追求全面素养的语文教育过程中，本单元旨在培养学生的语文思维能力、创造性表达及团队协作精神。我们期望学生不仅能够熟练掌握语法和词汇，更能灵活运用语言表达自己的观点，积极参与语文知识的建构。然而，传统的语文教学往往侧重于死记硬背和机械应用，忽视了学生个体思维的多样性，以及实际语境中的语言运用需求。这种教学方式未能全面激发学生的学习兴趣和主动性，也无法引导他们深入思考语文知识的实质。因此，我们需要转变教学策略，采用知识建构的教学理念，以更好地满足学生的个性化需求和提升他们的语文素养。

知识建构教学在解决传统教学中存在的核心问题上具有显著优势。知识建构教学强调学生是积极的认知者，注重学生在语言学习中的主体地位。核心问题在于如何引导学生在真实情境中提出问题、发表观点，并通过小组协作活动不断改进自己的思考。我们要营造民主的课堂氛围，使学生在学习中充分发挥主动性，而不仅仅充当知识的被动接收者。

本单元的设计旨在通过多元的知识建构活动，深度挖掘语文学科的丰富内涵。其中包括《了不起的狐狸爸爸》和《豆蔻镇的居民和强盗》的整本书阅读，这将为学生提供沉浸式的学习体验，让他们通过故事情节的解读和角色塑造，逐步建构对文学作品的深刻理解。在“指向实践的单元整体教学解构与设计”中，我们将从实际生活出发，引导学生通过实践性的活动，探索语文知识在解决实际问题中的应用，从而提升他们对语文学科的认识水平。此外，微型知识建构案例《日月潭》将通过引导学生主动获取、整合和应用相关知识，提升他们对地理学科的认知水平。而《一分钟》的阅读案例将鼓励学生在短时间内把握信息并形成有效表达，培养他们的信息处理能力和语文表达能力。最后，《羊驼知多少》跨学科教学案例将结合多学科知识，运用跨学科的视角，帮助学生拓展对羊驼的了解，培养他们综合运用各类知识的能力。通过这六个案例，我们旨在打破传统学科之间的界限，促使学生更全面、多角度地认知语文，培养其知识建构的能力，使其在学习中更具深度和广度。这种综合性的教学设计将有助于培养学生的批判性思维、团队合作精神和实际问题解决能力，从而提升学生的语文核心素养。

在阅读本单元的知识建构案例时，我们鼓励读者特别关注几个关键问题，以更好地理解和运用所呈现的教学设计。首先，关注案例中的教学策略和活动设计，以及它们是如何引导学生在合作和对话中共同建构知识的。这有助于理解知识建构理论在实际教学中的应用，以及知识建构是如何通过教学活动激发学生的主动性和创造性思维的。其次，留意案例中的形成性评价和反思环节，了解学生在知识建构过程中的反馈与调整。这有助于读者深入理解知识建构教学是如何提升学生的元认知水平和自主学习技能的。最后，阅读时请思考如何将案例中的教学思想和策略运用到自己的教学实践中，以及如何根据学生的特点调整和创新这些教学设计。通过主动思考这些问题，读者能够更好地理解知识建构理论在实际课堂中的运用，并将其转化为个体化、有针对性的教学策略。

对于知识建构新手读者而言，首先，要学习知识建构理论，了解其核心原则及应用。其次，要结合语文新课标的要求和学科知识，设计符合实际情境的教学活动，通过创设真实的情境，引发学生的思考，使学生提出个人感兴趣的问题。再其次，要对多元化的观点进行分类，分组进行小组成员讨论。最后，要进行全班建构，实现对文本的深度理解。

对于有一定知识建构经验的教师而言，要反思以往知识建构教学中存在的问题，如学生提出的问题质量不高、过度放权导致部分学生无所事事等。要综合考虑先前教学经验与现实情况，适度放权，使教学更符合学生的实际需求。通过不断调整教学方法，引导学生在语文学科中形成更为深刻的认知结构，达到深度建构的目标。

01 案例一

一年级语文《了不起的狐狸爸爸》阅读课

一、背景

本节课的授课对象是一年级五班的学生，这些学生之前都没有进行过知识建构的学习，因此对于这种新型的学习没有任何经验。由于他们缺乏电脑打字等一系列操作技能，所以课上没有安排他们利用知识建构教学平台来发表观点，而是以适合他们的方式来完成知识建构教学。卞老师是一位教学经验丰富的语文老师，在以往的阅读课中，她通常给学生介绍阅读技巧，例如，通过教学生如何提取关键信息、理解修辞手法、抓住主题等来帮助学生提高阅读能力，课后也仅仅是布置一些阅读理解题来巩固学生的学习成果。但是在接触知识建构的教学理念后，她开始在课堂中放权，让学生来主动建构有关阅读书目里的知识点，她发现，如此一来学生对阅读更加感兴趣了。

在本次课程中，卞老师结合新课标中语文“整本书阅读”任务群要求，引领学生对《了不起的狐狸爸爸》进行整本书阅读。这本书讲述了机智聪明的狐狸爸爸、贤惠的狐狸妈妈和四个可爱的孩子与他们的邻居——三个卑鄙龌龊的饲养场场主博吉斯、邦斯和比恩斗智斗勇的故事。卞老师基于知识建构的十二条原则来设计整本书的阅读计划，首先引导学生通过阅读书名、观察封面插图及浏览目录来提出真实的观点，然后让学生根据自己选择的研究人物分成相应的小组进行讨论交流，最后通过创编歌曲、讲故事表演、制作思维导图等一系列方式巩固阅读成果。这种丰富的阅读体验不仅极大地推进了学生对整本书的深入阅读，也让他们更加深刻地理解故事的主旨：狐狸爸爸了不起在凭借自己机智勇敢、遇事不退缩的精神克服重重困难，不仅用爱和责任心保护了家人，还拯救了受难的小动物。

通过本次整本书阅读课程，卞老师期望学生能够达到以下 4 个教学目标：

（1）梳理清楚人物关系和故事情节，在此过程中感受不同的人物形象。

（2）重点关注对狐狸爸爸的描写，感受其机智勇敢、遇事不退缩积极解决困难的精神。

（3）给学生创设读书交流展示的平台，让学生积极主动地交流读书的感受，分享读书的快乐，在活动中培养他们团结合作的精神。

（4）通过创编歌曲、剧目表演等一系列方式巩固阅读效果，让学生进一步深入领会狐狸爸爸了不起在哪里，是从哪些地方得到展现的。

二、知识建构教学流程

知识建构教学流程如图 1-1-1 所示，卞老师围绕该教学设计，以丰富多彩的形式和一年级的学生开启了《了不起的狐狸爸爸》整本书阅读之旅。

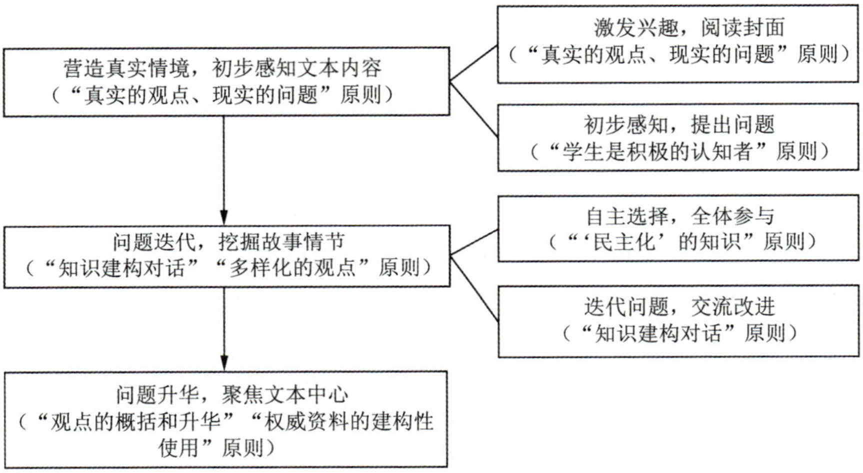

图 1-1-1　知识建构教学流程

（一）营造真实情境，初步感知文本内容

营造一个现实的情境是学生提出问题的起点。卞老师想通过具有反差性的标题和富有趣味的封面插图来引领学生走进《了不起的狐狸爸爸》整本书阅读。

1. 激发兴趣，阅读封面

首先，卞老师让学生齐读书名《了不起的狐狸爸爸》，通过书名就给学生埋下了好奇的种子。一提到狐狸，学生的脑海里会立马浮现《狐假虎威》《狐狸和乌鸦》等故事情节，对狐狸的印象也是阴险狡诈、诡计多端。书名里的形容词却是“了不起”，学生不免会对罗尔德·达尔笔下的狐狸感到好奇。其次，卞老师让学生观察封面插图（图 1-1-2），彩绘的狐狸在学生的脑海中也构建起了初步的形象。然后，结合目录（图 1-1-3），卞老师初步描绘了故事梗概。在一个山谷里，狐狸爸爸、狐狸妈妈和四只可爱的小狐狸过着快乐的生活。然而，三个饲养场场主博吉斯、邦斯和比恩是最卑鄙、最小气的人，他们憎恨狐狸先生从饲养场获取美味的食物，决心把狐狸先生全家除掉。于是，这三个人拿着枪，阴险地等在狐狸先生的洞外，但狐狸先生自有对付他们的妙计！于是，一场智慧和力量的较量开始了……

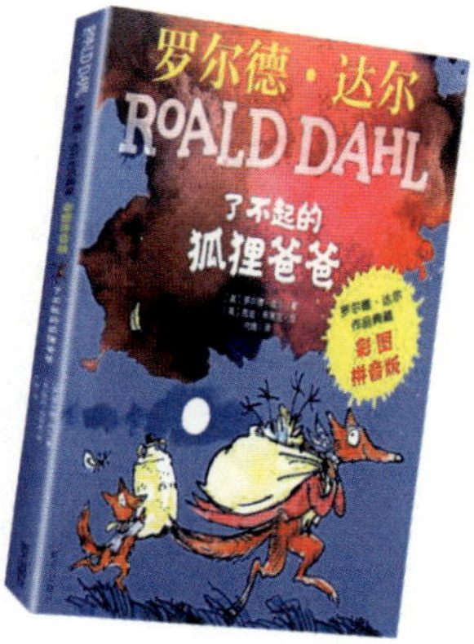

图 1-1-2　《了不起的狐狸爸爸》

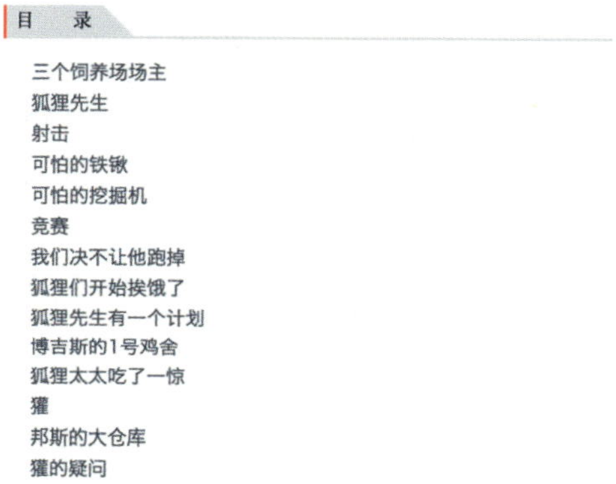
目　录

图 1-1-3　书本目录

2. 初步感知，提出问题

有了前面的铺垫，学生心中也肯定产生了很多问题的种子。这时候，卞老师鼓励每个学生在便利贴上写下自己感到好奇的地方，提出自己的问题。学生在便利贴上提出了很多问题（图 1-1-4）：

“为什么他叫‘了不起的狐狸爸爸’？”

“为什么这个狐狸爸爸这么了不起呢？”

“了不起的狐狸爸爸到底了不起在哪里？”

“狐狸爸爸有多了不起？他叫什么名字？”

“他会干什么？他有几个孩子？”

“狐狸爸爸搞不搞笑？”

“他有孩子吗？”

……

学生会对自己提出的问题更加感兴趣，这能更好地推动他们继续阅读。

图 1-1-4　真实的观点

（二）问题迭代，挖掘故事情节

1. 自主选择，全体参与

全班同学根据提出问题的相似性共同对问题进行归类，大家发现提出的问题主要围绕故事中的人物，因此共分成 4 个问题大组：狐狸爸爸组、狐狸妈妈组、狐狸宝宝组、三个饲养场场主组，同类问题大组下再形成相应的研究小组，每 4 人一组，共有 11 组，组员给各自小组起名字并建立一定的小组合作机制：以小组的形式共同探究本组的问题，小组里的每个成员需要轮流说出自己的发现，其他组员可以进行补充和质疑（表 1-1-1）。在小组讨论期间，教师巡视指导，鼓励引导不善于表达交流的学生参与讨论，营造积极的交流氛围。

表 1-1-1　学生分组情况

问题归类	研究小组名称
狐狸爸爸组	3+1 学霸组、魔法师组、冰墩墩组、雪融融组、彩虹花组、好朋友组
狐狸妈妈组	四小仙组
狐狸宝宝组	小可爱组
三个饲养场场主组	霸王龙组、最帅男团组、小黑鱼组

2. 迭代问题，交流改进

无论学生幼稚的想法、不成熟的理解，还是书本中的概念，在知识建构中，都被视为可以改进的观点。随着阅读的深入，问题的质量也应该得到提高。在卞老师的引导下，学生对自己感兴趣的地方提出了新的问题，大致有如下几个主要问题：挖掘机问题、狐狸爸爸挖的地道问题、狐狸一家的地理位置、三个饲养场场主使用的枪支等。

挖掘机问题：学生敢于质疑，觉得书中插图上画的挖掘机是错误的，他们结合实际生活中观察到的情况，大胆想象画出了自己心目中的挖掘机（图 1-1-5）。

图 1-1-5　学生画的挖掘机插画

狐狸爸爸挖的地道和狐狸一家的地理位置：学生对于狐狸一家住在哪里很感兴趣，对于狐狸爸爸挖的通向三位饲养场场主家的地道非常好奇，于是纷纷画出了自己想象中的地道（图 1-1-6）。

图 1-1-6　学生画的地道插画

三个饲养场场主使用的枪支：书中“射击”这一章节中多次提到猎人拿着枪站在洞口等待狐狸爸爸的出现，班上男同学对猎人们使用的是什么枪支很好奇，对枪的历史与发展、枪的种类和功能等问题产生了探究的欲望，于是纷纷查阅资料（图 1-1-7），男同学的爸爸也加入其中，还和孩子一起动手制作自己儿时玩过的手工枪。男同学还在课堂上展示了各种手工枪（图 1-1-8）。

图 1-1-7　引入关于枪械的权威资料《枪械大百科》

图 1-1-8　展示手工枪作品

首先，小组成员互相交流，并提供改进观点的建议，确定好本组的问题和观点后用海报形式绘制出来。其次，研究相同人物的小组互相交流海报，互相提出意见。最后，研究不同人物的小组互相交流海报，去了解别的小组的观点并发表意见，加深对故事中其他人物的认识。

（三）问题升华，聚焦文本中心

对观点进行概括与升华有助于学生超越琐碎、简单观点的探讨层次，提升知识构建的层次。由于一年级学生的概括与升华能力还不足，因此，卞老师在他们完成观点的碰撞后，有意识地引导大家聚焦大多数人感到好奇的与文本主题有关的问题：“狐狸爸爸‘了不起’在哪里？”这个问题很值得探究，为方便大家交流，卞老师提示孩子们可以从狐狸爸爸的能力、语言、动作、品质，以及其他人对狐狸爸爸的评价等多个角度来分析狐狸爸爸了不起之处，鼓励每个小组学生提出独特的视角。

针对问题，全班形成了一些有趣的观点分类：

观点 1：有的小组从狐狸爸爸的能力、行为进行探讨：会挖地道、将食物分给洞里的其他小动物等。

观点 2：有的小组从狐狸爸爸的品质特点进行探讨：勇敢、爱动脑筋、有担当、爱家人、很聪明等。

观点 3：有的小组从其他人对狐狸爸爸的评价出发，具体观点如下：

狐狸妈妈的评价：书中直接提到的“了不起”共两处（位于第 31 页和第 97 页），这两处有个共同点，即都是狐狸妈妈夸狐狸爸爸“了不起”。

（1）老獾认为狐狸爸爸了不起：他带领大家挖地道有了食物，大家得救了。

（2）狐狸宝宝认为狐狸爸爸了不起：他不怕困难，想方设法解决困难，很勇敢，爱护家人。

（3）宴会上的鼹鼠、兔子等小动物认为狐狸爸爸了不起：他把食物分享给大家，心中想着他人，乐于助人。

（4）狐狸爸爸自己认为自己了不起：他觉得自己很称职，为家人、为朋友付出所有，有担当，像个英雄。

……

学生根据老师提示的角度剖析了狐狸爸爸了不起的地方，并从书本中找到了相应的证据。为了更好地表达观点，学生从书中找到了狐狸妈妈对狐狸爸爸的评价，并以想象中狐狸妈妈说话的语气和动作进行朗读表演。

三、知识建构智慧作品展示

小组成员进行合作，把阅读的成果制作成人工制品与全班共享。

（一）作品呈现的内容（分章节）

小组自行选择这本书中最感兴趣、印象最深的章节内容进行多元化的呈现。

（1）“射击”这一章节的内容（喜欢的小组成员最多——有 5 组：小黑鱼组、魔法师组、霸王龙组、最帅男团组、雪融融组）

（2）“宴会”这一章节的内容（喜欢的小组成员次多——有 2 组：好朋友组、四小仙组）

（3）“邦斯的大仓库”这一章节的内容（彩虹花组）

（4）“三个饲养场场主”这一章节的内容（3+1 学霸组）

（5）“狐狸先生有一个计划”这一章节的内容（小可爱组）

（6）联系图画书《我爸爸》对比阅读发现（冰墩墩组）

（二）作品呈现的形式

各小组以自己喜欢的方式展示阅读成果，学生在准备阅读成果的过程中能更好地体会故事情节发展的脉络与人物之间的关系。

（1）创编歌曲：学生将书中出现的儿歌进行编创，以唱歌的方式展现（图 1-1-9、图 1-1-10）。

图 1-1-9　书中儿歌

图 1-1-10　班级学生创新演唱书中的儿歌

（2）故事表演：学生将故事里喜欢的情节分角色表演，身临其境地感受每个人物形象的魅力（图 1-1-11、图 1-1-12）。

图 1-1-11 学生准备的道具

图 1-1-12 “好朋友组”成员的讲故事表演

（3）哑剧表演：我演你猜，让台下学生猜台上的同学扮演的角色。

（4）思维导图、手抄报：手抄报上的内容表达了学生对《了不起的狐狸爸爸》的阅读体会。为了拓宽学生的角度和视野，卞老师还让大家进行延伸阅读——让他们去找还有哪些“了不起的爸爸”。因此，延伸到同样以“爸爸”为主题的图画书《我爸爸》，联系生活实际，学生制作的思维导图让我们见识到了更多维的爸爸形象。

（5）绘画作品：学生将挖掘机、狐狸爸爸挖的地道（图 1-1-13）等书中所提到的内容以绘画形式呈现，这种具象化的作品可以让学生快速理解故事情节。

图 1-1-13　狐狸爸爸挖的地道

（6）手工制品：学生引入权威资料——《枪械大百科》，将书中出现的“射击”用的“枪”制作出来并展示“枪”的使用动作，这里可以预测未来学生可能对枪支制造的一系列原理进行探究。

四、整本书阅读知识建构的教学反思

以往的学生阅读都是在家长和教师的指引或约束下进行的，学生难以养成良好的阅读习惯。而本节课，卞老师利用知识建构教学策略，富有创造性地让学生通过创编歌曲、表演故事、绘制思维导图等人工制品实现深度阅读。这种教学形式极大地丰富了小学生的阅读方式，不断强化其阅读体验和阅读经验，从而为深层次阅读夯实了基础。

通过此次整本书的深度阅读，卞老师能察觉出学生的表现达到了预期效果，她自己也感受到了知识建构的魅力所在：

首先，创造了开放的班级文化。知识建构教学倡导的安全的环境给孩子们提供了自由交流的氛围，在师生互动、生生互动中，学生的人际交往和沟通能力得到了发展，互相之间也增进了感情，学会了如何与人和睦相处，如何有效进行沟通。

其次，观点的碰撞激发了学生的思辨能力。本次知识建构的阅读活动中，小组成员内经常发生思维的碰撞，学生不仅需要提出自己的思考，还需要认真倾听其他人的观点，有理有据地反驳别人的观点。久而久之，学生就拥有了宝贵的阅读思考力、学习力。

最后，丰富的阅读体验充分激发了学生的阅读兴趣。从个人完成的绘画作品、手工制品、思维导图，再到班级共享的故事表演、你演我猜游戏等一系列的阅读活动，在很大程度上激发了学生的阅读兴趣，促进了他们主观能动性的发展。

当然，整个过程也存在一定的不足和可以改进的地方：

一是学生对自己研究的问题对象不明确。狐狸妈妈组和狐狸宝宝组研究人数较少，学生对故事中的人物没有定位清楚，提出的问题与自己的研究对象没有联系。针对这种情况，教师可以指导他们摘出有关人物的语句并引导他们进行提问；或者可以合并这两组，让他们共同研究狐狸妈妈。

二是没有形成关于社区知识体系的人工制品。卞老师让学生呈现的人工制品是关于各个章节的阅读成果，这些内容比较分散，对于整本书核心内容的理解（也就是形成的社区知识）并没有有效的表现形式。所以，在之后的阅读活动中，可以进一步落实此项活动。

02 案例二

二年级语文《豆蔻镇的居民和强盗》整本书阅读

一、背景

对于二年级的小朋友来说，整本书阅读是一项新鲜而有趣的活动，他们对书中的故事和人物充满了好奇和想象。但是，由于低年级孩子识字量少，阅读能力弱，注意力容易分散，独立完成整本书的阅读有一定的困难，很多孩子往往浅尝辄止，或是走马观花，草草了事。因此，如何引导和激励低年级孩子进行整本书阅读，是一个值得探索的问题。王老师作为一位有着多年传统教学经验的语文老师，在未接触知识建构教学之前，更习惯于按照课本的安排，给学生讲解课文的内容、语言、结构等，让学生背诵课文和诗歌，进行填空、选择、判断等形式的练习，培养学生的基础知识和技能。而王老师在两年多前接触知识建构教学理念后，从刚开始的不理解转变为主动尝试，更好地将知识建构教学与整本书阅读相结合，尽管才两年多的时间，她的教学观念却发生了巨大变化。

在这次课程中，王老师将目光锁定语文整本书阅读，她选择了《豆蔻镇的居民和强盗》作为阅读书目。这本书讲述了一个叫作豆蔻镇的地方被一群强盗入侵后，居民们如何利用智慧和勇气抵抗强盗、保卫家园的故事。王老师采用知识建构教学方式开始了低年级整本书阅读教学的探索与实践，她希望突出“对话”这一教学手段的运用，意在以“人”为本，通过不断迭代的问题和不断生成的观点，引领学生持续深入地开展阅读活动，呈现出卷入式阅读的良好状态。于是，在教学过程中，王老师首先引导学生进行初读感知，大概了解书的内容并提出真实的问题，例如，“你知道什么是豆蔻吗?”“你认为强盗会怎么做?”紧接着，王老师让学生阅读整本书，回答这些问题并在小组和班级中展开讨论。最后，王老师引导学生对主题进行升华，创意表达，完成多样化的人工制品，明白正义、友谊、合作等的意义，将阅读层次从浅层向深层推进。

通过整本书阅读课程，王老师希望学生达成以下 4 个教学目标：

（1）通过讨论，形成对《豆蔻镇的居民和强盗》一书的整体认识，学会关注书中的人物和情节，感受豆蔻镇的快乐与美好。

（2）能说说自己感兴趣的人物或事件，并做简单的评价。

（3）在讨论中，学会倾听、学会表达，培养善于思考、乐于探索的阅读品质。

（4）感受阅读的快乐，培养整本书阅读的兴趣，逐步养成良好的阅读习惯。

二、知识建构教学流程

知识建构教学流程如图 1-2-1 所示，王老师围绕该教学设计，和二年级的学生开启了《豆蔻镇的居民和强盗》整本书阅读之旅。

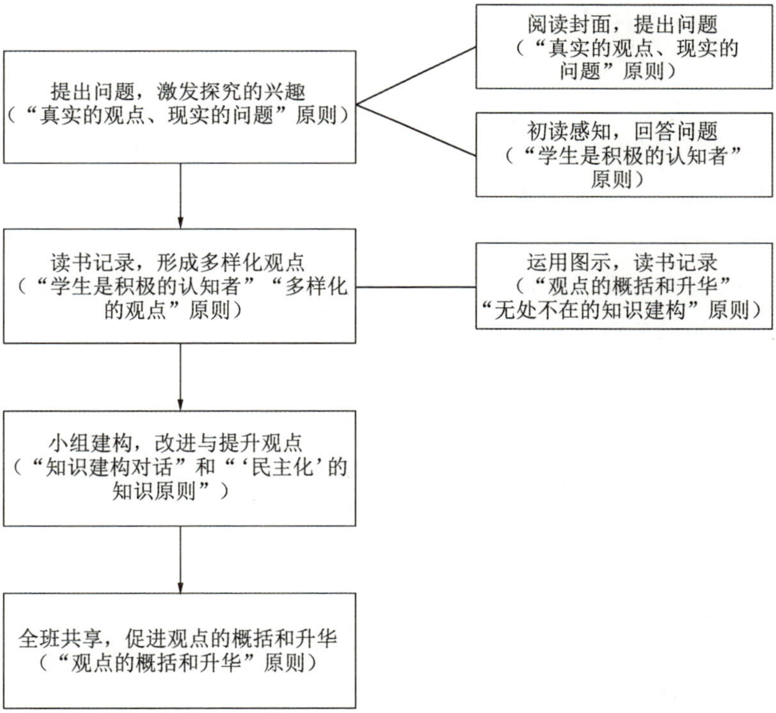

图 1-2-1　知识建构教学流程

（一）第一阶段：提出问题，激发探究的兴趣（1 课时）

现实的问题是知识建构的出发点。王老师想让学生用自己的问题和想法来引领整个阅读过程，于是某一天，她带着一本充满童趣的《豆蔻镇的居民和强盗》走进了教室。

1. 阅读封面，提出问题

《豆蔻镇的居民和强盗》这本书的封面上画着一个神秘的小镇和一群可爱的动物，吸引了学生的眼球。阅读前，王老师先让学生观察封面及一些学生在家读书的照片，提出真实的问题。学生在便利贴上认真地写下了自己的问题：有的关于书中神秘角色的性格，有的关于奇怪事件的原因，还有的关于那个充满谜团的豆蔻镇的背景。主要提出了以下几个问题：

(1)"为什么巴士贤警长总是面带微笑？为什么苏菲姑姑唱的是怒歌？"

(2)"为什么小狗会唱歌？狮子不是吃肉的吗，为什么还爱吃巧克力？"

(3)"豆蔻镇为什么只有一辆电车、一个警察？豆蔻镇在哪里？杜比雅爷爷为什么住在塔上？"

(4)"三个强盗每个人的爱好分别是什么？他们为什么要养一头狮子？三个强盗以后是干什么工作的？"

2. 初读感知，回答问题

王老师鼓励学生的探究精神，她微笑着对学生说："大家围绕着豆蔻镇及镇上的人和动物问了一系列的问题。如果能带着问题去读，去探究，一定会有更多的收获。"她鼓励学生继续探索，看到他们充满兴趣地翻开书本，她的心里也充满了喜悦。王老师知道，这是知识之旅的开始，而每一个问题的解答都是孩子们脑海中新知识的灯塔。王老师作为引导者，根据学生的知识建构情况，适时引导学生进一步思考，持续改进观点。

(二) 第二阶段：读书记录，形成多样化观点（1 课时）

在王老师的课堂上，学生积极参与着关于读书记录的分享活动。他们纷纷拿出自己的读书记录，有的是用文字记录的，有的是用彩笔绘制的生动图画。每个学生都充满了自豪和激情，这也是"无处不在的知识建构"原则的体现。

第一个同学站起来分享了他的读书记录。他描述了豆蔻镇的基本情况及警长巴士贤的善良形象，还提到了一个理发师对三个强盗进行改造的情节。他展示了自己绘制的图画，上面画着小镇的标志性建筑和善良的警长，以及三个强盗接受改造的场景（图 1-2-2）。

紧接着，第二位同学站起来分享了自己的读书记录。他专注于三个强盗的故事，用图画和文字记录了三个强盗从街头音乐家到强盗再到不同职业者的变化。他向大家展示了自己绘制的图画，上面清晰地展现了三个强盗的成长历程（图 1-2-3）。

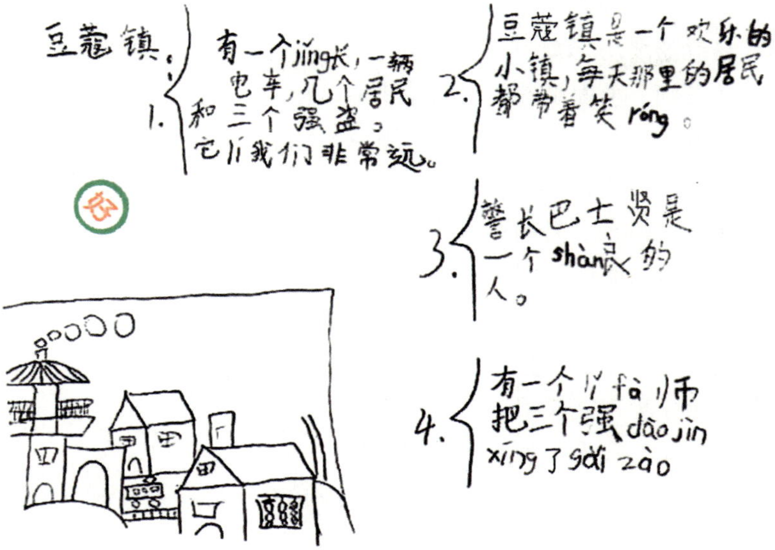

图 1-2-2　学生 1 整本书阅读人工制品

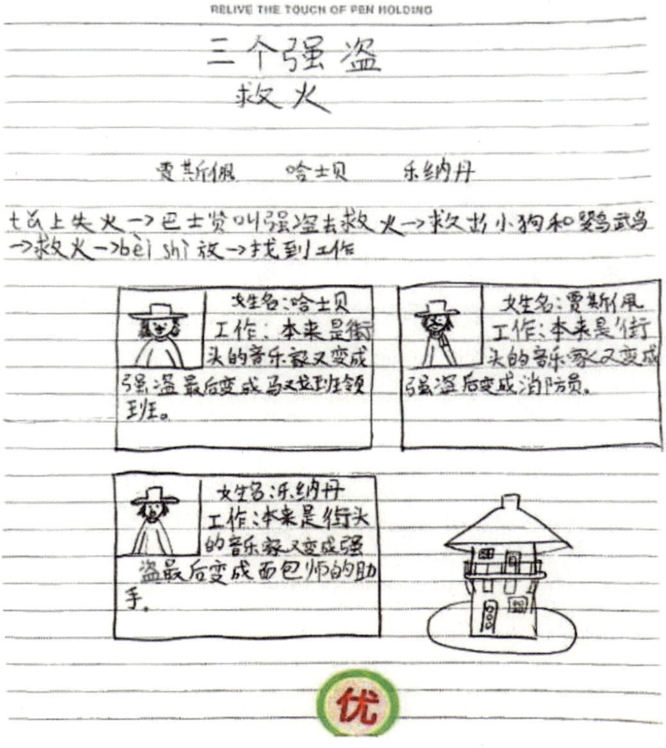

图 1-2-3　学生 2 整本书阅读人工制品

最后一个同学则谈到了苏菲姑姑和三个强盗之间的故事。他生动地描述了苏菲姑姑的严厉形象，以及她对三个强盗改造失败的情况。他展示了自己绘制的图画，上面画着严厉的苏菲姑姑和无法被改变的三个强盗。

王老师鼓励着每个学生的分享，她说："在读书时，你脑海里出现的任何有关的内容都可以记下来。无论是文字记录还是图片记录，都可以记录下你的思考。"她不断激励着学生保持对知识的探索精神。

在学生的自由阅读时间里，他们开始记录新的想法和观点，不断形成多元化的观点。王老师巡视指导，关注每个学生，鼓励他们进一步深入探索书中的内容。她指导学生如何提出更深入的问题，激发他们对故事的兴趣，让每一个学生都能在阅读中收获满满的知识宝藏。

（三）第三阶段：小组建构，改进与提升观点（2 课时）

"知识建构对话"原则支持学生在组内和组间进行观点的共享、解释、质疑、协商，持续改进观点，深化对文本的理解，促进社区知识的形成。随着阅读的深入，很多同学又产生了新的问题。在这一过程中，学生多元化的观点持续提出并改进，王老师感受到学生对整本书的探究越发深入。此时，王老师让学生们 4 人一组，按照以下要求对提出的问题进行整理：

第一步，每位同学将自己提出的问题读一遍。

第二步，思考哪些问题可以合并。

第三步，改进意义不大的问题或直接将其删掉。

第四步，整理出小组的问题。

有意义、有价值、有深度的问题，才能更好地引导学生进行有效的探究和思考。王老师观察到学生都很认真地对自己的问题进行了筛选和修改，使得每个小组都形成了几个清晰而有趣的问题。她让两到三组的学生代表上台展示小组问题，说说本小组整理问题过程中的一些想法。她发现学生都能够用自己的话解释自己提出或修改问题的原因，并且能够听取其他同学的意见和建议。她对每个小组都给予了肯定和鼓励，并适时指导学生进一步完善或拓展自己的问题。随后，各组再次审视自己小组的问题，全部修改好后，粘贴上墙。学生对这些问题进行分类，提炼话题，最终形成各个研究小组（图 1-2-4）。

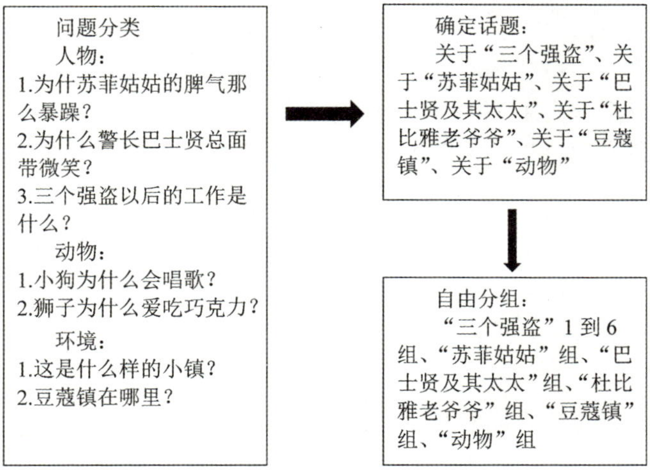

图 1-2-4　问题分类及分组

各话题小组的学生以组长为核心围坐在一起，准备展开讨论。在讨论之前，王老师带领学生们回忆了小组讨论的规则（表 1-2-1）。

表 1-2-1　小组讨论规则

讨论方式	讨论规则
说	1. 大声说话，吐字清楚。 2. 把自己想表达的意思说明白。 3. 大家轮流说。
听	1. 认真听，不东张西望，不做小动作。 2. 不插嘴，有想法要等别人说完再说。

学生展开讨论，王老师巡视指导并评价。

以“豆蔻镇组”为例：

生 1：我们这组讨论的是“豆蔻镇在哪里”这个问题，我认为豆蔻镇在靠近海边的地方，因为插图中有椰子树，而椰子树都是长在海边的。

生 2：我要补充你的观点，热带地区也有椰子树，所以豆蔻镇有可能在热带地区的海边。

师：你们能通过插图来阐述自己的观点，很会观察，作者有没有在书中明确写出豆蔻镇的地址？

生 3：好像没有。

师：那作者有没有什么暗示呢？比如，看到孔雀我们会想到——云南，提到瘦西湖我们就知道是——扬州，听到京剧我们就会脱口而出——北京，书中有没有类似的暗示呢？

生 4：书的开头向我们介绍杜比雅爷爷时，说他是镇上最聪明的人，他最关心的是天气，这里经常下大雨。

生 1：我发现书中的人都很喜爱音乐，理发师是单簧管乐队的头头，杂货店老板是喇叭手，电车司机能编出《杜比雅之歌》，贾斯佩会巴松管，哈士贝会吹笛子，乐纳丹会打鼓，小贾莱娅会弹钢琴，几乎所有人都会唱歌。这个地方的人多才多艺。

生 2：我要补充，这个地方每年还有一次盛大的夏季游园会，就像是过节一样。

生 3：我来总结你们的观点，豆蔻镇这个地方经常会下大雨，这里的人喜爱音乐，多才多艺，这里每年有一次盛大的夏季游园会，几乎所有人都要参加，这个小镇应该靠着热带地区的海边。

师：可是，它究竟在哪儿，我们还是不知道。那，最有可能知道豆蔻镇在哪里的是谁？

生 3：我觉得应该是作者，是他写了《豆蔻镇的居民和强盗》这本书。

师：对了，再去了解了解作者，你们会有更多的发现。

经过讨论和了解，以及对书中的细节进行分析，“豆蔻镇组”的学生逐步改进了自己的观点，得出了这个小镇可能位于热带地区的海边的结论。王老师鼓励学生进一步思考。她引导学生注意书中可能存在的暗示，比如人物的兴趣爱好、年度的活动等。学生开始回忆书中的细节，一个学生提到了杜比雅爷爷对天气的关注，以及该镇居民对音乐的热爱和多才多艺的特点。另一位同学指出每年夏季游园会的盛大活动。通过归纳和总结，他们做出了一个详细的描述，描绘出了豆蔻镇的热带气候、热爱音乐和多才多艺的居民及夏季游园盛会的热闹景象。

王老师引导学生思考作者的角色，指出了作者可能是最了解豆蔻镇所在地的人。学生随即产生了更多的好奇心，他们决定深入了解作者，以获得更多关于豆蔻镇的线索。学生讨论过程如图 1-2-5 所示：

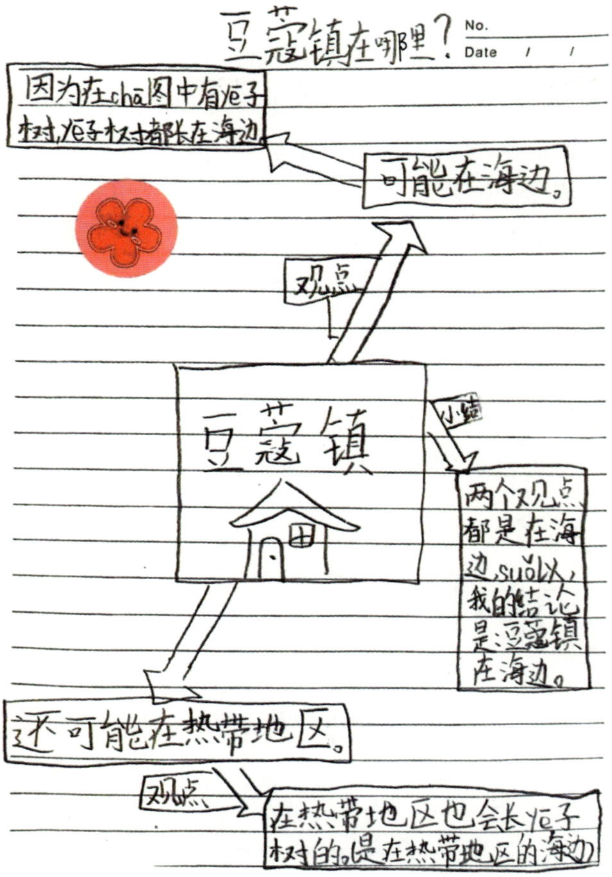

图 1-2-5　“豆蔻镇组”人工制品

（四）第四阶段：全班共享，促进观点的概括和升华（1 课时）

创造性的知识建构需要发展出更具有上位性的观点，这要求学生能够从多样化、复杂化的观点中概括出更高层次的观点，获取“精髓”部分。在对问题进行小组探究后，王老师发现学生对整本书阅读的主题意义、内涵、情感和主旨有了进一步的感悟，各个小组都形成了自己的观点。紧接着，她说：“我们在展示和交流时，要注意用清晰而有力的语言来表达自己的观点和问题，并且要尊重和倾听其他同学的观点和问题，互相学习和启发。”王老师带领学生开展小组之间的交流，各小组将自己的海报张贴到规定的展示区域，派成员轮流在海报前向其他小组的同学做介绍。她发现学生都用不同的方式展示了自己的观点和问题，并且能够用自己的话介绍和解释。她让学生离开位置，自由浏览各小组的海报，展开对话与交流。

王老师观察到学生都很积极地参与展示和交流，并且能够提出有意义和有深度的问题，也能够给出有理有据和有创意的回答。她走到每个海报旁边，认真聆听学生的对话，并适时给予评价和指导。她发现学生不仅能够从故事中找出证据和线索来支持自己的观点，还能够从作者、插画、背景等方面进行推测和分析。

对话一：“动物组”

学生甲：你们凭什么说这个故事是个有趣的童话故事呢？

学生乙：你看，故事中的动物，大象在街上闲逛，有一头象能背起所有的人；狮子不但吃了哈士贝的脚趾，还爱吃牛奶糖、巧克力糖；驴会站在街上发脾气；鹦鹉波利不但会说话，还会唱歌……这些动物都像人一样了，这不就是一个童话故事吗？（图 1-2-6）

图 1-2-6　“动物组”人工制品

对话二：“强盗③组”

学生甲：我们从爱好、生活环境、性格和职业四个方面列出了三个强盗的变化：之前三个强盗喜欢偷东西，爱争吵，还经常闹别扭，后来他们又爱上了演奏乐器；之前他们住的地方完全就是个猪窝，后来他们的居住环境很不错；之前他们好吃懒做、不爱干净、斤斤计较，后来变得爱干净，还乐于助人，爱学习；之前他们做着强盗，后来一个成了消防员，一个成了马戏班领班，还有一个成了面包师助手（图 1-2-7）。

学生乙：你们说的都不错，但我还想知道这三个强盗为什么会发生变化呢？是谁让他们改变了？

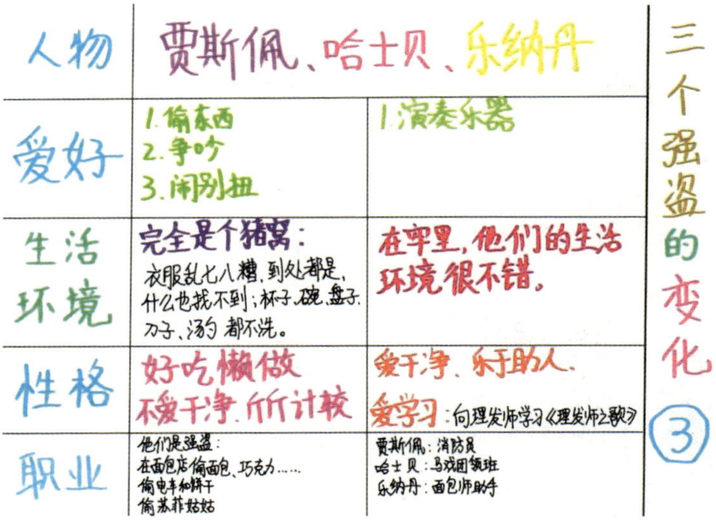

图 1-2-7　“强盗③组”人工制品

对话三：“巴士贤及其太太组”

学生丙：这个问题我们讨论过，请到我们这边来，我们觉得是巴士贤警长和他的太太改变了强盗，巴士贤警长对待强盗很宽容，还有他的太太，真心地关心强盗，不仅为他们提供舒适的环境，还给他们做好吃的，我们觉得巴士贤太太就像是三个强盗的妈妈一样（图 1-2-8）。

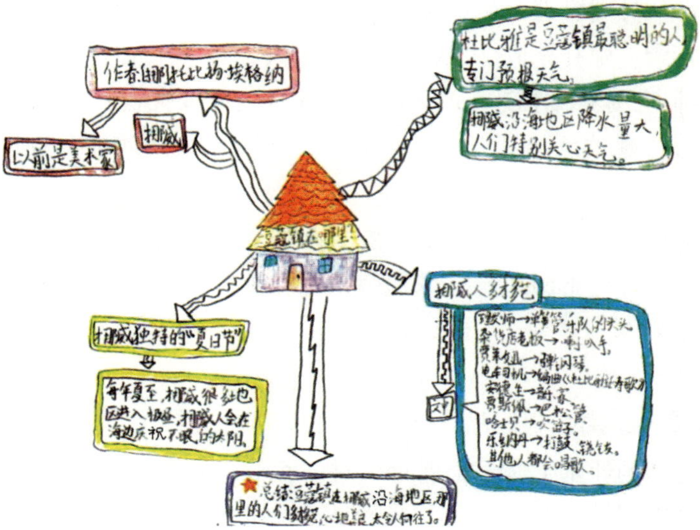

图 1-2-8　“巴士贤及其太太组”人工制品

对话四：“苏菲姑姑组”

学生丁：我们来补充，还有苏菲姑姑也想改变三个强盗，可是她没有成功，因为她脾气太暴躁了，总是用命令的语气和三个强盗说话，三个强盗虽然表面怕她，但并不想听她的（图 1-2-9）。

学生乙：噢，我明白了，要想真正改变一个人，必须是真心帮助他。

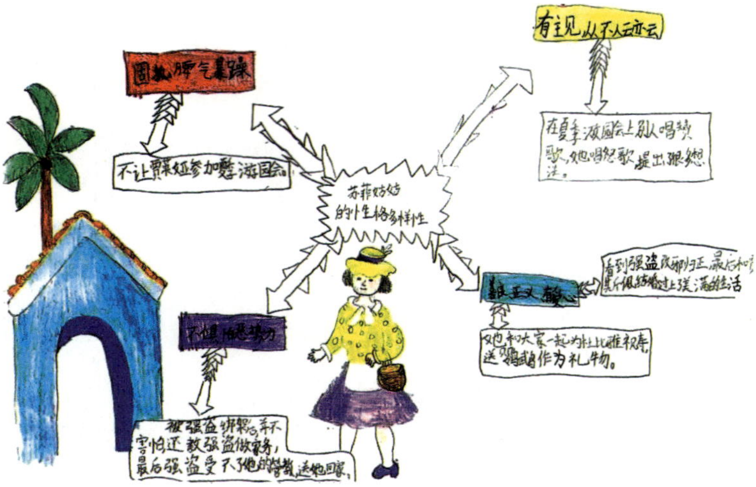

图 1-2-9　“苏菲姑姑组”人工制品

王老师从旁观察着学生的交流，她看到了他们思考的痕迹和对故事深层含义的探索。她补充道：“其实还有一个人也给予了强盗真诚的帮助，那就是理发师。”她详细描述了理发师如何从外表改变强盗，通过音乐来陶冶他们的内心。她的话语让学生更加深刻地理解了故事中内心成长的重要意义。

在交流中，学生渐渐明白了故事中人物关系的微妙和情感变化的重要性。他们在思考中不断成长，像一朵朵正在绽放的鲜花，为整个教室注入了无限的活力。

三、知识建构智慧作品展示

在王老师的课堂上，学生展示了对《豆蔻镇的居民和强盗》的深刻理解。王老师随即让学生自主选择一种人工制品形式表达对这个颂扬友谊、合作和正义的故事的认识和体会。很快，王老师收到了各种各样有趣的人工制品。主要分为以下四种类型：

（一）手工黏土模型

在展示中，学生们用手工黏土制作了豆蔻镇的模型及居民和强盗的形象。他们精心塑造了故事中的各个角色，从警长到强盗，再到小动物，生动展现了书中场景和人物形象，体现了他们对故事情节的深入理解和情感投入（图 1-2-10）。

图 1-2-10 学生手工黏土模型

（二）手绘的地形图与情节图

学生通过精心绘制的地形图（图 1-2-11）和情节图，清晰地展示了豆蔻镇的地理环境、人物关系及故事发展脉络。他们用图示的方式生动地呈现了故事中的重要场景和关键情节，展现了他们对故事背景和情节发展的深刻思考和把握。

图 1-2-11 学生手绘的地形图

（三）创编的剧本

学生进行了《豆蔻镇的居民和强盗》剧本的创作和演绎，他们通过重新编排故事情节和角色对话，展现了对故事主题的重新理解和诠释。他们赋予角色新的表现形式和情感内涵，凸显了对友谊、合作和正义的深刻理解。

（四）戏剧表演

学生精彩地表演了《豆蔻镇的居民和强盗》，他们通过角色扮演和舞台表演，生动地展现了故事中的情节发展和人物关系，同时也传递了对友谊、正义和合作的理解，体现了故事所传达的重要价值观和深刻内涵（图 1-2-12、图 1-2-13）。

图 1-2-12　学生戏剧表演（1）

图 1-2-13　学生戏剧表演（2）

这些作品不仅展示了学生对故事的深刻理解和思考，也体现了他们对友谊、正义和合作的体悟和情感表达。王老师对学生的创意和努力表示了赞赏，并鼓励他们继续用自己的方式探索和表达对故事意义的理解。这些作品不仅是对《豆蔻镇的居民和强盗》故事的再创作，而且是他们真挚情感与丰富创造力的展示。

四、语文整本书阅读知识建构教学反思

王老师运用知识建构教学法，通过自主提问、分组讨论、全班建构的方式引导学生实现深度阅读，明白正义、友谊、合作等的意义。

首先，整个课程的安排兼顾了课内与课外、个人与集体的阅读活动。王老师巧妙地引导学生在课内进行思考和记录，课后鼓励学生自主阅读和整理，使得学生逐渐形成自己的观点。同时，学生之间的互动交流促进了个人观点的升华，有效地促进了集体阅读活动的展开。

其次，课程营造了自由阅读、快乐分享的氛围，鼓励学生发表个性化的见解。王老师没有对学生施加过多的阅读压力，而是鼓励他们根据兴趣自主阅读，从而培养了学生的阅读习惯和能力。这种自由阅读方式使学生能够从不同的角度深入阅读，并形成独特的见解。

再其次，通过整体认知能力的提升，学生的精神世界得到了丰富。课程引导学生走进《豆蔻镇的居民和强盗》，感受到了小镇的快乐和居民的善良，进而培养了学生对文学作品美的感知能力。这种感受不仅仅是对故事情节的理解，更体现了学生对人性和价值观的思考与认识。

最后，在交流中，学生还养成了注意倾听、主动用礼貌用语回应的习惯。学生都乐于表达自己的想法，遵守规则，积极参与讨论，愿意用图画、文字等方式记录见闻、想法等。

王老师认为，此次低年级语文整本书阅读课达到了预期效果，但也存在一些不足，需要进一步改进，以期为后续语文整本书阅读提供启示。这些不足和问题主要体现在以下两个方面。

一方面，未能提供足够的语言支架，导致部分学生在表达自己的观点时遇到困难。这种情况在整体课堂讨论和小组活动中尤为明显。部分学生由于缺乏表达经验或词汇量有限，无法充分表达自己的想法，造成了思想的局限性。

另一方面，未充分利用 KF 平台进行知识建构。KF 平台的应用可以有效记录学生的思考过程，而本次课程实施过程中未能充分利用该平台，未

来王老师可以积极引导学生使用 KF 平台，进行更系统化的知识构建与交流。

总之，基于知识建构理论的低年级整本书阅读，大大降低了低龄儿童识字量少、阅读能力弱、注意力容易分散等因素的影响。在建构性的阅读中，学生对阅读充满了兴趣，在阅读中增加了识字量，提高了阅读能力，注意力更容易集中，核心素养得到了全面提升。

03 案例三

指向实践的单元整体教学解构与设计——四年级上册语文第四单元教学

一、背景

本次参与知识建构教学的单元课教学对象是小学四年级学生。相对于低年级学生来说，四年级学生对在知识建构过程中提出问题、发表观点、深入讨论等方面表现出了比较强的适应能力，并且他们具有一定的信息技术能力，可以较为顺利地在数课平台上发表自己的观点。陈老师是一位教学经验丰富的语文老师，他对语文教材的统整和把控有一定的理解，在接触知识建构理念之后，他发现知识建构理论非常贴合当下推崇的大单元教学趋势，因此他大胆地迈出第一步，把知识建构理念贯穿到大单元教学设计中，取得了不错的教学效果。

本节课的教学内容为四年级上册第四单元，单元主题为“走进神话故事”。编排了 3 篇精读课文《盘古开天地》《精卫填海》《普罗米修斯》和 1 篇略读课文《女娲补天》。通过 4 篇课文的学习，旨在让学生“了解故事的起因、经过、结果，学习把握文章的主要内容。不仅能从神话故事中体会古代劳动人民对自然、对世界的独特理解和神奇想象，还能感受故事中鲜明的人物形象：勇于献身的盘古、坚韧执着的精卫、勇敢不屈的普罗米修斯和甘于奉献的女娲”。

陈老师以这一单元的教学为例，从单元整体教学的视角，运用知识建构理论进行了实践探索。首先让学生从单元整体的角度出发提出真实的问题，例如，“普罗米修斯的肝脏是怎么一遍又一遍地长出来的?”为了引导学生提出更有价值的问题，他让学生首先进行小组讨论，改进自己的问题，然后在一轮一轮的筛选与分类中，找到自己感兴趣的主题进行深入探讨，最后形成有关如何讲好故事等的理论建构。

四年级上册第四单元是一个神话单元，本单元的单元目标共有 3 点：

（1）了解故事的起因、经过、结果，学习把握文章的主要内容。

（2）感受神话中神奇的想象和鲜明的人物形象。

（3）展开想象，写一个故事。

结合课文《盘古开天地》《精卫填海》《普罗米修斯》《女娲补天》、习作和快乐读书吧的学习要求，整合后得出“围绕神话故事，开展读、讲、聊、画、写、演等实践活动”为本单元学习的核心任务。

二、知识建构教学流程

在开展知识建构教学之前，陈老师要求学生先进行词句与诵读等基础知识的训练，为之后的个人知识建构做铺垫。他的知识建构教学流程如图 1-3-1 所示：

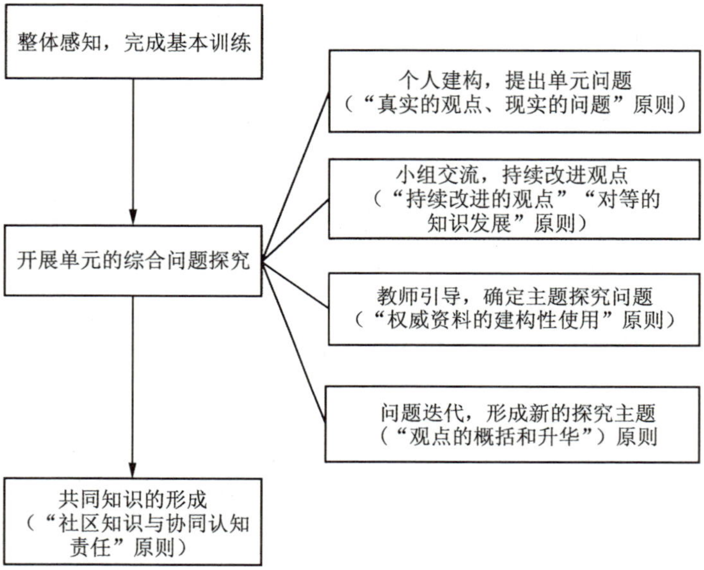

图 1-3-1　知识建构教学流程

（一）整体感知阶段：解决词句与诵读等基本训练

在进入知识建构教学之前，陈老师先带领学生完成以下两项任务的训练：

（1）集中识字。字词是语文学习的基础，任何情况下都不可忽视或轻视。

本单元共需认识 41 个生字，要读准“少”“还”“脏”3 个多音字，学会写 34 个字、27 个词语和 8 个与花卉有关的词语，学会区分“承受”“遭受”“忍受”等意思相关或相近的词。同时，积累“精疲力竭”“气急败坏”“愤愤不平”“惊慌失措”等课文中出现的成语和《语文园地》中补充的 8 个描写人物或故事的成语。围绕以上内容，开展第一阶段的整体感知学习，可以从以下方面展开实践：读课文画字词，读准每一个字音；小组合作，认识并记忆字词；开展过关检测，全面整理字词；指导分类书写，引导学生欣赏。

（2）朗读展示。朗读是把握课文内容、感受神话中神奇的想象和鲜明的人物形象不可或缺的学习方式。围绕朗读，可以先以个人为主体进行展示，重点是小古文《精卫填海》的背诵。而后，与小组其他成员合作，提出疑问，进行补充，完善自我。

（二）知识建构阶段：开展单元的综合问题探究

（1）个人建构，提出单元问题。陈老师在课堂开始之前，给学生营造一个安全的讨论环境。他让学生基于自己在日常生活与学习中看到的、听到的、接触到的已有知识，结合自身认知，提出现实问题。如：

同学们，请提出你们感兴趣的问题……

问题 1：普罗米修斯的肝脏是怎么一遍又一遍地长出来的？

问题 2：女娲杀的大乌龟有多大？

观点和问题的提出是建立在真实情境中的自主探寻之上的。学生最初提出的问题可能会很表面化，有可能会有很多重叠之处，甚至只是从读者主体出发、背离文本主体的无价值问题，但这些都不是最重要的。提出问题和观点本就是学习的第一步。

（2）小组交流，持续改进自己的观点和问题。学生在提出自己的问题后，非常渴望与组员进行沟通交流。为了保证交流更加顺利，陈老师让学生制定小组合作契约：

① 小组的每位成员都要发表自己的看法。

② 看法本身没有对错，要学会接纳不一样的看法，并进行友好讨论……

③ 在班级小组交流的初始阶段，可以使用老师提供的支架，让交流更规范高效。在个人提出观点时，可以从“我的问题……”“我的猜想……”“我观察到……”“我想到……”等方面表述；倾听后发表看法时，可以从“我不清楚……”“我不同意……”“我还不明白……”“我想修改……”等方面表述。

通过引导学生探究，陈老师带领学生找出值得探讨的问题。一般来说把问题分为三类：一类是文字类，这类问题是关于字面意思的提问，可以很快在书中直接找到答案；一类是推断类，这类问题的答案要在书中查找，经阅读分析才能获得；一类是评价类，这类问题的答案书中没有讲得很明了，通常需要自己思索出答案。陈老师指出要引导学生将推断类问题、评价类问题引入小组的讨论范围。如：

① 所有神话故事里的人物都是“好人”吗？

② 外国神话故事都是讲“神仙”的吗？

③ 神话故事一定都是想象的吗？神话和现实有什么关系？

④ 民间故事和神话故事有什么联系与区别？

⑤ 神话创作藏着哪些“密码”？

⑥ 中国神话中的人都在“舍己为人、传递爱心”吗？

⑦ 英雄的特点是什么？神话中，哪些人会被称为英雄呢？

⑧ 神话的末尾（结局）都是圆满的吗？

⑨ 外国神话表达了什么情感？

⑩ 中国神话故事与外国神话故事有哪些相同点和不同点？

⑪ 神话故事和寓言故事有什么联系？

⑫ 阅读神话故事有什么好处（神话故事有什么价值）？

（3）教师引导，确定主题探究问题。引导学生灵活运用权威资料，制作人工制品。结合前期小组讨论交流所呈现的问题特性，陈老师引导学生将问题分成四类——人物、联系、写作、价值，并让学生自由选择感兴趣的小组。

主题	人物	联系	写作	价值
成员				
研究计划				

你想加入或者创建一个什么样的研究小组呢？＿＿＿＿＿＿＿＿＿＿

学生依据一定的小组契约，借助支架，查找资料，展开讨论，在此过程中合理运用权威资料，形成本小组的观点。

知识建构不限于特定的场合或科目，而应遍及校内外的所有生活。随着移动学习的发展，无处不在的知识建构超越时空，成为学生重要的学习方式。在实践研究中，小组成员建立微信群，对本话题展开讨论，打通课内与课外、校内与校外的通道，让知识建构随时发生。

此外，学习共同体中的个体、小组、社区等都需要及时记录知识建构过程中所形成的“观点”，不断地修改、推进观点以形成理论体系。因此，为方便传播和交流新知识，陈老师提出让学生使用中文版的知识建构工具——数课平台，帮助学生轻松方便地浏览他人观点，从而随时改进自己的观点，让讨论的发生更便捷。

在交流的过程中，陈老师发现学生的观点呈多样化发展：学生有的制作思维导图，有的通过视频呈现，还有的用文字叙述……总之，形式不一，形成了本小组特有的学习收获。

如图 1-3-2 所示，人物组经过研究，得出下列观点：

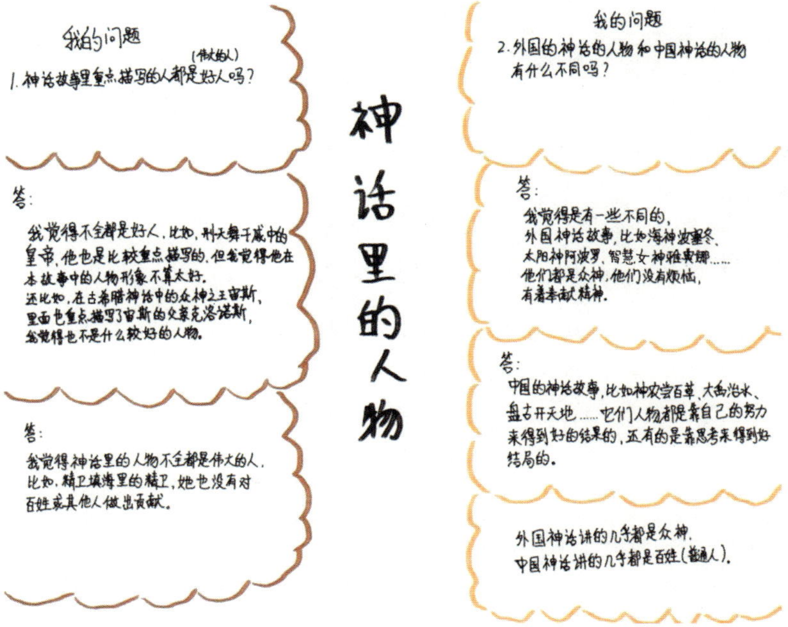

图 1-3-2　神话里的人物

中外神话中的人物有些不同。外国神话故事，比如海神波塞冬、太阳神阿波罗、智慧女神雅典娜……他们身为众神，没有烦恼，有着奉献精神。而中国的神话故事，比如神农尝百草、大禹治水、盘古开天地……人物都是靠自己的努力和牺牲为他人做出贡献。

中国神话中人物有些跟神有关，中国人崇尚自身力量，大多写的是人和大自然的斗争，创造了一个又一个奇迹。外国神话，尤其是古希腊神话，几乎都与神有关，天上的一些神在为凡界的人类造福。说明外国人信仰神，可能跟他们的文化、宗教有关。

……

写作组也不甘示弱，他们在小组建构中，研究了古希腊神话中的人物关系，并绘制了关系图（图 1-3-3）；从故事结构角度，对中外神话进行了分类，并举出了例子（图 1-3-4）。

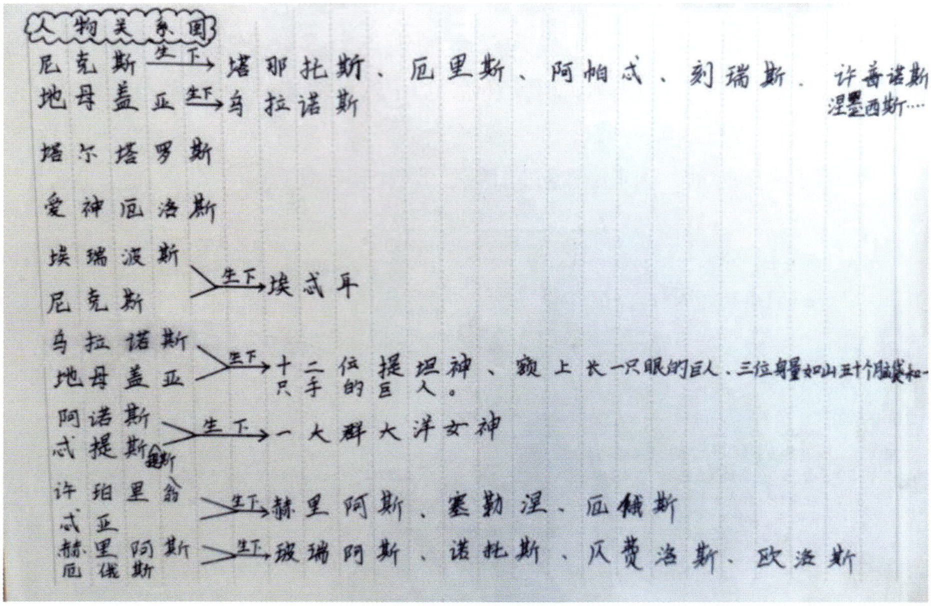

图 1-3-3　古希腊神话人物关系图

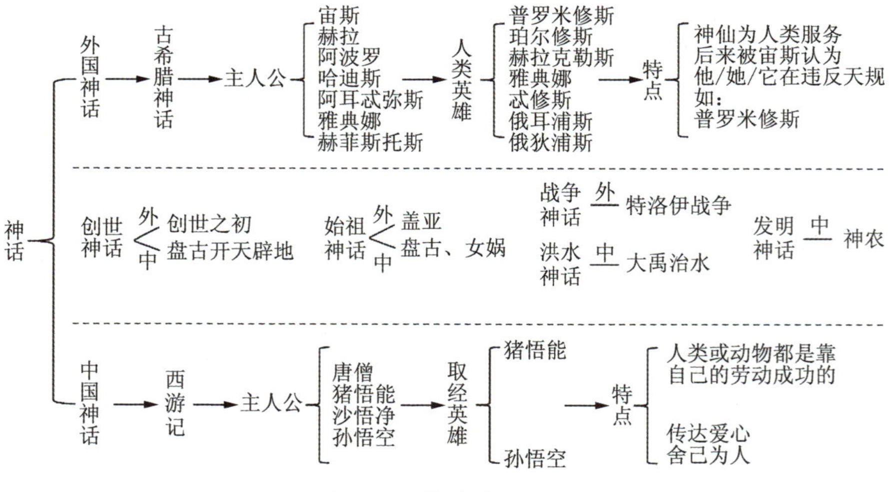

图 1-3-4　中外神话分类

（4）问题迭代和升华，形成新的探究主题，用实践拓展语文学习的深度和广度。小组形成了一定的观点后，利用建构墙，张贴人工制品，全班建构。大家倾听发言，深入思考，形成对原有问题的迭代和升华，进而产生新的观点和问题，如：

① 将《普罗米修斯》和《燧人钻木取火》的故事加以对比阅读，从“火的起源”中可以看出中外神话蕴含的不同文化分别是什么？还能从其他同主题的中外神话故事中有新的发现吗？

② 神话故事可以分为哪些主题？每个主题里有哪些故事呢？

③ 既然神话故事的人物是虚构的，能不能画画自己心中的神话故事人物？

④ 我们可以创造出心中属于自己的神话。

⑤ 我们可以对读过的神话故事进行改编和表演。

……

对问题和观点进行新的分类——对比阅读、主题串讲、绘制人物、故事创编、故事巡演，学生加入喜欢的小组，进行新一轮的主题合作探究学习。

主题	对比阅读	主题串讲	绘制人物	故事创编	故事巡演
成员					
研究计划					

你想加入或者创建一个什么样的研究小组呢？____________________

（三）共同知识的形成

社区公共知识的形成是知识建构的主要目标。在本案例教学中，无论是第一阶段的“人物”“联系”“写作”“价值”等主题研究，还是第二阶段的“对比阅读”“主题串讲”“绘制人物”“故事创编”“故事巡演”等新的主题探究，都需要不断地促进公共知识的形成。在合作探究中，小组不断验证、解决问题、修正自己的观点，形成一定的社区理论。

这一轮的学习结果，给陈老师带来诸多的惊喜。如：

对比阅读组围绕“水”“火”主题展开阅读实践，研读《普罗米修斯盗火》《燧人氏造火》《大禹治水》《诺亚方舟》等作品，比较分析中外神话故事的相同点和不同点，得出小组自己的理论。

故事串讲组分组讲述中外神话故事（图 1-3-5、图 1-3-6），绘制人物组把自己创作的人物绘画和故事与大家分享。同时，全班进行如何讲好故事的理论建构：讲故事不能简单地背诵文稿，要发挥想象力；讲故事要抓住故事的起因、经过、结果……

图 1-3-5　故事串讲（1）

图 1-3-6　故事串讲（2）

故事巡演组的同学进行脚本的创作，利用课间和学校的数课平台开展配乐、道具、台词等方面的讨论，不断形成、完善理论建构（图 1-3-7）。

图 1-3-7　故事巡演

三、知识建构智慧作品展示

已融合到文本内部，此处略去。

四、语文整本书阅读知识建构教学反思

陈老师运用知识建构教学，通过自主提问、筛选问题进行主题探讨等方式，让学生从单元整体角度出发完成神话主题的学习。相对于传统的单篇教学，陈老师基于知识建构理念的大单元教学整体设计和实践，引导学生对《中国神话故事》《山海经》《希腊神话》《中国古代神话》进行比较阅读，通过一轮的筛选观点、提炼主题，到最后小组讨论分析中外神话故事的相同点和不同点，对如何讲好故事的理论进行建构，在很大程度上提升了教学效果，让学生感受到神话想象的神奇，体会到神话人物鲜明的形象，领悟到神话永恒的魅力，在落实课程核心素养培养的同时，也达成培养学生发展核心素养的目的。

值得肯定的是，能明显感受到学生在不断深入地讨论问题。陈老师的课堂充分展现了知识建构教学中观点的发展是持续进行的，他带领学生分析、筛选有价值的问题展开探讨，经过层层迭代，得出他们真正深入思考过的结果。

另外，本节课使用了技术工具——数课平台对剧本创作进行讨论。学生对使用这一学习工具发表自己的观点、点评别人的观点感到新奇、有趣，他们对这种知识可视化的发展过程有着比较大的热情，工具的使用推动了他们更加主动地学习。

从课堂整体来看，也存在一定的不足：

社区没有形成统一的知识体系。每个小组最终都形成了各自的理论，班级获得的知识是割裂开的，一组是分析中外神话故事的相同点和不同点，一组是分析讲好故事的要点等，缺少了组与组之间交流，这是教学设计时没有考虑到的地方。陈老师可以在之后的课堂上设计组间交流环节，丰富最终的社区知识，使每个学生得到共同发展。

04 案例四

二年级语文《日月潭》微型知识建构

一、背景

《日月潭》这篇课文，对于小学二年级的小朋友来说，是一篇开阔视野、增长见识、培养审美情趣的好文章。但是，由于低年级学生的阅读水平有限，对于课文中的一些生僻词汇、复杂句式、隐喻修辞等，可能会感到陌生和困惑，影响他们对课文的理解和欣赏。因此，如何帮助低年级孩子突破阅读障碍，提高阅读兴趣和能力，是一个亟待解决的问题。

高老师是一位有多年传统教学经验的语文老师，接触知识建构教学理念一年多来，经历了从不理解到主动尝试的转变。在之前的传统教学中，她更习惯于按照课本的安排，讲解课文内容、语言、结构等，以及让学生进行背诵、填空、选择、判断等形式的练习。然而，在接触知识建构教学后，她意识到通过激发学生的思维，培养他们的独立阅读能力是至关重要的，她的教学观念也随之发生了巨大变化。

在这次课程中，高老师将目光锁定语文短篇阅读，选择了《日月潭》作为阅读课文。这篇课文描写和赞美了台湾风景名胜日月潭，语言优美、景物形象、感情真挚。她依然坚持采用知识建构教学方式，以“对话”为主要教学手段，以学生为中心，通过迭代的问题和观点，引导学生深入参与阅读，实现更深层次的理解。

在教学实践中，高老师首先引导学生进行初读感知，让他们初步了解《日月潭》的内容，并提出一些贴近实际的问题，例如：“你听说过日月潭吗?”“你认为这个地方有什么独特之处?”接着，她鼓励学生在小组和班级中展开讨论，通过阅读整篇课文回答这些问题。高老师注重引导学生参与互动，以促进他们更深入地理解课文。随后，高老师引导学生逐步将讨论的内容加以升华，鼓励他们通过创意表达（如绘画、写作、手工制作等方式），来展示对《日月潭》主题的理解，以表达对自然风光、文化历史的感悟。通过这一过程，高老师旨在帮助学生理解《日月潭》背后所传达的意义，例如，美丽的大自然、宝贵的文化等，将阅读层次由表层向更深层次推进，深度体验语文学科的魅力。

通过《日月潭》微型知识建构课程，高老师希望达成以下 3 个教学目标：

（1）通过词汇建构，积累、品味文中的好词佳句，感受日月潭的秀丽风光。

（2）深度探究日月潭的历史、美景，以及与其他湖泊的比较等问题，并开展小组“画家乡”内容建构活动，写画结合，提高写作能力。

（3）体会作者对日月潭的喜爱之情，增强认识家乡、赞美家乡的情感，感受祖国大好河山的壮美，培养对祖国的热爱之情。

二、知识建构教学流程

知识建构教学流程如图 1-4-1 所示，高老师围绕该教学设计，和二年级学生开启了《日月潭》微型知识建构之旅。

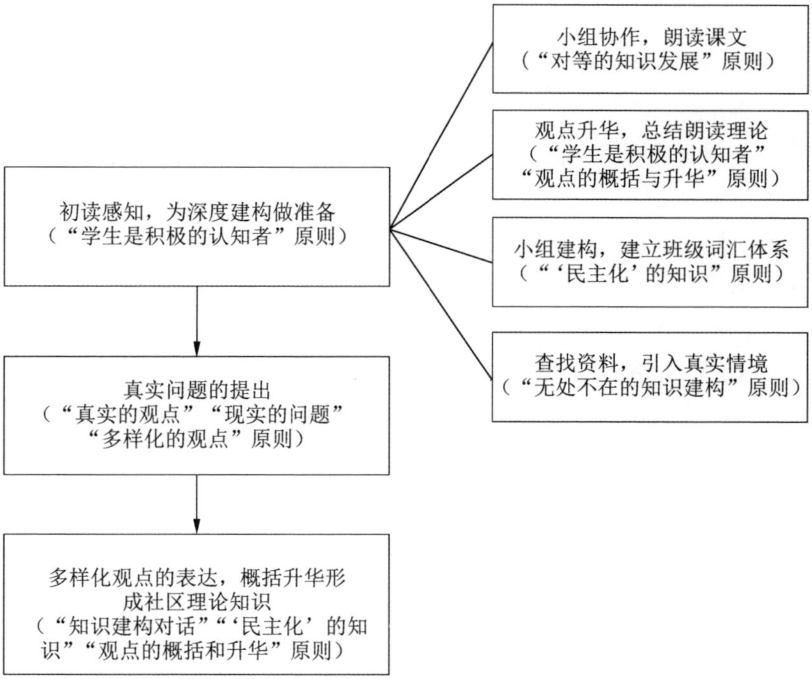

图 1-4-1　知识建构教学流程

（一）初读感知，建构词汇体系，为深度建构做准备

在课程的一开始，高老师创设了这样的情境：“我们的祖国幅员辽阔，

山川壮丽。前几节课，高老师和同学们一起开启了全国各地‘云旅游’，第一站去了鹳雀楼，第二站去了庐山，第三站去了黄山，今天我们的旅游列车即将开往第四站：祖国的宝岛——台湾！”

高老师想让学生用自己的问题和想法来引领整个学习过程。于是，她带领学生朗读《日月潭》，整体感知课文，构建朗读理论，深入体会课文蕴含的情感。

1. 朗读指导：读出日月潭的美

高老师采用协作学习的方式，让学生在小组内轮流朗读，互相纠正。她提醒学生注意情感的表达，尤其是注意在描写清晨、中午、下雨等不同场景时的语调和节奏。通过小组成员之间的合作，学生逐渐领会了如何在朗读中突出日月潭的美。

接着，高老师要求小组代表上台朗读他们在小组中精选的一句话，并分享他们如何诠释这句话，以及如何让其他同学感受到日月潭的美。这样的朗读分享不仅促进了学生之间的交流，还加深了学生对课文的理解。

2. 观点升华：朗读理论的归纳和总结

通过小组的朗读分享，高老师引导学生归纳整理朗读的理论和观点。

清晨：要突出雾的特点，“薄薄的”“隐隐约约”读得轻一点。

中午：音调稍高，突出晴天日月潭的艳丽。

下雨：舒缓、声音较轻，传递下雨时日月潭的朦胧之美。

她鼓励学生思考如何抓关键词语，如何控制语调，以及如何结合自己的想象更好地传递日月潭的美。学生的分享为观点升华提供了丰富的素材，形成了一个多元的朗读理论框架。

A. 抓住关键词语。

B. 注意语调：时而舒缓，时而高昂。

C. 结合自己的想象。

在这个过程中，高老师特别强调配乐齐读，通过音乐的引导，让学生更好地理解和表达课文中蕴含的情感。她注重学生的感性体验，鼓励他们通过配乐齐读来加深对文字美感的领悟。

3. 小组分享词汇建构，建立班级的词汇体系

在课堂中，高老师进一步引导学生进行小组分享，通过交流和讨论，共同建构了与《日月潭》相关的词汇体系（图 1-4-2）。这种合作式的词汇建构不仅有助于学生更好地理解文章，还能促使他们形成对词汇的深刻记忆。

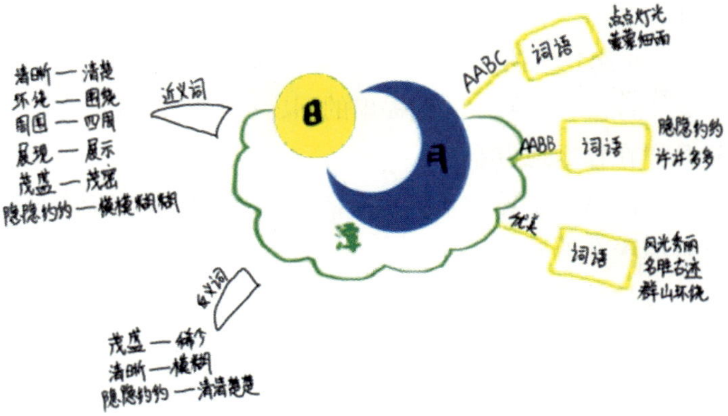

图 1-4-2　学生词汇建构思维导图

通过系列朗读教学，学生对《日月潭》的情感体验和理解逐步深化。高老师充分发挥了学生的参与性，让朗读不再是枯燥的语文训练，而是成为一次美好的文学之旅。这种教学手法不仅提升了学生的朗读技巧，也增强了学生对文学作品的感知和欣赏能力。

4. 分享查找的资料，引入真实情境

高老师安排了学生分享查找到的《日月潭》相关资料。她鼓励学生利用图书馆、互联网等多种资源，查找与《日月潭》相关的资料，如背景信息、地理资料、文化传承、诗句等，遵循了“无处不在的知识建构”这一原则。学生在小组内积极搜寻资料，每个小组选择了一些有趣的信息，并进行了深入的研究。高老师强调了分享环节的重要性，她希望学生通过分享互相启发，丰富对《日月潭》背后文化的认识。

（二）真实问题的提出

现实的问题是知识建构的出发点。在这个教学阶段，高老师希望引导学生提出关于《日月潭》的真实问题，使学习更加贴近生活和实际经验。这一环节旨在激发学生的好奇心，促进他们对课文的深度思考。

通过预习《日月潭》，学生们在个体层面产生了一些关于课文主题的问题。高老师引导学生记录问题，从个人建构走向小组建构，进而走向班级建构，形成社区理论知识。

个人建构：学生独立思考并记录下自己认为值得深入研究的问题。关注哪些问题被提出得更多，哪些问题更有趣、更富深度。

小组建构：学生将各自提出的问题进行汇总和分类，形成不同的问题类别。小组内进行讨论，明确哪些问题更值得深入研究，哪些问题可能需要更多的探讨。

班级建构：小组代表在黑板上用关键词列出问题的类别及其中的主要问题，梳理全班的思考成果。学生提出的问题可归纳为以下几点：

（1）日月潭在什么地方？

（2）日月潭的名字是怎么来的？

（3）日月潭美在哪儿？

（4）谁去过日月潭？

（5）日月潭代表台湾吗？

（6）日月潭与瘦西湖相比哪个更美？

（7）日月潭的水为什么那么美？

……

有意义、有价值、有深度的问题，才能更好地引导我们进行有效的探究和思考。高老师观察到学生都能很认真地对自己的问题进行筛选和修改，每个小组都形成了几个清晰而具有探究性的问题。通过这个环节，学生共同构建问题的类别，为后续的深入研究提供了清晰的方向，使学生在问题构建中逐渐深入了解《日月潭》这一课文。

（三）多样化观点的表达，概括升华形成社区理论知识

“知识建构对话”原则支持学生在组内和组间进行观点的共享、解释、质疑、协商，持续改进观点，深化对文本的理解，促进社区知识的形成。随着阅读的深入，高老师将学生的研究兴趣和思考引向《日月潭》一文的不同方面。她给学生创造了一个安全的环境，学生可以根据自己的兴趣选择研究小组。她鼓励学生多样化观点的表达，让学生在小组合作中深入研究课文，展开多层次的思考和探讨。

1. “日月潭美在哪儿”组

高老师鼓励学生根据问题类别选择感兴趣的问题进行研究。在“日月潭美在哪儿”小组中，学生积极展示各自在课前搜集到的相关图片，并结合课文中的句子进行口头表达。小组汇报时，组长巧妙安排了发言的顺序，确保每位同学都有机会分享自己的观点。这一过程不仅加深了学生对日月潭美的理解，而且培养了学生展示和沟通的能力（图 1-4-3）。

观点的概括环节中，高老师引导学生总结课文对日月潭不同时间景色的描写，如下：

清晨：湖面上飘着薄薄的雾。天边的晨星和山上的点点灯光，隐隐约约地倒映在湖水中。

中午：太阳高照，整个日月潭的美景和周围的建筑，都清晰地展现在眼前。

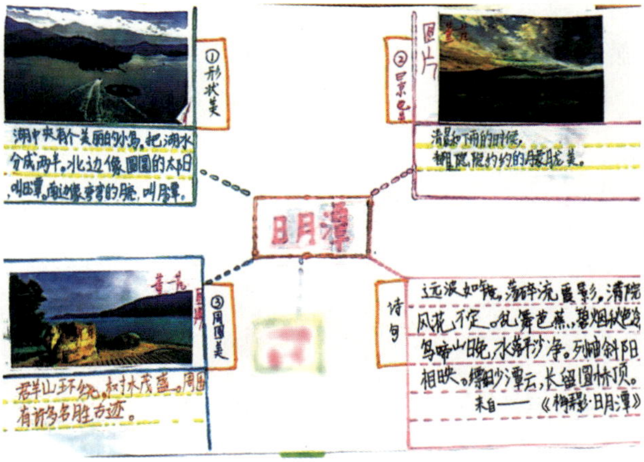

图 1-4-3　“日月潭美在哪儿”组思维导图

雨天：要是下起蒙蒙细雨，日月潭好像披上轻纱，周围的景物一片朦胧，就像童话中的仙境。

清晨的薄雾、中午的阳光明媚、雨天的朦胧，通过这些描写，学生形成了对日月潭美景多样性的理解。

2. “日月潭的历史”组

学生通过阅读查找到的资料，进行归纳整理。他们将相关要点写在小组建构的 A4 纸上，形成了一个简明的历史概览。这有助于学生更全面地理解日月潭背后的文化，培养他们的信息提取和组织整合能力（图 1-4-4）。

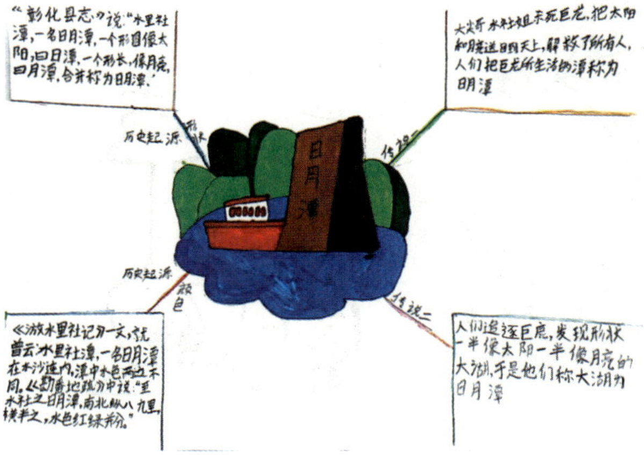

图 1-4-4　“日月潭的历史”组思维导图

3. “日月潭与扬州的湖的比较”组

这个小组将日月潭与扬州的湖进行比较，包括邵伯湖、瘦西湖、高邮湖等。学生通过比较，加深了对日月潭地理特点的认识，同时也拓展了对其他湖泊的了解（图 1-4-5、图 1-4-6、图 1-4-7）。

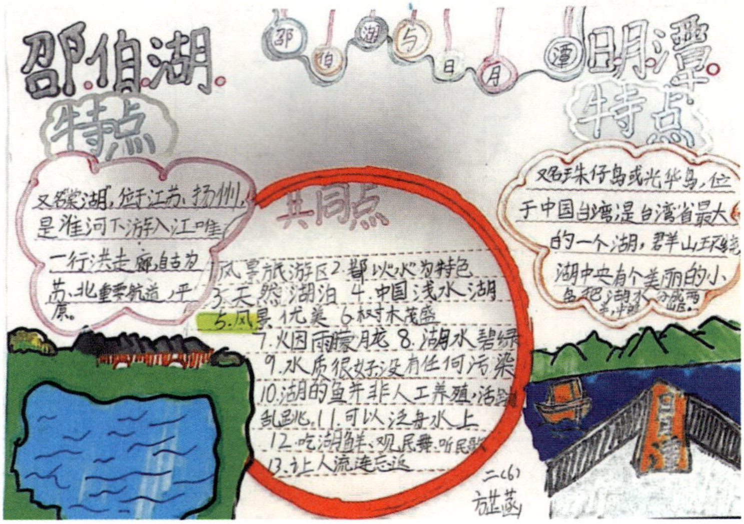

图 1-4-5 邵伯湖与日月潭的比较

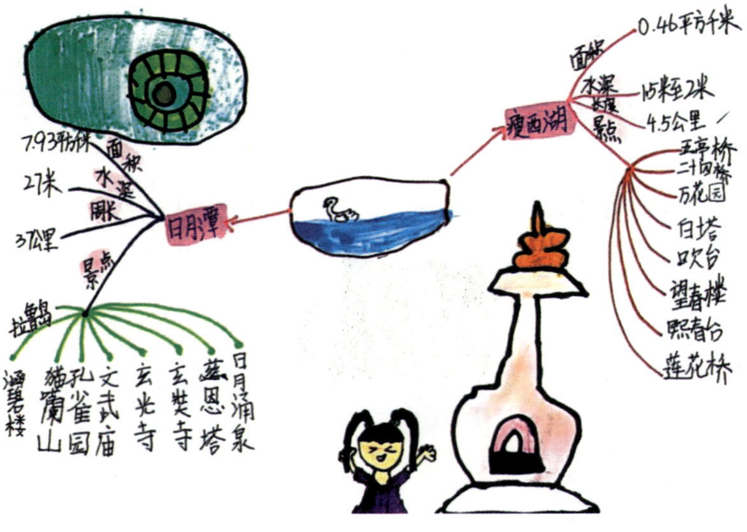

图 1-4-6 瘦西湖与日月潭的比较

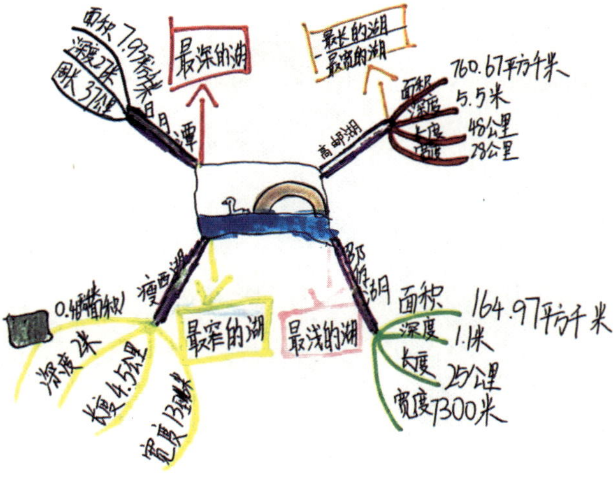

图 1-4-7　高邮湖与日月潭的比较

4. “景点大比拼”组

在这个单元中，学生将前几节课学过的景点（包括鹳雀楼、庐山、黄山），与日月潭进行了比较。这个环节不仅促使学生深入思考每个景点的特点，还培养了他们比较分析的能力（图 1-4-8）。

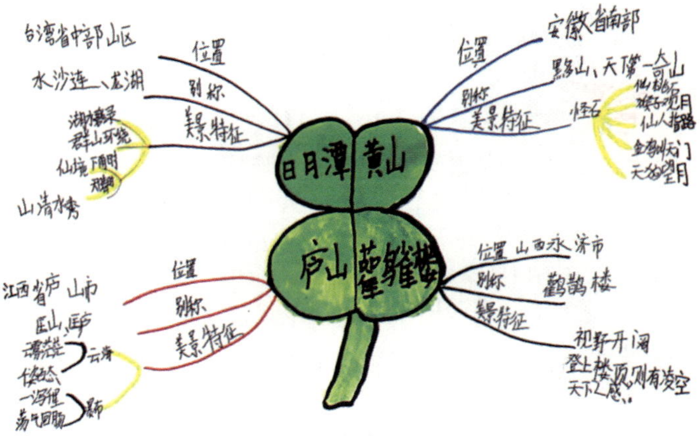

图 1-4-8　日月潭、黄山、庐山、鹳雀楼的比较

5. “我心里的日月潭”组

这个小组通过简笔画的形式表达了对日月潭的印象。这种创作方式不仅锻炼了学生的艺术表现能力，而且使他们更深刻地感受到美景的可捕捉性（图 1-4-9）。

图 1-4-9　“我心里的日月潭”组简笔画

6. “晴雨中的家乡美景”组

学生将日月潭的晴雨不同景色的特点进行总结，并与家乡美景进行比较。这个环节加深了学生对日月潭的气候特点的理解，也让学生更加关注自己身边的美景（图 1-4-10）。

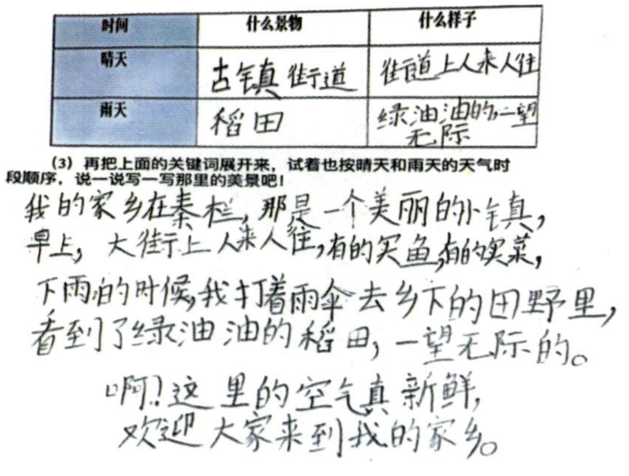

时间	什么景物	什么样子
晴天	古镇 街道	街道上人来人往
雨天	稻田	绿油油的一望无际

（3）再把上面的关键词展开来，试着也按晴天和雨天的天气时段顺序，说一说写一写那里的美景吧！

我的家乡在秦栏，那是一个美丽的小镇，早上，大街上人来人往，有的买鱼，有的买菜，下雨的时候，我打着雨伞去乡下的田野里，看到了绿油油的稻田，一望无际的。啊！这里的空气真新鲜，欢迎大家来到我的家乡。

图 1-4-10　“晴雨中的家乡美景”组人工制品

7. “画家乡”组

学生结合语文园地四阅读《画家乡》内容，进行小组“画家乡”的建构，实现写画结合。这一环节使学生在表达个人情感的同时，也结合了之前学过的课文，形成对家乡的深刻体悟（图 1-4-11）。

我的家乡

我的家乡是一座美丽的小村庄，它没有市区的fán华热闹，也没有城市的高楼大shà，但它有城市没有的新鲜空气和风景如画的田yě。

不知不觉，秋姑娘来了，家乡dào田里的dào子成shú了，它们一个个都笑得乐弯了腰，仿fú在说主人，主人，来收gē我吧！zhěng个田yě都变成了金灿

图 1-4-11　“画家乡”组人工制品

创造性的知识建构需要发展出更具有上位性的观点，这要求学生能够从多样化、复杂化的观点中概括出更高层次的观点，获取“精髓”部分。高老师通过这个多样化观点表达的设计，引导学生从不同角度深入研究《日月潭》，既培养了他们对景点的全面认知，又促进了团队协作和创造力的发展。

三、知识建构智慧作品展示

在《日月潭》课堂上，学生积极展示了对文本的深刻理解。高老师鼓励学生以多元化的方式表达对文本的认知，通过形式各异的人工制品、绘画、故事讲述等，展示对文学作品的独立思考和创意表达。

学生们分成 7 个研究小组，其中之一是“日月潭的历史”组。学生以小组形式创建了思维导图，以系统整理和表达对日月潭历史的研究。思维导图清晰地展现了学生对历史方面的深入思考和全面理解（图 1-4-12）。

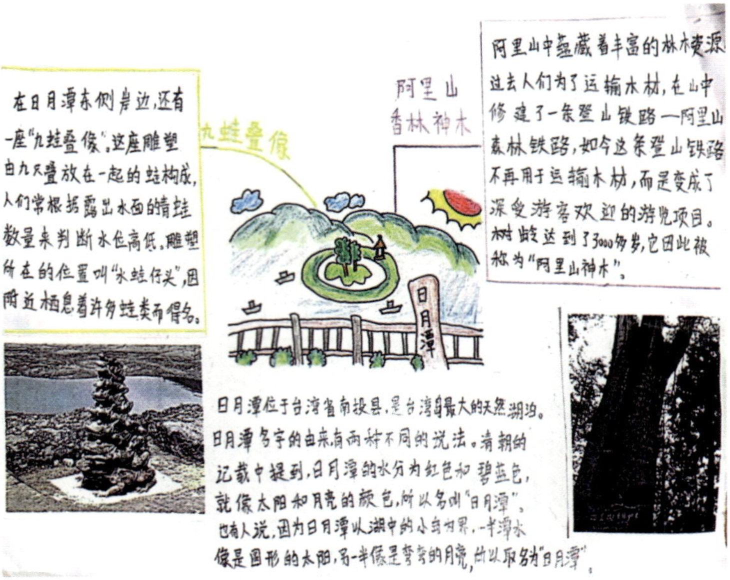

图 1-4-12 “日月潭的历史”组人工制品

从美景描绘、历史沿革、与扬州湖泊的比较、景点大比拼、地理位置、晴雨中的家乡美景、画家乡等不同的角度进行研究，高老师对学生的努力和创意表示了赞赏，并鼓励他们继续用自己的方式探索，表达对文学作品的理解。这一系列多元化的表达方式既激发了学生对文学作品的热爱，又培养了他们的创造性思维，锻炼了他们的团队协作能力。

四、《日月潭》微型知识建构教学反思

高老师运用知识建构教学，通过自主提问、分组讨论、全班建构的方式让学生实现深度阅读，同时建构日月潭的历史、美景、与其他湖泊的比较等问题，并进行小组“画家乡”内容的建构，写画结合，提高学生的写作能力，激发学生认识家乡、赞美家乡的情感，让学生感受祖国大好河山的壮美，培养学生对祖国的热爱之情。

首先，夯实词汇基础，提高读写绘能力。本课的知识建构教学中，高老师让学生对整个第四单元家乡美景的知识进行了总结、回顾、提升及再构，内容上属于“语言文字积累与梳理”和“文学创意与表达”学习任务群范畴。学生在建立词汇体系的过程中积累了好词好句；每位学生的朗读能力在同桌互读、小组讨论如何读好的过程中得到了提高；在分享日月潭相关资料时，知识也得到了拓展；在与家乡的湖进行对比时，对家乡的湖

的知识又进行了深度研究；课文重难点在小组协作学习的过程中得到了突破；在“画家乡”中写作和绘画能力得到了提高。

其次，充分调动积极性，实现审美创造核心素养的进阶。在整个学习过程中，高老师充分调动了学生的学习和生活经验，增强了学生自主阅读的能力。在知识建构的过程中，通过多种途径的合作探究，学生在发表自己见解的同时，不断提高了语言表达能力，强化了词语的积累和应用，同时加深了认识家乡、赞美家乡的情感，感受到祖国山河的壮美，实现了审美创造核心素养的进阶。

高老师认为，此次低年级语文微型知识建构课程达到了预期效果，但也存在一些不足，需要进一步改进，以期为后续语文微型知识建构课程提供启示。这些问题主要体现在以下两个方面。

首先，朗读部分用时过长，重点应放在知识建构部分。教学《日月潭》这篇课文时，第一课时中朗读环节用时过长，导致后面知识建构部分时间较为局促，后续教学应进行调整，在夯实基础的同时，更应注重知识建构过程的生成。

其次，局限于课本，拓展延伸不够。在学生搜集到关于日月潭的一些诗句时，可以和语文园地四的“日积月累”结合起来，二者都是描写景色的诗句，可以放在一起进行朗读品味，也可以引导学生找出一些古诗进行比较拓展，比如苏轼赞美西湖的《饮湖上初晴后雨》，帮助学生更多地积累古诗词。在建构“日月潭美在哪儿”时，学生主要研究的是“课本中描写的日月潭美在哪儿”的建构，是本课的重点，这里需要花一定时间进行研究，解决重难点，但是这里也应该引导学生对“日月潭还美在哪儿”进行建构，比如，日月潭除了早晨、中午、下雨时很美，它还美在什么时候呢？傍晚？夜晚？这里教师可以进行引导。再比如，日月潭景区内有哪些著名的人文景点、游客的感受等。总的来说，不应局限于书本，向外拓展得还不够。

05 案例五

一年级语文《一分钟》教学案例

一、背景

对于一年级九班的学生来说，在知识建构课堂上学习语文课本上的知识是一个新鲜的过程，他们对知识构建这种学习方式充满了强烈的好奇心。从年龄上看，一年级的孩子脱离了幼儿园时期的稚气，真正转变成了一个小学生模样。从知识基础看，他们有了一些字词积累，可以与同伴之间正常沟通，并能顺利提出自己的疑问，这对知识建构教学无疑是有利的。陈老师接触知识建构的时间还不长，理解知识建构的十二条原则并不深入，对其内涵的掌握和应用于教学的掌控还有很大的提升空间。在以往的课堂上，她总是要多次提问学生回答问题，学生很被动，她自己也挺心累。不过，在运用知识建构理念完成几堂课的教学后，她能明显感受到这是以学生为中心的课堂，学生积极主动的状态让她的教学过程也更加顺畅了。

《一分钟》是一篇人文性很强的课文，描写的是一年级学生非常熟悉的日常生活，讲的是主人公元元因为多睡一分钟而带来的二十分钟的迟到、一路焦急的等待和不停的叹息，还有步行的辛苦与迟到脸红的尴尬，以及深深的后悔和宝贵的教训。在本次知识建构教学的课堂中，陈老师首先通过创设现实的情境唤醒学生的生活体验，让学生先自行感受下有没有遇到和元元一样的情况——因为多睡一分钟而上课迟到，以此引发学生提出真实的问题："为什么元元多睡了一分钟，却迟到了二十分钟呢？""元元为什么总是说要是早一分钟就好了呢？"陈老师同时引导学生把便利贴上的问题贴在黑板上。为帮助学生更好地发表观点，陈老师特地设计了语言支架让学生先进行表达训练再回答问题，然后组织学生进行小组建构，并利用思维导图进行展示交流。最后一阶段，从学生发表的观点中升华整篇文章的主旨，让学生懂得要珍惜宝贵的时间、严格要求自己，从而形成班级社区知识。

通过本次基于知识建构理论的语文教学实践，陈老师希望达成以下 4 个教学目标：

（1）能正确、流利地朗读课文，读出元元沮丧、后悔的语气。

（2）通过调研题目“一分钟能做什么”，让学生联系自己的生活体验，初步学习管理时间。

（3）借助“要是……就……”句式，根据课文内容进行简单推断，增强学生的语言表达能力。

（4）通过引入古诗词、名人名言来让学生意识到时间的宝贵，懂得严格要求自己、珍惜时间。

二、知识建构教学流程

本节课的知识建构教学流程如图 1-5-1 所示，陈老师依据此教学设计，带领一年级学生开启了《一分钟》课文的学习之旅。

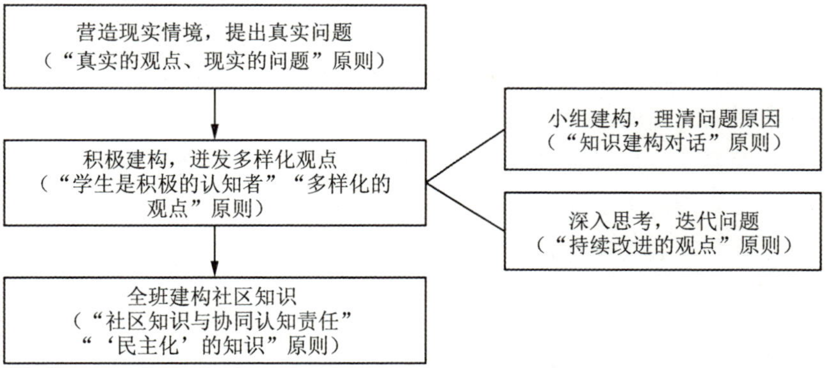

图 1-5-1　知识建构教学流程

（一）营造现实情境，提出真实问题

良好的情境创设是导入知识建构教学的关键点。陈老师通过播放手机的闹铃声“叮铃铃叮铃铃……”并询问“这是什么声音”，让学生回忆起自己早上还在睡梦中被闹铃吵醒的情境。紧接着，通过提问“这是一大早，元元的闹钟响了，元元起床了吗？”来带领学生走入课本内容《一分钟》，看看在主人公元元身上究竟发生了什么事情。

陈老师觉得在阅读课文的过程中肯定会产生很多的疑问，这时候不及时记录下来会很容易忘记。于是陈老师鼓励每个学生边阅读边在便利贴上写下自己不明白的地方，记录好自己真实的问题。学生主要提了以下几个问题（老师出示部分学生写的便利贴给全班进行展示）：

（1）为什么元元多睡了一分钟，却迟到了二十分钟呢？

（2）元元为什么总是说要是早一分钟就好了？

（3）元元为什么赶不上公交车？

（4）元元为什么后悔？为什么叹气？为什么迟到？

（5）一分钟有多长？

（6）元元明天还会多睡一分钟吗？

……

通过展示便利贴，学生可以对比自己的问题与其他同学的不同之处，驱动自我进行下一步思考。

（二）积极建构，迸发多样化观点

1. 讨论准备，提供支架

学生是积极的认知者，在他们自己提出想法的同时也要学会与同伴进行观点的磋商，在交流观点的同时会建立起各种各样的联系，以及产生各种观点冲突。一年级的学生在语言组织与表达方面可能会产生一定的困难，陈老师为了让他们更好地表述观点，提供了以下几个支架进行口语表达训练（根据课文内容说一说）：

（1）要是早一分钟，就能赶上红绿灯。

（2）要是能赶上红绿灯，就……

（3）要是能及时通过路口，就……

（4）要是能赶上公共汽车，就不会迟到了。

2. 小组建构，厘清问题原因

有意识地引导学生积极寻求合作、参与讨论有助于培养他们主动探究的精神，在交流与讨论中碰撞出思维的火花。陈老师先带着全班同学一起筛选出了有进一步探讨空间的问题，然后让孩子们分成 4 人小组进行讨论。

陈老师在巡视的过程中，听到了有的小组热烈的讨论氛围：

生 1：为什么元元多睡了一分钟，却迟到了二十分钟呢？

生 2：因为元元偷懒了。

生 3：因为元元睡懒觉了。

生 3：绿灯变成红灯导致元元没及时通过斑马线。

生 4：那要是她赶上了绿灯，是不是不会迟到了呀？

……

在小组讨论得出结论之后，陈老师要求学生以小组为单位，画出思维导图，要求用思维导图厘清课文中元元迟到二十分钟的原因。将思维导图应用于教学，能够将学生的思维过程清晰地展现出来，将隐性的知识显性化。这样不仅能丰富学生的观点表达方式，还能培养他们的理性思维，从而提高他们的学习能力。

3. 深入思考，迭代问题

随着对课文的深入阅读，学生对“一分钟”这个概念有了新的思考，于是他们提出了新的问题：

一分钟时间长不长？

一分钟能干什么？

陈老师为了让大家更好地探究这些问题，在班上做了个小调研（图 1-5-2）：

研究题目：一分钟能做什么（选择其中一两项试一试，也可以选别的项目）

我一分钟能走（　　）步。

我一分钟能写（　　）个字。

我一分钟能读课文（　　）个字。

我一分钟能跳绳（　　）个。

我一分钟能拍皮球（　　）个。

我一分钟能爬（　　）级台阶。

……

图 1-5-2　一分钟能做什么

学生对自己提出的问题表现出了非常高的积极性，尽管陈老师只要求选择其中一两个填写即可，但几乎所有的学生都把老师提出来的一一做了测试。

紧接着，陈老师要求以小组为单位上台汇报：一分钟能干些什么。

（三）全班建构社区知识

1. 提炼升华观点

社区公共知识的形成是知识建构的主要目标。体会过量化了的一分钟后，学生深深地理解了一分钟看似很短，却又不能小瞧，生活中每一分每一秒都很宝贵，要懂得珍惜时光。大家有了共同的认识后，陈老师引导大家建构社区知识：时间是宝贵的。

为探究古人对时间的认识，学生引入了权威资料来证实这一观点：他们找了许多关于时间的名言：

（1）一寸光阴一寸金，寸金难买寸光阴。

（2）少年易学老难成，一寸光阴不可轻。——朱熹

（3）吾生也有涯，而知也无涯。——庄子

（4）少壮不努力，老大徒伤悲。——《长歌行》

（5）浪费时间是一桩大罪过。——卢梭

……

2. 拓展延伸

元元虽然只多睡了一分钟，但是迟到了二十分钟。生活中许多小事情会带来大问题。于是陈老师让学生说一说有哪些因小失大的事情，他们举出了许多例子：有的说了自己因为贪玩被爸妈罚写作业的事情；有的说了自己在电视新闻中看到的随手乱扔烟头引起火灾的事情；有的说了小区里一位老爷爷因中秋节回老家忘记断电源，电线老化引起火灾，房内煤气罐没有关掉总阀，结果爆炸导致前后两栋楼的窗户玻璃被震破的严重事故；还有的说了有人冬天开着电热毯睡觉（忘记关掉电源）引起家中失火的惨事。

通过元元的迟到延伸到生活中因小失大的事情，陈老师引导学生达成生活中要注意细节这一共识。

三、知识建构智慧作品展示

通过本次课本知识的学习，学生对时间观念有了更深刻的认识。虽然一分钟听起来很少，但是一分钟也能完成很多事情。有时候一分钟的偷懒还会耽误自己之后的行程安排，文中的元元仅仅只是上课迟到，要是以后因为一分钟错过高铁、飞机，会给自己带来麻烦。

陈老师为了让学生重视时间观念，厘清课文中元元迟到的原因，给学生布置了绘制思维导图的任务。如图 1-5-3 所示，学生先提出自己的研究问题：“元元为什么只多睡了一分钟就迟到了二十分钟？”然后分析迟到的原因，给出自己的观点：是因为元元没赶上绿灯导致没有及时通过十字路口，所以错过了公交车。学生也从“低着头”“红着脸”等描写语句感受到了元元的内心世界，体会到元元的后悔之情。通过思维导图梳理了问题的原因，相信学生也能更加厘清问题脉络。

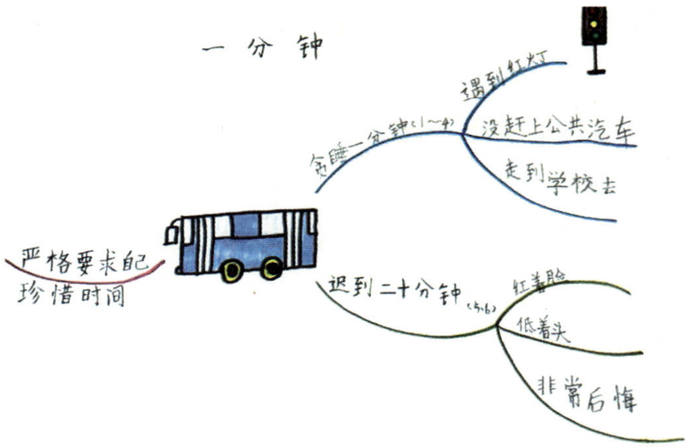

图 1-5-3　分析元元迟到原因

四、《一分钟》知识建构教学反思

陈老师运用知识建构教学，通过创设真实情境、引发学生自主提问、小组合作研究问题、全班建构升华观点的方式让学生完成本节课课文的深入探讨，深入感知一分钟的含义，懂得时间的宝贵并学会珍惜时间。

陈老师发现本节课达到了一些预想不到的效果：

一方面，引入权威资料的过程培养了学生自主积累的习惯。新课标在基础型学习任务群里语言文字积累和梳理部分，提出第一学段就要求学生感受中华传统文化，养成自主积累的习惯。本节课引导学生主动收集“一寸光阴一寸金，寸金难买寸光阴”“少年易学老难成，一寸光阴不可轻”等名言来证实自己的观点，这一举措培养了他们进行语料积累的意识。

另一方面，丰富的表达形式让学生感受到了平等交流的机会。新课标要求学生用口头或图文等方式整理、表达自己在活动中的见闻和想法，本次教学设计的思维导图绘制任务充分贴合了这一理念和要求，学生轮流介绍自己的作品，在民主、平等交流的氛围中快乐地学习知识。

为了更好把知识建构理论融入教学中去，陈老师也进行了以下几点反思：

首先，学生的问题比较局限，不够宽泛。由于之前学生上课是在传统教学形式下进行的，视野不够开阔，思维已经形成定式，局限在一个难以跳出的小圈子里，因此，教师问学生对课文感兴趣的话题或者有疑问的问题时，学生都局限于课本关键词“一分钟”“元元”等内容进行回答，没能跳出课本内容的局限，思维不够发散。针对这种情况，陈老师可以将自己的角色转换为流动小组成员，参与到小组讨论中，适当引导学生发言，启发学生思考。

其次，本节课上学生表达观点的方式比较单一。知识建构提倡多样化的观点，本节课上虽然学生通过图文来展示自己的理解，但是语文教学还是需要重视朗读和语言表达能力，因此陈老师应该建议学生用表演的方式来感知课文内容，从而丰富学习形式。

最后，由于课时限制，研究的问题不够深入。由于时间的限制，学生对问题的研究停留在比较浅的层面，对“一分钟”的理解不够深刻，以及之后对“因小失大”这一问题的本质没有进行深入的挖掘研讨。在以后的课程里，可以合理统筹规划、安排课堂任务，使学生的探究活动更加充分、深入。

06 案例六

五年级语文《羊驼知多少》跨学科知识建构

一、背景

五年级的学生已经有一年多的知识建构学习经验，对知识建构教学的流程和要求都比较熟悉，能够自主地组织和调整自己的学习。他们可以在知识论坛（Knowledge Forum）平台上积极地提出问题、分享观点、参与讨论，展现出了良好的学习态度和合作精神。季老师是这节课的执教老师，她是一位有着多年传统教学经验的语文老师，在未接触知识建构教学之前，她更倾向于用讲授和演示的方式来传授知识，强调结果而非过程。在接触知识建构教学理念后，季老师开始尝试改变自己的教学方式，从主导者变成引导者，从提供答案变成提出问题，从关注结果变成关注过程。她在这节课中设计了一个跨学科知识建构主题《羊驼知多少》，旨在让学生从不同的角度和领域来探究羊驼这一话题，激发他们的好奇心和创造力，培养他们的跨学科思维能力。尽管季老师对于知识建构还在不断尝试的过程中，但她已经意识到了知识建构教学与传统教学的不同之处，以及知识建构教学的优势所在。

在此次跨学科知识建构课堂上，季老师将课程聚焦在了羊驼这种可爱的生物身上。她充分利用学校“动物园区”的资源，引导学生通过观察羊驼、小香猪、梅花鹿、黑天鹅和小兔等动物，展开跨学科学习的探索之旅。在课程中，学生不是简单地观察动物，而是通过自己的思考和探究，以书面或口头的方式呈现出自己的观察和发现。季老师将学生带入了一个充满奇妙和发现的知识世界，让他们在实际观察和探索中建立起对多个学科知识的深度联系，激发了他们的探索精神和学科专家思维。整个教学过程分为形成真实的问题情境、个人建构、小组建构和班级建构四个部分。首先，季老师带领学生参观校园的动物天地，形成真实的问题情境，学生不断提出自己真实的问题。其次，在个人建构阶段，学生通过个人的观察和思考，尝试构建起对羊驼及其他动物的认识体系。再其次，进入小组建构环节，学生以小组为单位，分享彼此的观察和发现，通过互相讨论和交流，逐渐形成了更为全面和深入的知识结构。最后，在班级建构阶段，学生共同讨论、分享各自的发现和思考，从不同的角度深入探究羊驼及其他动物的生态习性和生存环境，进一步增强了对跨学科知识的理解和应用能力。这样的教学过程让学生在合作中成长，在思考中探索，在交流中共同进步，彼此激励，共同构建起丰富多彩的知识建构之旅。

本主题以所跨学科的课标为起点，打破“语文”“劳动”“美术”三门课程原有的体系结构，以现实观察到的动物，联系生活实际，构建跨学科课程内容，建立全新的主题体系。各学科希望通过本节课达到如下目标：

语文：

（1）通过观察，口语表达对羊驼的了解。

（2）根据羊驼的特征，对研究的方向进行分类。

（3）描述羊驼的生活习性、食物偏好、疾病预防、繁殖生育等需要的条件。

劳动：

（1）尊重劳动，尊重普通劳动者，初步形成热爱劳动的态度。

（2）初步体验简单的种植，能规范地使用常用的劳动工具，对劳动过程中遇到的问题具有好奇心和探究欲望。

美术：

（1）根据学习、生活中的任务情境，使用恰当的美术表达方式画出满意的绘画作品。

（2）联系生活实际，发挥想象力，用黏土等道具制作出关于羊驼的美术手工作品。

也就是说，通过此次跨学科知识建构课程，季老师希望达成以下两个主要的教学目标：

（1）通过跨学科教学让学生认识动物的结构特征与生活习性，培养学生的实践能力、合作能力、创新能力、表达能力、审美能力等。

（2）以实际行动关爱动物，激发学生热爱生命、保护生命的情感，学会与动物和谐相处。

二、知识建构教学流程

知识建构教学流程如图 1-6-1 所示，主要包括四大部分，分别是形成真实的问题情境、个人建构、小组建构及班级建构。季老师围绕该教学设计，和五年级的学生们开启了跨学科学习的探索之旅。

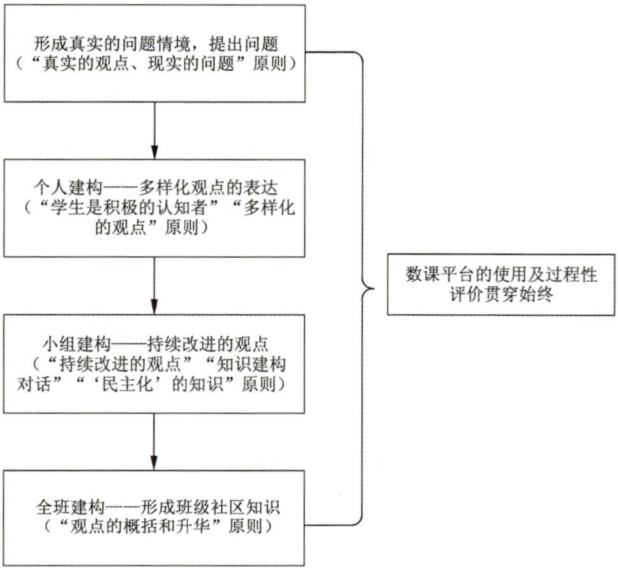

图 1-6-1　知识建构教学流程

（一）形成真实的问题情境

在一个阳光明媚的早晨，季老师决定带领学生走进校园里的动物天地，展开一场与自然亲密接触的探险。这次活动的焦点是一只温和可爱的羊驼，宛如校园中的小仙灵。季老师细致入微地引导学生，带领他们近距离接触羊驼，将学生带入真实的情境，去发现真实的问题。同时，季老师引导学生用不同的词汇来形容羊驼，这也为语文写作要求做了铺垫。学生兴奋地围着羊驼，对羊驼进行了细致的观察，积极地研究其特点和习性，并提出了很多问题。

回到教室，季老师运用视频回顾巧妙地将学生带回动物天地。屏幕上，羊驼的形象活灵活现，仿佛在重新演绎它们的生活片段。这样的回顾不仅加深了学生对羊驼的印象，更激发了他们的共鸣。

（二）个人建构——多样化观点的表达

1. 汇总学生自主研究兴趣

上一节课，季老师带领大家一起去参观了羊驼的家，很多同学当时内心非常激动，因为大多数学生都是第一次近距离接触羊驼。对于羊驼，每个学生都在心中埋下了研究的种子。季老师问：“对于羊驼，你产生了哪些研究兴趣呢？”学生纷纷举手发言，积极表达自己的观点，如图 1-6-2 所示。

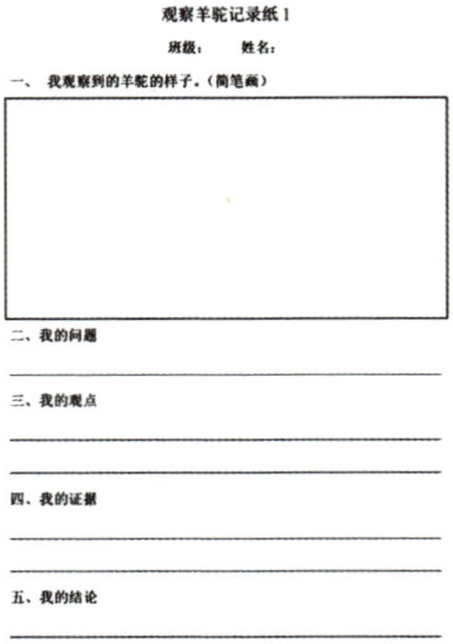

观察羊驼记录纸 1

班级：　　姓名：

一、　我观察到的羊驼的样子。(简笔画)

二、我的问题

三、我的观点

四、我的证据

五、我的结论

图 1-6-2　学生提出的问题

学生 1：我想给羊驼设计一个新家。

学生 2：我好奇羊驼的疾病治疗与研究。

学生 3：我想知道羊驼的生活习性。

学生 4：我想知道羊驼一胎可以生几个宝宝。

学生 5：我想知道怎么分辨羊驼的公母。

学生 6：我很好奇羊驼为什么要吐口水，这是有什么原因吗？

……

2. 使用数课平台

数课平台提供了一个公共的合作空间，实现知识的可视化。学生和教师可以围绕一个主题发表自己的观点和评论，也可以借助图片、视频等多媒体资料丰富自己的观点，还可以看到其他人的观点和评论，与他人进行互动和交流。在这个过程中，学生不仅可以建构自己的知识，还可以发现新的问题和观点，激发自己的好奇心和创造力。例如，在本节课的羊驼主题中，学生可以在数课平台上提出自己想要了解的问题，比如："羊驼为什么要吐口水，这是有什么原因吗？""羊驼一胎可以生几个宝宝？""怎么分辨羊驼的公母？"学生也可以在数课平台上分享自己的观点，比如"我觉得羊驼是一种很聪明的动物，因为它们可以通过吐口水来表达自己的情绪""我觉得羊驼是一种很可爱的动物，因为它们的眼睛很大，毛很软，嘴巴很有趣"等（图 1-6-3）。

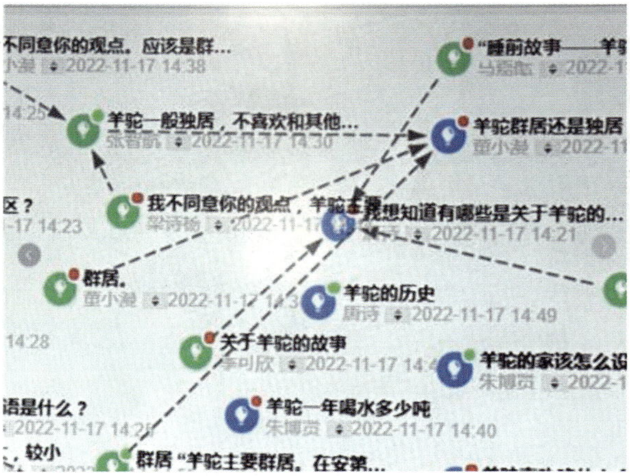

图 1-6-3　数课平台上的羊驼主题讨论

（三）小组建构——持续改进的观点

（1）季老师在羊驼主题的教学中，采用了知识建构对话原则，鼓励学生在学校和家庭环境中进行小组建构。学生以羊驼为主题，不仅分组在学校展开合作，还与父母在家里展开小组建构。他们展示了由自己制作的羊驼相关人工制品和学习成果。对这些成果的讨论和分享，促使学生找到志同道合的小伙伴，有助于激发他们对羊驼主题的深入探究。

（2）分组后，教师出示班级建构出来的讨论要求：

① 推选组长，组长带领组员进行讨论。

② 鼓励每位组员进行分享和说话。

③ 讨论出一个汇报方式。

④ 形成观点，梳理观点。

⑤ 组长分配时，尽量将相同学科的内容进行整合，兼顾到不同的学科。

（3）教师巡视，参与讨论，给出建议，时间控制在 5 分钟。

季老师采用知识建构理论，让学生利用数课平台在互联网上自由提出问题并形成观点，这样学生的思维容易发生碰撞，也能形成知识交流。对研究兴趣进行归纳与分类，能让学生效率更高地对研究对象进行更深入的探索。过程中，引入跨学科学习，让学生在搜索数据、查找权威资料的同时，带入英语、数学、美术、科学、音乐等学科的内容，实现了内容上的交互（图 1-6-4）。

图 1-6-4　小组建构

随着观点的不断改进，学生小组的升华观点最终以概念性制品的形式呈现出来。知识建构强调集体认知责任，此时教师采取策略——每位同学用不同颜色的笔进行绘制，学生的作品如图 1-6-5 所示：

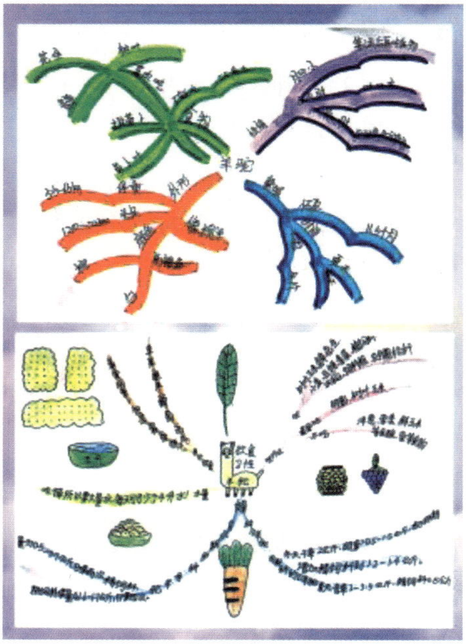

图 1-6-5　学生的人工制品

在小组建构过程中，过程性评价主要采取教师评价、同伴互评的方式。在小组交流与协作过程中，为了更好地促进学生集体认知责任的发展，促使学生在协作过程中发挥最大的积极性，提供小组分工表及评价。教师评价在这一过程中主要采用数课平台上内嵌的许多评估评价功能。整个过程中，学生不仅仅展示了他们的学习成果，更通过持续的观点共享、解释、质疑和协商，不断改进自己的观点，从而形成了更加丰富和深刻的羊驼主题社区知识。

（四）全班建构——形成班级社区知识

首先进行了小组汇报，在汇报之前，全班共同建构出小组发言的规则：其他同学的建议，记录员要记录；汇报发言时间不得超过 5 分钟，要言简意赅；等等。知识建构理论强调学生是积极的认知者，只有共同建构出的规则，学生才能更好地遵守，互相监督，共同营造知识建构文化氛围。

于是季老师组织学生，展开精彩的成果汇报。

（1）教师出示汇报要求。

① 声音响亮，落落大方。

② 思路清晰，语言通顺。

③ 内容形式不限制，可以多样。

（2）教师再出示观众要求。

① 认真倾听。

② 保持安静。

③ 给予掌声。

（3）分组上台进行汇报展示，形式由学生自己决定（图 1-6-6）。

图 1-6-6　小组汇报展示

汇报完成后，季老师组织学生将自己小组的作品张贴到班级的墙上，学生可以自由行走查看其他小组的作品并提出建议与想法，实现组间交流的最大化。同时，学生在数课平台上发表、记录自己的想法，实现知识的可视化，共同推进社区知识的发展。最后，学生以一篇说明文的形式总结了该主题的学习成果。

在全班建构过程中，过程性评价主要采用教师评价、同伴互评及自评的形式对小组的成果进行点评，方便学生进行反思与改进。

三、知识建构智慧作品展示

在季老师的课堂上，学生展示了对《羊驼知多少》的跨学科知识建构学习成果。季老师随即让学生自主选择一种人工制品形式表达对羊驼的认识和体会。很快，季老师收到了各种各样有趣的人工制品，主要分为以下两种类型：

（一）思维导图

在展示中，学生用思维导图的方式展示了“羊驼的家”的概念和内容。他们用不同的颜色和形状来表示“羊驼的家”的不同方面，如地理位置、气候条件、食物来源、人文环境等。他们用箭头和标签来表示“羊驼的家”的不同层次和关系，如“羊驼的家”的特点、优势、问题、解决方案等。他们用思维导图的方式清晰地呈现了“羊驼的家”（图 1-6-7）的全貌和细节，还有的学生研究羊驼的疾病方面的内容，并绘制了思维导图，体现了他们对羊驼的深入理解和思考。

图 1-6-7　学生绘制的思维导图

（二）说明文

学生用说明文的方式介绍了羊驼的各种知识和信息。他们用简洁明了的语言和逻辑清晰的结构来阐述羊驼的形态特征、生理结构、生活习性、食物链位置、适应环境等科学知识，羊驼的经济价值、产品用途、饲养方法、保护措施等劳动知识，以及羊驼的历史渊源、文化意义、民间传说等文化知识。他们用说明文的方式全面而有趣地介绍了羊驼的各个方面，展现了他们对羊驼的跨学科知识的掌握和运用。这些作品不仅展示了学生对《羊驼知多少》的跨学科阅读的深刻理解和思考，也体现了他们对羊驼的多元知识和价值的体悟和情感表达。季老师对学生的创意和努力表示了赞赏，并鼓励他们继续用自己的方式探索和表达对羊驼意义的理解。

四、《羊驼知多少》跨学科知识建构教学反思

季老师运用知识建构教学，通过营造真实的问题情境、个人建构、小组建构、班级建构的方式让学生实现跨学科知识建构学习，了解羊驼的结构特征与生活习性，联想自己对羊驼的观察研究，体会羊驼与人类的关系，激发学生热爱生命、保护生命的情感，学会与动物和谐相处，并学会写作说明文。

季老师认为，此次《羊驼知多少》跨学科知识建构课程达到了预期效果，但也存在一些不足，需要进一步改进，以期为后续跨学科知识建构教学提供启示。这些问题主要体现在以下方面。

首先，未能提供足够的语言支架，导致小组交流展示的过程中容易出现卡壳现象。语言支架是指教师为学生提供的一些语言提示、范例、模板等，可以帮助学生用正确的语言表达自己的观点和想法。在跨学科课程中，语言支架尤为重要，因为学生需要用语言来整合和呈现不同学科的知识，这对他们的语言能力提出了较高的要求。季老师在课前没有为学生准备一些语言支架，比如一些常用的句型、词汇、连接词等，让学生在小组交流展示时可以参考和借鉴。这导致了学生在表达时经常出现语言不通顺、不准确、不完整的情况，影响了他们的交流效果和自信心。在今后的教学中，教师应该注意提供一些适当的语言支架，帮助学生提高语言表达的能力和质量。

其次，本次课程未能准备权威资料供学生阅读。权威资料是指一些来自正规的出版物、权威机构、权威专家等的资料，具有较高的可信度和参考价值。在跨学科课程中，权威资料既是学生获取和建构知识的重要来源，也是学生评价和判断信息的重要依据。季老师在课前没有为学生准备一些权威资料，比如一些关于羊驼的科学书籍、百科等，让学生在阅读时可以获取更多的信息，也可以对比和分析不同的观点和证据。这导致学生获得的资料较为杂乱，只从周围的事物出发，不仅缺乏更多的视角和深度，也缺乏对信息的批判性思维和评价能力。在今后的教学中，教师应该注意提供一些权威资料，帮助学生拓展阅读的广度和深度，也培养学生的信息素

养和判断力。

最后，对于说明文的社区理论知识的建构还不够完善。说明文是一种用来介绍事物的特征、原理、过程、方法等的文体，它的目的是让读者清楚地理解事物的本质和规律。季老师意识到学生在社区知识建构的过程中，对说明文体的理解还不够全面。

总之，通过一系列的课程，学生对羊驼展开了深入的研究。课程结合五年级语文上册第五单元的教学目标，以对羊驼的观察研究为例，鼓励学生寻找自身感兴趣的事物进行写作。说明文的严谨性和科学性必须建立在充分了解的基础之上，而知识建构的教学模式正好可以协助本单元的主题得到升华，最后让学生进行习作展示，也能调动学生端正态度、认真写作的积极性。

第二单元

数学知识建构案例

单元导言

基于知识建构理论的小学数学教学要求教师能够以创造性的方式教授数学概念，引导学生建构知识，让学生积极参与活动，并鼓励学生在社交环境中表达和探究自己的观点与想法。这些要求可以促进学生全面的数学知识与技能的发展，并促进学生思维能力、交流合作能力与创新素养的提升。

我国数学教学具有高度注重基础的特点，以掌握基本概念和方法为核心，重视练习。数学教育课标虽然有育人的大目标，但在现实教学实践中教师几乎把全部的精力都集中于具体的知识和技能目标，对数学教育给予人的思想启迪、精神感悟、人格塑造、探究能力培养、合作交流能力培养等发展大目标关注甚微，具体目标与人的发展大目标之间的联系基本处于割裂状态。在我国的数学课堂教学中，常用的教学模式是“教师讲解，学生被动接受计算方法，然后反复练习”，学生在长时间的被动学习状态中，可能会降低对数学的学习兴趣，且绝大多数新知识是由旧知识引入的，部分教学中会创设简单情景，但数学教育与学生生活的脱节问题依旧明显。

针对数学学科教学中“与真实生活脱节”“学生能动性受限”的问题，各位教师基于知识建构理论中“考虑人的主体性”的教育目的、“知识探索发展”的课程观、“平等对话”的师生观，对课堂进行改造，最终切实地感受到了学生的变化，课堂逐渐富有生机，活力满满。

本单元包含四个小学阶段数学学科的微型知识建构典型案例：“二年级《连加连减》新授课”“二年级《万以内数的大小比较》新授课”“四年级

《三位数乘以两位数》新授课”“三年级《两、三位数乘一位数》复习课”。其中，前两个案例的课程导入部分，即“生活中的观察与问题提出”，设计较为出彩；后两个案例中教师对学生知识的引导，即“观点的提出、改进、升华”，值得我们思考和学习。

知识建构新手教师在阅读中应注意对各案例中教学流程设计的理解，重点理解各个环节中“知识建构十二条原则”的体现，注意知识建构过程中相关教学策略与工具的使用。另外要说明的是，这些案例素材来自一线的教师，他们对知识建构教学的理解与运用并不是无可挑剔的，教学过程中存在的问题在各案例最后的“教学反思”部分有所体现，知识建构新手教师在阅读时需要有自己的思考与判断，择优借鉴。

知识建构新手教师在模仿本单元案例进行初步的教学实践时，最好先引导学生发表观点，营造平等自由的交流氛围，这可以通过组织小组讨论或者全班讨论来实现。在这个阶段，关键是创建一个知识建构的社区圈子，确保小组和整个班级的秩序良好，使学生能够比较专注地思考和提出观点。一旦这个社区圈子基本形成，学生适应了相互讨论和合作的方式，教师就可以逐步设计教学活动并加入生活元素，这意味着教师应该以学生在现实生活中的真实经历为基础，引导学生发现并提出真实的问题，将这些问题引入课堂中。

01 案例一

二年级数学《连加连减》新授课

一、背景

参与本次知识建构理论实践课的教学对象为南京师范大学附属邗江实验小学二年级的学生，他们对于基于知识建构的创新性教学方式已经有了一定的了解与适应，在小组讨论、班级交流等环节能够积极参与，但是受其年龄阶段认知与技能的约束，他们在真实的学习中，还只能进行一些比较简单的知识建构活动，对 KF 平台的使用还比较陌生。唐老师在数学教学领域无疑是经验丰富的，在传统的教学方式中，唐老师能够非常好地主导课堂，但是随着教育在时代中的不断变革，唐老师也开始思考并寻求能给予学生更多舞台的教学方式，在学校认识知识建构理论后，唐老师开始积极地探索与改进教学。虽然对于知识建构内涵的掌握和应用与知识建构教学的掌控还有较大提升空间，但是唐老师对知识建构理论已经有了一定深度的认识，并且在不断结合真实生活创新教学。

唐老师选择的内容是二年级上册第一单元《一百以内的加法和减法》中的第一课《连加连减》，在本节课中学生将第一次接触到一步以上的计算。随着计算复杂性的增强，学生学习的积极性有所下降，针对这个问题，唐老师利用知识建构展开了思考。唐老师认为，知识建构所支持的“生活中的真实问题”“自觉参与主导知识建构”“观点的提出与改进”等原则也许能够极大地改善教学效果。于是唐老师采用知识建构的教学方式，第一阶段，在生活中引导学生发现并提出真实问题，比如：“我们队又来了三个人，现在是几个人呀？”“刚才就走了两位，现在又走了两位，还剩几位同学？”“一直有同学加入和离开，要算好几个式子，好麻烦！”同时，唐老师课堂上把这些问题列到黑板上。第二阶段，唐老师首先引导学生进行个人建构，对问题进行分类；然后让学生选择自己感兴趣的问题类别，进入小组建构阶段，引导学生在解决问题的过程中，思考和探索规律；在班级建构环节，小组分别汇报。第三阶段，针对各组观点持续进行改进，最后形成班级社区知识。

通过本次基于知识建构理论的数学教学实践，唐老师希望达成以下 3 个教学目标：

（1）使学生认识连加、连减的含义，初步渗透部分与整体的相对性。

（2）让学生掌握连加、连减的计算方法，初步理解一步计算和两步计算之间的联系，感受连加连减计算的形成过程。

（3）让学生在学习过程中感受数学与生活的联系，培养学生对数学的情感。

二、知识建构教学流程

基于知识建构理论，唐老师设计了如图 2-1-1 所示的教学流程，从生活中的真实问题出发，引导学生研究连加连减的问题：

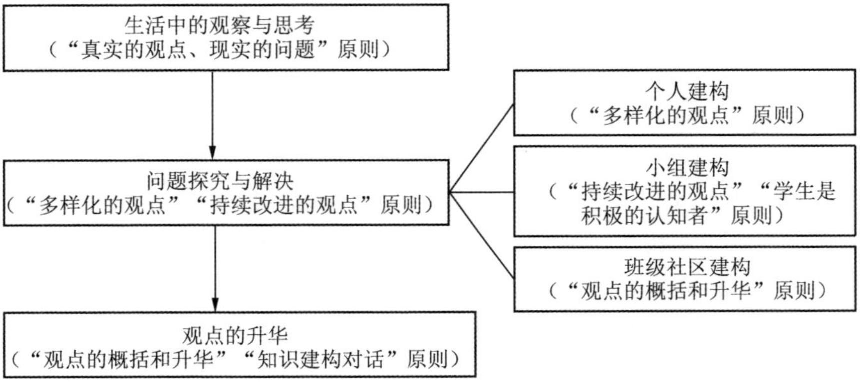

图 2-1-1　知识建构教学流程

（一）第一阶段：生活中的观察与思考

二年级学生已经掌握了简单数字的加法和减法，但是唐老师发现随着计算难度变大，学生学习的积极性、专注度都有所下降，应该如何解决这个问题呢？也许知识建构能起到作用。适逢学校组织做视力检测，唐老师在组织学生排队过程中听到学生聊天：

学生 1：“我这个队人比较少，不用排那么久。”

学生 2：“我这个队是刚才又来了几个同学，也很快的！”

学生 3：“但是我们前面还走了好几个同学呢！”

……

唐老师惊喜地发现，这不就是生活中的数学计算吗？于是唐老师在排队过程中，有意识地引导学生："同学们能观察一下自己所在队列的人数吗？请你们数一数。""自己所在的队列有没有同学离开，有没有同学加入，队列人数是如何变化的？""请同学们把你们觉得有趣的变化过程记到记录本上，可以采用文字或图画的形式。"

（二）第二阶段：问题探究与解决

1. 个人建构

（1）问题汇总。

师："同学们，我们刚才一起观察了做视力检测队伍的人数变化，你们在观察的过程中记下了哪些变化呢？"唐老师查看并表扬了部分同学记录本上的记录（图 2-1-2），并把同学们分享的记录和问题简化，都写在了黑板上：

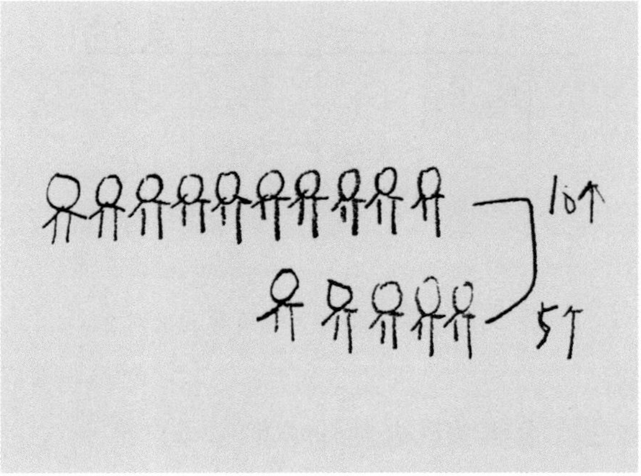

图 2-1-2　学生记录本上的记录内容

Q1：原来有 5 个人，后来又来了 5 个人，人数变成多少了？

Q2：原来有 4 个人，来了 3 个人，又来了 2 个人后，队伍中一共有多少人？

Q3：原来有 10 个人，后来走了 2 个人，还剩几个人？

Q4：原来有 9 个人，走掉 2 个人，又走掉 2 个人后，还剩多少人？

Q5：原来有 4 个人，先来了 5 个人，前面又离开 2 个人，最后又来了 1 个人，还剩几个人？

Q6：一直有同学加入和离开，要算好几个式子，好麻烦！

Q7：原来有 10 个人，前面走了 4 个人，我后面又来了 2 个人，还剩几个人啊？

Q8：新来的和测完离开的太多了，我还没算完队伍就又变化了。

（2）问题分类。

唐老师引导学生仔细观察这些问题，把能算出人数的先算一算，并尝试把这些问题分类。在观察过程中唐老师发现，大部分同学都能很快算出 Q1 与 Q3 的人数，其他的问题还需要继续思考。在问题分类的思考中，有同学把这些问题分成“需要一个式子计算的、需要两个式子计算的、需要三个式子计算的、需要文字回答的”几个类别，还有同学按照“需要用到加法、需要用到减法、加法减法都要用、其他问题”来分类（图 2-1-3）。唐老师对学生的观点给予认可和鼓励，因为知识建构的过程是民主化的，需要多样化的意见与想法，所有的观点都是被鼓励的，所有的观点与想法都是可以改进的。

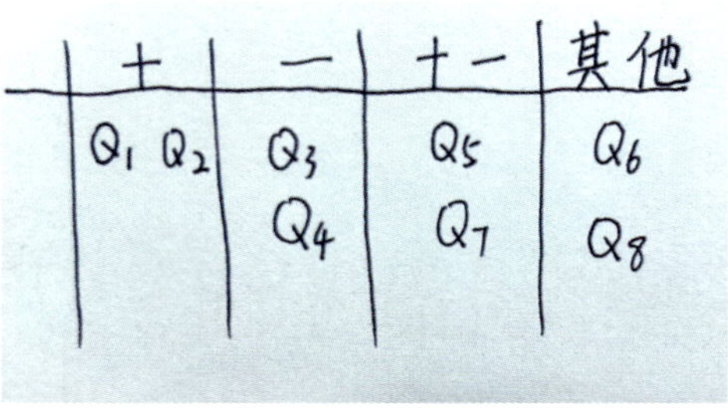

图 2-1-3　学生对 8 个问题的分类记录

2. 小组建构

按照“加减法”分类，唐老师让学生选择自己喜欢的问题组，比如“加法问题研究组”“减法问题研究组”“加减混合问题研究组”“其他问题研究组”，并根据学生的选择情况进行分组。在小组建构过程中，学生首先轮流发言，描述自己的计算方法和未解决的问题；然后小组内围绕大家的疑问，进一步讨论，探究解决问题的方法；形成小组观点后，总结思路，为发言展示做好准备；最后选择相同问题的小组，进行小组之间的交流，相互聆听，修改完善自己的观点。在这个环节里，学生的积极性很高，他们成为积极的认知者，真正为小组的知识建构负责。

3. 班级建构

小组进行观点总结汇报，汇报的支架为：“我们组研究的内容是……，我们的想法是……”学生展示的形式是多样的，有的小组通过在黑板上画图演示人数变化过程，然后数数得到结果；有的小组通过列式子计算解决计算问题；有的小组组织学生演示队伍变化过程得到最终人数。这些想法和方式都是被鼓励的，教师应持包容的心态，不断培养“你是安全的”班级交流氛围与文化，最终达到促进多样化观点产生的目的。唐老师发现，有的小组能够超出原有知识和经验的束缚，大胆提出并尝试想法，有的小组仍然使用先前的计算方法解决问题。

加法问题研究小组 1："我们组研究的是与加法有关的两个问题，Q1 问题，我们认为算出'5+5'就能得到这队的人数，是 10 人。Q2 也是加法，但是要算两个式子，先算'4+3='，得到 7，然后再加上后面来的两个人'7+2='，就得到了这一队是 9 个人了。"

加法问题研究小组 2："我们组研究的也是与加法有关的两个问题，Q1 问题的计算方法，我们和小组 1 想的一模一样，但是 Q2 我们组有一些问题，因为是连着加了两次，有的人认为可以直接写一个算式'4+3+2=9'。"

其他问题研究小组："我们组研究的是 Q6 和 Q8，Q6 是式子很多、很麻烦的问题，我们认为在写式子的时候，可以先写成一个式子，比如 Q4 可以先写成'9-2-2='这样不容易乱，然后再慢慢计算就好了；Q8 是因为队伍变动太快，来不及记录和计算的问题，我们认为，可以通过以下方式解决：① 先把人数变化记下来，最后再算；② 让老师或者同学帮忙记；③ 也像第一个问题一样，都先写成一个式子。"

虽然学生思考的深度表现出了差异，但也正是在这个过程中，学生能够重新审视和完善自己的观点，通过跨组交流和班级讨论能够加快知识的传播，拥有不同研究内容的小组在完成任务后展开交流，共同促进社区公共知识的形成。

（三）第三阶段：观点的升华

知识建构的过程中，概括与升华观点是至关重要的，学生需要从复杂的观点中，或者浅层的表面现象中得到更高层次的观点，通过对现象、规律的总结，以及对观点的概括和升华，学生的知识建构将达到更高的层次。其实在小组建构中，唐老师就发现了上位概念的出现，但是二年级学生受认知限制，还需要教师进一步引导与帮助。比如"加法问题研究小组 1"提到"要算两个式子，先算'4+3='，得到 7，然后算'7+2='，就得到是 9 个人了"。这里唐老师把握时机，提取出"分步计算"的概念；"加法问题研究小组 2"提到"因为连着是加了两次，有的人认为可以直接写一个算式'4+3+2=9'"，这里学生在唐老师的引导下非常自然地得到了"连加"的概念。唐老师在黑板上板书出几个问题对应的式子，并写出了关键词"分步计算""连加""连减"，让学生思考并再次提出相关问题。

QA：“分步计算”就是式子分开的那种计算吗？

QB：它们有什么关系吗？

QC：为什么一个是连加一个是连减？

QD：那“有加法也有减法”的叫什么？

QE：两个式子合成一个叫“连加连减”，那三个呢？四个呢？一百个呢？

最后，班级内再次组织了小组讨论和知识建构对话，针对以上问题，按照举手顺序发言，令人非常惊喜的是，学生的讨论极有成效，升华型对话在这一环节占比最大，很多具有总结性的观点被发表，比如，“我觉得连加连减的计算过程其实跟分步计算的过程一样”“对，就是表示（方式）不一样，不过连加连减这样的式子看起来更清楚、简单”“上面是三个部分合起来成了一个整体，所以用连加；下面是从全部（整体）的里面去掉了一部分，然后又去掉了一部分，所以用连减”。当然也有一些看起来不太精彩的发言，比如，“有加法有减法的，我觉得可以起个名字叫‘大杂烩连算’”，唐老师并没有批评或否定学生，而是借此契机引出“混合运算的概念”：“×同学的想法很有意思啊，起了个名字，杂烩就是很多东西混在一起对不对，其实想法很对，不过有人已经抢先一步，给这种式子起过名字了，叫‘混合运算’”，唐老师在帮助学生升华知识的同时，也做到了平等与学生交流，充分尊重每一个学生的想法，这是知识建构教学所提倡的。

三、知识建构智慧作品展示

通过本节课，学生对连加、连减的含义有了深刻的理解，也能意识到数学中的部分与整体的关系。他们通过教师的引导，掌握了连加、连减的计算方法，并且再一次感受到了数学与生活的联系。唐老师非常满意学生的学习效果，她决定让学生对本节课进行总结，以便巩固所学内容并展示学习成果。

唐老师鼓励学生在课后采用多样的方式进行总结，比如画报、表格、思维图等。学生充分发挥自己的想象力和创造力，展示出丰富多样的成果。有些学生选择了制作画报，他们用色彩鲜艳的彩色剪纸制作出了一幅幅生动的图画。如图 2-1-4 所示，学生的作品清晰地呈现了连加、连减的出现过程和定义，还将“分步计算与连加连减的联系”“混合运算”的知识也整理了出来。

图 2-1-4　学生的智慧制品

另一些学生选择了计算类型与习题整理（如图 2-1-5 所示）；有的同学选择了制作表格；有的同学整理了一些数学题目，并将问题和答案对应起来；还有一些学生选择了制作思维图，他们将连加、连减的概念作为中心，然后用箭头连接起相关的计算方法和实际运用场景。这种图示化的方式可以使学生们更加直观地理解了连加、连减的意义和应用，同时也激发了他们的思维和创造力。

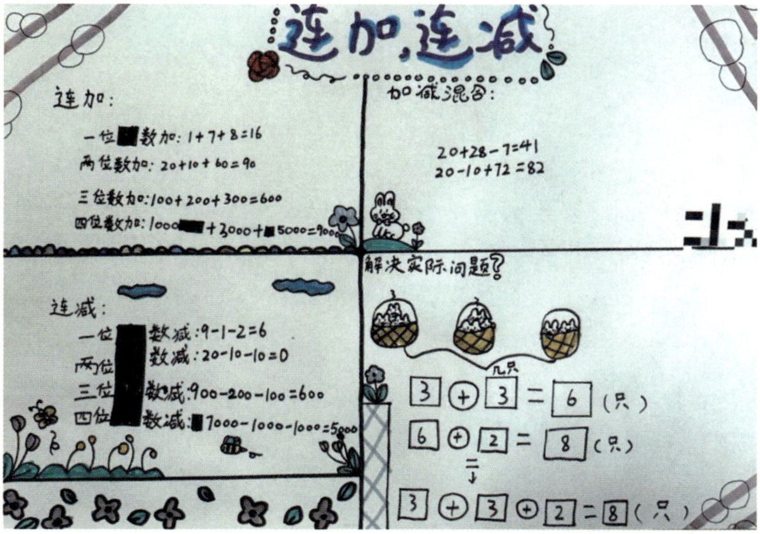

图 2-1-5　学生的智慧制品

通过学生的人工制品，可以看出他们在本节课中的收获和理解程度。唐老师对学生的学习成果感到非常满意，并对他们的努力和创造力给予了表扬和鼓励。唐老师希望学生能继续保持学习的热情，不断提升数学能力，并将数学知识运用到更广泛的领域中去。

四、连加连减知识建构教学反思

本次教学中，唐老师基于知识建构理论，引导学生观察生活、提出问题、思考探究，并在个人建构、小组建构、班级建构的层层递进与升华循环中，形成了新的社区知识，参与知识建构的成员获得了知识的发展。唐老师认为本节课是成功的，原因有以下两点：第一点，学生不仅掌握了课标课本要求的概念与计算技能，而且很多学生已经超出要求范围，掌握了如“加减混合运算”的概念；第二点，“随着计算难度、复杂度深入，学生学习兴趣降低”的问题在本节课中得到了很好的解决。但是本次教学也存在以下不足之处：

一是学习支架的使用较少。在知识建构教学中，要视学生的水平和知识的难度，在思考、交流、引导、观点多样性、反思等多种情境中（适时、适度、适量、动态）考虑提供学习支架，以帮助学生更好地表达和形成知识建构的思维方式。在本节课中，只有小组汇报环节使用到了学习支架。实际操作过程中，唐老师发现，在没有学习支架的情况下，二年级学生的表达内容还是容易出现混乱、跑题等现象，在各个环节，唐老师还需要在表达上不断给予学生帮助。

二是规则与注意事项的制定。知识建构教学中协作学习占比很大，学生的观点和想法也都是被鼓励的，但这种“自由”是相对的，需要良好的秩序提供保证。比如本节课中，在生活观察环节，教师应适当提供注意事项，以保证学生的观察与记录是有效的；在小组交流与班级交流环节，教师应当提供共同制定好的交流规则，以保证发言的有序进行。

三是没有权威资料的使用。权威资料的使用是知识建构的必要环节，虽然本节课的教学对象才上二年级，但是他们已经具备了书籍阅读、图片理解、视频与动画观看等能力，学生权威资料的查找、辨别与正确使用能力，可以随着年龄与经验的增长，逐渐接近科学规范的要求，所以教师应该尽可能地在知识建构教学中，引导学生使用权威资料。

02 案例二

二年级数学《万以内数的大小比较》新授课

一、背景

参与本次知识建构理论实践课的教学对象为南京师范大学附属邗江实验小学二年级的学生，他们刚开始识字写字，对 KF 平台的使用也比较陌生，所以学生多以对话交流的方式进行知识建构支持的学习。周老师是数学组的组长，数学教学经验极其丰富，传统教育视野下的课堂设计也很精彩，值得新手教师学习。但接触知识建构的教学理念与原则后，周老师开始反思自己这么久以来的教学方式，开始重新思考教育的意义。去中心化、多元化等思想不断渗透，学生的观点与想法开始得到足够重视，平等的对话关系得到发展，她的教学逐渐发生变化，从“给予”学生知识转向引导学生自行构建知识，从追求学生成绩的提高转向追求学生学习能力、思维与习惯的养成。

周老师选择的内容是苏教版《义务教育教科书·数学》二年级下册第四单元《认识万以内的数》中的《万以内数的大小比较》。生活中的数字是非常多的，商品的价格、交通工具的速度、物品的重量、建筑的高度、时间的长短等都可以用数字表示，这些数字都可以用来比较。周老师不想仍旧和常见的教学一样，给出生活中的数字，然后就开始教学，而是引导学生自己先在生活中观察数字，并尝试比较，由学生自己在真实的生活中发现问题，在课堂中提出问题，选择自己感兴趣的问题展开研究与讨论，在个人建构中提出最初的观点，在小组建构中，大胆推论、猜想、提出并验证想法，最后在班级社区中对话，达到观点的升华，形成社区知识。

通过本次基于知识建构理论的数学教学实践，周老师希望达成以下 3 个教学目标：

（1）借助生活中的真实问题，让学生经历万以内数的大小比较方法的探索过程，掌握万以内数的大小的比较方法。

（2）在比较万以内数的大小的过程中，发展学生的抽象能力、类比迁移能力和归纳概括能力；让学生在解决问题过程中，初步学会进行简单的、有条理的思考。

（3）让学生进一步体会现实生活中蕴含着大量的数学信息，增强学生从现实生活中提取数学问题和解决数学问题的能力，培养学生自主的学习意识，让学生感受到学习成功的喜悦。

二、知识建构教学流程

知识建构教学流程见图 2-2-1。

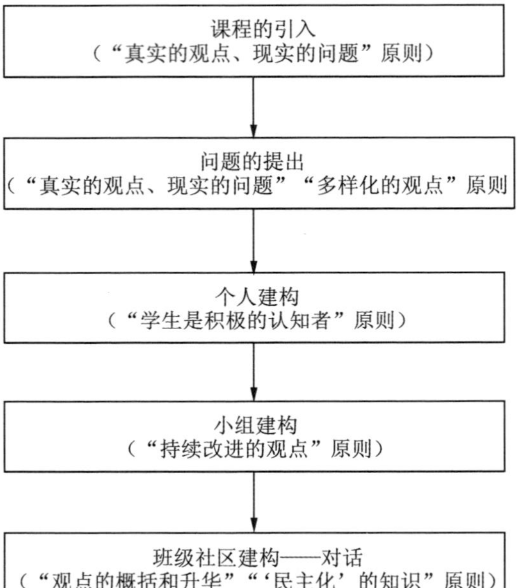

图 2-2-1　知识建构教学流程

（一）课程的引入

儿童的社会生活是其一切生长的基础，教育丝毫离不开生活，在知识建构的教学进程中，源自学生生活的问题、观点、理论，是维持学生持续性建构知识的原动力。周老师在设计教学时非常注重上述原则，于是在本节课前几天就与学生交流，让学生观察生活中的数字并进行比较。

师：同学们，你们在购买自己需要的商品时，会考虑哪些因素呢？

生 1：得好看才行！

生 2：好用不好用。

生 3：要花多少钱。

生 4：看它贵不贵。

……

师：你们说的这些因素应该如何判断呢？

生 5：自己喜欢，觉得它好看，它就是好看的。

生 6：判断它好不好用，可以先问问用过的人，或者自己先买一个试试。

生 7：对，不过我想也可以选择比较可靠的牌子，一般都比较好用。

生 8：看它贵不贵，可以问问爸爸、妈妈。

生 9：要是爸爸、妈妈不在呢，自己去买呢？

生 10：我见过超市里，一个东西（商品）会有好几种，它们下面的纸片（标签）上都写了多少钱。

生 11：那就能比一比它们谁更贵，谁更便宜了。

师：你们比较过商品的价格吗？

生 12：我比较过，不过有的数太大了，我就没管。（还不会）

对话进行到这里，就出现“数字比较”的概念了。周老师发现大多数学生都没有观察比较过生活中商品的价格，于是周老师紧随其后向学生提出了预备任务：“在超市、商场或者书店购买商品时，记下两种或三种你感兴趣的商品，记下它们的价格，并尝试比较谁最贵。”同时，周老师强调了以下两点：① 每位同学都要完成这个任务，这个任务关系到班级学习社区接下来要做的研究，希望孩子们认真对待；② 把自己的记录、问题和思考记在记录本上，形式可以是多样的。

（二）问题的提出

学生所研究的问题应该来源于他们日常生活中所遇到的、所看到的、所听到的、所接触到的真实问题，这些问题可以从不同的角度进行设计，可以是微观的具体问题，也可以是宏观的抽象问题。本节课开始，周老师首先和学生一起回顾了预备任务，然后就组织学生开始分享自己的观察与记录。周老师将同学们感兴趣的或者遇到的问题进行了汇总，并写在黑板上。值得注意的是，分享环节是有规则约束的，本班级社区已经共同制定了“分享环节共同约定”（① 认真倾听他人观点与问题；② 能够帮助别人解决问题时要积极发言；③ 尊重别人的发言；④ 不说与讨论内容无关的事；⑤ 发言要先举手，按顺序来）。学生的记录发言是多种多样的，例如：

学生 1：“我去书店的时候，记下来了 A 书的价格是 23 元，B 书的价格是 27 元，A 比较便宜。”

学生2：“我和妈妈去买菜了，青菜是8元1斤，牛肉是62元1斤，牛肉比较贵。”

学生3：“我在商场里记下了喜欢的裙子是120元，还看到了一个烤箱1799元，但是我没有学过怎么比较这两个数。”

学生4：“观察记录的时候发现有的东西名字没学过，还不认识。”

学生5：“我路过卖电视机的地方记下来两台电视机分别是3088元和5299元，我觉得5299元的比较贵，因为它前面是5，不过我不太确定。”

学生6：“为什么一种东西会有好多不同的价格？”

……

（三）个人建构

从个体、小组到社区是建构性学习的三种常态，知识建构理论认为这三者之间存在相互转换的关系，知识建构从知识产生于学生个体开始。学生已经有了两位数以内、一百以内数字比较的基础，在引导学生观察问题之后，社区成员一起对问题进行了简单分类，主要分为两大类，一类是数字比较的问题，一类是不需要数字比较的问题，学生们又对前者分类进行了细化，具体内容如表2-2-1所示。

表2-2-1　学生对问题的分类

数字比较的问题（省略了商品名）			③ 不需要数字比较的问题
两位数以内的比较	① 两位数以上位数相同的比较	② 两位数以上位数不同的比较	不认识商品名字、没学过怎么办？ 同一种东西为什么会有不同的价格？
25与30 23、27与21 （学生自己能解决，不再作为分组研究内容）	140与106 499与559 3088与5299	120与1799 200与1699	

周老师首先引导学生选择自己感兴趣的问题组，进行独立思考并记录在自己的记录本上。周老师给学生提供了相关的学习支架，帮助他们梳理自己的思考内容，包括“我选择的问题组是……，我想到的……，我的猜想是……，经过尝试，我的结果/结论是……”。

（四）小组建构

周老师在观察确定每个学生都有了自己的思考后，根据学生选择的问题组将他们分成了不同的研究小组。为了保证小组知识建构的效果，周老师决定3~4人为一个小组组织学生交流。当然有的学生表示，自己对不止一个问题感兴趣。周老师没有否定学生的想法，而是给出建议，希望他可以先研究完自己小组的问题，再考虑其他问题组，并在不打扰其他小组进度的情况下，与其他小组成员进行交流。学习的内容不再是课本上固定的式子，而是和学生自己生活有关的问题。学生讨论的积极性很高，也都非常专注。周老师说，在这个环节，她自己不再是学生学习的监督者或督促者，而是在每个小组中作为成员参与讨论。当然，周老师还是会给予参与度较低的同学关照，采用温和的引导，以保证学生的观点都能发表、能被听到、能被考虑到。

小组建构阶段，周老师也给出了注意事项，即二年级学生的“讨论环节共同约定”：① 尊重伙伴的观点和发言，认真倾听思考；② 不要打断伙伴的发言；③ 不说与研究内容无关的事。对二年级学生来说，这个阶段的学习支架也是必要的：“我们组研究的问题是……，我们认为……，小组成员都比较认同……，小组成员产生的分歧是……”每个学生都可以提出自己的观点，这些观点是发自内心的，是基于他们的“最近发展区”的。二年级的孩子较为年幼，他们的观点是朴素的、简单的，是会出错的，但是也是有生命力的、可以发展的。

（五）班级社区建构——对话

知识建构对话的发展趋势是从共享型对话转变为协商型对话，进而转变为升华型对话。较低层次的升华可能是一个总结或提炼，较高层次的升华是所有的参与者都能认识到自己之前的观点得到了发展、改进，能对最初的研究问题进行解释。教学过程中，周老师也不断引导着学生的对话走向升华型对话，首先小组对讨论汇总、产生的观点与问题进行汇报，然后学生在知识建构对话中进行多层面的解释、加强、质疑、概括并改进自己的观点，促进社区知识的形成。下面以第三小组的汇报与社区对话为例：

第三小组：“我们组研究的问题是两位数以上位数相同的比较，当我们认为位数相同时，要从左边开始，第一次比较比不出来，就再往后比较一位，比如3088和5299，第一位分别是‘3’‘5’，5比较大，所以5299元的电视比较贵，比如140与106，它们第一位一样，就看第二位，是左边4比较大，所以140元的书桌比较贵，我们小组成员都比较认同。”

生2：“为什么5比较大，所以5299就更大？”

生5：“为什么从左边开始？从右边不行吗？”

师："我们以前是不是研究过位数？"

生3："是的，其实比较相同数位上的数，就是比较相同数位上计数单位的个数。"

生4："所以比较不同位数（位数相同时），就像在比千和百谁大，肯定是千大，那样比都没用。"

生1："我觉得以前学过的方法好像啊！"

师："以前学过的什么方法呀？我不太记得了。"

生1："就是小一些的，一百以内的比较。"

生5："就是，小一点的也是先比数的位数。"

生6："一样位数也是从左边开始再比。"

生7："那超级大的数也是这样比吗？"

……

经过激烈的知识建构对话，最终形成了班级社区知识，具体内容如表2-2-2所示。

表2-2-2 最终形成的问题解决观点

<table>
<tr><th colspan="3">数字比较的问题（省略了商品名）</th><th>③ 不需要数字比较的问题</th></tr>
<tr><td>两位数以内的比较</td><td>① 两位数以上位数相同的比较</td><td>② 两位数以上位数不同的比较</td><td rowspan="2">不认识商品名字、没学过怎么办？
同一种东西为什么会有不同的价格？</td></tr>
<tr><td>25与30
23、27与21
（学生自己能解决，不再作为分组研究内容）</td><td>140与106
499与559
3088与5299</td><td>120与1799
200与1699</td></tr>
<tr><td colspan="3">比较数的大小时，不论几位数和几位数比较，方法都是一样的。
先要看数的位数，位数多的数一定大；
如果位数相同，比如都为四位数，就从最左边千位比起，千位上数大的数就大；
如果千位上的数相同，可以依次往右一位一位地比较</td><td>身边有人的话可以先求助，比如家长或者售货员，没人求助的话可以先记下来，回去查一查字典，再问别人也可以。
价格不同的原因有很多，比如质量、功能、品牌、东西多少、卖东西打折等，根据自己需要选择合适的就好了</td></tr>
</table>

三、知识建构智慧作品展示

本节课中，学生通过自己在生活中发现问题、提出观点，并在知识建构圈中进行知识的建构，掌握了比较万以内数的大小的方法，归纳了比较数的大小的一般性规律，还解决了一些相关的生活问题。周老师为了让学生更好地巩固提升，选择了“知识总结”和“题目编创”两种方式（学生作品如图 2-2-2 至图 2-2-5 所示）。

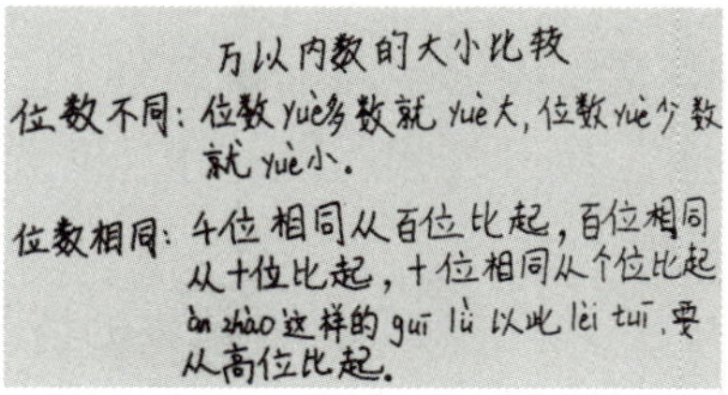

图 2-2-2　知识总结作品（1）

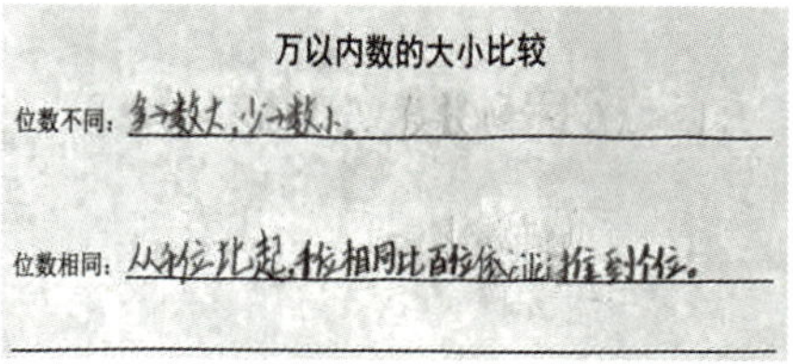

图 2-2-3　知识总结作品（2）

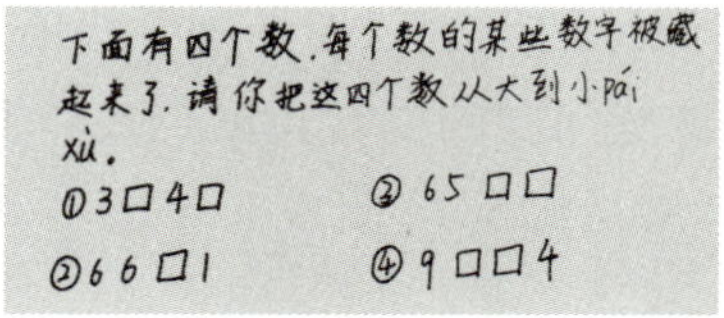

图 2-2-4　题目编创作品（1）

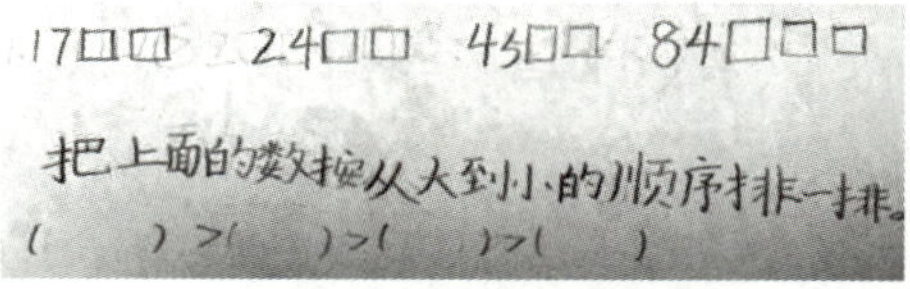

图 2-2-5　题目编创作品（2）

在“知识总结”中，周老师提供了总结支架。考虑到二年级学生年龄较小，在观点总结与知识升华方面，教师还需要多引导。从作品内容来看，学生都能根据自己的理解对知识进行总结概括。

考虑到学生能动性与创造性的培养，周老师建议学生根据自己学到的知识进行数学题目编创，形式和内容都可以是多样的，学生的作品也让周老师眼前一亮。

四、万以内数的大小比较知识建构教学反思

在本次教学中，学生不仅掌握了课标要求的“万以内数的大小比较”，而且对比思考了百以内、万以内数的比较，推理了万以上位数数字的大小比较。值得一提的是，学生还研究了“识字问题”“生活小常识问题”，周老师的课堂真正开始向“综合性学习”“在生活中学习”转变。另外，周老师的规则与学习支架使用非常适时适度，保证了学生思考、交流、讨论的质量。学生的抽象能力、类比迁移能力和归纳概括能力得到了发展；在解

决问题过程中，学生初步学会了进行简单的、有条理的思考，并且进一步感受到了现实生活中蕴含着大量数学信息，增强了从现实生活中提取数学问题和解决数学问题的能力，提高了学习的积极性。但是周老师本次的教学也存在以下不足之处：

一是课堂时间有限，部分对话强行结束。学生积极性很高，都想发表自己的观点，但由于课堂时间有限，许多学生的观点来不及深入讨论，而是直接忽略，转入下一个环节了。从另一个角度来看，周老师也是受到了传统教材、课程标准的约束，下意识地引导学生侧重“课本知识”了。针对这个问题，周老师可以考虑增加课时分配，统筹安排时间，并且继续转变观念，不仅给予学生自由，也给予知识自由。

二是缺少权威资料的使用。教学过程中不少学生出现翻看课本的情况，这是对课本的依赖，也是学生在寻求权威资料帮助的体现。二年级学生已经具备了阅读能力基础，可以考虑权威资料的使用。

三是教师的准备不足。受到传统教材与课标的影响，周老师并没有预设到学生会提出与数字比较无关的问题，在这些问题的引导力度与技巧上，有些摸不着头脑。因此，在今后的课程中，周老师应该做更充分的考虑，以应对教学中复杂情况的出现。

03 案例三

四年级数学《三位数乘以两位数》教学案例

一、背景

参与本次知识建构理论实践课的教学对象为南京师范大学附属邗江实验小学四年级的学生，他们已经有了以知识建构理论为核心思想的学习经历，读写能力逐渐趋于成熟，且具备了设备使用与网络使用能力，所以他们也开始接触并学习 KF 平台的使用。龚老师在教学上经验丰富，尤其是对于传统课程整体与部分的把握、对课时的安排，都非常科学合理，但是在学习知识建构理论后，龚老师的教学理念开始发生变化，开始注重学生自己在学习中的“意向性”，从“教会学生知识”逐渐转变为“教会学生为自己长期的知识和技能发展负责，促使学生主动、积极探究的心理状态的形成”。

龚老师选择的内容是苏教版《义务教育教科书・数学》四年级的内容《三位数乘以两位数》，这个主题可以按“末尾无 0”“末尾有 0”分成两个课时。考虑到数学知识需要巩固练习，以及知识的整体性，龚老师一共设计了四个课时。龚老师非常好奇，把内容展示给学生，他们能提出什么问题？给予学生探索的自由，他们能研究出什么结论？如果教师不再是教学活动的中心，而把课堂放手交给学生的话，学生能学成什么样子？于是龚老师营造现实情境，让学生提出真实的问题，并在学习支架的帮助下，让学生多次完整地经历“个人建构—组内建构—班级建构”的全过程，使学生从浅学习走向深度探究。

通过本次基于知识建构理论的数学教学实践，龚老师希望达成课程标准要求和实现具体教学目标。

1. 课程标准要求：掌握计算方法，理解算理；激发问题思考，发展合情推理，体悟模型思想，形成问题解决的经验；养成合作交流、反思质疑等良好的数学习惯，形成实事求是的科学态度。

2. 具体教学目标：

（1）理解笔算三位数乘以两位数的算理，掌握三位数乘以两位数的笔算方法。能正确笔算三位数乘以两位数。能用三位数乘以两位数解决简单的实际问题。

（2）使学生经历探索三位数乘以两位数计算方法的过程，体验迁移、类推的思想和方法。

（3）让学生在自主探索、合作交流中体验成功的愉悦，进一步树立学习数学的自信心，发展对数学的积极情感。

二、知识建构教学流程

知识建构教学流程见图 2-3-1。

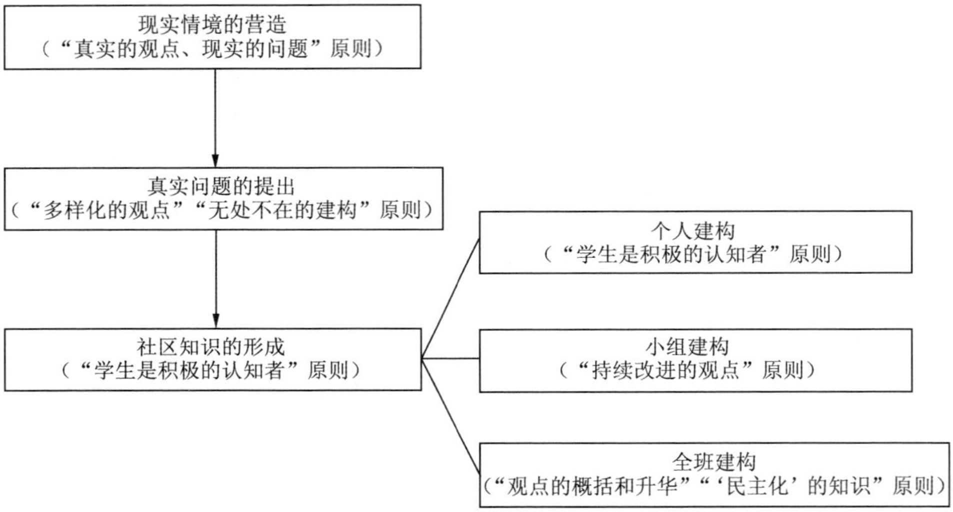

图 2-3-1　知识建构教学流程

（一）现实情境的营造

知识建构教学真正的开始源自结合学生现实生活的问题情境的形成，只有在问题情境中学生才能找到自己感兴趣的问题。形成问题情境的教学策略很多，本节课是基于学生已有知识经验（已掌握三位数乘以一位数和两位数乘以两位数类型的计算方法），从学生的“最近发展区”开始教学活动的。龚老师首先出示了学生课前两分钟做过的计算题（图 2-3-2），分别是三位数乘以一位数和两位数乘以两位数类型的，学生在做题时独立思考，有的学生在计算过程中圈出关键数字，有的则写出了之前学过的计算时的注意事项，边思考边标记，形式各异。

$$\begin{array}{r} 305 \\ \times \quad 4 \\ \hline 1220 \end{array} \qquad \begin{array}{r} 25 \\ \times \quad 16 \\ \hline 150 \\ 25 \\ \hline 400 \end{array}$$

图 2-3-2　两道例题

教师适时巡视，关注一些能力稍弱的孩子，引导他们打开思路，意在通过学生的“最近发展区”，激活学生已有的数学知识。紧接着，龚老师开始引导学生思考并提出问题：

师：研究完三位数乘以一位数、两位数乘以两位数，大家还想研究什么？

生 1：我觉得可以研究三位数乘以两位数，不过感觉很难。

生 2：我想研究十位数乘以一位数，但是会不会太多了？

生 3：三位数乘以三位数吧，这个更难！

生 4：一位数和其他位数相乘应该不难吧？

生 5：这么多要研究到什么时候啊？

……

（二）真实问题的提出

意向性学习强调一种主动、积极探究的心理状态，要求学生不仅要达到教师提出的学习目标，更重要的是为自己长期的知识学习和技能发展负责。龚老师在传统的讲授式教学活动中，一般是按照他自己事先设定好的步骤或活动进行的，较少鼓励学生根据自己的认知意向去学习，但本次教学中，龚老师为学生的意向性认知提供了支持，鼓励学生渐进式提出、思考并解决问题。从学生的角度来看，自己学的内容不再是他人强加的，而是自己所在的社区共同讨论提出的真实问题。

师：同学们好奇的问题可真不少呢，我们一步一步来，今天我们就一起来研究《三位数乘以两位数》，仔细思考，你们想怎么研究？

生 1：我觉得可以像之前一样举一些例子，这样我学得很快。

生 2：但是我觉得在算的时候，总结方法更好。

生 3：对，算几个式子就知道了！

……

师：那就请举出你们想要研究的例子，并将横式写在黑板上。

生 1：我想研究“978×28”。

生 2：我想研究“308×34”。

生 3：我想研究“100×50”。

生 4：我想研究“155×30”。

生 5：我想研究“248×11”。

生 6：我想研究“111×11”。

……

师：同学们还能不能举出一个和黑板上式子都不同的式子类型呢？

生 7：我想到了 100×91！

师：同学们非常棒！现在请同学们看看这些例子，如果让你把它们分分类再来研究，你们打算怎么分类呢？

生 1：后面两位数是 11 的一种，其他的另外一种。

生 2：我不同意他的观点，我认为把末尾有“0”的分为一组，没有“0”的分为一组，比较好。

生 3：我也同意他的观点，我建议先研究末尾没有“0”的，有“0”的情况好像很复杂。

……

师：同学们的想法很多，不论哪一种分类方法都很好，没有对错。不过多数同学想研究末尾没有“0”与末尾有“0”的情况，那我们就先来研究末尾没有“0”的计算方法，好不好？（图 2-3-3）

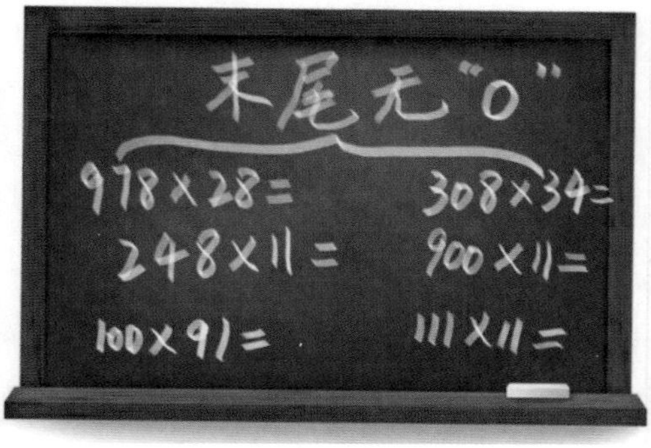

图 2-3-3　确定研究内容时的板书

（三）社区知识的形成

1. 个人建构

学生共同确定了研究主题后，就开始进入独立思考的环节，每位同学选择研究的式子可能都是不同的。龚老师给学生提供了关于研究“末尾没有 0 的三位数乘以两位数”情况的研究单（图 2-3-4），以帮助学生进行知识建构。研究单内容主要包括“选择式子并计算”“计算步骤提示”“你提醒其他小伙伴注意：……”以及知识建构全过程中的注意事项。这里要说明的是，研究单的本质就是学习支架，是设计者针对学生学习的需要，有意识地提供对解决问题和建构意义起辅助性作用的概念框架、问题情境、

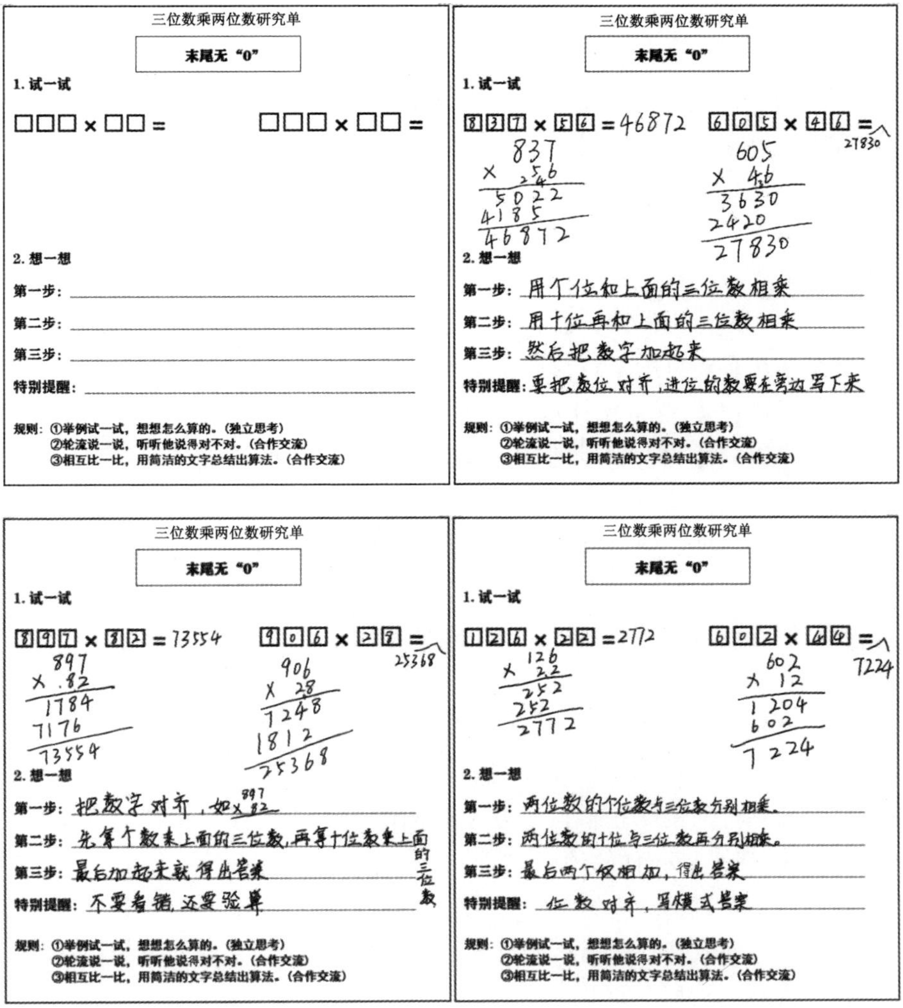

三位数乘两位数研究单

末尾无“0”

1. 试一试

□□□ × □□ =　　□□□ × □□ =

2. 想一想

第一步：

第二步：

第三步：

特别提醒：

规则：①举例试一试，想想怎么算的。（独立思考）
②轮流说一说，听听他说得对不对。（合作交流）
③相互比一比，用简洁的文字总结出算法。（合作交流）

三位数乘两位数研究单

末尾无“0”

1. 试一试

837 × 56 = 46872　　605 × 46 = 27830

2. 想一想

第一步：用个位和上面的三位数相乘

第二步：用十位再和上面的三位数相乘

第三步：然后把数字加起来

特别提醒：要把数位对齐，进位的数要在旁边写下来

规则：①举例试一试，想想怎么算的。（独立思考）
②轮流说一说，听听他说得对不对。（合作交流）
③相互比一比，用简洁的文字总结出算法。（合作交流）

三位数乘两位数研究单

末尾无“0”

1. 试一试

897 × 82 = 73554　　906 × 28 = 25368

2. 想一想

第一步：把数字对齐，如 897 × 82

第二步：先算个数乘上面的三位数，再算十位数乘上面的三位数

第三步：最后加起来就得出答案

特别提醒：不要看错，还要验算

规则：①举例试一试，想想怎么算的。（独立思考）
②轮流说一说，听听他说得对不对。（合作交流）
③相互比一比，用简洁的文字总结出算法。（合作交流）

三位数乘两位数研究单

末尾无“0”

1. 试一试

126 × 22 = 2772　　602 × 12 = 7224

2. 想一想

第一步：两位数的个位数与三位数分别相乘。

第二步：两位数的十位与三位数再分别相乘。

第三步：最后两个积相加，得出答案

特别提醒：位数对齐，写横式答案

规则：①举例试一试，想想怎么算的。（独立思考）
②轮流说一说，听听他说得对不对。（合作交流）
③相互比一比，用简洁的文字总结出算法。（合作交流）

图 2-3-4　研究单与学生完成情况

学习方法、学习方向、学习工具等，其形式也是多样的，包括但不限于范例、问题、建议、图表、概念地图、流程图等。四年级学生虽然有了一定的独立思考能力，但是对于知识的内在联系与规律的掌握还不够成熟，龚老师设计的研究单能够有效引导学生思考，避免大多数学生思路跑偏，强调学生数学计算的规范性，并帮助他们对计算方法进行总结归纳。

学生围绕研究单进行了很多思考，他们的想法都被记录在研究单上，学生个人的知识不断向前发展。如图 2-3-4 所示，学生都选择了自己感兴趣的式子尝试计算，列出的竖式也都比较规范，在“想一想”部分，学生都根据自己的理解，把计算的步骤描述了出来，这非常有助于学生知识的系统化。

2. 小组建构

龚老师巡视观察，发现学生的研究单都完成得差不多了，但是很多同学的观点不够全面，有些同学在计算过程中出现细节问题，导致结果出错，还有的同学遗忘了先前“三位数乘以一位数”的计算方法，对于自己选择的式子无从下手或者不敢尝试计算，龚老师意识到学生需要进一步合作与帮助。龚老师先和班级社区中的同学们共同商议制定了小组知识建构交流的规则：“① 先轮流发言，而且每个人都要发表观点；② 小组成员一起讨论、总结并记录观点中一致与有分歧的内容；③ 对有分歧的部分，小组成员要深入讨论；④ 尊重伙伴成员的发言；⑤ 不能说无关的话。”然后学生就开始了小组的建构，学生的观点与想法都是可以改进的，通过多元与复杂的讨论，学生持续改进他们的想法及对知识的理解，知识的建构也不断朝着更高层次发展。龚老师发现很多学生的观点都得到了完善。比如 A 同学在计算时直接把两次相乘的得数右对齐相加了，导致结果出错，在听过小组成员的观点后，她立刻意识到出错的原因，并且把注意点记录了下来；又如 B 同学，在得数相加时忘了把进位算上，倾听小组成员的观点时，他发现了自己的疏忽，并且将自己出错的原因用不同颜色的笔写在了旁边……龚老师深切地理解了“学生是积极的认知者”的内涵，以往这些问题都需要老师一再强调纠正，可还是会有同学听不进去，没想到让学生自己意识到问题，效果反而更好。

龚老师不断观察学生的讨论进展，并给予他们必要的反馈和帮助。此时大部分小组已经基本总结出了“末尾没有 0，三位数乘以两位数的计算”，比如第三组的汇总观点如下：

（1）乘数末位要对齐，而且要从个位乘起。

（2）一定要注意不要忘了将进的位数加上去。

（3）将三位数写在上面，两位数写在下面，这样算的时候简单方便，要不然就得加三个数，很容易加错。

（4）和两位数乘以两位数方法非常相似，比如 47×256，需要首先用个位上的 7 乘以 256，再用十位上的 4 乘以 256，再相加。

（5）怕算错的话，要记得验算。

（6）第二次乘出来的得数不能跟第一次的得数右边对齐，要往左边一位放。

（7）用两位数的个位上的数乘以三位数，乘积末位就和两位数的个位对齐。用两位数的十位上的数乘以三位数，乘积末位就和两位数的十位对齐（图 2-3-5）。

……

图 2-3-5　小组建构情况

3. 全班建构

与以学生的个人提高为目的的传统教学思想不同，知识建构以社区知识的发展为目标，每个社区成员对社区知识发展的推进都有不可推卸的责任。龚老师再次强调了班级建构时的规则，然后小组轮流根据实例介绍三位数乘以两位数的计算过程，并介绍了组内讨论的分歧点和最终结果，其他组成员进行了相应的补充。龚老师觉得，其实班级社区的汇报与讨论结束时，学生已经构建出了本节课几乎所有的计算知识与注意事项，但是缺少升华型对话对知识进行总结。于是，龚老师先让学生自己尝试思考和总结，然后让学生围成一圈，有序地进行了观点的共享、质疑、协商、改进、总结与升华，最后对学生提出的观点进行总结，对学生在对话中的表现进行简单评价，并表示希望下次能看见同学们更大的进步，鼓励学生大胆发言，不要害怕说错，因为课堂的目的是帮助丰富整个班级社区知识（图 2-3-6）。

图 2-3-6　全班建构，评价总结

4. 后续课程的实施与知识建构

本节课是龚老师设计的第一课时，在本课时中，学生基于现实情境提出了真实的问题，并在“个人建构—组内建构—班级建构”的过程中提出、交流、修改观点，最终实现了“末尾没有 0，三位数乘以两位数的计算”社区知识的建构。在第二课时中，学生围绕“末尾有 0”的情况展开研究。在第三和第四课时中，学生完成了计算专练和单元知识的建构与总结。因四个课时的环节与理念设计较为相似，这里不再赘述。

三、知识建构智慧作品展示

通过本节课，学生掌握了三位数乘以两位数的计算方法，并且通过对比思考，掌握了三位数以下乘法的共同规律。在最后一个课时“单元知识的建构与总结”中，龚老师鼓励学生选择自己喜欢的方式制作可展示的智慧作品，对“三位数乘以两位数”整个单元学习收获进行总结。学生的作品形式多样，有比较简单的总结笔记，有结构复杂的知识树和思维导图，也不乏图文结合的板报。比如图 2-3-7 所示两个学生的智慧作品，学生的思维逻辑非常清楚，不仅整理了计算过程、计算注意事项、计算分类，还把自己的错题整理进去了，而且经典题型中的关系式也有所体现，内容非常全面。有些学生还结合了绘画元素，这些自由的发挥在知识建构中都是被支持的。

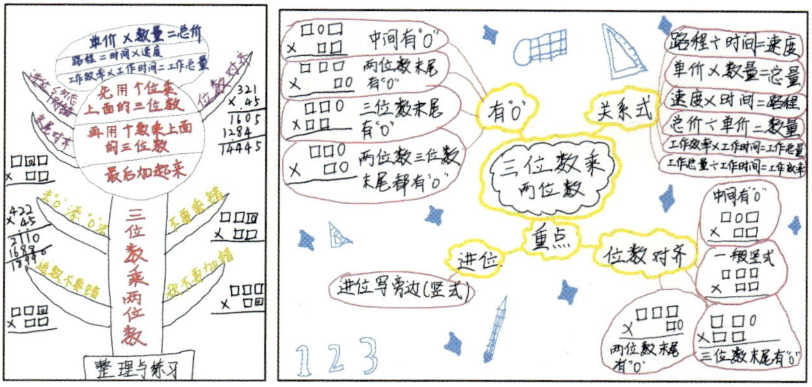

图 2-3-7　学生的智慧作品

四、三位数乘以两位数知识建构教学反思

本次教学基于知识建构理论进行，学生理解了笔算三位数乘以两位数的算理，掌握了三位数乘以两位数的笔算方法，能用三位数乘以两位数解决简单的实际问题，学生在层层递进的知识建构中经历探索了三位数乘以两位数计算方法的过程，体验迁移、类推的思想和方法，进一步树立了学习数学的自信心，发展了对数学的积极情感。从课程目标达成情况来看，教学是成功的，但是也存在以下不足之处：

一是缺少 KF 平台的使用。“知识论坛”“数课论坛”等知识建构工具操作简单，极易上手，并且平台提供了多种多样的内嵌工具，能够有效帮助知识建构过程记录，帮助对学生进行形成性评价，有效提高知识建构交流效率。四年级的学生已经具备了使用 KF 平台的能力，教师在教学中应该尽可能引入 KF 平台。

二是数学学习中记录本的使用。数学课的知识建构不仅仅是为了传授知识与技能，更是为了培养学生的数学素养，在没有使用数课论坛平台的情况下，应该更多考虑记录本的使用，同时要注意，记录内容不应该是概念、公式、练习等，而应该是学生自己对数学问题的分析、解决问题的观点、不同的解题思路等，也包括知识的回顾与总结、典型问题归类、知识规律或关联等。

三是注意事项与规则的使用。本次教学中大部分注意事项与规则是教师直接给出的，要视情况而定，要尽可能提高学生的参与度，从广义上讲，这也属于“建构”的一部分，学生参与制定规则与注意事项，既能提高积极性，也能提高自觉性。

04 案例四

三年级数学《两、三位数乘一位数》复习课

一、背景

参与本次知识建构理论实践课的教学对象为南京师范大学附属邗江实验小学三年级的学生，他们接触知识建构教学的时间并不长，但是对这种教学形式适应得很快，同时他们的积极性也很高。王老师在一线数学教育领域工作多年，她对知识建构的教学理念评价很高，也非常积极地想在课堂教学中融入知识建构教学的原则。经过两年多的学习和尝试，虽然还不能完全从传统教育模式和课程内容要求中跳脱出来，但王老师的教学风格已经发生了很大的改变，她也表示会继续创新教学，在知识建构的实践中培养富有探索研究精神的孩子。

王老师选择的内容是苏教版《义务教育教科书·数学》三年级的内容《两、三位数乘一位数》复习课。新授课结束后，王老师发现学生的练习题出错较多，计算过程中的注意要点也被遗忘了大部分，甚至有少数学生连计算步骤都忘记了，可见有时候以教师为中心的授课，并不能带来较好的学习效果。于是，王老师思考，能不能用知识建构的教学方式帮助学生主动构建自己的知识体系呢？怎样才能让学生自己主动找到技巧、规律、注意点并加深印象呢？王老师采用知识建构的教学方式，首先让学生观察自己在练习中的典型错题，并引导学生围绕真实问题“计算总是出错怎么办?”进行对话，列举一些解决措施，然后出示错题，让学生在真实的纠错总结中实践这些措施：自主建构，发现错误并提出自己的改进意见，例如“个位写到了十位上”“2 乘 9 没进位”等，紧接着让学生在小组和班级中展开讨论，最后根据学生的交流，有意识地引导学生进行汇总分类，最终明确计算的过程及要注意或者改进的地方。

通过本次基于知识建构理论的数学教学实践，王老师希望学生的数学素养不断向课程标准靠拢，并达成具体教学目标。

1. 课程标准要求：掌握计算方法，理解算理；激发问题思考，发展合情推理，体悟模型思想，形成问题解决的经验；养成合作交流、反思质疑

等良好的数学习惯，形成实事求是的科学态度。

2. 具体教学目标：

（1）学生能在自我知识建构中，回忆总结一位数乘二、三位数的笔算方法，并能正确地进行计算。

（2）学生能在自我知识建构中，找出易错点并总结注意事项。

（3）学生能在自我知识建构中，养成认真书写、认真计算、及时总结的良好数学素养。

二、知识建构教学流程

知识建构教学流程见图 2-4-1。

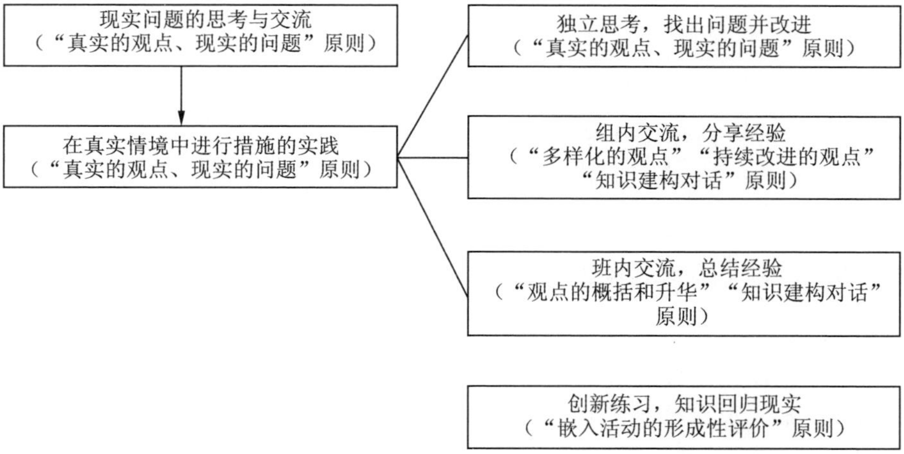

图 2-4-1　知识建构教学流程

（一）现实问题的思考与交流

真正能引起学生注意的是现实生活中的真实问题，而不单是课本中的问题。王老师希望用学生练习过程中的真实问题，引起学生的重视。王老师首先出示了学生的错题（图 2-4-2），然后尝试引导学生围绕出现错题的现象进行思考。

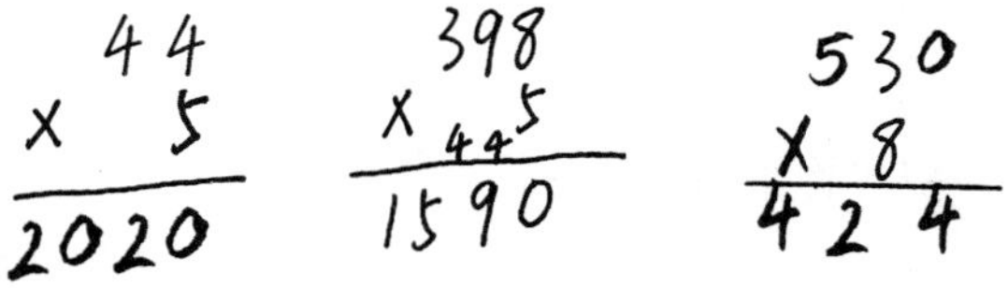

图 2-4-2　三道典型错题

王老师：请同学们看一看黑板，这是什么内容？

生1：是乘法竖式计算。

生2：老师，这个好像是我的错题。

生3：不是我写的，但是我错得跟他这个一样。

……

王老师：课上大家都学得非常棒，但为什么还是会出现这些问题呢？你有哪些思考？

生4：我也不知道，写题的时候好像又忘了。

生5：写的时候会算，就是会算错。

生6：我也是，写得太乱了，就算错了。

生7：学的时候知道这些地方要注意，但是很容易就忘掉了，怎么办呢？

生8：可以记到本子上，书上也行。(做笔记)

生9：对，把自己的错误都写到一个地方。(总结)

生10：觉得忘了就可以看一看，写题的时候也看一看。(复习)

王老师：我觉得你们的主意特别好。我们可以通过做笔记、及时总结和复习，帮助自己减少出错，那我们接下来就一起在实践中试试你们提出的主意吧！

从学生的角度看，接下来的活动都是基于“我们提出的好主意”展开的，这有助于提高学生的积极性，并强化学生对这些措施的记忆。教师鼓励式的用语，更能激发三年级学生的学习意愿。

(二) 在真实情境中的实践

1. 独立思考，找出问题并改进

要做笔记，首先得有内容可记。考虑到三年级学生已有的发展水平和“最近发展区”，为了让他们经历更多更有经验的学习者所经历的思维过程，帮助学生加深对知识，特别是隐性知识的理解与体悟，王老师给学生提供了学习支架——研究单。学习支架可以对学生日后的独立学习起到潜移默化的引导作用，使他们在必要的时候可以通过各种途径寻找或构建支架来支持自己的学习。学习支架的类型是多样的，教师要注意在教学设计中适时、适度、适量、引导性地进行使用。

王老师先让学生观察选好的典型错题，找出错题中出现的问题，然后提出自己的改进意见，学生很快就完成了思考［研究单完成情况（1）如

图 2-4-3 所示］。比如“百位上面 3 乘 5，没有加 4”“个位写在了十位上”“上面写得歪歪扭扭的，也没横式”等观点，已经明确找出了存在的问题并提供了修改方法，但是学生所用语言比较通俗，缺少升华凝练。不过也有一些概括性的观点出现，比如，“末尾有 0 的可以用简便方法”“小心进位错误”等。学生是积极主动的，学生的观点是多样化的，无论学生的观点是对是错，是好还是不好，都是值得鼓励的。

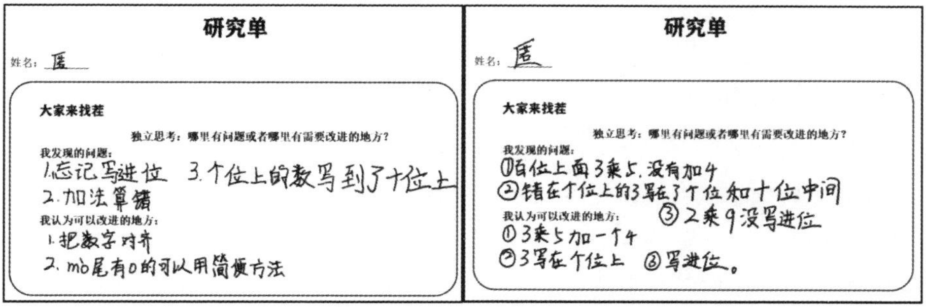

图 2-4-3　研究单完成情况（1）

2. 组内交流，分享经验

在知识建构理论支持的学习中，学生在组内和组间进行观点的共享、解释、质疑、协商，持续改进观点，深化对内容的理解，促进社区知识的形成。王老师在确定学生的研究单都已经完成后，先强调了小组知识建构的约定规则：① 小组成员要按顺序说说自己的研究过程和研究结果；② 听同伴讲完后，要及时补充自己的想法；③ 组长要做好总结记录；④ 小组要选出一名成员准备和班级知识建构圈分享自己小组的观点。学生们零散的、通俗的观点在小组建构中得到总结与提炼［研究单完成情况（2）如图 2-4-4 所示］，比如“百位上面 3 乘 5，没有加 4”“最好把进位写下来，不然会忘”等观点，被总结提炼为“忘记进位”，“写得歪歪扭扭”“没有用尺子画横线”等观点被总结提炼为“书写不规范”。

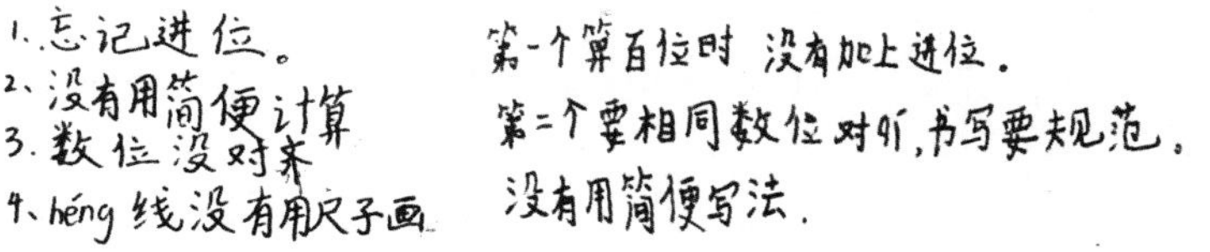

图 2-4-4　研究单完成情况（2）

3. 班内交流，总结经验

接下来，王老师随机选择了一组成员进行汇报，其他小组成员做补充和纠正，引导学生进行班级的知识建构。最终学生总结的所有注意事项都被写在黑板上。但是王老师发现学生总结出的内容是杂乱无序的，为了保证社区知识的生成效果，促进知识的升华改进，于是她组织了班级内的知识建构圈。知识建构圈是指在投入知识建构课堂讨论时的一种经过特意安排的就座形式，讨论时，学生和教师围坐成一个圈，有助于鼓励学生交流、讨论并发展对方的想法，有助于培养学生在交流中的平等意识，促进安全自由的课堂氛围的形成。

首先，王老师提醒学生要注意遵守规则：

知识建构圈：三位数乘一位数，问题与改进。

师：同学们请安静坐好，大家的观点都非常棒，每一位小朋友的进步都特别大，不过我们的观点还有一些可以改进的地方，现在希望同学们一起来讨论如何改进！我们的小话筒（可用方便的物品代替）会依次传递，如果你需要更多时间思考，可以传递给下一位同学，还记得我们发言时要注意什么吗？

生 1：要把自己的观点说出来。

生 2：我们要尊重别人的发言。

生 3：拿到话筒的时候再说，没有拿到话筒的时候乖乖地听别人说。

生 4：有用的地方可以先记下来。

……

然后，王老师开始引导学生进一步建构知识：

师：我们把问题和注意事项都找出来了，但是请大家看一看黑板，你们有没有发现什么问题呢？

生：（思考，但无回应）

师：老师觉得黑板上内容特别多呢，你们觉不觉得呀？

生 1：嗯嗯，有点多，我觉得我都记不住了，但是我写题的时候应该能想起来吧！

生 2：我还觉得黑板上的东西有点乱，是不是我们写得不好看？

生 3：有的内容是很像的，可以省掉吗？

生 4：对！我也觉得她说得很对，比如“加法不要算错”和“计算要仔细”是一样的意思。

师：哇！老师也很赞同！我觉得“加法不要算错”和“计算要仔细”可以总结成“计算问题”，你们觉得呢？那我们一起看看，还有哪些观点是比较像的？

生 5：“数字写得太潦草”和“要写工整”也比较像。

生 6：嗯嗯，都是不整洁，我们记得上节课学了要“书写规范”。

生 7：我也记得上节课学了，而且“画线用直尺”也是可以让（帮助）我们写得更规范的。

师：你们太厉害了，还有跟“书写规范”相关的观点吗？

生 8：数字对齐了之后，看起来也会更工整。

师：那我们就又归纳了四个观点。

……

根据学生的交流，王老师有意识地引导学生进行汇总分类，这要求学生能够从多样化、复杂化的观点中概括出更高层次的观点。最终学生归纳总结出了计算过程中的注意事项：① 书写要规范（相同数位要对齐，画线用直尺，数字不能写得太潦草、要写工整……）；② 小心进位错误（记得加进位、进位不要写错地方……）；③ 简便计算（末尾有 0 的乘法）；④ 计算问题（计算要仔细、加法不要算错……）；⑤ 其他（横式记得写结果）。至此，较为成熟的社区知识产生了，每位同学都是知识的贡献者。

在分类完成时，王老师提醒同学们和最初的问题，即“如何减少练习出错”的问题进行联系，并再次回忆了他们提出的“做笔记、及时总结和复习”等解决方法。这部分内容也将作为本节课的知识建构成果，意在强化培养学生良好的学习习惯。

4. 创新练习，知识回归现实

数学知识的牢固掌握是以不断练习为基础的，为了继续巩固强化知识建构成果，王老师利用最后的时间，带领学生学以致用。王老师设计了“自主出题”环节，希望学生在创新练习中，体会知识在现实中的应用。

师：孩子们，你们太厉害了！针对平时计算中出现的问题总结的经验和方法，你们掌握了吗？现在还会出错吗？今天老师先不出题，你们自己出题，好吗？

一是自主出题，同桌互做。

出示出题规则：① 每人出一道计算题；② 自己计算；③ 将自己出的题给同桌算；④ 相互核对，交流计算的过程及要注意或者改进的地方（图 2-4-5）。

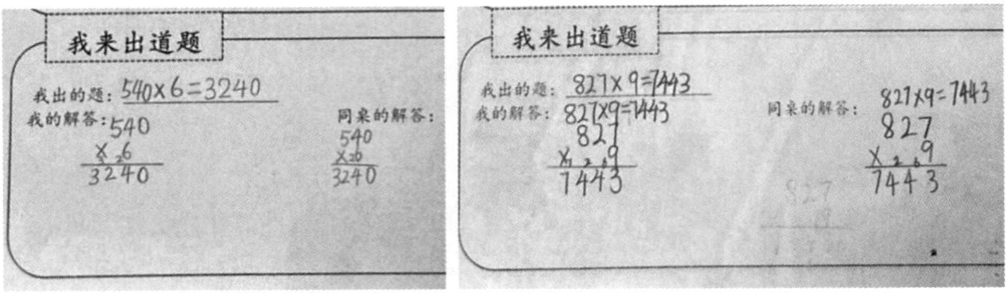

图 2-4-5　学生自主出题作品（1、2）

二是自主出题，发现规律。

出示出题规则：① 每人出 4 道有特色的两、三位数乘一位数的计算题；② 写出出题意图和发现规律；③ 课下与同学进行交流，修改完善（图 2-4-6）。

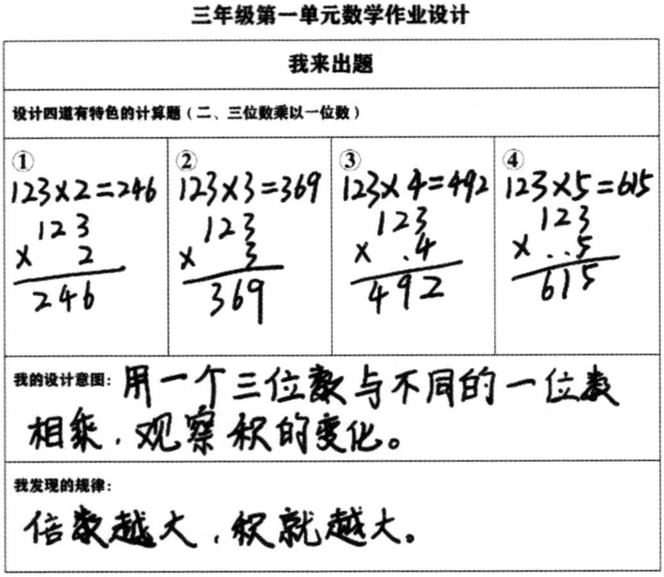

三年级第一单元数学作业设计

我来出题			
设计四道有特色的计算题（二、三位数乘以一位数）			
① 123×2=246 123 × 2 246	② 123×3=369 123 × 3 369	③ 123×4=492 123 × 4 492	④ 123×5=615 123 × 5 615
我的设计意图：用一个三位数与不同的一位数相乘，观察积的变化。			
我发现的规律：倍数越大，积就越大。			

图 2-4-6　学生自主出题作品（3）

三、知识建构智慧作品展示

通过本节课，学生回忆总结了一位数乘二、三位数的笔算方法，并能正确地进行计算，从层层深入的知识建构中找出了问题和注意事项，同时在知识建构圈中，总结升华了相关知识。其实学生总结出来的注意事项不仅适用于本节课，在小学学段整个乘法知识的研究过程中，都能帮助学生减少出错。于是，王老师希望学生能通过智慧作品的制作，一方面对计算方法、计算类型、计算技巧进行总结，另一方面加强对易出现的问题与注意事项知识的掌握。王老师鼓励学生以多样的形式制作智慧作品，学生的作品也让王老师眼前一亮。

如图 2-4-7 所示，有的学生聚焦错题，把典型的错题总结出来，标明出错的地方，并对出错原因进行了总结；如图 2-4-8 所示，有的同学将所有相关的内容都梳理在一起，包括自己的问题、各种类型的计算步骤、典型的计算题与应用题、注意事项等；还有的同学针对本节课归纳总结的“注意事项”，制作了“我是小老师——怎么总算错?”“三位数乘一位数计算的注意事项”等视频作品。

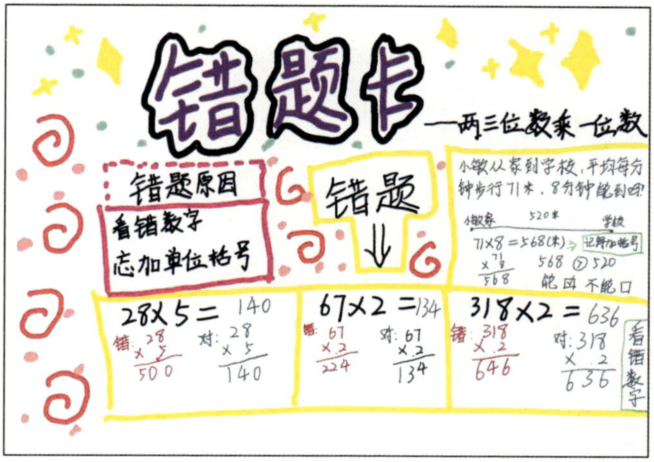

图 2-4-7　学生智慧制品（1）

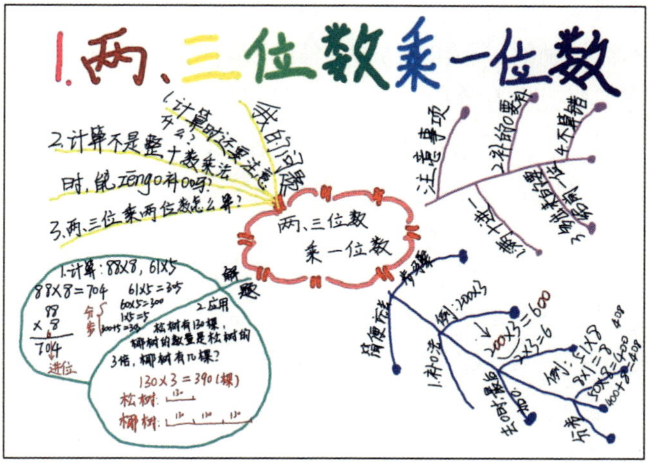

图 2-4-8　学生智慧制品（2）

四、《两、三位数乘一位数》复习课知识建构教学反思

本次教学基于知识建构理论进行，学生从真实的问题思考开始，经历个人建构、小组建构与班级建构，自己的观点得到了提炼、总结与升华，促进了班级社区知识的形成。王老师认为这次基于知识建构理论的教学是十分成功的，因为后续的乘法学习中，学生的出错率大大降低，数学课也不再死气沉沉。学生得到鼓励、认识到自己的贡献和价值后，都非常积极地想要参与知识的建构。但是本次教学也存在以下不足之处：

一是教师对内容的设置较狭窄。虽然本节课有针对性地解决了实际的教学问题，但还是被限制在课本要求的内容里，最后创新练习的环节限制性也比较强，学生只能通过“出题”的方式巩固知识。其实，教师可以给“教学内容”和“教学对象”以宽泛的自由，尽力避免学生的视野与思维向定式发展。

二是教师没有为学生提供个性化指导。本节课是让学生在自我探究与知识建构中，复习总结先前所学的知识。虽然内容都是学习过的，但学生的起点水平还是有差异的，有的学生能够出色地完成相关计算，有的学生会忽略部分细节出错，有的学生已经大面积遗忘知识。另外，三年级的部分学生还不适应知识建构教学的方式，在集体建构中参与度不高。在各个环节，教师还是应该关注有需要的学生，及时给予个性化的帮助与指导。

三是协同认知责任的培养不够。王老师在教学过程中发现，有些学生表面上参与了集体的知识建构，刚开始的时候也很投入，但是他们自己存在的问题得到解决后，就不再专注于课堂环节。经过了解，王老师听到了这样的观点“我自己已经学会了”。应试教育中的自我意识、竞争意识在知识建构中是不被鼓励的，小组成员应当共同承担推进社区知识生长的任务，每个学习者都需要提出有价值的观点、了解他人的观点、提出看法和建议、帮助伙伴改进观点、升华自己的观点。在后续的教学中，教师应更加重视对学生协同认知责任的培养。

第三单元

英语知识建构案例

单元导言

本单元包含两个案例，案例 1 六年级英语 *Dad for sale* 阅读课旨在通过知识建构教学，使学生掌握绘本中的词汇和句型，绘制文本结构图，梳理人物关系和故事情节，加深对绘本的理解，明白爱和溺爱的区别，并联系实际，理解并体会父母之爱，学会表达对父母的爱。案例 2 以二年级下册 Unit 4 I have big eyes 为主，围绕“五官特征”，建构“Animals in our school”的跨学科教学设计，将英语与美术结合，希望学生能够用已知的单词（如 face、nose、eye、ear、mouth、hair）和句型（如“I have...”等）描述小动物的外貌特征，制作动物头饰，分组制作海报，完成“Animals in our school”绘本，了解如何关爱小动物，学会和小动物和谐相处。

传统英语教学以教师为中心，教师是知识的传授者，阅读前注重生词的讲解与朗读，阅读中强调短语的解释和句子的翻译，阅读后通常布置与文本相关的词汇与句法练习，主要为学生巩固所学内容，评价形式较单一。教学方法是程序化、结构化的，目的是让学生在规定的时间内掌握相应的知识与技能。教师仍把知识点的记忆与考查放在语言学习中最重要的位置，却忽视了语言本身的交际功能，以及对学生文化意识、思维品质的培养。

知识建构教学是基于原则的，没有固定流程，强调学生是积极的认知者，即学生是认知主体，教师需要“放权”给学生。教师通过创设真实情境，引导学生根据阅读文本提出真实的问题，为学生营造民主安全的氛围，鼓励学生发表多样化的观点并通过小组成员对话、讨论等协作活动，持续改进观点，完成对观点的概括和升华。通过嵌入活动的评价，教师引导学生产出多样的人工制品，最终学生的英语语言应用能力增强，对阅读文本的理解深化，思维得到提升，情感得到升华。

本单元案例 1 为六年级英语 *Dad for sale* 阅读课，绘本讲述了一个小男孩因为爸爸不允许他做一些不对的事情，萌生出售爸爸的想法，最终又买回爸爸的故事。希望学生通过文本阅读，深化对主题的理解，体会父母之爱，学会表达对父母的爱。案例 2 源自二年级下册 Unit 4 I have big eyes，基本内容为五官词汇的学习以及用句型“I have...”介绍自己的外貌。希望通过知识建构教学，学生能用已知的单词和句型描述小动物的外貌特征，制作动物头饰，分组制作海报，完成“Animals in our school”绘本，了解如何关爱小动物，学会和小动物和谐相处。

在阅读教学中，教师需要注意两点。一是真实情境的创设。一定要联系学生的实际生活，创设情境，只有真实的情境才能引起学生的兴趣，引发学生的思考。二是要营造民主安全的氛围。在民主安全的环境中，学生不会担心因想法幼稚而被嘲笑，他们被平等对待。教师要鼓励每个学生提出自己的想法，积极参与到知识建构中来。

如果知识建构新手教师要模仿该案例进行初步的教学实践，需要先学习知识建构理论，了解知识建构教学的核心思想，特别是十二条原则的应用，熟悉课程教学目标和教学内容，再结合文本考虑如何运用十二条原则设计相应的教学活动。首先通过创设真实的情境，引发学生的思考，使学生提出个人感兴趣的问题。接着对多样化的观点进行分类，根据观点类型分组，小组成员讨论改进观点。最后进行全班建构，实现对文本的深度理解。

任课教师如果已经具备一定的知识建构教学经验，就要反思之前知识建构教学中存在的问题，比如：学生提出的问题质量不高，教师就要思考如何使用支架或者其他策略使学生提出更有价值的问题。另外，知识建构教学中强调学生是积极的认知者，教师要放权给学生，但是又不能过度放权，以避免个别自主性差的学生无所事事。具体放权多少给学生，教师就要结合之前的经验及现在学生的情况进行调整，把握好度。教师要综合考虑先前的教学经验与现实情况，运用相应的知识建构原则对教学设计进行持续改进，以期实现深度建构。

01 案例一

六年级英语 *Dad for sale* 阅读课

一、背景

对于六年级一班的大部分学生来说，已有一年多的知识建构学习经验，知识建构不是陌生的事物。孩子们对知识建构教学平台的使用、提出问题与表达观点、小组乃至班级讨论等都能很快地适应。李老师作为一位拥有十多年教学经验的英语老师，在未接触知识建构教学之前，更习惯于主导课堂，给学生设置问题、布置任务，掌控课堂节奏，进行结构化教学，带领学生朝着自己设计的方向走。而李老师进入南京师范大学附属邗江实验小学，接触知识建构教学理念后，从刚开始的不适应到现在主动思考如何更好地将知识建构教学与课程相结合，尽管才两年多的时间，她的教学理念却发生了巨大变化。

在这次课程中，李老师将目光锁定英语整本书阅读，她选择了《黑布林英语阅读》中的 *Dad for sale* 作为阅读书目。这本书讲述了一个小男孩因为他爸爸不允许他做一些不对的事情，但是朋友 Rosie 的爸爸允许她做这些事情，对比之下，小男孩萌生了要出售爸爸的想法，但是在向他人推荐爸爸的过程中想起了爸爸对自己的各种好，又要重新买回爸爸的故事。李老师采用知识建构教学方式，首先引导学生进行封面阅读并提出真实的问题，例如："谁要卖爸爸？""为什么要卖爸爸？"紧接着，让学生初步阅读整本书尝试回答这些问题，并在小组和班级中展开讨论，持续改进观点。最后，引导学生对主题进行升华，明白父母之爱，将阅读层次从浅层逐渐向深层推进。

通过整本书阅读课程，李老师希望学生达成以下 4 个教学目标：

（1）了解男孩想要卖爸爸最终又想买回爸爸的原因。

（2）绘制文本结构图，梳理人物关系和故事情节，在对比、分析的过程中理解什么是父爱。

（3）对比男孩父亲的爱和 Rosie 父亲的爱，明白爱和溺爱的区别，并联系实际，理解并体会父母对自己的爱，学会爱父母。

（4）采用“写一封信”、改编剧本、撰写读后感、改写故事等方式表达自己对绘本的理解，以及对父母之爱的理解。

二、知识建构教学流程

本次课知识建构教学流程如图 3-1-1 所示，李老师围绕该教学设计和六年级的学生开启了 *Dad for sale* 整本书阅读之旅。

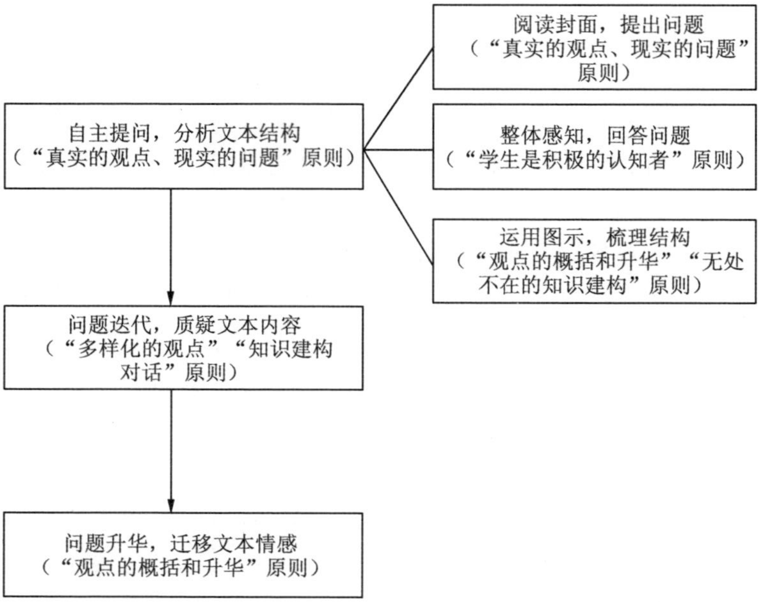

图 3-1-1 知识建构教学流程

（一）自主提问，分析文本结构

现实的问题是知识建构的出发点。知识建构教学的第一条原则就是“真实的观点、现实的问题”。在李老师看来，*Dad for sale* 的标题和封面富有趣味，能够激发学生的阅读兴趣。李老师想让学生用自己的问题和想法来引领整个阅读过程。因此，阅读前，李老师先让学生观察封面，提出想要探究的真实的问题，激发学生继续开展阅读的兴趣。

1. 阅读封面，提出问题

学生通过观察封面，主要提出了以下 6 个问题：

Q1：Who wants to sell dad?

Q2：Why does he/she want to sell dad?

Q3：Where can he/she sell his/her dad?

Q4：How much is a dad？

Q5：Who's the girl on the cover？

Q6：Does she want to sell her dad？

这些问题会驱动学生继续开展探究。

2. 整体感知，回答问题

知识建构教学强调学生是积极的认知者。作为积极的认知者，学生在提出问题的同时，也要思考如何解答问题，提出自己的观点，形成自己对问题的解释。通过初步阅读整本书，学生发现想要卖爸爸的并不是封面上的女孩，而是她的朋友；故事中有一个 Dad Shop，可以买爸爸或者卖爸爸；故事的主人公起初想要卖爸爸，最终又买回了爸爸。Q1、Q3 和 Q5 得到解答，Q2、Q4 和 Q6 有待学生进一步探究。在学生了解了故事情节的基础上，教师引导学生形成了一个继续推进梳理文本进程的问题：Why does the boy want to buy his dad at last？李老师作为引导者，根据学生的知识建构情况，适时引导学生进一步思考，持续改进观点。

3. 运用图示，梳理结构

李老师引导学生再次阅读文本，并让学生依据自己的理解绘制文本结构图，形成对“观点的概括和升华”。李老师没有对文本结构图的形式做过多的要求，不需要达成统一，学生可以以人物为中心绘制人物关系图（图 3-1-2），也可以以故事情节为线索绘制故事情节图（图 3-1-3）。这一环节旨在帮助学生进行整本书思路梳理，促进学生知识在广度上发散，拓展阅读深度。此外，由于课堂时间有限，学生课后完成人工制品，学生对阅读文本的探究拓展至校外，延伸到家庭中，无处不在的知识建构跨越了时空。

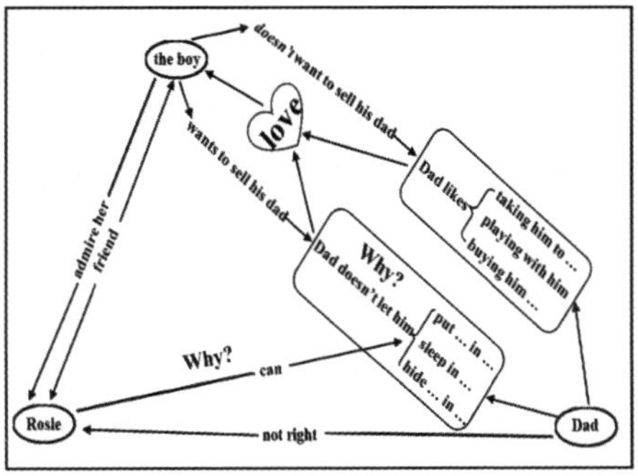

图 3-1-2　人物关系图

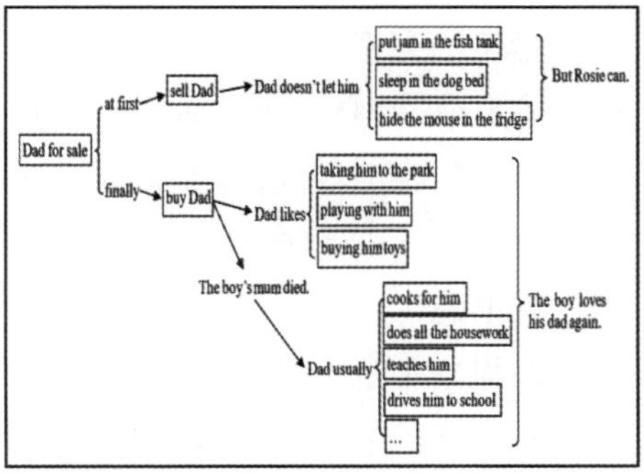

图 3-1-3　故事情节图

（二）问题迭代，质疑文本内容

“知识建构对话”原则支持学生在组内和组间进行观点的共享、解释、质疑、协商，持续改进观点，深化对文本的理解，促进社区知识的形成。学生在完成文本结构图之后，通过阅读又有了新的思考，形成了新的问题，例如：Why doesn't Dad let the boy do these things? What may happen to Rosie's pets? Why doesn't her father stop her? 在这一过程中，学生的想法不断翻新，多样化的观点持续提出并改进，李老师感受到学生对整本书的探究越发深入。学生此时提出的问题主要依据人物展开，大致可以分为 3 类（表 3-1-1）：

表 3-1-1　学生迭代出的问题

Questions about Dad	Q1: Why doesn't Dad let the boy put jam in the fish tank, sleep in the dog bed or hide the mouse in the fridge? Q2: Does Dad love the boy? Q3: What kind of dads does the Dad shop have? Q4: How much is a dad in the Dad shop? Q5: Would it be better to have a different dad? Q6: Why is there a Dad shop in the story? If there is a Dad shop, do you want to sell your dad? Q7: After reading the book, do you love your dad?
Questions about the boy	Q1: Why doesn't the boy like his dad at first but like him at last? Q2: Does the boy really understand his dad? Q3: Why does the boy want to sleep in the dog bed? Q4: Does the boy really want to sell his dad?
Questions about Rosie	Q1: What will happen to Rosie's pets? Q2: Why does her parents allow her to do these bad things? Q3: Why doesn't Rosie's dad stop her? Q4: Do Rosie's parents really love her?

学生的问题均与阅读文本紧密相关，部分问题之间具有关联性，如：Dad 组的 Q1 和 Q2，the boy 组的 Q1 和 Q2，知道了 Q1 的答案，Q2 就迎刃而解；部分问题具有思辨性，如：Dad 组的 Q1、Q2、Q5，the boy 组的 Q1、Q2、Q4 和 Rosie 组的 4 个问题都体现了学生对文本表层信息的质疑和对文本内涵的思考，Dad 组的 Q6 和 Q7 将阅读文本迁移到生活中。深层次阅读问题的提出是学生深入思考的结果，是学生深度思维的体现。

在此基础上，李老师引导学生选择一个人物并和选择相同人物的学生组成研究小组，在课堂上开展深度阅读交流活动。首先，学生在小组内交流自己提出的问题及观点；其次，小组内围绕存在疑惑的问题进行探讨，确定最终观点后将本组的问题和观点用海报的形式记录下来；再其次，选择相同研究人物的小组互相分享交流海报，提供建议，改进观点；最后，选择不同人物的小组交流海报，了解他人的研究问题和观点，加深对文本中其他人物的了解。

图 3-1-4 展现了 Rosie 组学生的海报内容。学生提出问题，如“为什么 Rosie 的爸爸不阻止她?”“Rosie 的父母真的爱她吗?”，说明学生已经意识到 Rosie 爸爸的做法不对，爸爸对 Rosie 的爱不是真爱，并想探究他这样做的原因。接着，从小组成员对 Q1 的回答“也许因为她爸爸不喜欢她”“也许因为她爸爸想给她一个快乐的童年”“也许因为爱，但这是溺爱”，可以看出学生多样化观点的表达及批判性思考。从对 Q2 和 Q3 的回答可以发现，学生基于对文本的阅读，能够辨识爱与溺爱的区别，理解什么是真正的爱；并联系实际，想到父爱如山，母爱如水，加深了对父母之爱的理解，认识到要学会爱父母。学生思维深化的同时，心灵得到陶冶，对父母的情感得到升华。

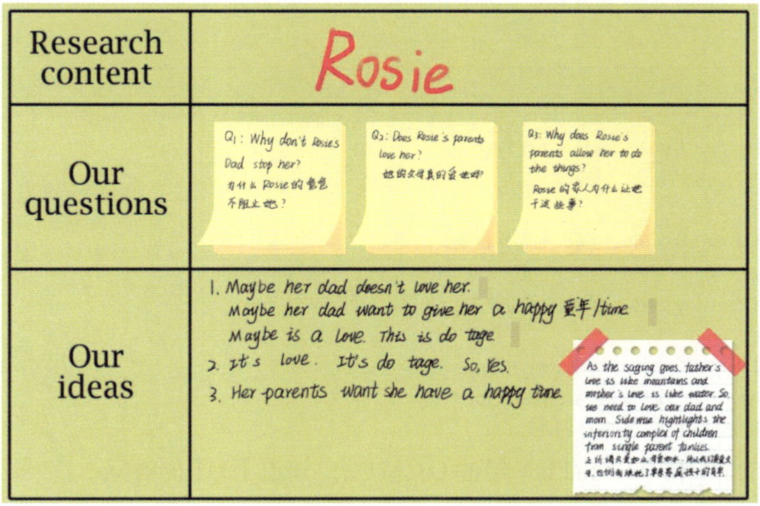

图 3-1-4　Rosie 组学生的海报

（三）问题升华，迁移文本情感

创造性的知识建构需要发展出更具有上位的观点，这要求学生能够从多样化、复杂化的观点中概括出更高层次的观点，获取“精髓”部分。在对问题进行小组探究后，李老师发现学生对整本书阅读的主题意义、内涵、情感和主旨有了进一步的感悟，为了加深学生对作者写作目的的认识，李老师引导学生围绕主题意义继续提出问题，帮助学生升华文本情感，感受阅读温度。学生由此提出了如下问题：

Q1：The boy and his dad are the main characters of this book. Why are Rosie's family on the cover?

Q2：Does your father let you put jam in the fish tank, sleep in the dog bed or hide the mouse in the fridge? Why? What else doesn't your father let you do? Why?

Q3：What does your dad do for you? Is he a good dad?

Q4：Do you like the boy's dad or Rosie's dad? Why?

学生首先在小组内讨论了 Q1，有的学生认为，在男孩眼中 Rosie 的爸爸是个好爸爸，Rosie 有一个快乐的家庭，那正是男孩想要的。而有的学生则持有相反的观点，认为 Rosie 爸爸的爱是溺爱，他不是一个好爸爸，应该被卖掉的是 Rosie 的爸爸。而实际上，无论哪种观点，都体现了学生对文本的批判性理解。随后，学生写出 Q2、Q3 和 Q4 的答案，并开展角色扮演演绎 Q2，继续在组内讨论了 Q3 和 Q4（表 3-1-2）。

表 3-1-2　学生关于 Q2、Q3 和 Q4 的解答

Q2 其中一组的表演	Q3 的答案	Q4 的观点
S1：Dad，can I sleep in the dog bed? S2：Sorry，you can't，dear. S1：Why? S2：Because the dog bed is dirty. There are some pests in it. If you sleep in the dog bed，you may have a fever. S1：But I want to sleep with my dog. S2：Maybe you can take a shower for your dog and clean the dog bed. S1：That's a good idea. Thank you，dad. I love you. S2：I love you too.	teach me to do the right things，play with me， cook for me， drive me to school， …	大部分学生给出的答案是男孩的爸爸，因为男孩爸爸的爱是真正的父爱，Rosie 爸爸的爱是溺爱。 也有学生希望男孩的爸爸再温柔一些，不让男孩做某件事应该说明理由，避免父子之间产生矛盾

三、知识建构智慧作品展示

通过此次阅读课程，学生对生活中父母对自己的爱有了更深的体会。李老师随即让学生自主选择一种人工制品形式表达自己对父母之爱的理解。很快，李老师收到了各种各样有趣的人工制品。例如，本次知识建构课程结束之时，正值母亲节到来之际，部分孩子借此机会给妈妈写了一封信，

表达了对妈妈的爱意。而有的孩子则在对整本书梳理的基础上，形成了对整本书的系统认识。

图 3-1-5 展示了一位学生的阅读海报。我们可以看到，该学生首先提出了自己的研究问题，形成了自己的观点，接着，对整本书的主要故事脉络——为什么一开始要卖爸爸后面又决定不卖爸爸？——用自己的话语体系进行了概括，并梳理出了书中的人物脉络图以加深思考。在此基础上，形成了自己阅读 *Dad for sale* 这本书所获得的感悟，即“溺爱不是爱，我们要理解我们的父母”。

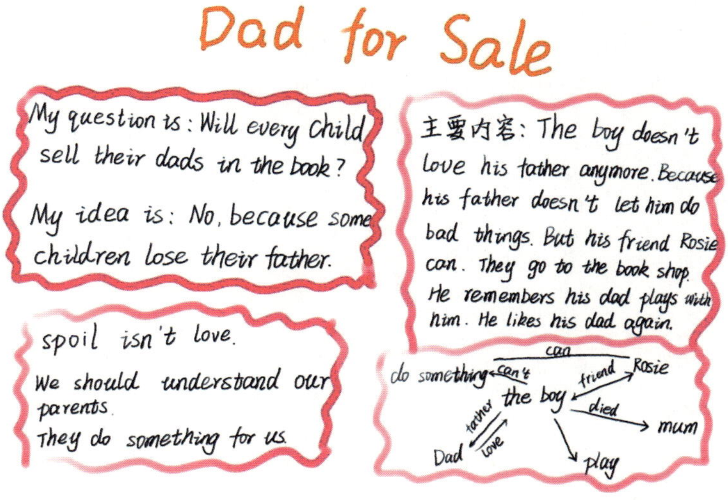

图 3-1-5　学生的阅读海报

四、英语整本书阅读知识建构教学反思

李老师运用知识建构教学原则，首先创设情境将学生引入话题，再以问题链深入推进阅读，然后通过自主提问、分组讨论、合作阅读、全班建构等方式让学生实现深度阅读，理解什么是真正的父爱，并且能够进行阅读迁移，联想自己和父母之间的相处，体会父母之爱，并学会爱自己的父母。

李老师认为，此次英语整本书阅读课达到了预期效果，但也存在一些不足，需要进一步改进，以期为后续英语整本书阅读提供启示。这些问题主要体现在以下方面。

首先，学生提出的问题质量不高。知识建构教学鼓励学生提出真实的问题，这更有利于激发学生的阅读欲望，但当前存在学生提出的问题质量不高，太宽泛或脱离阅读文本主题，没有探究价值的情况。针对这种情况，教师可以适时地提供有效提问的方法，帮助学生提出更具探究价值的问题。

其次，本次课程没有使用 KF 平台。KF 平台为学生提供了发表观点、交流讨论并形成记录的空间。由于本次课程时间紧凑，未能安排学生借助 KF 平台开展知识建构。李老师认为今后如果条件允许，建议使用 KF 平台，记录观点改进的过程，拓展知识建构的时空。

最后，本次课程没有形成剧本改编知识体系。李老师在进行知识建构教学设计之初，计划阅读后请学生通过改编剧本的形式表达自己对绘本的理解及对爱的理解。李老师认为这是引导学生形成对整本书深度理解的有效表现形式。但由于时间有限，本次课程尚未形成有关剧本改编的知识体系。在今后的绘本阅读中，将进一步落实此行动。

02 案例二

基于知识建构理论的跨学科教学设计——二年级英语 Animals in our school

一、背景

二年级一班的大部分学生，虽然年龄不大，但是已经有一年的知识建构学习经验了，他们已经适应了知识建构教学，知道如何提出自己的问题、参与小组讨论、对同伴的问题发表自己的观点。陈老师作为具有丰富教学经验的英语老师，在未接触知识建构教学之前，习惯扮演传统教师中心的角色，在课堂上以讲授英语知识点、传递知识为主，为学生做好规划与设计，带领学生朝预设的方向走。接触知识建构教学理念后，陈老师从开始的畏难，到逐步接受并做出改变并在课堂中尝试知识建构教学，看到课堂效果及学生可喜的变化后，更坚定了从事知识建构教学的决心。

在这次课中，陈老师选择二年级下册 Unit 4 I have big eyes，本单元主要学习跟五官相关的词汇（如 face、nose、eye、ear、mouth、hair）和句型（如“I have...”等），用这些词汇描述自己的外貌特征。陈老师以该单元为主，围绕“五官特征”，基于知识建构理论，建构“Animals in our school”跨学科教学设计。整个课程实施包含两个课时，涉及英语和美术两门学科：第 1 课时，整体感知，分组讨论；第 2 课时，组间交流，制作人工制品。陈老师采用知识建构教学方式，首先让学生回顾歌谣，说一说自己所知道的五官类单词，再出示学校动物园的照片，让学生观察小动物部分特征。学生先依据兴趣分成不同动物小组，接着组内分享交流预习作业 A mind map of animals。然后学生根据句型支架，尝试描述介绍小动物的特征。各个小组内部讨论交流并完成海报创作，开展组间环游，最后形成关于描述动物的社区知识，并升华主题，懂得要关爱小动物，学会和小动物和谐相处。

通过本次课，陈老师希望学生达成以下 4 个教学目标：

（1）了解校园中的小动物，尝试用已知的单词和句型描述小动物的外貌特征。

（2）制作动物头饰，分组制作海报。

（3）完成“Animals in our school”绘本。

（4）了解如何关爱小动物，学会和小动物和谐相处。

二、知识建构教学流程

（一）整体感知（Overall perception）

陈老师首先引导学生回顾了一首与五官相关的歌谣。这首歌谣以轻快的节奏和有趣的旋律吸引了学生的注意力，激发了他们对五官单词的兴趣。随后，陈老师请学生说一说自己所知道的五官类单词。陈老师微笑着鼓励他们，认真倾听每位学生的回答。接着，陈老师让学生自制与五官相关的单词卡，绘制完毕后，让学生汇报并将单词卡片贴在黑板上。每一张卡片上都写着一个与五官相关的单词，如“eye”“nose”“mouth”“ear”等。卡片的制作有助于学生更好地记忆这些单词。陈老师通过引导学生回顾歌谣创设情境，让他们在轻松愉快的氛围中复习了与五官相关的单词，激发了他们的学习兴趣，有助于学生自由表达观点。

（二）组内讨论（Inter-group discussion）

（1）知识建构教学的第一条原则就是“真实的观点、现实的问题”。陈老师通过课件出示校园动物园的照片，让学生观察小动物部分特征，猜一猜是哪些小动物。当学生看到自己学校的动物照片时，兴奋极了，不禁开口道：“Pig、duck、rabbit…”开心地回想自己知道的动物单词。可也有学生犯难了：“天鹅用英语怎么说啊？”“小羊用英语怎么说呢？”赶紧寻求同学的帮助，同伴的交流与对话使问题迎刃而解（图 3-2-1）。

图 3-2-1　校园动物照片与对应的单词

(2) 校园里的小动物们开心地生活着，陈老师引导学生思考："猜一猜动物之间会聊些什么啊？(What will they talk?)" 这个问题引起了学生们的兴趣，他们也好奇，动物们会聊些什么呢？于是，他们开始大胆想象，发表自己的看法，多样化的观点随之而来（图 3-2-2）。

图 3-2-2　校园动物整合

(3) 陈老师在 PPT 中展示单词组，供学生选用。学生依据兴趣分成不同动物小组，如 lamb 组、pig 组、chicken 组、duck 组、swan 组、rabbit 组、deer 组。根据兴趣自由组合，有助于学生保持继续探究的欲望（图 3-2-3）。

图 3-2-3　动物小组

(4) 组内分享交流预习作业"A mind map of animals"。为了让学生对主题有所准备，陈老师在课前给学生布置了一项预习作业：画有关动物的思维导图。课上，孩子们纷纷拿出自己的作品，向组内同学展示并介绍。大家互相观摩、学习和讨论。让我们欣赏一下小李同学的作品吧。如图 3-2-4 所示，小李同学化身小鹿开始自我介绍："Hello，I'm a deer. I have two big ears. I have two big eyes. I have a small nose. I have a big mouth. I have a small tail. I'm brown. I can run fast. I like eating grass." 通过小李的介绍可知，小李已经学会了用表示五官的词汇和句型"I have..."描述动物的外貌特征，还能使用"I can..." "I like..."句型表达个人的能力与爱好。组内成员就思维导图内容进行交流讨论，提供意见和建议，有助于持续改进观点。

图 3-2-4　小李同学的作品

（5）班级汇报分享"A mind map of animals"。组内交流有关动物的思维导图后，陈老师请小组代表到讲台上向同学们展示并用英语介绍小动物的五官、本领等。陈老师鼓励全班同学积极提问、发表自己的见解，共同学习交流。

（三）组间交流（Inter-group communication）

（1）在小组内，学生根据陈老师提供的句型支架，尝试描述介绍小动物的特征。在描述的过程中，组内学生积极参与，互相帮助（图 3-2-5、图 3-2-6）。随后，他们运用这些描述和介绍，开始制作海报。在制作过程中，他们充分发挥自己的创意和想象力，用图像和文字生动地展现出小动物的魅力。

图 3-2-5　组间交流

图 3-2-6　句型支架

（2）小组呈现小动物的海报，小组合作展开介绍，大家愉快地分享（图 3-2-7）。在学生交流的过程中，陈老师引导他们深入思考，提炼出故事的主题意义。她鼓励学生从不同的角度去理解和欣赏动物，如它们的可爱、聪明、灵动，以及它们与人类的关系等（Animals are lovely / cute / smart）。陈老师的引导也让学生更加深入地理解了故事的主题意义，激发了他们继续学习和探究的热情。

图 3-2-7　小组合作

（3）学生开展组间环游，一名学生留守，介绍本组小动物，其他学生去别的小组听取报告（图 3-2-8）。在留守学生的精心介绍下，其他学生得以深入了解每一组小动物的五官和喜好。听取报告的过程中，学生积极互动，互相提问和讨论，并尝试给出评价，表达对于所听内容的看法和建议。在这个过程中，学生更加深入地体会到动物与人类之间的紧密联系，认识到动物是我们的朋友（Animals are our friends）。

图 3-2-8　各小组展示

（4）班级汇总，形成班级社区知识。陈教师提出问题：After communication, how to describe our animal friends？学生在小组内交流，陈教师板书形成关于描述动物的社区知识。陈老师继续引导学生深入思考，升华观点：我们应该关爱小动物，与它们和谐共处（We should love and care animals）。（图 3-2-9）

图 3-2-9　教师提问，学生深入思考

（四）制作人工制品（Make artifacts）

学生进行角色扮演，形成参观校园动物园的戏剧。有的学生化身动物园的导游，有的学生戴上想要扮演的小动物头饰，化身动物园中的一个小动物，大家愉快地体验了一次有趣的角色扮演活动。

三、知识建构智慧作品展示

通过此次跨学科主题研究课“Animals in our school”，学生不仅学会了用表示五官的词汇和句型“I have...”描述小动物的外貌特征，还对身边的小动物有了更多的了解，学会了关爱小动物，与它们和谐相处。陈老师请学生进行角色扮演，形成参观校园 zoo 戏剧（图 3-2-10）。

图 3-2-10　学生角色扮演

图 3-2-10 展示了几位学生分别化身校园动物园中不同的小动物，向大家介绍自己的外貌特征及喜好的场景。孩子们不仅学会了用英语表达，还对校园中的小动物有了更多的了解，学会了关爱身边的小动物，把它们当作自己的朋友，和它们一起愉快地生活。

四、跨学科主题“Animals in our school”知识建构教学反思

陈老师的跨学科主题研究课“Animals in our school”围绕校园中的小动物开展跨学科知识建构教学，首先利用学校动物园中真实的动物图片创设情境将学生引入话题，再以问题推进，然后通过组内讨论、组间环游、全班汇总的方式让学生建构出校园中小动物的外形、喜好等社区知识，最后引导学生升华主题：要关爱小动物，学会和小动物和谐相处。

陈老师认为，此次跨学科主题研究课达到了预期效果，但也存在一些不足，需要进一步改进，以期为后续跨学科主题研究课提供启示。这些问题主要体现在以下方面。

首先，对组间交流还需适当引导。知识建构教学鼓励小组之间互相交流、分享、评价以改进观点，形成社区知识。但在组间环游的过程中，学生会出现扎堆到某一个小组交流或者个别同学游离的情况。教师还需给予适当的引导，帮助学生有效利用组间交流时间，提升交流效果。

其次，本次主题探究内容有待拓展。知识建构教学鼓励对主题进行持续探究，不断改进观点，使认识升华，形成社区知识。本次课程主要建构出校园中小动物的外形、喜好等知识，并引导学生学会关爱小动物。由于时间有限，课上没有对小动物们的居住环境、生活习性等进行深入思考。今后如果时间允许的话，可以引导孩子们进一步探究。

最后，没有完成“Animals in our school”绘本的撰写。陈老师在进行教学设计之初，计划请学生完成“Animals in our school”绘本的撰写，表达自己对文本的理解和对小动物的关爱。但由于课堂时间有限，尚未完成。教师可以课后跟进，引导学生完成。

第四单元

科劳信知识建构案例

单元导言

与科学旧课标相比，《义务教育科学课程标准（2022 年版）》[1] 标科学学科核心素养的内涵中，科学探究已不是局限于“科学探究”，而是更新为“探究实践”，即科学探究和技术与工程实践两大内容，进一步加强了实践活动，强调学生动手制作，使学生的各项思维和能力在动手制作的过程中得到训练。2020 年 3 月《中共中央 国务院关于全面加强新时代大中小学劳动教育的意见》印发后不久，教育部在 2020 年 7 月印发了《大中小学劳动教育指导纲要（试行）》，这体现出劳动教育是育人体系中的重要一环，在学科教学中融入劳动教育，是落实立德树人根本任务的重要途径。《义务教育信息科技课程标准（2022 年版）》[2] 新设课程名称，将“信息技术”调整为“信息科技”，对义务教育阶段小学生的信息素养提出了更高的期望，同时对设置跨学科主题背景的学习提出了新要求。

而在传统的科学、劳动、信息科技课堂中存在重视程度不足、学生主动性不够、部分教学内容与现实脱节、教学知识深度不够、资源不足缺乏整合等多方面问题，影响课程的开展。为了解决以上问题，南京师范大学附属邗江实验小学做出尝试，运用知识建构理论，将科学、劳动和信息科技课程相结合，形成科劳信跨学科课程。知识建构教学强调现实问题是知识建构的出发点，将教学内容与现实相联结。知识建构教学以观点为核心，

1　教育部．义务教育科学课程标准：2022 年版［S］．北京：北京师范大学出版社，2022：9–11.

2　教育部．义务教育信息科技课程标准：2022 年版［S］．北京：北京师范大学出版社，2022.

认为学生提出的观点是真实的、有生命的、多样化的、可持续改进的。知识建构教学过程是观点不断改进的过程，在这个过程中，学生可以不断改进、升华自己的观点，并形成理论。知识建构让学生成为积极的认知者，前提是确立学生的主体地位，关键是帮助学生建立自己的“方法论”，从而提高学生的学习主动性。知识建构也强调权威资料的建构性使用，虽然在这一过程中也需要教师进行高质量资源的提供和教学引导，但是学生的自主性在一定程度上帮助教师减轻了部分资源整合的压力。

科劳信（科学、劳动和信息科技）跨学科课程是一种综合性的学科课程，旨在帮助学生全面发展科学、劳动和信息科技方面的知识与技能。跨学科课程引导学生在使用信息科技自主探究的过程中，处理好与科学、劳动课程的联系，切实把“学技术”与“用技术”的理念有效融合，形成社区知识，走向知识创造。该课程将三个学科主题有机地结合在一起，促使学生综合应用所学的知识和技能，培养学生的创造力、合作精神和解决实际问题的能力。教师应该引导学生在课程中独立思考、自主学习，并鼓励学生展示和分享自己的成果和经验。通过科劳信跨学科课程的学习，学生可以获得跨学科的综合知识和技能，为未来的学习和职业发展奠定坚实的基础。

本单元由 4 个以知识建构教学法开展的科劳信跨学科课程组成，整合已有的研究与实践成果，从教学背景、教学流程、教学反思等方面展示运用知识建构教学进行科劳信跨学科学习的具体实施案例，以期为知识建构教学中的科劳信跨学科课程提供实践参考。知识建构教学没有明确的步骤，新手知识建构教师在实践过程中存在一定的困难，并且由于知识建构是以观点为核心的，不同的班级虽然主题相同，但具体的过程可能千差万别，因此特定的实施案例只能作为参考。如何着手设计知识建构教学实施过程，还需要教师不断解读知识建构十二条原则，并在实践中持续反思和改进。

01 案例一

《小菜园，大世界》

一、背景

本课程面向的对象为南京师范大学附属邗江实验小学四年级的学生。随着学生年级的升高，学生的思维能力和学习能力有所提高。这些四年级学生已具备一定的计算机知识，而且他们的学习能力、理解能力及思维能力也有所提高。因此，他们接受知识的能力还是比较强的，也有较强的创新思维及抽象思维。所以，教师在教授中要更加注重学生核心素养的培养，不断增强学生的归纳概括能力，关注学生探究技能的发展，要引导学生从多角度、更加细致地进行观察，并让学生学会合理地搜集数据，使用简单的统计图表整理信息，陈述证据和结果。同时，学生接触知识建构教学已有一年的知识，对于 KB 的流程、提出问题等环节能够熟练掌握。韩老师接触知识建构教学法已经有两年的时间，对于知识建构的理论和实践的认识有一定的基础，在实践过程中已经能够比较熟练地掌握知识建构的十二条原则。

南京师范大学附属邗江实验小学为全面培养学生素养，形成了特色校园文化体系，建立了菜园种植区。本课程为大单元教学，共 12 个课时，整合科学、劳动和信息科技课程，不考虑原课程的体系结构，而是以生活中的现象或社会问题构建课程内容，建立全新的课程体系。本单元是四年级上册第一主题，基于小学科学课标，韩老师围绕“植物”主题，编排了建构“生物与环境之间相互作用与相互协调构成了生态系统的动态平衡”理论的设计。首先让同学们管理与实地观察菜园，提出问题，依据现实的菜园中的各个方面的问题提出真实的观点。接着通过小组内知识建构圈讨论、班级数课平台讨论、知识建构墙等方式促进知识建构对话不断深入。在这个过程中学生不断改进和升华自身的观点，形成关于主题的人工制品，在汇报展示人工制品时获取反馈和建议，从而进一步迭代修改。

通过本单元的教学，韩老师想要实现以下 6 个教学目标：

（1）描述植物的生存和生长需要水、阳光、空气和适宜的温度。

（2）描述植物的根、茎、叶、花、果实和种子具有帮助植物维持自身生存的相应功能。

（3）建构“生物与环境之间相互作用与相互协调构成了生态系统的动态平衡”理论。

（4）初步体验简单的种植，能规范地使用常用的劳动工具，对劳动过程中遇到的问题具有好奇心和探究欲望。

（5）根据学习、生活中的任务情境，使用恰当的在线平台获取文字、图片、音频与视频等资源，设计、创建简单作品。

（6）针对生活中的具体需求，采用合适方式开展在线搜索，获取有用信息和资源，知道信息的常见来源及存在的重要性。

二、知识建构教学流程

本课程的知识建构教学如图 4-1-1 所示，韩老师依据此教学设计，开展了一系列活动。其中，在“创设情境，提出现实问题”阶段，设计了管理菜园、提出问题并归类、发表观点的活动。在“小组合作，持续改进观点”阶段，有知识建构圈讨论、数课平台讨论、开展深入研究 3 个活动。在“全班建构，分享人工制品”阶段，有制作人工制品、汇报人工制品的活动。最后在“循环迭代，升华总结观点”阶段，设定了拓展研究的活动。

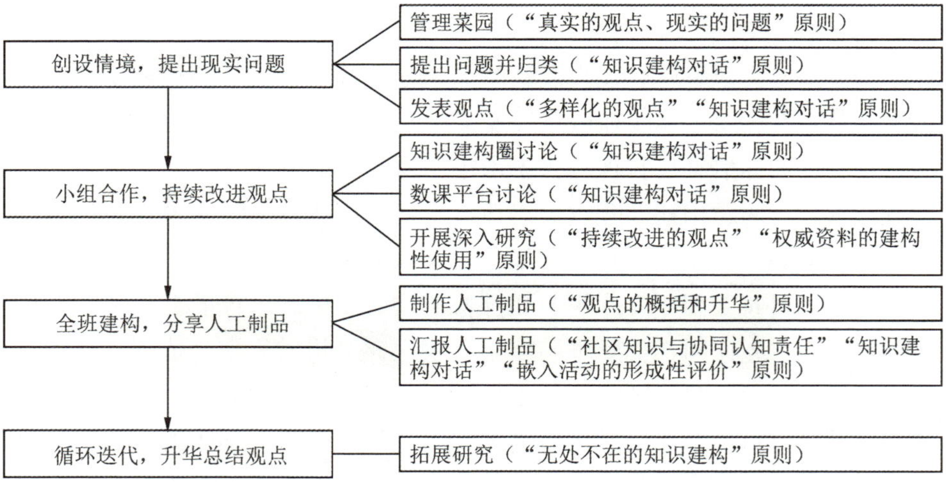

图 4-1-1　知识建构教学流程

（一）创设情境，提出现实问题

在这个阶段，主要包括了 3 个活动——“管理菜园”“提出问题并分类”“发表观点”。在“管理菜园”中，韩老师创设菜园中种植物问题的情境。接着，从现实情境出发，要求同学们“提出问题并归类”，并让他们针对提出的问题“发表观点”。

活动 1：管理菜园。韩老师充分利用学校现有条件，提出让学生查看上学期他们亲自种植的蔬菜的品种与成长状况。首先让学生进行适量的浇水和施肥，深入体会农作物的种植工作（图 4-1-2）。接着让他们自行分组，分别采摘一种成熟的果实（图 4-1-3）。在活动过程中，注意充分挖掘普通劳动者的劳动品质、劳动精神等，让学生了解普通劳动者对社会的贡献。

图 4-1-2 学生给蔬菜浇水

图 4-1-3 学生采摘成熟果实

在劳动过后，韩老师提出问题：“成熟的果实采摘完成了，也已经给菜园进行了浇水、施肥，那么菜园里还有哪些蔬菜需要额外照顾呢?”韩老师鼓励大家再观察一下，可以画出来、写下来，采集起来。韩老师也给出提示——可以着重找出长势不好或得病的蔬菜，通过文字或者绘画等方式记录和采集样本。学生初步建构“我的问题”，后续将在数课平台上进行发布（图 4-1-4）。

图 4-1-4 学生观察蔬菜

活动 2：提出问题并归类。学生将自己的问题记录在便利贴上，接着将自己的问题贴在展板上，贴完的同学要去了解其他同学贴在展板上的问题（图 4-1-5）。

图 4-1-5　学生在便利贴上写下自己的问题

全部贴完后，大家开始共同分类，形成后期数课平台的分区。

问题与分类举例：

生 1：叶子为什么会发黄？（植物—环境，植物—微生物）
生 2：叶子上的虫眼是什么虫子吃的？（植物—动物）
生 3：大豆根上的豆豆是什么？（植物—微生物）
生 4：为什么杂草多的地方生长不好？（植物—植物）
生 5：为什么要施肥？（植物—物理环境）
生 6：收获的大豆该怎么处理？（植物—人）
……

同学们根据自己的研究兴趣自行组成各个小组。

活动 3：发表观点。学生自由查看大家提出的问题，并与同学讨论感兴趣的问题，这个问题不一定是自己的问题。

在讨论过后，将针对问题的观点写在便利贴上并贴到笔记本上，使观点可视化（图 4-1-6）。学生初步形成的观点在后续会发布在数课平台上。在学生形成观点的过程中，韩老师适时提供支架（scaffold）：

我感兴趣的问题是（便利贴 1）
我的观点是（便利贴 2）
我的证据是（便利贴 3）

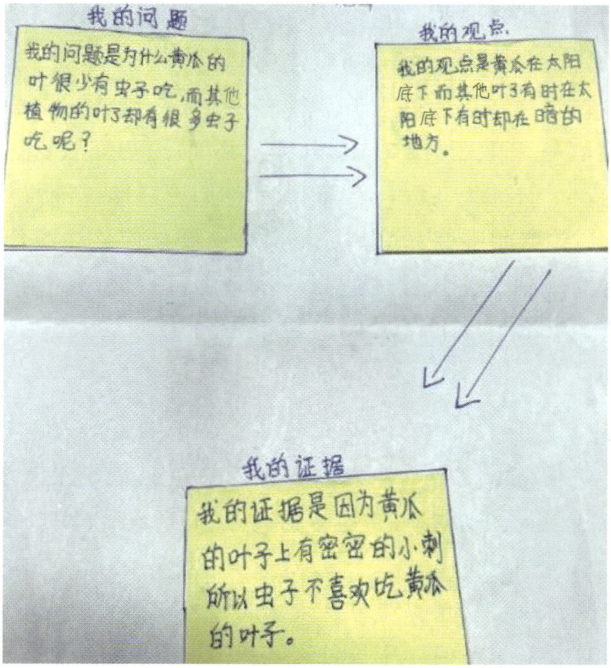

图 4-1-6　学生观点可视化（学生观点可能有失科学性）

（二）小组合作，持续改进观点

知识建构强调以观点为中心，而不是以任务和活动为中心，任务和活动都要围绕观点来进行，不能让学生只专注于任务和活动本身，而忘记任务和活动的最终目的和自身观点。创造性的知识建构需要发展出具有统筹性的观点和原则，要求学生学会从多样化、复杂的观点中概括总结出更高层次的观点。在改进观点的过程中，韩老师主要设计了 3 个活动，包括“知识建构圈讨论（组内交流）”“数课平台讨论（全班交流）”“开展深入研究”。

活动 4：知识建构圈讨论。一旦每位学生都记录了自己的观察，或者有了初步的想法，就需要组织讨论。在本活动中，学生间交流的观点记录下来后，后续会发布在数课平台上。首先每个同学轮流表达自己的问题、观点和证据，然后其他同学提出自己的看法，如：

学生 1：我认为叶子发黄是缺少营养导致的。

学生 2：如果缺少营养的话，那同一块土地上其他的植物为什么没有变黄？

被评论的同学在笔记本上记录他人给自己的建议："×××的看法。"

需要注意的是，在第一次"知识建构圈讨论"准备时，教师和学生要共同制定讨论规则。在后面的"知识建构圈讨论"准备时，教师要简单申明规则。前后4人一组，讨论7~10分钟，共同反思总结讨论规则。韩老师给出问题提示："讨论时，哪些行为能帮助你们更好地讨论？""又有哪些行为会使你们的讨论受阻呢？""在讨论的时候，我们应该注意什么呢？"学生共同总结出讨论规则，并找代表适当演示。确定一项规则后，询问大家是否认可，并请大家举手投决。

讨论规则：

- 讨论前：

小组成员明确分工。要在努力完成自己任务的基础上相互合作。小组讨论需要每位成员都有明确的角色和任务，要完成自己应该完成的任务，两周轮换一次。

记录员：做记录，整理小组观点（一定要有记录，下课就收）。

小组长：监督发言时间，掌控讨论进程。

"外交官"：代表小组在全班发言。

- 讨论时：

讨论声音要小，组内听见即可。

不要嘻哈打闹，不要讨论与题目无关的问题。

每个人都要倾听和发言。倾听完之后要思考，发言时要有礼貌，可以赞同或反对，要做到以理服人，说出自己的证据。

- 讨论完毕：

小组长起立示意。

在小组建构过程中，过程性评价主要采取教师评价、组员互评的方式。在小组交流协作过程中，为了更好地促进学生集体认知责任的发展，促使学生在协作过程中发挥最大的积极性，要提供小组分工表及评价。教师评价在这一过程中主要采用数课平台上内嵌的许多评估评价功能。

活动5：数课平台讨论。首先，韩老师讲解数课平台的使用方法并示范。讲解完毕后，各小组分别把问题和初步观点输入数课平台。进行小组讨论时，要遵守讨论的规则，确认最终的观点，并记录在数课平台上（图4-1-7）。

观点预览　关联信息　历史记录

为什么有些植物长在水里，有些植物长在陆地上?

我的观点 - 因为有些植物适合在水里生长，有些适合在陆地上生长。 -

-

我们下一步应该 - 查资料——做规划表。 -

图 4-1-7　数课平台示意图

韩老师不仅没有局限于传统的知识灌输，而且特别注重培养学生的团队协作能力和创造性思维。她引导学生积极运用数课平台，合理运用这个富有互动性和合作性的学习空间。通过小组间的紧密交流，学生得以分享彼此的见解和思考，形成了一个集思广益的学习氛围。韩老师还鼓励学生不仅要关注问题本身，而且要从多个角度思考，并在小组合作中相互启发，共同推动观点的深化。

活动 6：开展深入研究。虽然知识建构以观点为中心，但随着研究的深入，权威资料的搜集和使用、实验的开展等成为知识建构的必要环节。在这一过程中，韩老师不断提醒学生："记得自己的问题，并思考通过什么方式来检验自己的观点。"学生再次讨论得出小组的观点和问题，并发表到数课平台上，这一步强调学习支架的使用。学生将自己和小组的新一轮研究问题发布在数课平台上，并设计初步验证观点的方式。如通过查资料、观察、制作标本、做实验等形式，课上制定规划清单、观察表、规划方案、实验记录单等，课下形成思维导图、"观察表+观察结果"、"清单+标本"、"实验数据+记录单"等（图 4-1-8）。

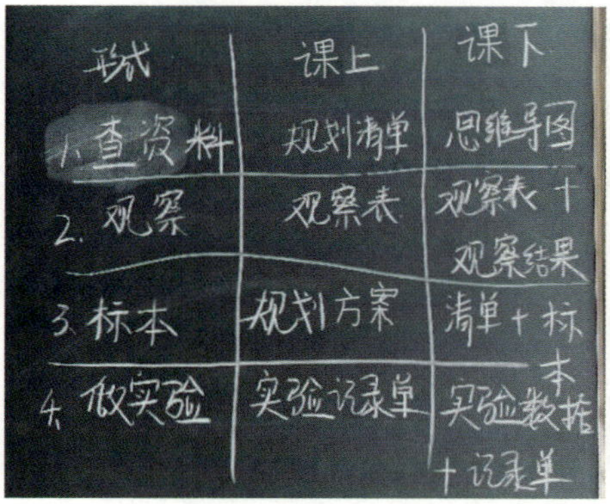

图 4-1-8　设计思路

教师先举例。以“为什么只有一个橘子”为例，观点是没有阳光、发育不良。那学生下一步可以干什么呢？下一步是不是可以去观察菜园里有没有跟它情况类似的其他植物呢？有没有只结了一根（或很少）黄瓜或者一颗（或很少）草莓的植物，它们可能是因为没有阳光吗？那是一天从早到晚一点阳光都晒不到吗？可以制作以下观察表（表 4-1-1）。课后完成观察，填写观察结果。

表 4-1-1　观察表示例

植物果实	果实个数	早上	中午	傍晚
橘子	1	有阳光	有阳光	无阳光
…	…	…	…	…

学生制作的规划方案如图 4-1-9 所示：

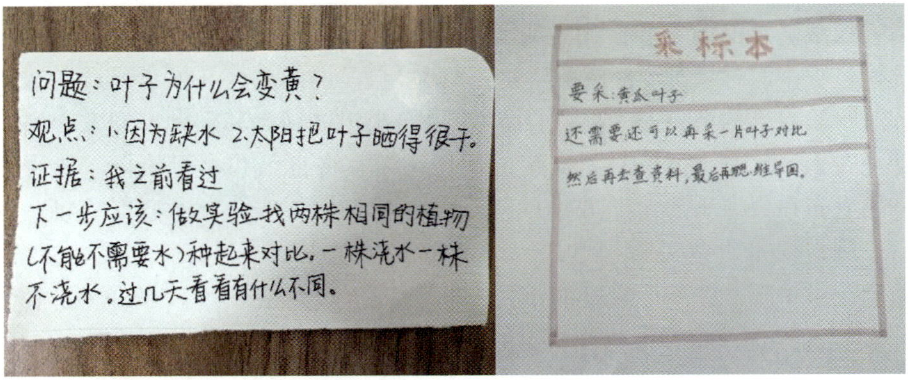

图 4-1-9　学生规划方案

在引入权威资料的过程中，学生和同伴一起阅读提前从图书馆借好的图书，遇到困难彼此帮助，分享彼此在书中读到了什么。值得注意的是，教师一定要适当地让学生停下来提出问题、交流讨论，建立理论，以及改进自己的观点（图 4-1-10）。

图 4-1-10　小组查阅资料

韩老师将收集到的资料进行归纳总结，建立小组文件夹。命名规则：第几组；图片命名：姓名+名称（图 4-1-11）。

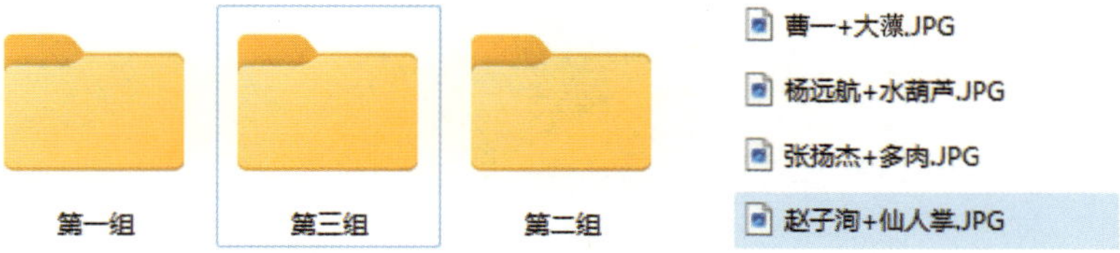

图 4-1-11　资料归纳总结

（三）全班建构，分享人工制品

知识建构的发展关注整个社区而不是单个学习者的观点深化。在社区当中的每个人都需要吸收他人的观点、升华自己的观点并向社区展示自己的理论。在学生的观点经过前面的升华迭代后，韩老师在课程的最后阶段设计了两个主要活动：“制作人工制品”“汇报人工制品”。

活动 7：制作人工制品。

首先，导入课题。韩老师展示用文字处理软件编辑的板报、日记、作文等样例，告知大家要用文字处理软件制作自己的汇报作品。

其次，整体感知。一是介绍文字处理软件的功能。韩老师提问：“通过观察，你认为文字处理软件有哪些功能?”韩老师小结：文字处理软件具有对文章进行编辑、修饰、排版、打印等功能。二是介绍如何启动文字处理软件。韩老师演示启动文字处理软件的两种方法：“开始”按钮；快捷方式图标。三是认识文字处理软件窗口。韩老师要求学生自学文字处理软件窗口的组成，并完成文字处理软件窗口中各部分名字的练习。

最后，制作人工制品。一要确定人工制品包含的内容。韩老师提问学生："作品当中应该有什么内容？"学生开始完善自己的作品内容，韩老师提醒学生可以只敲字，样式、美观等稍后大家会一起完成，从而提高课程效率。二要确定工人制品布局框架。学生可以在纸上画个大概的布局框架（图 4-1-12）。三要正式开始制作人工制品。韩老师先演示所需要的功能操作，包括页面横向和反向、移动图片、艺术字、边框、字体和段落、分栏功能、文本框功能（边框消失、颜色）等。随后，韩老师发布任务，收集个人作品和小组作品。值得强调的是，小组作品不是简单地将每个小组成员的知识内容放在一起，而是需要将每个小组成员的作品融合在一起（图 4-1-13）。

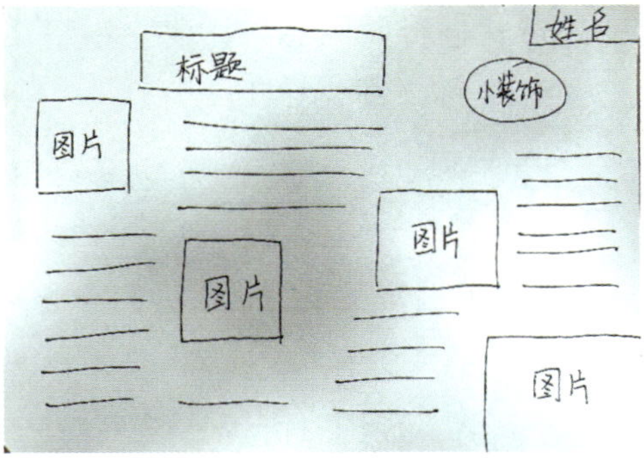

图 4-1-12　大概的布局框架示例

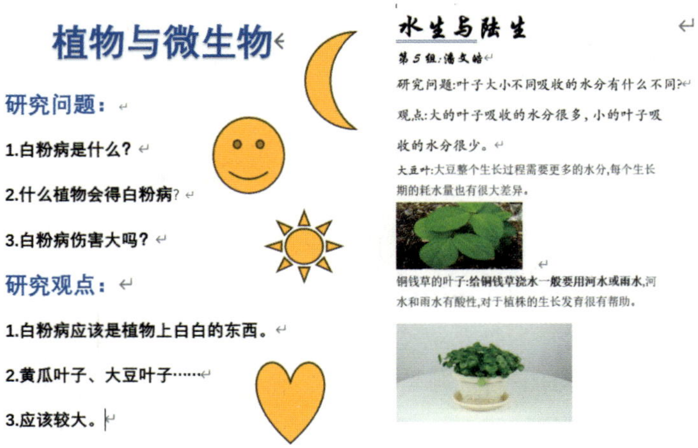

图 4-1-13　学生个人作品

活动 8：汇报人工制品。组织学生小组代表轮流汇报各组进展，当小组代表汇报时，其他小组成员可以补充。在汇报之前，全班共同建构出小组发言的规则——其他学生的建议记录员要记录；汇报发言时间不得超过 5 分钟，要言简意赅等。学生是积极的认知者，只有共同建构出的规则，学生才能更好地遵守，互相监督，共同营造知识建构文化氛围（图 4-1-14）。

图 4-1-14　汇报人工制品

汇报内容包括当前的研究问题、收集到了哪些资料及研究成果有哪些。在汇报过程中，教师同样要适当地让学生停下来问问题、讨论、建立理论。面对其他组同学的提问，若回答不上来，本小组其他成员补充，若仍旧回答不上来，记录并课下完善。小组汇报完后，教师强调学生反思目前的研究进展。

（四）循环迭代，升华总结观点

在这个阶段，学生要通过观点的概括和升华，超越琐碎、简单观点的探讨层次，使知识建构达到更高的层次。

活动 9：拓展研究。在这个过程中，学生要将从上个活动“汇报人工制品”中得到的反馈加以汇总，进入新一轮的提问反思过程，深入研究内容，并思考未解决的问题，最终升华形成理论和观点。升华修改完毕后，教师组织学生将小组的作品贴至班级墙上，形成知识建构墙，学生可以自由查看其他小组的作品并持续提供建议与想法，实现组间交流的最大化（图 4-1-15）。

图 4-1-15　跨组交流作品

三、知识建构作品展示

本课程产生的人工制品，大致可以分为三类：一是同学们的自我总结“我的收获制品”，二是同学们的反思“我的反思制品”，三是最终同学们的观点集合“概念性制品”。

第一类，“我的收获制品”。这类制品是同学们针对课程中各个组研究的主题，总结自己在课程当中对于每个主题的收获，以及对于自己研究的主题的深入思考，不断拓展和深入了解，学会像“专家”一样思考。如图 4-1-16 所示，这位同学对从 6 个主题学到的内容分别进行了阐述，最后对自己研究的主题进行了下一步的规划。

我 的 收 获

关于主题 1——植物的刺：

我学到了 植物的刺用处各不同，有保护自己，际防自己被小虫子吃掉，有些是环境问题，比如仙人掌是由于天气问题。而且刺长在不同的地方，用处也不同。我还找到：植物的刺有爬的作用，好利于向上生长，比如，蔷薇，葎草，菝葜等等。除了能爬，还有传播种子的作用，比如，苍耳，鬼针草，狼尾草，都有繁衍后代的作用。

关于主题 2——植物对光的适应性：

我学到了 植物对光的适应性也不同，例：喜光：桃，杏，松树，刺槐，杨树，银杏树，紫薇，牡丹等。喜阴：珍珠梅，文竹，云杉，水青冈，珊瑚树，红豆杉，万年青，一叶兰等。耐阳：仙人掌，多肉植物。耐阴：杜鹃，八角金盘，小叶榕，山茶，常春藤，印度榕，香樟，罗汉松，重阳木，桂花，都是不喜欢阳光的。

关于主题 3——植物对水的适应性：

我学到了 陆生植物随生长环境的潮湿状态而分为三大类型：湿生植物、中生植物和旱生植物。水生植物也分为四大类型：沉水植物，浮叶植物，挺水植物，漂浮植物。大部分水生植物对水的要求还是很高的，不过在地上，有一部分对水的要求极其的低，那就是旱生植物，比如仙人掌和一些多肉植物。

关于主题 4——植物颜色的变化：

我学到了 大部分植物在幼苗时叶子呈黄绿色，长大后叶子变深绿色，到了秋冬又枯黄了，不过有一些并不是这样，凡原因都是因为叶子里的叶绿素，青花素，叶绿素如果多的话，叶子就绿，那青花素多，叶子就变成了红色，如果青花素没有，绿叶素也少，那就呈现出黄绿色，这也是植物幼苗的叶子颜色黄绿色的原因，因为植物幼苗不怎么会产生叶绿素。

关于主题 5——植物与植物的关系：

我学到了 哪些植物和哪些植物向相生：核桃与山楂，板栗与油松，山茶花与茶梅，金盏菊与月季，玉米与豌豆，牡丹与芍药。哪些植物跟哪些植物相克：铃兰与丁香，桧柏和海棠，香蕉和玫瑰，玫瑰和木犀草，苹果和刺槐，小葱和洋葱，刺瑰与丁香，梨和海棠，葡萄和小叶榆，还有一个就是果树树旁边不能种花卉。

关于主题 6——植物与微生物的关系：

我学到了 白粉病的起因是白粉菌危害的，病菌会随着病残体在土壤中过冬，关键是怎么治疗，那可是关键。花草得病，纯牛奶再加一点儿水，洒上去三天后就好了，但是要在通风和不下雨的时候去弄，反而会越弄越bug。如果是黄瓜得了白粉病，那可就要出大招了，要喷施治疗剂进行控制，然后再打保护剂，比如42.8%氟菌戊菌酯。

我研究的主题是 植物与植物的关系

下一步准备 研究哪些植物和那些植物吃起来会中毒。某些植物和某些植物它们有什么特性，才相生，某些植物和某些植物它们又有什么特性，才使它们相克生。不同的植物进化/退化各有什么不同？ （本文766个字）

图 4-1-16　学生“我的收获制品”

第二类，“我的反思制品”。这类制品是学生在完成整个课程之后，对于自己在课程中的个人或小组工作进行的深入的反思和总结。这个反思过程涵盖了多个方面，包括内容呈现、时间分配、小组分工，以及权威资料的使用等。其中，内容呈现部分，学生需要回顾自己在课程中如何呈现课题内容，包括演示、报告等。他们需要考虑自己的表达方式、清晰度及与课程目标的契合度。小组分工也可以是“我的反思制品”的一部分。在团队项目中，学生需要考虑小组成员之间的合作和分工情况。反思自己是否充分发挥了自己的潜力，以及是否能够更好地协作。同学们也需要思考自己在研究和论证中如何使用权威资料，是否有足够的支持和证据来支持自己的观点（图 4-1-17）。

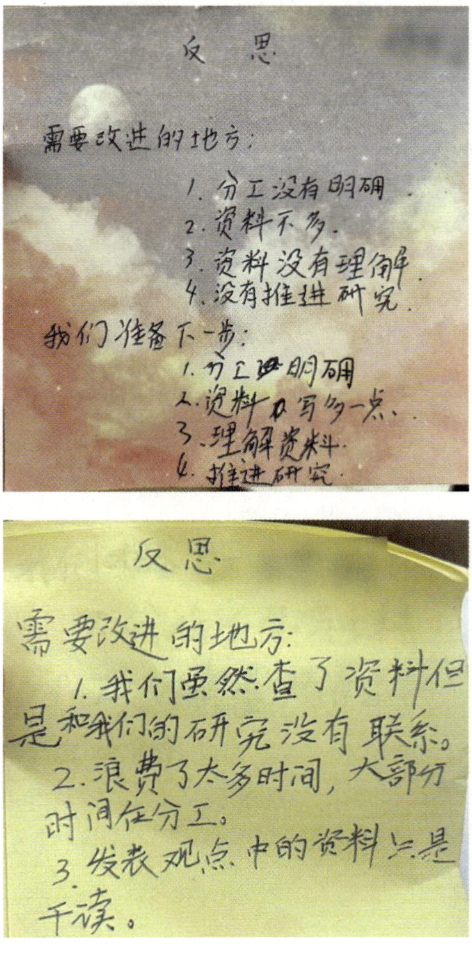

图 4-1-17　同学们的“我的反思制品”

第三类，“概念性制品”。这类制品是学生在自己主题研究的过程中得出的观点的集合。将自己的观点进行可视化展示，主要分成 3 种形式：一是综合针对问题的观点，形成制品；二是根据问题进行升华拓展，形成制品；三是制作植物标本，形成制品。

综合观点类制品。图 4-1-18 为“叶子为什么会变黄”人工制品，在本制品中，学生针对叶子为什么会变黄展开探讨，不仅从多角度分析得出了 5 种原因，还针对这 5 种原因提出了相应的解决方法。制品中图文结合，观点清晰明了，融合了学生设计的小巧思，比如叶子由绿变黄、水壶浇水等。

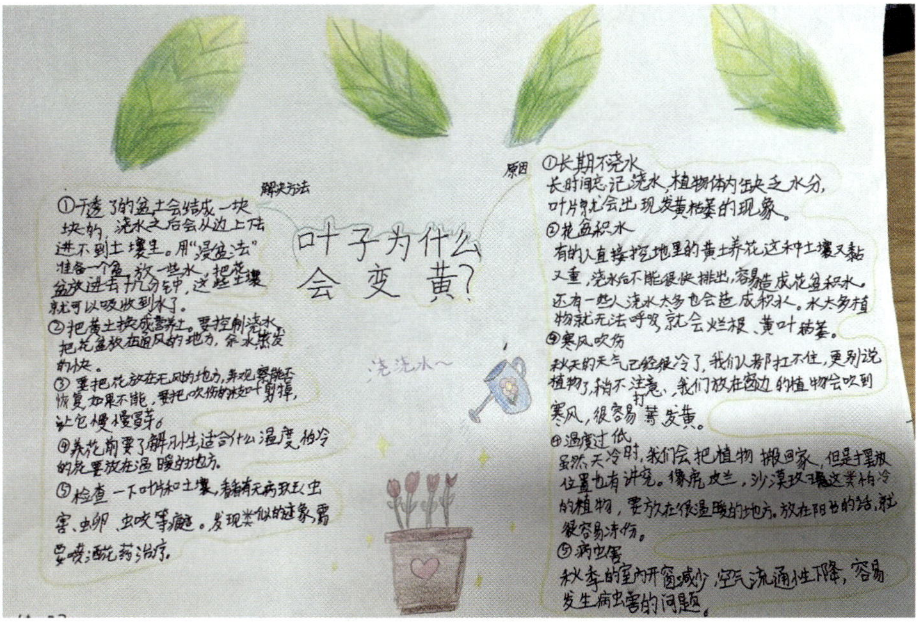

图 4-1-18　概念性制品（1）

问题升华类制品。图 4-1-19 为“黄瓜为什么叫黄瓜，而不是绿瓜”人工制品，本制品从问题本身出发，运用权威资料说明了黄瓜名字的由来，并解释黄瓜呈绿色和黄色代表了不同的成熟度。本制品体现了学生的创新思维，学生不只停留在对原本问题的探讨上，而是将问题升华，“既然黄瓜会在生长过程中发生颜色变化，那么还有哪些植物也同样会发生这个变化”，不断深入迭代，又从颜色变化这个现象，探讨其发生变化的原因，体现了学生思考的深度和广度。

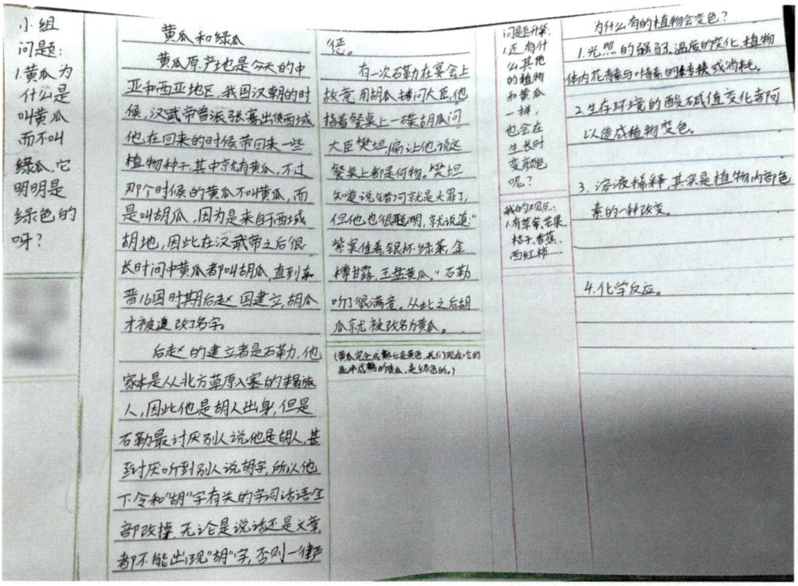

图 4-1-19　概念性制品（2）

植物标本类制品。图 4-1-20 为“黄瓜叶子为什么会长刺”人工制品，学生将黄瓜叶子拍照记录并打印、裁剪、粘贴成制品的一部分，运用发散思维，从黄瓜叶子出发，收集多类带刺叶子，分别探讨其叶子有刺的原因，形成人工制品，表达观点。

图 4-1-20　概念性制品（3）

四、知识建构教学反思

韩老师运用知识建构教学，创设真实情境，通过提出问题、发表观点、建立知识建构圈、全班构建、循环迭代的方式，提高学生学习的兴趣，让学生实现对植物的深度探究，理解植物生长的理论知识，增强信息科技能力，养成善于观察、热爱劳动并善于劳动的习惯，同时建立了知识建构文化，有效促进了课程整合中学生观点的改进，最终也实现了对知识的迁移。

这次的课程虽然已经达到了预期的效果，但韩老师认为其中还存在一些不足，需要在后期课程发展中不断改进，为科劳信课程的开展提供帮助。不足之处主要体现在以下几个方面。

首先，小组协作过程中学生更倾向于关系型分组，而非知识型分组。在知识建构教学中，小组协作的前提是小组成员对同一个主题或者问题感兴趣，且觉得自己有能力解决问题，进而形成小组。小组成员在这一过程中积极思考、讨论、汇报、反思，形成良好的学习氛围。但在本次教学中，学生并不是因为想要探讨的知识相似而组队，而是根据平时的亲疏关系来组队，这可能会削弱部分学生的学习积极性，影响观点的发展。

其次，部分学科融合内容较少，可能需要单独讲授。在科劳信课程中，学科融合是培养学生创新思维、综合运用知识能力和解决实际问题能力的关键。它是将不同学科领域的知识、技能和概念相结合，创造出新的学习和创新机会的过程。通过学科融合，学生可以更全面地理解和应用所学的知识，提高学习效果和实践能力。然而，由于学科融合需要针对具体学科的核心概念、理论和实践进行整合和呈现，因此可能涉及一些专业性较强的知识和技能。在某些学科领域中，由于知识结构的复杂性和独特性，学科融合内容较少，可能需要更多的单独讲授。

最后，KF 平台没有由学生来使用，使用也没有贯穿整个观点发展过程。KF 平台为学生提供了一个公共的合作空间，学生和教师可以围绕一个主题发表自己的观点和评论，可以将每个人的内隐知识，借助观点的表达形式外化出来。这里使用的 KF 平台为数课平台。在本课程中，虽然在中后期（数课平台讨论）使用到了 KF 平台，但是在前期发布和讨论观点时，并不是由学生自己使用 KF 平台，学生也不能及时看到其他同学对于观点的评价与疑问。

02 案例二

《我的大棚我做主——智能温室大棚设计及改造》

一、背景

本案例的实践对象为南京师范大学附属邗江实验小学四年级的学生。四年级学生通常已开始接触更复杂的概念和知识点，他们在阅读、写作和计算方面的能力逐渐增强，其学习兴趣可能开始体现出对某些学科或活动的偏好。这个时期的学生可能会对科学实验、文学作品等产生更大的兴趣。他们在社交方面有了更多的体验，开始发展友谊关系，学会在小组中协作，并理解彼此的感受。他们接触知识建构教学已有两年的时间，已经熟练掌握知识建构教学法的教学流程，能够积极参与到教学过程中来。在实践过程中，任老师已经深刻理解和应用了知识建构的十二条原则。任老师注重激发学生的兴趣和动机，通过引入真实生活情境、案例分析等方式，将抽象的知识内容与实际应用相结合。任老师还注重引导学生进行探究性学习，鼓励他们积极主动地寻找和发现问题的解决方法。同时，任老师也会提供适当的支持和指导，引导学生的学习过程并促进他们的思维发展。除此之外，任老师鼓励学生进行小组学习和合作项目，以促进他们在团队合作、沟通交流和问题解决等方面的能力发展。

本案例围绕冬季土培种植开展了一系列课程，智能温室大棚设计及改造单元主要旨在探究如何设计、搭建、改造温室大棚。本案例实践的小学为新建的小学，操场边有 500 多平方米的“杂草地”，广阔的资源条件为课程开发带来了空间。任老师首先带领学生参观校园，发现空地，告知学生将利用这空地开展种植和养殖的课程，运用“种植后蔬菜长得并不好，该怎么办”这一个真实情境中的现实问题引出搭建温室大棚的主题。接着，任老师带领学生完成一系列任务，包括测量菜园面积、设计种植方案并实施种植计划、设计温室大棚实施图纸、搭建温室大棚、传感器测试、分析传感器数据、设计展示改进温室大棚图纸等。过程中学生不断深入探究，最终形成一个完整的温室大棚设计和改造观点，并不断迁移。

通过搭建温室大棚的系列课程，任老师想要达到以下 4 个教学目标：

（1）能够通过观察、丈量、记录、查阅资料等手段，完成探究过程，初步了解温室大棚结构。

（2）能够利用平板电脑等现代化设备进行信息检索，找到需要的结果。

（3）在设计制作过程中会使用常见工具，利用工程思维进行设计、改进、实施，学会做基本测量、大棚连接、传感器测试。

（4）能根据需要进行简单的测量和计算。

二、知识建构教学流程

知识建构教学流程见图 4-2-1。

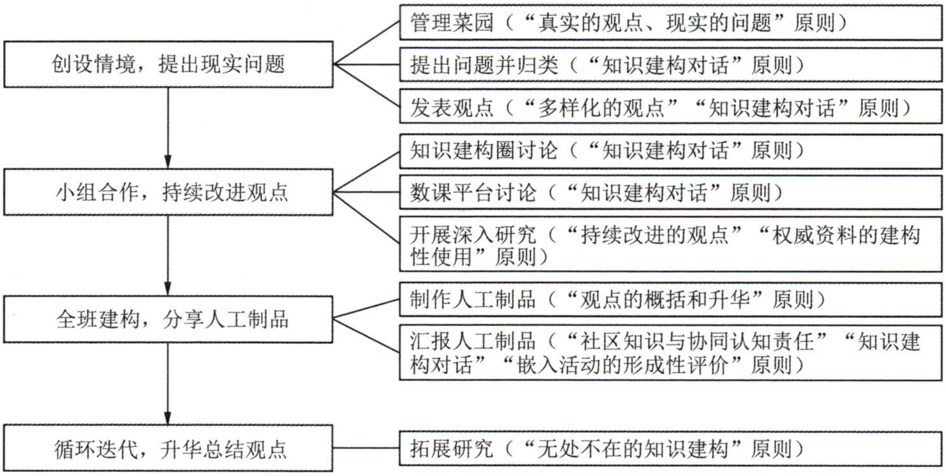

图 4-2-1　知识建构教学流程

（一）创设情境，提出现实问题

在课程的一开始，任老师创设了一个这样的情境：“新学期开学，作为刚刚转进学校的学生，入校第一天，我们在老师的带领下去参观校园。参观过程中，发现学校操场边有两块空地长满杂草，听老师说准备利用这两块地开展种植、养殖课程。种植开始了，我们很开心地跟着老师种菜，可是蔬菜长得一点也不好，于是我就想：如果我们的菜园像草莓园一样，搭建温室大棚会不会好一些呢？带着这样的疑问和老师、同学们讨论后，我们决定搭建温室大棚试一试。”

在这个情境中，学生们发现了种植的困难，并且提出了解决问题的想法——搭建温室大棚来改善蔬菜的生长环境。这个问题和解决方案不仅是学生直接参与课程的动力所在，还鼓励了学生主动思考和交流互动，培养了他们的创新精神和解决问题能力。搭建温室大棚的尝试不仅是为了解决蔬菜生长不佳的问题，也是为了让学生在实践中学习相关的知识和技能，了解植物生长的原理，理解温室气候调节的原理，培养种植和农业养殖技能。

这个情境的设定使得课程具有了明确的实践意义和目标。通过参与温室大棚的搭建和种植过程，学生能够亲自体验到科学知识的应用，并且能够看到自己的努力带来的成果。这不仅增强了学生对所学知识的理解和记忆，还激发了他们对学科的兴趣和对未来学习的动力。

（二）小组合作，持续改进观点

聚焦问题后，任老师开始引导学生进入解决问题的过程（包括一系列的任务和活动），让他们逐渐深入问题解决和观点发展，主要包括以下几个部分：一是调查与研究，二是分析与设计，三是制作与测试，四是反思与优化。其中包含的任务如表 4-2-1 所示。值得注意的是，任老师在每个任务中都设置了一个让学生思考的问题。这样的设计不仅激发了学生的思维和探究欲望，还促使他们在任务中积极参与和思考，进一步提升他们的学习效果和能力。通过设置问题，任老师为学生提供了一个引导和思考的框架，帮助他们理解任务的背景和目的，并激发他们提出独立的疑问和解决方案。这种学生主导的学习方式不仅增强了学生的自主学习能力，还培养了他们的批判性思维和解决问题的能力。

表 4-2-1 小组合作各阶段的任务

阶段	任务
调查与研究	测量菜园面积
分析与设计	设计种植方案并实施种植计划、设计温室大棚实施图纸
制作与测试	搭建温室大棚、传感器测试
反思与优化	分析传感器数据

1. 调查与研究

探究任务 1：测量菜园面积。在任务开始之前需要准备好软尺、计算器、记录纸等物品。学生自由分成各个小组，进行探究过程，首先学习软尺使用方式，接下来小组测量各自土地的长与宽，开始估算并计算土地面积（图 4-2-2）。在这个过程中，任老师还给学生提出了一个思考题“不规则的土地如何计算面积”，增加学生探索的思维深度和任务的趣味性。

图 4-2-2　同学们正在测量与计算

2. 分析与设计

探究任务 2：设计种植方案并实施种植计划。在为这项任务做课前准备时，需要确保所有必需的工具和材料都妥善准备好，以确保任务的顺利进行。这些工具和材料包括记录纸、菜秧、种子、小锹、水壶等。它们将成为学生实施种植方案的关键元素。

记录纸是非常重要的，因为它将帮助学生追踪和记录任务 1 中测量得到的数据。这些数据将成为学生设计种植方案的基础，帮助他们做出明智的决策。学生可以使用记录纸来记录土壤质量、阳光照射时间、温度等信息，以便更好地了解适合种植的植物类型。

菜秧和种子则是学生的种植材料。学生需要根据任务 1 中的数据，选择适合当地气候和土壤条件的植物种类。学生需要一些研究和计划，以确保种植方案能够成功。同时，小锹和水壶将帮助他们在实际操作中种植这些植物，确保植物得到足够的土壤和水分。

在整个过程中，团队合作和交流是至关重要的。每个小组成员都应该参与到种植方案的设计中，共同讨论并决定最终的方案。这个汇报和交流阶段有助于汇聚不同的意见和想法，最终形成一个综合考虑所有因素的种植方案。

在这个过程中，任老师同样提出思考题："根据种植情况分析，设计图纸合理吗？"图 4-2-3 是学生的设计方案，其中包括示意图和其设计的意图。

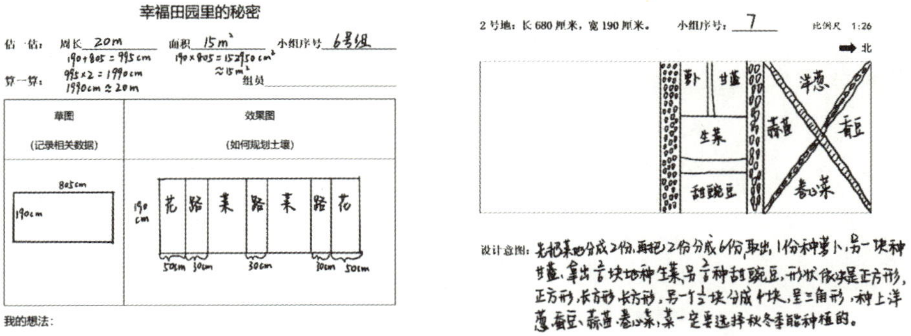

图 4-2-3　同学们的种植方案设计

确定了图纸后，学生根据设计图纸，借助小锹进行种植。落实方案的过程，给学生带来了自豪感，也为劳动过程增加了愉悦感。学生在种植之后利用小桶和水壶进行第一次浇水（图 4-2-4）。

图 4-2-4　同学们进行蔬菜种植

探究任务 3：设计温室大棚实施图纸。在课前准备好记录纸。在新的任务开始之前，任老师带学生回到菜园，来“照看”自己种的蔬菜。学生在观察过程中发现蔬菜的生长态势并不乐观，作为蔬菜的“第一负责人”，他们第一时间发现了这个问题。接下来，任老师顺势提问“负责人”，这些蔬菜为什么没有按照预期来生长，即分析生长不好的原因。学生猜测天气太冷从而影响了蔬菜的生长，继而猜测搭建温室大棚可以帮助植物越冬。在正式开始设计大棚之前，首先要了解大棚的结构，大棚一般是由哪些部分组成的，掌握前期基础知识后，开始设计温室大棚图纸（图 4-2-5）。在这个阶段，任老师提出的问题是：“简易温室大棚还有哪些搭建方法？”

《幸福田园》课程——温室大棚实地图纸

班级：四(1)　　姓名：[redacted]

一、材料

长：6米

宽：2米

面积：2×6=12平方米

大棚拱杆间隔：1米

材料数量：7根

大棚薄膜尺寸：长10米 宽3米

压模卡数量：14(个)

二、设计图：

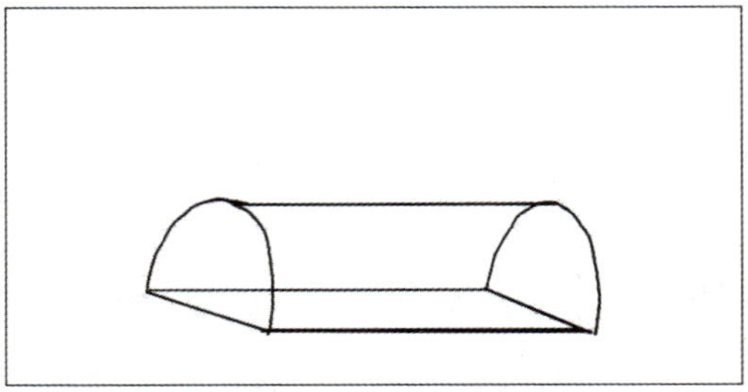

图 4-2-5　同学们的大棚实施图纸

3. 制作与测试

探究任务 4：搭建温室大棚。在这个任务开始之前，准备好拱杆、薄膜、夹子、铁锹和手套。在这个任务进行过程中，任老师让学生根据小组按照设计图测量的土地长度和任务 3 中设计的图纸，确定拱杆间距，按照插入拱杆、铺上薄膜、夹好固定夹、用锹培土、压住大棚两边的顺序，完成搭建温室大棚的任务（图 4-2-6）。在这个过程中，任老师提出的问题是：“怎样让大棚使用时间长、不易倒塌？”

探究任务 5：传感器测试。在任务 5 开始之前，准备好风速传感器、温度传感器、湿度传感器、显示器。由之前的学习可知，植物的生存和生长需要水、阳光、空气和适宜的温度，除了搭建温室大棚，也要为蔬菜提供适宜的生长环境。任老师介绍了传感器在农业发展中的重要作用，接下来学生要作为“农业专家”，测试大棚周围的风速、大棚内和阳光下的温度、大棚内和阳光下的湿度，得到一系列数据。“农业专家”根据所测得的数据，简单分析每个数据即可，因为接下来的任务会深入分析数据（图 4-2-7）。任老师在这个过程中提出的思考题是：“带叶蔬菜适合在什么温度下生长？”任老师让同学们通过小组合作的方式，运用已有知识或者使用权威资料等来回答此问题。

图 4-2-6 同学们在搭建蔬菜大棚

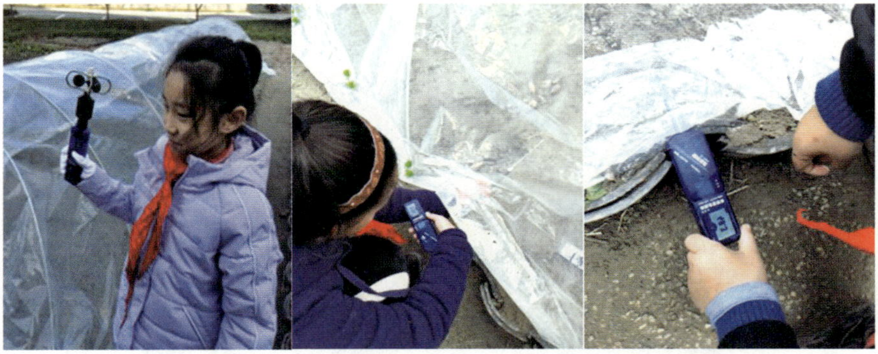

图 4-2-7 同学们在进行传感器测试

4. 反思与优化

探究任务 6：分析传感器数据。在为这项任务做课前准备时，首先需要确保学生已经整理和准备好上节课任务中得到的测量数据。这些数据将是学生在本次任务中深入探讨和分析的关键资源，因为它们提供了有关大棚周围环境的重要信息。在这个阶段，我们将进一步探讨任务 5 中未完成的部分，重点关注大棚周围的风速、适合植物生长的温度和湿度。

首先，深入分析大棚周围的风速。了解风速对于大棚内植物的生长至关重要。通过分析风速数据，学生可以确定是否存在风速的季节性变化，以及这些变化对植物生长的影响。这有助于学生制定更好的风速监测策略，例如，是否需要额外的风速测量设备或风速监控系统来提高植物生长的质量。

其次，考虑适合植物生长的温度和湿度。这是任务的关键。通过分析温度和湿度数据，学生可以确定哪些条件最有利于不同类型的植物生长。这有助于学生优化大棚内的温度和湿度管理系统，以确保植物在最适宜的条件下生长。同时，学生还可以考虑使用传感器和自动控制系统来更好地监测和维持这些条件。

最后，思考问题："如何更好、更全面地监测数据？"这是一个关键问题。学生可以使用不同的数据监测方法，包括增加传感器的数量和种类，提高数据采集的频率，以及使用数据分析工具来挖掘更多的见解。通过不断改进数据监测方法，学生可以获得更全面和精确的数据，从而更好地了解大棚内外的环境条件，为植物的健康生长提供更好的支持。

总之，这项任务要求综合运用上节课的测量数据，深入分析大棚周围的环境条件，以及思考如何提高数据监测的效率和全面性。这将有助于优化大棚的管理，提高植物的生长质量和产量（图 4-2-8）。

图 4-2-8　小组分析数据

（三）全班建构，持续改进观点

探究任务 7：设计展示温室大棚图纸。在探究任务 7 中，学生需要设计展示温室大棚的图纸。在课前，他们准备好记录纸，为展示做准备。接着，各个小组开始交流观察结果，并根据任务 5 和任务 6 中传感器测量和数据分析的结果设计改进温室大棚的方案。小组成员需要共同商议并提出各自的建议和想法，以确保设计的合理性和有效性。

作为“专家”的学生，在设计过程中扮演着重要的角色。他们需要运用自己所学的知识和技能，考虑温室大棚设计所需要的各种要素，如气温调控、光照、通风、浇灌等。通过合理的设计，他们可以使温室大棚的功能更加丰富，从而提高蔬菜的生长效率。

然后，小组成员以小组为单位汇报改进措施，并交流改进后的温室大棚搭建的可行性。在这个过程中，学生有机会展示自己的设计成果，并与其他小组进行交流讨论。这样的汇报和交流环节可以促进学生之间的合作与互相学习，培养他们的沟通能力和团队合作精神。

在整个任务的实施过程中，学生不仅需要运用所学的知识，还需要发挥创造力和批判性思维，不断探索和改进设计。他们在交流和汇报中逐步形成具有复杂性、综合化的“理论”，并且这个过程也有助于他们理解和应用学科知识，将其运用到解决实际问题的过程中。在实施任务的过程中，学生有机会运用所学的知识和技能，思考和解决具体问题。他们在小组合作中提出创新的设计，通过汇报和交流发展个人的“理论”（图 4-2-9）。

图 4-2-9　小组展示改进后的温室大棚设计

（四）循环迭代，升华总结观点

在上个展示大棚设计的任务实施过程中，汇报的小组会收到来自其他小组和老师的建议或者问题，汇报的每个小组成员都将对其他人的建议进行记录，对其他人提出的问题进行回应，如果暂时回应不了，也要将问题进行记录，课后小组合作积极讨论和解决问题。知识建构教学法以观点为核心，教学过程以观点的发展为基本遵循。在循环迭代、升华总结观点的阶段，要对课程中自己、小组和班级的观点进行总结、升华和迭代，进行拓展和深化，个人要形成自己的理论体系，并且不断进行知识的迁移。

三、知识建构作品展示

本课程最终形成的作品，也就是概念性人工制品，具有重要的教育和实践价值。这些制品是由学生经过精心设计和改进的大棚设计图，以及与之相关的设计意图构成的。这些人工制品不是图纸和文字的简单堆砌，而是一种将学生的观点、理念和内隐知识可视化的方式，有助于深入理解和交流。

首先，这些概念性人工制品反映了学生对大棚设计的深入思考和创意。通过这些设计图，他们可以呈现出不同方案的可行性，包括结构、材料、布局等方面的创新。这有助于激发学生的创新思维，促使学生思考如何优化大棚的功能和性能，以满足未来的需求。

其次，这些概念性人工制品包括了学生的设计意图，包含了学生的思考。这有助于解释他们的设计选择，以及为什么他们认为某种设计是最佳的。通过这些解释，其他同学和教师可以更好地理解他们的设计决策，从中学习和获得灵感。

最后，这些概念性人工制品提供了一个机会。这些人工制品让学生将自己的观点和创意转化为实际的可视化成果。这种外化的过程不仅有助于展示他们的思维过程，还有助于他们自己更好地理解和反思自己的设计选择。同时，这些概念性人工制品也可以被用来分享和交流，促进学生之间的合作和互动（图 4-2-10）。

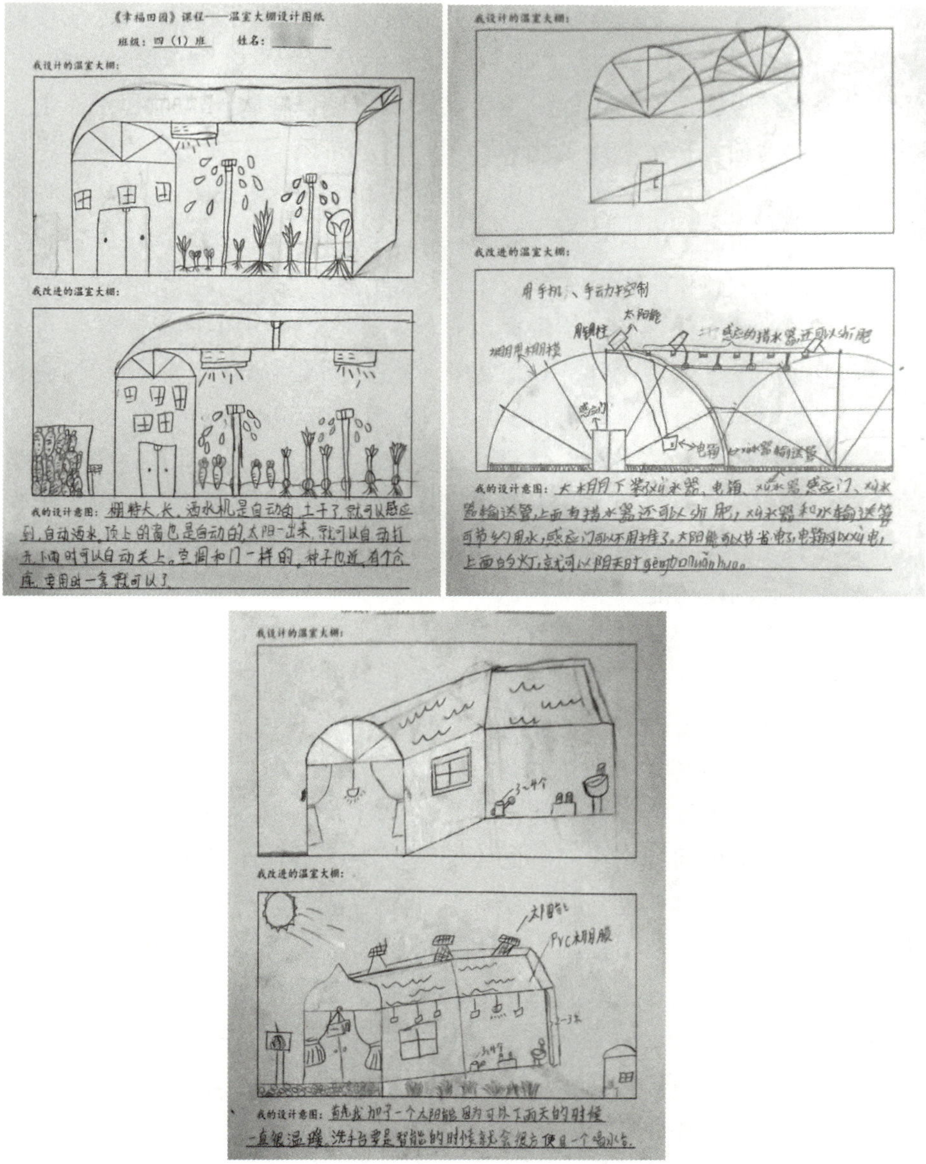

图 4-2-10　同学们的概念性人工制品

四、知识建构教学反思

任老师以真实的温室大棚实施计划为背景，通过教学活动将学生置于实际问题中，这为他们提供了一个宝贵的学习机会。整个教学活动的目的是解决这个真实的问题，同时培养学生的综合能力。

在这个过程中，任老师采取了多层次的教学策略，以确保学生在理论与实践各个方面都能充分参与和成长。任老师不仅帮助学生理解理论知识，还鼓励他们将所学知识和技能应用于实际情境中。在教学的过程中，学生可能会接触到有关温室大棚设计和管理的理论知识。这些任务帮助学生建立起必要的基础，以便在实践中更好地理解和应用这些知识。随着课程的深入，学生可能需要亲自参与实际的温室大棚项目。这种实践任务包括数据收集、设计大棚和植物种植等，有助于学生将理论知识转化为实际操作。教学活动的关键部分是鼓励学生提出并解决现实世界中的问题。学生可能需要思考如何改进大棚设计，如何更好地控制温度和湿度，以及如何优化植物生长环境。这些任务培养了学生的创新能力和解决问题的能力。

通过这些任务，学生得以在一个现实世界的背景下，理解并应用所学的知识和技能。这种教学方法不仅提高了学生学习的实用性，还激发了学生的学习兴趣，使他们更加积极主动地参与到教学过程中。最终，学生将增强解决复杂问题的能力。

尽管这次的课程已经取得了可喜的成绩，但任老师也明白整个过程依然存在改进的空间，以更好地支持未来科劳信课程的发展。在反思中，我们可以明确几个需要改进的方面：

首先，问题不是由学生发现的。在知识构建过程中，现实世界中的问题是建构知识的出发点，知识建构课堂的最佳状态应该是，学生从身边实际出发，自主提出问题，在问题的不断解决中逐步延伸主题，自行掌控学习的进度与研究的深度和广度。然而，在某些情况下，特别是在课程设计上，这些问题可能由教师提出，而不是由学生自行选择。在本课程中，问题是由教师提出的，且所有的活动和任务都是围绕建立大棚来开展的，这为学生提供了一个特定的学习机会，但也可能会引发一些学生对这个问题的兴趣不浓的情况，缺少了研究的多样性，教师的控制也较为明显。

虽然问题由教师提出，但在整个课程的实施过程中，教育者的角色非常重要。教师需要扮演引导者和激发者的角色，特别是对于那些对问题不感兴趣或不确定如何参与的学生。以下是一些教师可以采取的方法：教师可以分享相关的现实案例，展示问题的重要性和影响；可以为学生提供必要的支持和资源，以帮助他们更好地理解和解决问题；可以鼓励学生主动提出问题、探索解决方案，甚至挑战问题的假设；可以定期提供反馈，帮助学生改进他们的工作和观点。这种反馈可以帮助学生不断调整他们的思考和行动，使问题的研究更加深入和有意义。

当问题是由教师提出时，教师在整个课程中发挥着重要作用，通过提供支持、激发兴趣和鼓励探索，教师可以帮助学生更好地理解和解决现实问题，从而推动知识的构建。

其次，观点的迭代发展并不明显。在知识建构教学中，观点扮演着核心的角色，因为教学的主要目标之一就是促使学生的观点逐渐发展和演化。然而，在本课程中，我们可以看到观点的迭代和发展在某些阶段得到了体现，但在其他阶段还有改进的空间。下面我们更详细地探讨一下观点的发展过程。

从课程实施的初期，学生被引导着提出简易的大棚设计方案。这是观点发展的起点，因为学生需要先构建一个初始的观点或想法，即如何设计一个温室大棚。然而，这一初步观点通常是基于他们之前的知识和经验，可能相对简单或传统。

随后，传感器测量和传感器数据分析成为课程的重要组成部分。这是观点发展的关键时刻，因为学生在这个阶段开始意识到他们可以通过数据来支持和改进他们的设计。通过分析传感器数据，他们不仅可以验证他们的初步观点，还可以发现新的见解，进一步完善他们的大棚设计。

汇报和展示任务是观点迭代和发展的另一个关键阶段。通过分享工作和结果，学生可以从同伴和教师的反馈中获得宝贵的见解。这种反馈有助于他们进一步改进和调整观点，从而完善和创新他们的设计。

然而，在一些其他任务中，观点的发展可能需要更多的鼓励和指导。教师可以在这些任务中提供更多的引导，鼓励学生提出更深入的问题、挑战他们的观点，并引导他们思考如何进一步发展他们的观点。这有助于确保观点的迭代和发展在整个课程中得到更全面的体现。

最后，没有使用 KF 平台。KF 平台作为一种知识建构学习工具，具有许多优势。首先，学生可以在平台上自由发表自己的观点，与其他同学进行交流与辩论。这样可以激发学生的思维，促进思想碰撞和理论辩论。其次，KF 平台具有记录功能，可以将学生的观点和讨论记录下来，形成一个有序的学习档案。这不仅有利于学生回顾和巩固所学知识，还可以为教师提供参考，有利于教师评估学生的学习情况。

除此之外，KF 平台还可以为学生提供一个扩展知识建构的时空。通过使用平台上的资源，学生可以深入了解和探索课程内容以外的知识领域。他们可以参与在线讲座、阅读相关文献、参考优秀的观点和思考等，从而不断丰富自己的知识储备。这样的学习方式不仅能够满足学生的求知欲望，还能够提高他们的素养和综合能力。

在今后的教学中，我们应该充分利用 KF 平台的优势，推动学生的知识建构和个人发展。这样，我们可以为学生提供更广阔的学习空间和更丰富的学习资源，培养他们的学习兴趣和综合素养，确保学生能够在一个良好的学习环境中进行知识建构。

03 案例三

《制作播种神器》

一、背景

本课程面向的是南京师范大学附属邗江实验小学的五年级学生。五年级学生开始接触更复杂和深入的学科知识，尤其在语文、数学、科学等方面。他们可能涉及更多的分析性思维和抽象概念。在社交方面，学生可能进一步发展友谊关系，学会更复杂的社交技能，同时也可能面临更多的社交挑战。在学习习惯方面可能更为成熟，具有更强的时间管理能力，能够更独立地完成学习任务。学生的专注力继续提高，能够更长时间地集中注意力进行学习和执行任务。他们接触知识建构已有两年，能够很好地适应并配合教师开展知识建构教学活动。钟老师对知识建构的理论和实践已有基本的了解。在这段时间里，她不仅积累了丰富的经验，而且在她的教学实践中，已将知识建构教学法的原则作为教学的指导方针，在课堂上促进学生的积极参与、深度思考和知识共建。钟老师对知识建构的深入理解和实践经验为她的教学提供了坚实的基础，使她能够更好地培养学生的批判性思维和解决问题能力。随着时间的推移，她将继续不断发展和完善这一方法，以更好地满足学生的学习需求。

本课程起源于部分同学在现实生活中发现的一个真实问题："农民种地很累，怎样才能让种地变得省时省力？"接下来钟老师和同学们一起制定了播种器的制作计划。首先，他们利用课堂上学到的知识，了解播种器的基本原理和构造。在了解了播种器的工作原理后，同学们组成了若干小组开始集思广益，发挥自己的创造力，设计出了一些方案，并不断迭代优化。通过这个项目，同学们不仅在实践中学习了科学知识和技术技能，还培养了解决问题的能力和团队合作的精神。同学们通过发现问题、提出方案、实施改进等过程，深入了解了田园种植的相关知识。在这个种植计划的知识建构之旅中，同学们也可以深刻体会到农民劳动的不易，更加珍惜粮食和其他农产品。

通过教学，钟老师想要实现以下 5 个教学目标：

（1）了解播种器的基本原理和构造。

（2）培养创造力，设计解决具体问题的方案。

（3）学习科学知识和技术技能，并将其应用于实践。

（4）培养解决问题的能力和团队合作精神。

（5）深入了解田园种植的相关知识，增加对农民劳动的理解，提高珍惜粮食和其他农产品的意识。

二、知识建构教学流程

知识建构教学流程如图 4-3-1 所示。

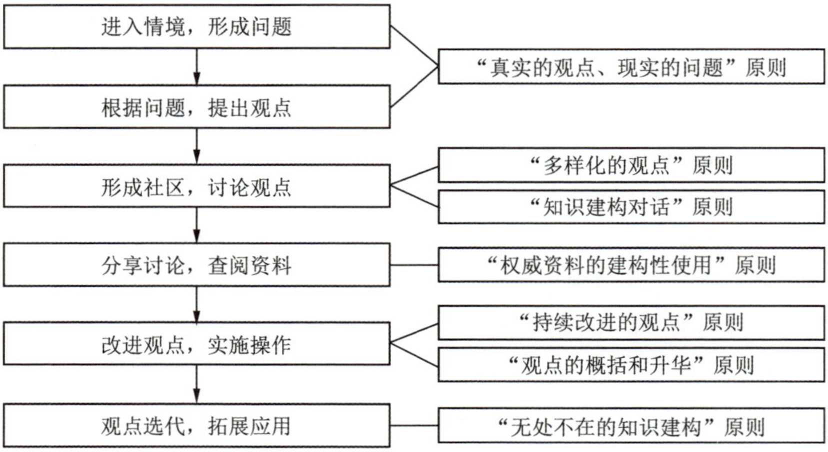

图 4-3-1 知识建构教学流程

（一）进入情境，形成问题

新学期开始了，钟老师带领着热情满满的五年级学生走进了学校的小菜园。这个小菜园是学生的实践基地，让他们亲身体验种植的乐趣和劳动的意义。一进入小菜园，同学们就兴奋地四处张望，眼前的景象让他们应接不暇。菜园里已经长出了一些嫩绿的蔬菜苗，还有几棵高高的向日葵在阳光下闪耀着光芒。钟老师召集同学们，开始商量这个学期的春季种植计划。大家纷纷展开讨论，每个人都积极发表自己的意见。钟老师看着同学们充满朝气的表情，倍感欣慰。她知道，在这个春季种植计划中，同学们不仅会收获美味的食物，还会培养出坚持不懈的精神和对大自然的敬畏之心。这个小菜园将成为他们探索自然、学习生态知识的乐园。让我们一起期待这个充满生机和惊喜的春季种植计划吧！

（二）根据问题，提出观点

在观察完小菜园后，同学们的眼中闪烁着思考的光芒。他们开始交流田园种植的规划，并认识到农民在种地过程中所面临的辛苦和劳累。钟老师对同学们的认识深度表示肯定，并赞赏他们能够体谅和理解农民的艰辛。她知道，这是一个开启知识建构旅程的契机，一个让同学们深入了解问题并寻找解决方案的机会。钟老师敏锐地抓住这个机会，开始引导学生思考更深入的问题。她提出了一系列问题，例如："在种植过程中哪些环节比较辛苦？""是否有办法能够省时省力呢？"这些问题激发了同学们的思考和讨论。

同学们纷纷表达自己的观点和想法。有的同学认为播种过程中弯腰捡起种子很辛苦，有的同学觉得耕地和松土也十分烦琐。大家开始集思广益，寻找解决问题的办法。经过一番激烈而富有创意的讨论，同学们一致认为需要优先解决种植初期的一个问题："有没有办法制作一个简易的播种器，让播种过程不那么辛苦呢？"大家认为，如果能够找到一个省时省力的方法，将会极大地减轻农民的劳动负担。

于是，播种器的制作成了大家关注的焦点。那么，如何制作一个可以在种植过程中使用的播种神器呢？

（三）形成社区，讨论观点

同学们决定在本次春季种植中使用播种器来辅助作业。五年级的同学分成了不同的小组。他们意识到不同的植物可能需要不同类型的播种器，所以在制作播种器之前，每个小组决定首先讨论今年春天要种植什么植物。

小组 1 决定种植葫芦，这是一种受欢迎的蔬菜，并且可以用来加工食品或制作工艺品。同学们希望通过种植葫芦来了解植物的生长过程，培养耐心和细心的品质。

小组 2 选择种植玉米，这是一种主食作物，也是人们日常饮食中重要的组成部分。同学们希望通过种植玉米了解农民种植主粮的辛苦和重要性。

小组 3 决定种植向日葵，这是一种美丽的花卉，在阳光下绽放出金色的光芒。同学们希望通过种植向日葵感受大自然的美好，了解植物与环境的相互关系。

在确定了要种植的植物种类之后，同学们开始进行研究。他们研究种子的特点，了解不同植物的生长需求和播种方法。他们还上网查找资料，寻找关于种植各种植物的经验和技巧。这个研究过程为设计和制作适合每种植物的播种器做好了准备。同学们将根据自己的研究结果，结合课堂上学习的知识，运用创造力发扬团队合作精神，设计并制作适用于葫芦、玉米和向日葵等植物的播种器。通过这个拓展任务，同学们将更深入地了解不同植物的特点和需求，并锻炼研究能力和实践技能。他们将在设计和制作播种器的过程中体会到解决问题的挑战和乐趣，并培养创新思维和团队协作能力。

在正式开始设计之前，钟老师向同学们简要介绍了常见播种器的基本原理和构造。她解释了播种器是如何将种子均匀地放置到土壤中的，并展示了一些现有播种器的样本。听了这个简单的介绍，同学们对播种器的工作原理有了初步的理解。随后，大家展开了一场头脑风暴，他们充分发挥自己的创造力和想象力，提出了各种改进点和创新点。

经过多次设计讨论，同学们逐渐形成了自己的设计图。他们结合课堂上学习的知识，并利用身边常见的材料和简单机械原理，如杠杆、斜坡、轮轴等，提出了各种不同形态的播种器设计方案。有的同学设计了手持式的种子喷射器，有的同学设计了带有传送带的播种车，还有的同学设计了可调节种子间距的播种台等（图 4-3-2、图 4-3-3）。

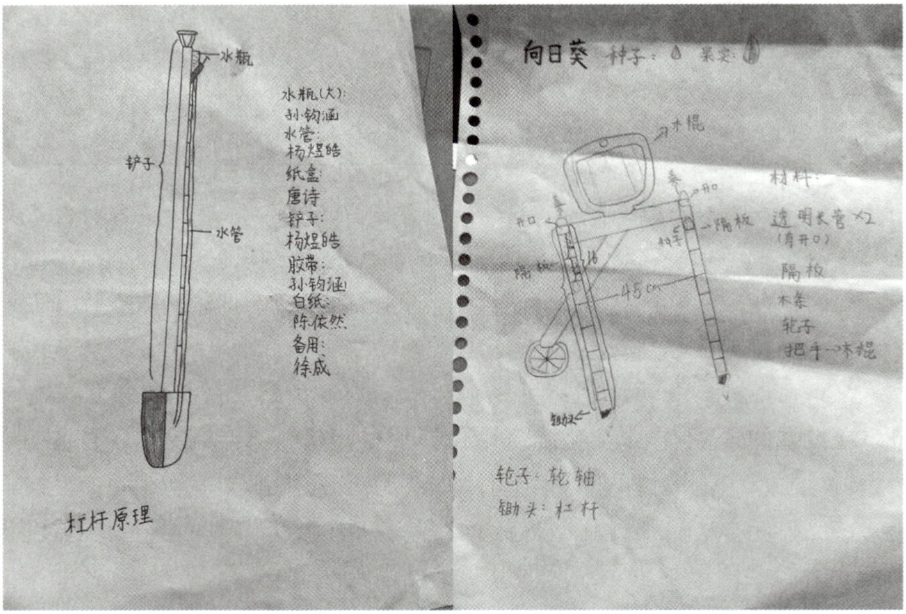

图 4-3-2　同学们设计的不同形态的播种器（1）

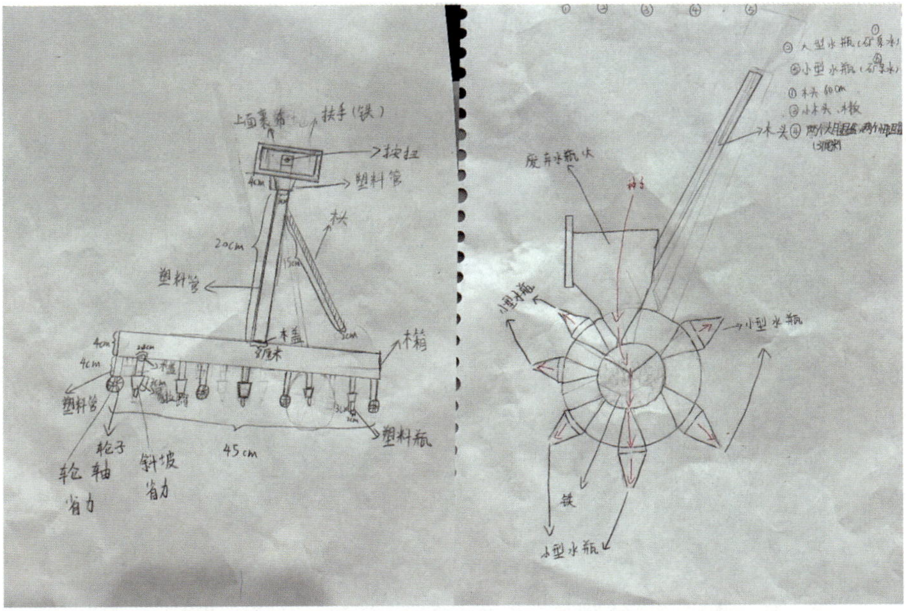

图 4-3-3 同学们设计的不同形态的播种器（2）

接下来，同学们将进一步完善和制作自己的播种器原型，然后进行实地测试和调整。他们会面临各种挑战和困难，但相信通过坚持和努力，他们将获得令人满意的结果。

（四）分享讨论，查阅资料

在初步设计好播种神器后，同学们需要以小组为单位在全班分享播种器的设计思路。在分享过程中，小组成员需要说明设计的可行性，其他同学则需要认真听各组的汇报，并提出自己的问题。小组成员可以在课上对问题做出回应，如果有暂时无法回答的问题，需要记下问题，在下课后继续思考如何回答。

在设计的过程中，同学们不断测试和改进自己的方案，借鉴他人的设计思路，并提出建设性的意见和建议。他们通过实验和模型验证自己的设计是否能够实现预期效果，并根据反馈进行必要的调整和改进。必要时需要借助权威资料来进行补充，权威资料通常经过专业的审核和验证，具有较强的准确性。这有助于确保同学们所引用或使用的信息是可信的，从而提高研究和设计的质量。在这一过程中同学们也充分发挥了创造力和团队合作精神，培养了解决问题的能力和创新思维。

以葫芦组为例，下面分解葫芦小组播种器的制作过程：

（1）小组成员在研究种子、查阅资料之后完成了初期设计图，并进行了小组展示汇报（图 4-3-4）。

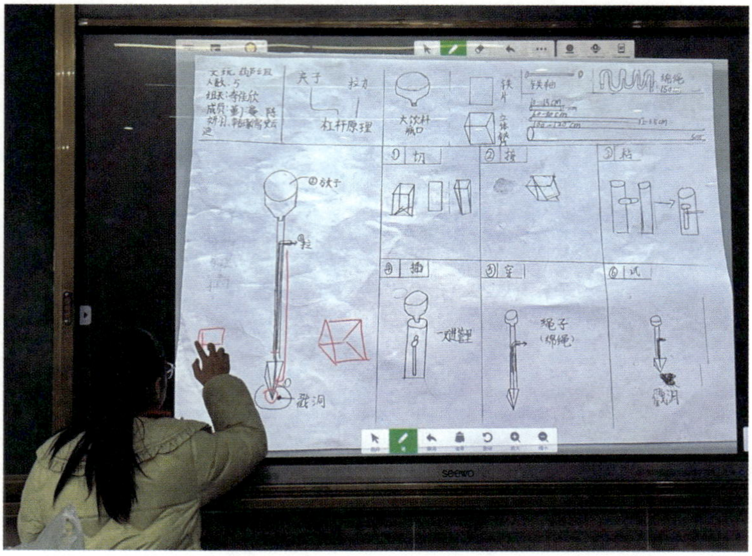

图 4-3-4　小组进行展示汇报

（2）在初期设计图的基础上，学生把播种器的零件进一步分解，绘制了分解图纸（图 4-3-5）。

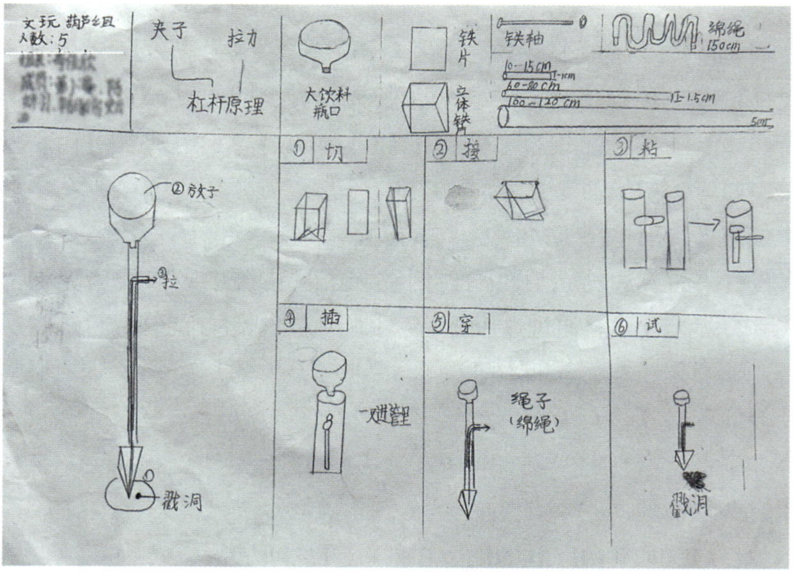

图 4-3-5　小组设计的播种器制作步骤

（3）根据制作需要准备瓶子、PVC 管、棉绳、铁片等材料，准备了打孔器、钳子等工具，估算了成本。

（4）分步制作播种器零件：大饮料瓶口制作的种子投放处；PVC 管制作的种子下滑通道；铁盒制作的播种口。

（5）借助棉线将拉手和播种口连接起来。

（五）改进观点，实施操作

根据反馈进行调整和改进后，学生按照设计步骤认真地制作了播种器，并迫不及待地想要进入菜园开始播种。在播种的过程中，他们有了全新的体验，有了播种器之后，再也不需要蹲下来手工播种了。这极大地减轻了他们的劳动强度，并提高了工作效率。然而，由于制作播种器的经验不足，部分小组在实践中遇到了一些问题。比如，有的小组发现种子播撒过多，造成植株过密；还有一些小组发现播种位置不准确，导致植物无法正常生长。但是，大家并没有灰心丧气，而是积极寻找解决办法。

针对种子播撒过多的问题，相关小组进行了改进，他们调整了播种器的出种口宽度，以控制种子的数量。通过不断尝试和调整，他们逐渐找到了合适的出种口宽度，使得种子能够均匀地播撒在土壤中。

对于播种位置不准确的问题，相关小组也进行了改进。他们优化了播种器出种口的位置，确保种子能够准确地落在预定的位置。通过这样的改进，他们成功解决了播种位置不准确的问题。

经过一番努力和改进，同学们的播种器基本达到了预期效果，并可以帮助他们顺利进行种植工作。有了播种器，同学们再也不需要弯腰蹲下，能够站立并舒适地操作，大大提高了工作效率与操作舒适度。而且，他们还发现自己可以调控播种速度和播种距离，根据植物的需求进行灵活调整。

在这个过程中，同学们亲身体验了从设计到实践的全过程，锻炼了他们的问题解决能力和创新思维。他们学会了从错误中吸取经验教训，并勇于尝试新的解决方案。通过这个过程，同学们不仅学到了理论知识和技能，而且培养了团队合作意识，认识到团队合作的重要性。

接下来，同学们继续在菜园中使用自己制作的播种器进行种植，观察并记录植物的生长状况，并做好相应的护理工作。他们通过这个实践项目，深入了解了植物生长的过程和需求，增强了环保意识与责任感。让我们期待这些勇敢而有创造力的五年级同学，在种植项目中取得丰硕的成果，并将自己的经验与成果分享给其他同学和老师（图 4-3-6）。

图 4-3-6　同学们使用播种器开展种植工作

虽然初级播种器在一定程度上帮助学生解决了播种问题，简化了操作，但它们多数是借助杠杆原理设计的，在使用时需要较大的力气。为了进一步优化播种器，同学们开始探索如何在保持便捷性的同时减少力气的消耗。

面对这些新问题，同学们展开了新一轮的观点迭代。他们积极地寻找解决办法，如减少播种器的体积和重量，采用更轻便和耐用的材料；还有的同学建议加入创新元素，如色彩鲜艳的外观、可调节播种速度的按钮等，以提升播种器的吸引力和趣味性。

接下来，同学们继续优化和改进播种器的设计，并进行实地测试和收集反馈。他们相信通过持续努力和创新，能够开发出更加智能、便捷且有趣的播种器，为种植工作带来更多便利和乐趣。

（六）观点迭代，拓展应用

学生可以将自制播种器带回家应用到生活中，帮助家里解决总是弯腰、下蹲播种的问题，用自己的智慧解决实际问题。

学生制作的播种器是手动且有些费力的，这时候教师可以引导他们向省力、自动化方向进行再研究和改进。比如，可以设计一种自动化的播种机器，能够准确地控制种子的数量和间距；加入传感器，根据土壤的湿度和温度来调节播种的时机；设计可折叠、便于携带的便携式播种器；等等。除了设计和制作播种器，教师还可以从播种开始，引导学生进行更多的延伸，如设计并制作常见蔬菜的收割器和常见水果的采摘器。在这个延伸项目中，教师可以向学生介绍不同种类的蔬菜和水果，并让他们了解每种植物的特点及适合的收割或采摘方式。通过观察和研究，学生可以思考如何设计一种方便、高效的收割工具或采摘器，以减小劳动强度和提高工作效率。

通过不断迭代观点，同学们的思考变得更加深入和全面。他们从实际问题中汲取经验教训，并勇于尝试新的解决方案。这个过程培养了他们的创造力、解决问题的能力和团队合作精神。

三、知识建构作品展示

本课程也形成了很多包含学生智慧的作品，主要分为以下两类：

第一类智慧作品是在设计播种神器之前，学生对他们想要播种的植物的各种特点、生长需求、播种方法，以及种植经验和技巧进行整理和讨论后形成的。这些智慧作品不仅体现了学生对植物种植领域的独立思考和总结，还具有重要的教育意义和实践参考价值。下面以向日葵小组为例，详细探讨这一类智慧作品的特点和价值。

在向日葵小组的智慧作品中，学生以非常明确的方式呈现了他们对向日葵的深入思考和了解。关键要点包括向日葵的介绍。学生首先提供了对向日葵的基本介绍，包括它们的外貌特征、生长环境等。这展示了他们对植物的基本知识的了解。其次是种植的要点和步骤，学生列出了种植向日葵所需的步骤和关键要点。这一类智慧作品的重要性在于它们不仅是对知识的整理和总结，更体现了学生对植物种植领域的实际应用和思考。通过形成这样的作品，学生不仅可以提高自学能力，还可以将课堂上学到的理论知识与实际操作相结合，进一步深化他们的理解，提高他们的技能。此外，这些作品还可以分享给其他同学，促进知识的交流和共享，提高整个班级的植物种植水平（图 4-3-7、图 4-3-8）。

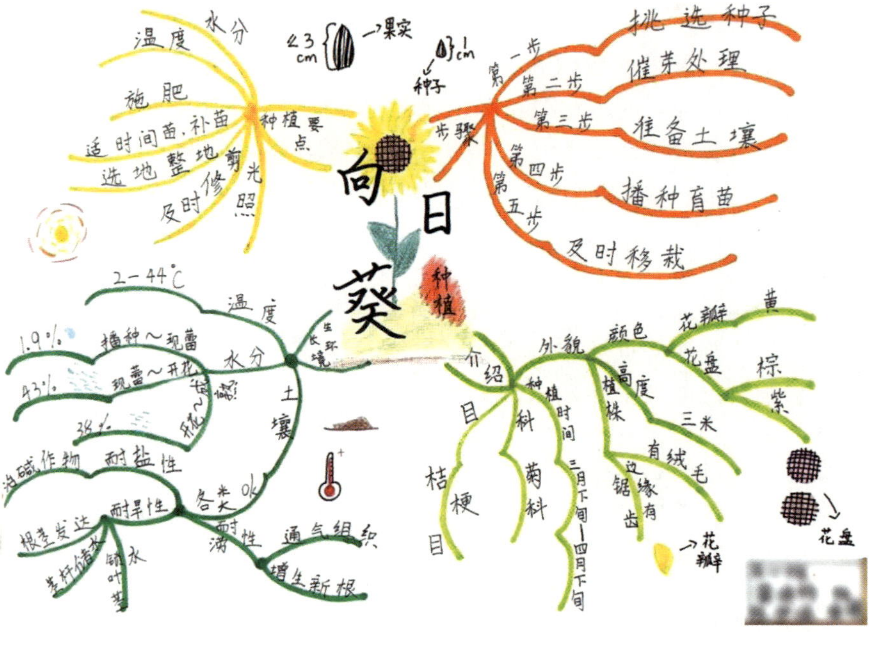

图 4-3-7　学生的第一类智慧作品（1）

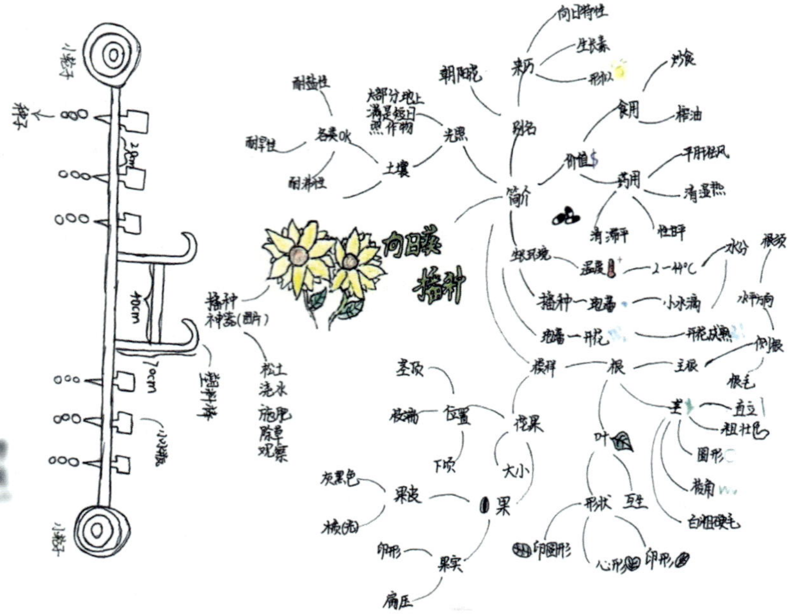

图 4-3-8　学生的第一类智慧作品（2）

第二类智慧作品涉及学生为播种神器的设计提出的创意和具体实施方案。这类作品通常包括以下要素：一是标注播种神器与具体所选植物的关联。二是材料选择，学生列出了制作播种神器所需的材料清单，包括木材、塑料、金属等。三是示意图和标注，为了将他们的设计理念传达给他人，学生提供了播种神器的示意图和标注（图 4-3-9、图 4-3-10）。这些图示包括外观、尺寸、关键部件和功能，使观众能够清晰地理解他们的设计。通过这一过程，学生锻炼了图形表达和交流的能力。

这类智慧作品对于学生的综合素质培养具有重要意义。这些作品促使学生从多角度思考，考虑到材料的选择、植物的需求和实际设计的可行性。此外，这类作品还有助于提升学生的创造性思维和解决问题能力，因为学生必须找到创新的方式来满足播种神器的需求。最重要的是，这类作品可以激发学生对工程学、设计和可持续性的兴趣，为将来的职业发展提供有力的支持。通过展示这些设计，学生还有机会分享他们的创意，从其他同学和教师那里获得反馈，进一步改进自己的设计和构思。这种互动有助于建立积极的学习社区，鼓励合作和交流。

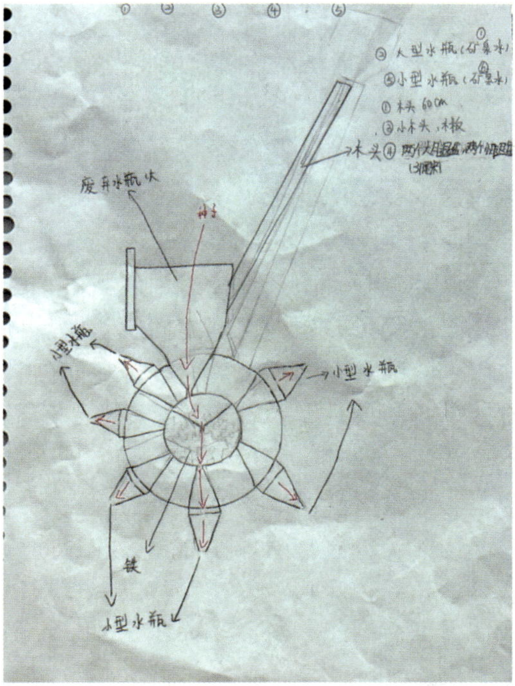

图 4-3-9　葫芦播种神器示意图

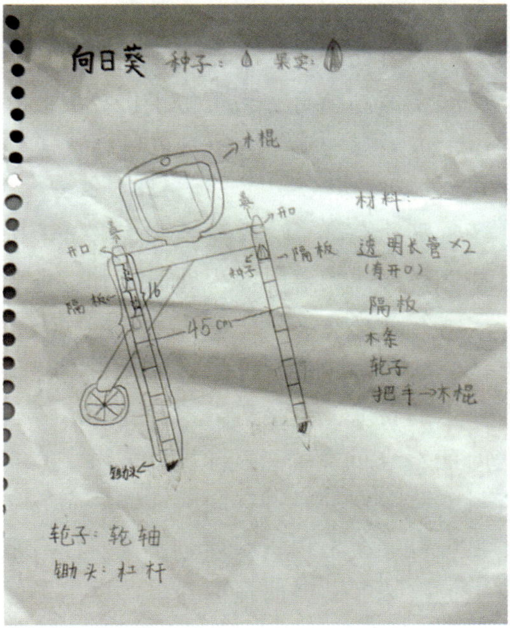

图 4-3-10　向日葵播种神器示意图

四、知识建构教学反思

课程的开展始于一个实际而具体的问题："劳动者在农作物的种植中面临着辛苦和繁重工作。如何能够让他们在这个过程中更省时省力，提高效率？"这个问题不仅反映了社会中存在的真实挑战，也激发了学生的好奇心和思考能力。学生在这个过程中展现出了很强的问题发现与解决能力。他们不是被动接受知识，而是主动地去观察、思考和寻找解决方案。这种积极主动的态度对于培养学生的自主学习能力和创新思维至关重要。他们可能会观察到农民在繁重的种植工作中遇到的问题，然后提出各种可能的改进方案，例如，使用机械设备、自动化系统或者其他创新技术。这种解决实际问题的方法有助于将学习与现实世界联系起来，增强了学习的深度与现实意义。

钟老师的角色也非常关键。她是学生思考和解决问题的引导者。她能够及时抓住学生思考中的关键点，引导他们深入探讨问题，为他们提供必要的支持和指导。她运用知识建构教学法，鼓励学生积极参与，并通过提问、讨论和实践活动促进他们的学习。这种教学方法有助于学生更好地理解和应用所学知识，培养他们的分析能力和批判思维能力。

总的来说，这个课程的成功开展不仅激发了学生的好奇心和学习兴趣，还培养了他们的实际问题解决能力。同时，钟老师的积极引导和教学方法也为学生提供了有效的学习支持。这种以实际问题为出发点的教学方法有助于将课堂知识与实际生活相结合，为学生提供更有意义的学习体验。尽管本次课程已取得了令人满意的成果，但钟老师认为其中还存在改进的空间，为本课程的未来发展探索更多支持与改进路径。

首先，权威资料的使用不够。权威资料的使用对学生的思考水平提升具有积极影响。这些资料往往涵盖了深入的研究和专业见解，可以为学生提供更广阔的认知领域。通过接触权威资料，学生可以深入了解学科知识、专业观点和研究方法，从而培养批判性思维和分析问题的能力。权威资料的使用不仅仅是对知识的获取，更是对学术和专业素养的培养过程，使学生在面对复杂问题时能够进行系统、有深度的思考。在本课程中，虽然学生也借助了权威资料，但主要仅通过互联网搜索，而五年级的学生对网络信息的判断能力不足，也许会出现资料质量不高、信息混乱等问题。为了减少此类问题的发生，教师可以提前筛选并提供网络链接、书籍资料等作为权威资料的补充。

其次，班级内各小组之间交流不足。在本课程中，学生通常更专注于自身所在小组的设计和任务，班级整体层面的交流协作相对欠缺。这种情况可能导致各组间在信息和资源分享上存在较大困难，错失相互学习和借鉴的机会。缺乏小组间的交流可能会阻碍学生对其他小组设计和观点的理解。在一个更加开放和协作的环境中，学生有机会分享彼此的创意、经验和方法，从而更全面地认识到不同小组在项目中所面临的挑战和提出的解决方案。整个班级形成一个协同合作的氛围对于提高整体学习效果至关重要。增加小组间的交流，可以促进更多的学科交叉和综合思考，激发创新能力和解决问题的能力。学生在不同小组间的互动，有助于形成一个共同的学习社区。班级内部交流的不足可能导致信息孤岛，使得班级整体的学习难以形成有机的联系。增加交流机会，可以促进更广泛的知识传播，使得每个小组都能够借鉴其他小组的经验，共同推动整个班级项目的进展。教师应主动创设更多交流平台与机会，通过促进更充分的小组互动，培养学生更全面的能力，使得整个班级的学习成果更加丰富和深入。

04 案例四

《种番茄》

一、背景

本课程的授课对象是南京师范大学附属邗江实验小学三年级的学生。三年级学生逐渐形成了更为独立和更加有组织性的学习方法。他们能够更好地组织学习材料、理解学科内容，并开始养成良好的学习习惯。相较于幼儿园的孩子和一、二年级学生，三年级学生的注意力更为稳定，能够集中精力于课堂活动和学习任务。他们可以与同学们共同完成任务，并逐渐培养出团队合作的能力。经过两年的学习，大部分三年级学生对于基于知识建构理论的创新型教学方式已有一定的了解与适应，已熟练掌握了知识建构的流程、问题提出与讨论等环节，并能够很好地适应并配合教师开展知识建构教学活动。他们在知识建构方面积累了丰富的经验，可以有效地配合教师进行教学活动。束老师虽然是一位入职两年多的新教师，但是她接触知识建构教学已有两年的时间，能够在教学实践中始终遵循十二条原则，熟练掌握知识建构教学的一般流程，并不断反思、提升自己的教学水平和能力。

束老师以番茄种植项目为背景，开展了一次具有知识建构特点的教学活动。在开始种植之前，束老师引导同学们提出与番茄种植相关的问题，其中最重要的问题是番茄生长所需的条件。这样做可以激发同学们对植物生长的好奇心。接下来，同学们进行番茄种子的观察，亲身体验植物生长的奇妙过程。在观察后，同学们根据问题提出了多样化的观点。然后，形成一个学习社区，在社区中相互浏览其他同学的观点，并展开讨论和交流。通过实验设计，同学们验证自己的观点，并借助权威资料解释实验结果。最终，他们对番茄生长所需的各种条件，如适宜的温度、湿度和空气等，进行了观点的概括和升华。在这个过程中，同学们不仅能够参与到番茄种植的项目中，还能够在其中学习有关植物的知识。他们形成了自己的理论和相关制品，并将所学知识迁移到日常生活中。这样的教学活动兼顾了实践参与和知识构建，让学生在亲身实践中获得丰富的学习体验，并将所学知识应用到解决实际问题的过程中。

通过本课程的教学，束老师想要实现以下 5 个教学目标：

（1）激发好奇心：通过观察番茄种子和植物生长过程，培养对自然现象的好奇心和关注能力。

（2）提出问题和多元思考：学会提出与番茄种植相关的问题，从不同角度思考和提出多样化的观点。

（3）社区交流和合作学习：组建社区，相互浏览、讨论和交流彼此的观点，促进合作学习和共同构建知识。

（4）实验设计和验证观点：通过实验设计验证自己的观点，并借助权威资料解释实验结果，培养科学实践能力和批判性思维能力。

（5）应用知识到解决实际问题的过程中：学会将所学知识应用到解决实际问题的过程中，理解番茄生长所需的各种条件和要素，并将知识迁移到日常生活中。

二、知识建构教学流程

知识建构教学流程见图 4-4-1。

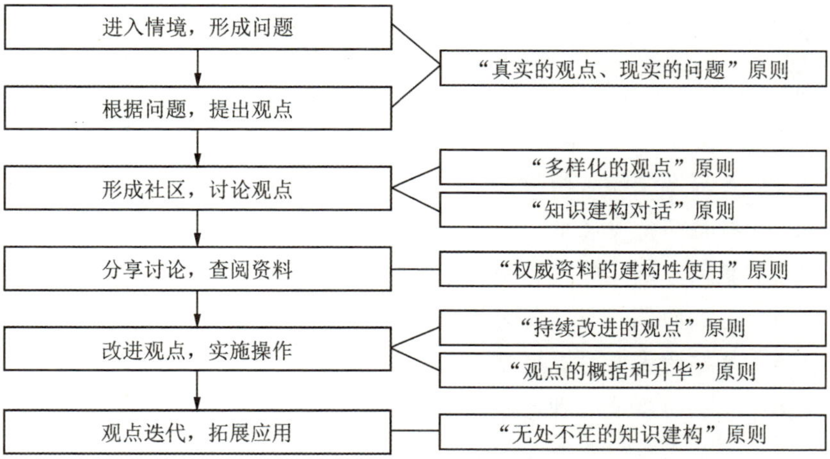

图 4-4-1　知识建构教学流程

（一）进入情境，形成问题

“同学们，学校的温室大棚设施已经经过改进，现在我们即将开始番茄的种植项目。在这个过程中，你们对种植番茄有什么想法或问题吗？请在数课平台上进入‘种植番茄’主题，开始分享你们的观点和提出问题。这将是一个充满乐趣和学习机会的冒险，所以不要犹豫，让我们一起开始吧！”束老师在课程一开始说明了课程的背景，并鼓励同学们积极参与交流和讨论。

在学生展开任务时，束老师积极互动，整理学生的观点，将相似的观点归类在一起，以便形成小组，共同进行深入研究。

随后，学生开始初步认识番茄种子的特点。束老师将精心准备的番茄种子分发给每个学生，并要求他们仔细观察这些种子。这一步让学生能够亲身体验植物生长的奇妙过程，培养他们对自然的观察力和好奇心。这也是种植番茄项目的第一步，为学生提供了深入了解和投入的机会。

在观察后，束老师引导学生分享他们的观察结果。她说：“大家都已经仔细观察了这些番茄种子，那么，如果我们要种植番茄，番茄的成长过程究竟会是怎样的呢？让我们一起从拥有的知识和真实观察中提出一些有趣的问题，来研究这个过程吧！”这激发了学生的好奇心。学生开始积极参与，提出了各种有趣的问题，涉及植物生长所需的各种因素。有的同学问：“番茄需要多少阳光才能茁壮成长？”有的同学可能好奇：“温室内的温度和湿度对番茄的生长有什么影响？”这些问题引导他们深入思考，并将观察与现实问题联系在一起，使学习变得更加生动有趣。这也为接下来的学习和实践奠定了坚实的基础。

师：同学们，现在我们已经观察了种子，下一步我们该进行什么了？关于番茄的成长条件，你有什么疑问？

生 1：番茄需要晒太阳吗？

生 2：种番茄需要浇水吗？

生 3：我们应该直接把番茄种子种到水里吗？

生 4：番茄的成长与空气有关吗？

生 5：番茄的成长与温度有关吗？

生 6：现在的温度能种番茄吗？

生 7：番茄成长需要浇多少水？

……

（二）根据问题，提出观点

在数课平台上，学生的问题变得非常丰富和多样化，几乎覆盖了所有可能的方面。然而，随着时间的推移，由于没有得到充分的解答，一些学生的学习兴趣有所下降。这时，束老师明智地选择了一个适当的时机来结束学生的提问，以便进行下一步的引导。

束老师鼓励学生浏览数课平台上留下的问题，她说：“同学们，你们提出了众多关于番茄生长条件的问题，现在让我们一起来总结一下。请浏览数课平台上的问题，看看我们认为与番茄生长有关的条件有哪些。可以提炼出哪些关键词和观点？”学生开始仔细浏览问题，然后将他们的观点总结如下：番茄的成长与阳光、水、空气和温度等因素密切相关。这个总结帮助他们将学习焦点更加清晰地聚集在了这些关键条件上，为接下来的研究和实践提供了重要的指导。

这一步骤有助于确保学生集中注意力，将学习内容聚焦在关键领域，促进他们更深入地理解植物生长的过程，从而提高他们的学习效果。

（三）形成社区，讨论观点

当学生提出了浅层观点之后，束老师的提问是非常重要的，因为这可以引导学生进行讨论对话，将这些观点逐步深化。她问：“既然同学们在社区内对番茄生长条件有许多猜测，那么对于这些条件，我们如何进行验证呢？”这个问题激发了同学们的思考，让他们开始考虑如何将他们的猜测转化为科学实验。

经过一系列讨论，他们决定通过实验来验证番茄的生长条件。这是一个很重要的决定，因为实验不仅能让他们深入了解科学研究的方法，还能促进他们将理论知识与实际实验相结合。这个实验可以包括种植几粒番茄种子，分别提供不同的条件，如不同的光照、温度、湿度等，然后记录和比较它们的生长情况。

同学们的实验方案主要有以下几种：

生1：在1号瓶子里放5粒种子、放一些水、不盖盖子、放在窗台，温度是室温、有充足的阳光。

生2：在2号瓶子里放5粒种子、不放水、不盖盖子、放在窗台，温度是室温、有充足的阳光。

生3：在3号瓶子里放5粒种子、放很多水、不盖盖子、放在窗台，温度是室温、有充足的阳光。

生4：4号瓶子和1号一样，但是放在冰箱里，模拟低温环境。

生5：在5号瓶子里放5粒种子、放一些水、盖紧盖子、放在窗台，温度是室温、有充足的阳光。

生6：6号瓶子和1号一样，但是瓶外用黑布遮挡，模拟无光环境。

这几种实验方案分别代表了一种番茄生长的关键要素的探究。探究生长要素实验方案与分组情况如表 4-4-1 所示，班级同学也根据实验方案分为 6 个小组开始进行实验（图 4-4-2）：

表 4-4-1　实验方案与分组

序号	水	空气	温度	光照	预测	发芽情况
1	✓	✓	常温	✓		
2	×	✓	常温	✓		
3	✓✓	×	常温	✓		
4	✓	✓	寒冷	✓		
5	✓	×	常温	✓		
6	✓	✓	常温	×		

注：第 3 种实验方案中，“✓✓”表示放很多水。

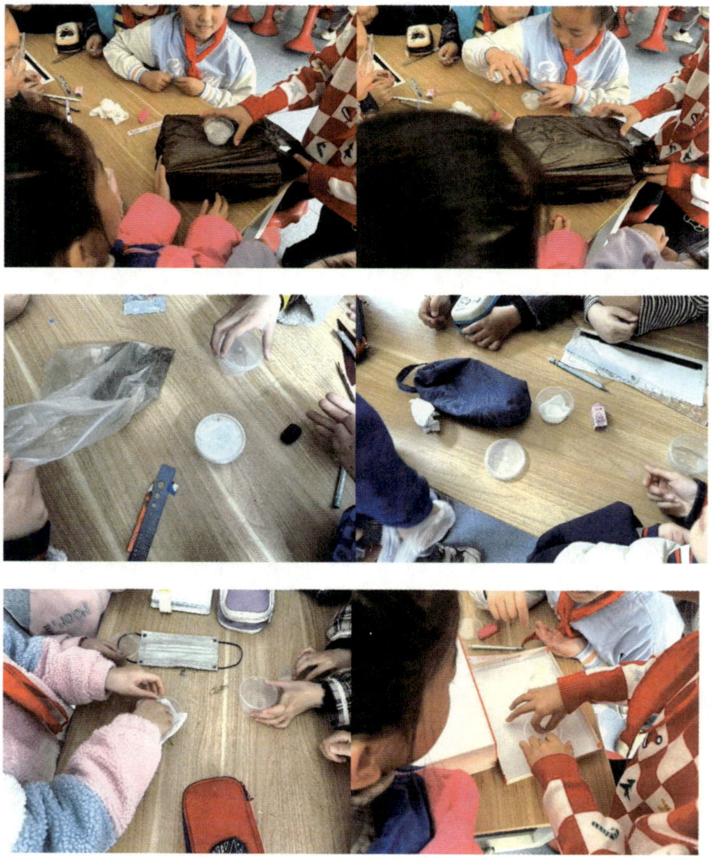

图 4-4-2　学生进行实验

（四）分享讨论，查阅资料

随后，学生组成小组，每组负责不同条件的实验。他们定期观察番茄植株的生长情况，记录数据，拍照，并将这些信息进行整合。这个过程不仅加深了他们对番茄生长条件的理解，还培养了他们科学实验和数据分析的技能。

一个星期后，新的一节课开始。束老师提问大家："现在一周已经过去了，我们一起来看看，这 6 组番茄苗长得怎么样了。猜一猜，它们会是什么样的生长状况呢？请同学们填写表格中的预测结果。"

填写完成后，束老师请学生开始观察并完成表格最后一列发芽情况的填写。填写完毕之后，将自己的预测结果和实际结果进行比较，看看实际的结果是否符合自己的预测，进行思考：如果符合，你是怎么考虑的？如果不符合，为什么？

学生的预测结果与实际结果如表 4-4-2 所示。

表 4-4-2　实验预测结果和实际结果

序号	水	空气	温度	光照	预测	发芽情况
1	✓	✓	常温	✓	发芽	发芽
2	×	✓	常温	✓	不发芽	不发芽
3	✓✓	×	常温	✓	发芽	不发芽
4	✓	✓	寒冷	✓	发芽	不发芽
5	✓	×	常温	✓	不发芽	不发芽
6	✓	✓	常温	×	不发芽	发芽

注：第 3 种实验方案中，"✓✓"表示放很多水。

每个小组汇报了本组的实验过程和实验结果，在汇报的过程中，同学们提出新的问题（如下所示）。

生 1：2 号瓶的种子为什么没有萌发呀？

生 2：3 号瓶的种子为什么没有萌发呀？

生 3：为什么 4 号瓶也没有萌发呢？

生 4：为什么 5 号瓶的种子没有萌发呢？

生 5：那我们看一看 1 号瓶的种子为什么可以萌发呢？

根据各组的预测结果，以及实验结果的展示与汇报，学生可以进行补充，深入探讨关于番茄生长的深层观点。他们可以比较不同条件下番茄种子的发芽情况，了解哪些条件对生长最为关键，从而进一步深化对这一主题的理解。这种深层观点的发展是科学教育中至关重要的一部分，能够培养学生的批判性思维和科学探究的能力。

学生依据现有的知识已经不能解释观察到的实验结果，在这个时候权威资料的引入就显得十分必要。权威资料在实验结果的证明和解释中起着重要的作用。这些资料通常来源可靠且专业，如学术期刊、专业机构、政府工作报告、权威专家的研究等，它们提供了有力的支持和背书，有助于提升实验结果的可信度与科学性。

学生参考束老师提前准备好的权威资料，开始解释实验结果与解答针对实验结果提出的问题，并将同学们的主要观点进行整合：

生 1：2 号瓶的种子没有水。

生 2：3 号瓶的种子完全浸没在水中了。

生 3：4 号瓶放在冰箱里温度太低了。

生 4：因为 5 号瓶瓶盖拧紧了，没有新鲜的空气。

生 5：1 号瓶和 6 号瓶有空气、温度合适、没有完全浸泡在水里。

发芽的番茄种子见图 4-4-3。

图 4-4-3 发芽的番茄种子

（五）改进观点，实施操作

学生通过与束老师一起总结实验结果和原因，得出了种子萌发需要新鲜的空气、充足的水、适宜的温度等条件，并且不一定需要阳光。学生经过不断努力，设计实验并进行观察，最终成功找到番茄种子萌发的条件。

然而，在这个过程中发生了一个小插曲。束老师在课堂上进行了拓展讲解，提到有一位同学在课后偷偷告诉她自己也种植了番茄，但是没有长出来。束老师引导学生思考为什么会出现这种情况。这位对种植抱有热情的学生经过自己的种植、观察和分析，以及权威资料和老师的引导，得出了一个延伸的答案：在所有条件都能满足的情况下，种子能够萌发的前提是这个种子是活的，而死掉的种子是非生物，是无法生长出来的。

现在，学生已经清楚了影响种子发芽的多种条件，并且束老师要求他们将结论上传到数课平台。学生需要先登录账号，找到之前的主题，并在主题中找到番茄种子萌发的条件。然后，点击回复观点，将结论有条理地上传。学生要注意使用支架来组织整个实验过程，确保上传的内容清晰、详尽。支架示例如下：

我的实验是：________________________________

我的发现是：________________________________

我的结论是：________________________________

在得出最终的结论之后，束老师带领学生再次进行番茄种植。由于培育周期的限制，这一次不是培育番茄苗，而是移栽番茄苗（图 4-4-4）。这样做是让学生在理论学习的同时，能够真正参与并回应最初的现实情境。

图 4-4-4　学生移栽番茄苗

通过参与劳动和番茄种植项目，学生可以更深入地体会到课程学习的有效性，并增强对课程内容的参与感。

（六）观点迭代，拓展应用

在种植番茄的项目完成之后，学生还可以进行观点的迭代，提出更多的问题。比如在移栽番茄苗时，可以引申出“如何正确移栽番茄苗”的问题；还可以在番茄成熟时，提出这样的问题：“番茄成熟以后如何采摘和食用?”也可以关注番茄成长过程中的问题：“番茄成长需要什么样的帮助?”后续也可以继续研究，如研究“如何护理番茄”，可以请权威专家进行指导。

通过不断迭代和深化观点，学生的思考能力得到了提升。他们在探索实际问题的过程中，积极借鉴经验、汲取教训，并勇于尝试新的解决方案。这种思维方式培养了他们的创造力、解决问题的能力及团队合作意识。在活动中，学生逐步拓展自己的思维，从最初的简单观点开始，经过反复讨论和互相启发，逐渐形成更加深入和全面的观点。他们不仅学会了从不同角度思考问题，而且学会了从实践中汲取经验教训，不断改进和优化自己的解决方案。学生在社区中相互交流和合作，共同探讨问题，并共同建构知识。他们学会了互相倾听和尊重他人的观点，在集体智慧的引导下，不断完善自己的思考和解决方案。

三、知识建构作品展示

知识可视化方法能够为知识建构的教学实践提供有力帮助。它能够帮助人们将隐性的知识和个体知识通过图解方式呈现出来，转化为直观的显性知识制品，从而促进知识的传播和创新。在这次教学中，同学们将关于番茄种植的知识外化为能够被展示和分享的人工制品。

虽然有些作品涵盖多方面的内容，但可以根据主要内容将同学们的人工制品分为以下几类：

第一类，番茄的介绍。对“番茄名称、品种”的观点的总结展示，如图 4-4-5 所示。

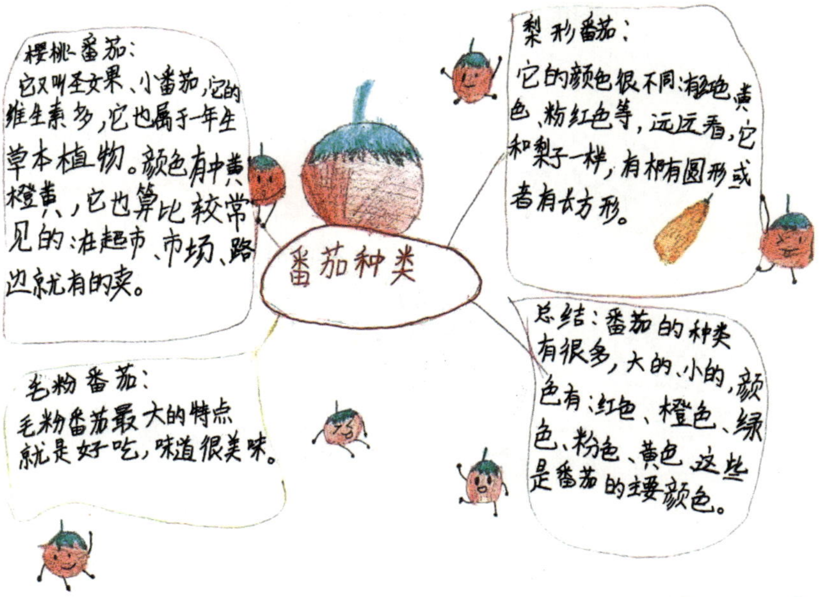

图 4-4-5　“番茄的介绍”人工制品

第二类，番茄的生长。对“番茄的整个生长过程”观点的展示，如图 4-4-6 所示。

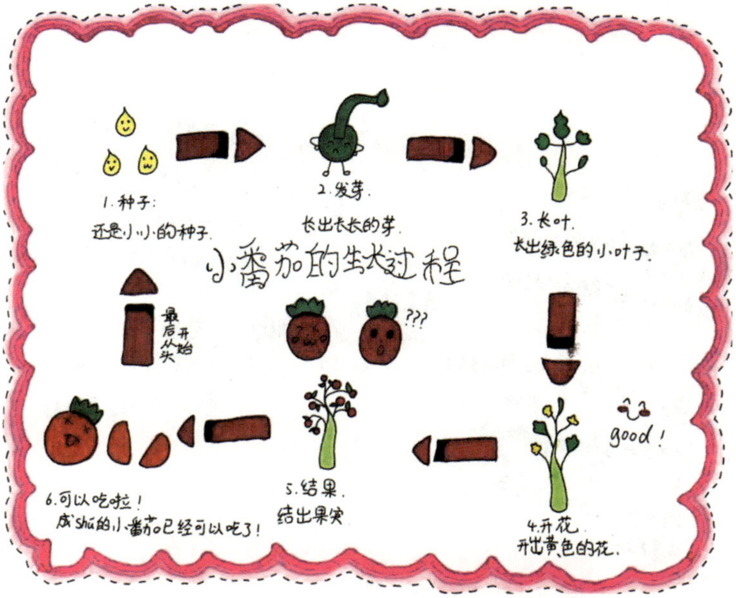

图 4-4-6　“番茄的生长”人工制品

第三类，番茄的种植。对“番茄的种植时间、种植方式”等观点的总结展示，如图 4-4-7 所示。

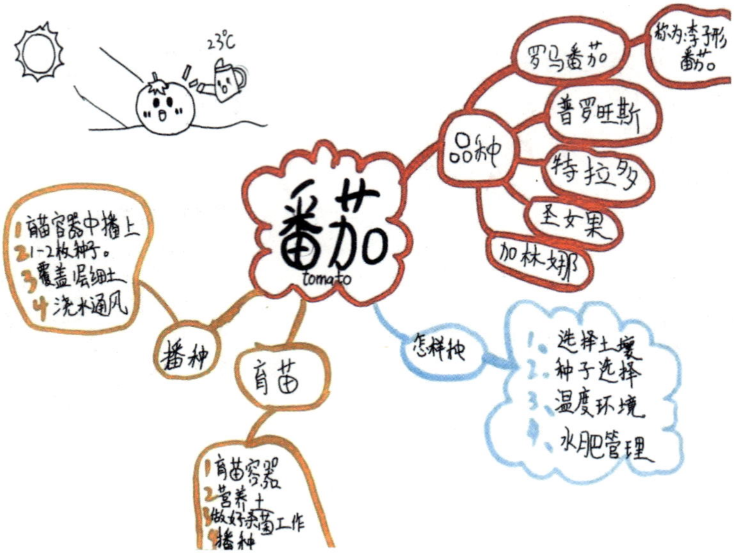

图 4-4-7 “番茄的种植”人工制品

第四类，番茄的食用。对“番茄可以怎样食用、可以做成什么”等观点的展示，如图 4-4-8 所示。

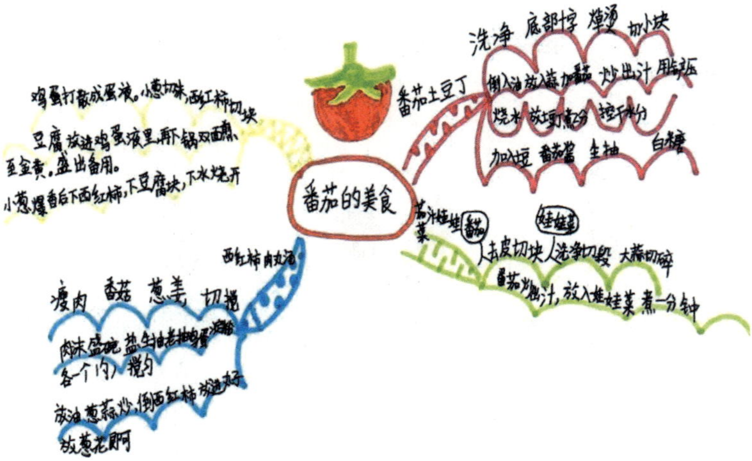

图 4-4-8 “番茄的美食”人工制品

四、知识建构教学反思

本次知识建构教学通过观点的迭代和探索实际问题，培养了学生的创造力、解决问题能力和团队合作意识。学生从中获得了宝贵的经验和技能，为未来面对各种挑战做好了准备。

总的来说，这门课程不仅激发了学生的好奇心和学习兴趣，还培养了他们解决实际问题的能力。以实际问题为出发点的教学方法让学生能够将所学知识与现实生活紧密结合，为他们提供更有意义的学习体验。虽然这门课程已经取得了令人满意的成果，但束老师认为还有改进的空间，以更好地支持本课程的持续发展并提升教学质量。

一是主题过于狭窄，不够宽泛。全班学生均同步参与番茄生长条件的研究，缺少了研究的多样性。在知识建构课堂中，最理想的状态应当是让学生从身边的实际问题出发，自主提出疑问，并通过不断解决问题逐步延伸主题，从而自行掌控学习进度及研究的深度和广度。然而，在本课程设计中存在研究多样性的不足，同时教师的主导性也较强。这可能会限制学生的主动性和创造性。因此，教师需要对课程进行调整，以便更好地促进学生的自主学习，更好地培养学生的知识建构能力。

针对研究多样性的不足，可以引入更多相关课题，以激发学生的兴趣和探索欲望。这样一来，学生可以通过分析和比较，进一步形成自己的问题，并找到解决问题的方法。通过开放式讨论或小组合作的形式，学生可以共享彼此的观点和经验，丰富课堂的多样性和深度，从而加深对知识的理解，提升应用能力。

在教师的控制方面，则需要更多地采用引导式教学方法。教师可以扮演指导者的角色，通过提问、激发学生思考、鼓励他们自主探索等方式，促使学生积极参与课堂，并帮助他们建立自己的学习路径和明确自己的研究方向。

通过增加研究的多样性和减少教师的控制力，可以进一步提升知识建构课堂的效果。这将使学生更加积极主动地参与学习，并培养他们的问题解决能力和自主学习能力。

二是过程中学生缺少实时的反思。评估学生学习进步和掌控学习进程的重要方式是通过学生的反思。然而，本课程存在一个问题，即缺乏学生实时的自我反思机会。目前，只有在第四阶段时进行了简短的反思。因此，教师需要在课程设计中增加学生反思的多样性和频率。

首先，可以在课堂中引入个人反思和小组反思的环节。学生可以在课程进行中，对所学内容进行个人反思，并在小组讨论中分享与交流彼此的观点和体验。这样，学生可以从不同的角度思考问题，并深化对知识的理解。

其次，鼓励学生在知识论坛等平台上发表反思性短文。学生可以通过写作的方式总结学习过程中的收获、困难及未来的学习计划。这种形式的反思将使学生更好地组织思维，并用文字表达出来，进一步提升他们的学习能力和表达能力。

最后，鼓励学生使用记录本等工具进行反思。学生可以在学习过程中随时记录自己的思考和感悟，形成自己的学习轨迹和发展档案。这种实时的反思记录可以帮助学生更好地认识自己的学习进程，发现问题和改进方法。

总之，通过增加学生的反思机会和反思形式多样性，可以更全面地评估学生的学习情况和自主学习能力。这将促使学生更加活跃地参与学习，并更好地掌握学习进程，实现个性化的学习效果。

第五单元

道德与法治知识建构案例

单元导言

本单元将聚焦小学道德与法治课程的知识建构教学案例，进行“班级德育课程微建构”。根据 2022 版新课标，“道德与法治”课程的一体化设计应遵循学生成长规律，以“成长中的我”为原点，将学生不断扩大的生活和交往范围作为建构课程的基础。道德与法治领域的知识建构主题都将从同学们生活和学习中的实际问题出发，师生共同加入解决问题的行列，将个人的观点带入小组、班级，积极参与讨论、尝试、分析、再尝试，最后创作出有益于个人与团体的作品，在感悟中认识社会，推动社区整体的知识和思想品行的发展进步。

在传统的道德法治课堂教学中我们常常遇到以下问题：

一是缺乏互动与实践。传统的小学道德与法治课程通常以教师为中心，注重知识的传授，而缺乏学生之间的互动和学生的操作活动。这可能导致学生对品德、社会等概念的理解停留在纸面上，难以将其落实在行动中。

二是理论脱离实际。道德与法治的课程内容过于理论化，缺乏与学生的现实生活和实际问题的对应，学生可能难以将书面理论与实际情境相结合。课堂内容较为抽象，缺乏小学生能接受的趣味性。这可能导致学生对课程内容的兴趣不浓，影响学习效果。

三是课程内容无法串联。以往的道德与法治课程内容偏独立，每次的内容都是在一两节课中就教授完毕，如果跳出了主题单元，很难纵向连通起来；又因为道德与法治教学课程内容偏向说理，无法横向与其他学科建立联系，达到“跨学科”的综合发展，而仅仅是在单独的领域“孤芳自赏”，学生在教学结束后难以进一步综合运用知识。

南京师范大学附属邗江实验小学借助区教育局提出的“幸福教育”大课题，“将道德与法治”及“综合实践活动”两门学科巧妙地融合在一起，并结合长短课的教学方式。依据课程标准的要求，南京师范大学附属邗江实验小学实施了大单元和项目式教学，摒弃了以往的“知识点+课时”模式。学校的目标是将多个知识点、多个课时、情境、活动、学生学习、教师指导和评价等要素整合到一个大单元和项目式教学中，让学生变得积极主动，让学生的学习从被动的基于教材的学习转变为积极的探索和行动。

思政课是贯彻立德树人根本任务的关键课程，具有政治性、思想性、综合性、实践性等特点。通过知识建构的学习方式，南京师范大学附属邗江实验小学的教师避免了空洞的探索，而是引导学生像专家一样思考问题，将无处不在的知识建构融入学生的日常生活，帮助他们在“看得见的风景”中真实进入“走得到的景点”，从而达成教育的“想得到的美丽”的培养目标。

刚接触知识建构的读者朋友若想要尝试进行初步的教学实践，先要注意知识建构理论是一种基于原则，没有能够简单套用的“万金油”的教学模式，但阅读和分析现有的教学案例，能够帮助新手教师更快地在“做中学”、更快地上手。

首先，道德与法治教师要善于创造各种有趣的情境，这些情境通常来源于现实生活，要考虑到学生的思维方式和身心发展规律。我们希望学生能够在自由表达的环境中拓展思维。在课堂实践中，教师应关注真实的问题，并将这些问题与学生的日常生活联系起来，引导学生进行分析和思考。教师要打造温馨和谐的课堂氛围，增强学生之间的交流互动，通过双向交流，提高学生的综合素养，培养他们独立分析和解决问题的能力，推动他们的全面发展。

其次，课堂的探究不应该在教学时间结束后终止，问题可以持续提出，观点可以不断演变。对于有争议或两难的话题，教师不应直接给出答案，而应参与学习小组的讨论，适当进行点拨。最重要的是，教师要让学生在社区知识、同伴交流和实践中不断探索，不断实现观点的更迭，找到答案。这种探索是没有极限的，在每个阶段的探究结束后，学生能够在社区中创造出各种智慧作品，借助人工制品，学生对理论的认识将得到进一步巩固和升华。

对知识建构教学已经有所领悟且拥有一定的知识建构实践经验的教师，

若有意愿进行深度建构方法的挖掘，可以尝试将道德与法治和相关的课程进一步融合。

为了加强人才培养，我们要升级改造课堂教学的模式，提升学生的创新思维和批判意识，让学生逐渐掌握独立分析和解决问题的能力。我们要带领学生进入一个综合化学习空间，找到不同学科之间的联系，打破学科之间的壁垒。这样，道德与法治课程的学习就不仅局限于课堂，而是可以全面而有个性地发展。

通过开展实践活动，我们引导学生以专家的思维方式思考问题，并将这种思维塑造为推动其精神成长的“核心动力”。学生在以专家式思维分析问题、解决问题的过程中，不仅能将其转化为自身成长的内在驱动力，更能有效促进品德养成，助力健康成长，最终达成课程的培养目标。

01 案例一

一年级道德与法治“排队有序，接力文明”

一、背景

一年级四班的学生刚刚步入小学阶段一个学期，对知识建构教学的流程已经有了初步的认识，在老师的引导下能够积极参与观点的提出、进行小组观点的改进。同时，他们在学校中的一些生活习惯还有待改善。每到上午最后一节课下课铃响起的那一刻，部分同学为了抢先一步，竟然插到其他同学前面，推推搡搡。与此同时，还有一些同学不急于就餐，拖拖拉拉，慢慢收拾课桌，导致队伍的秩序混乱不堪。

班主任刘老师经过几年对知识建构教学理念的学习，已经对知识建构教学的理念和方法有了一定的掌握，她注重学生主动参与和构建知识的过程，培养他们的问题意识、批判思维和解决问题的能力。刘老师发现学生的行为有诸多问题：嬉戏打闹、大声喧哗，不仅干扰了其他同学的学习和用餐，也给教师增加了不必要的管理负担。更糟糕的是，有些同学在排队时争抢位置，甚至发生了推搡冲突，给校园的安全带来了潜在的威胁。

面对这些问题，刘老师决定带领一年级四班的学生展开一次名为“排队有序，接力文明”的微型知识建构讨论和实践活动。

首先，刘老师引导学生从现实中发现的问题出发，师生围绕如何文明排队提出多样化的观点，学生讨论和发言。将观点分类后，学生分组进行观点改进，形成初步的班级排队守则。接着大家主动寻找校园中需要排队的场合，并在相应场景中轮流争当“文明排队小管家”，参与班级管理，验证自己的观点。刘老师对他们发现的“闪光处”进行表扬，对“不足处”提出建议，并不断落实到实践中，最后拓展到全班建构，学生对观点进行总结，师生共同建立“班级文明排队公约”。

在本次主题活动中，刘老师期望能够引导学生达到以下 3 个教学目标：

（1）通过提出和讨论学生就餐时的不文明行为，激发学生对问题的观察和反思能力，让学生了解并遵守生活中的规则。

（2）在合作和交流中，学生互相启发和借鉴，形成对文明排队的共识和理解，建立班级公约，并在实践中提升学生的自我管理能力。

(3) 在观察和反思不文明行为，争当“文明排队小管家”后，学生能够认识到自己的行为对他人和社会的影响，增强社会责任感。

二、知识建构教学流程

刘老师根据上述教学目标，带领一年级四班的学生进行“排队有序，接力文明”的主题讨论与实践，让“文明排队”成为学生习惯养成的第一步，教学流程如图 5-1-1 所示。

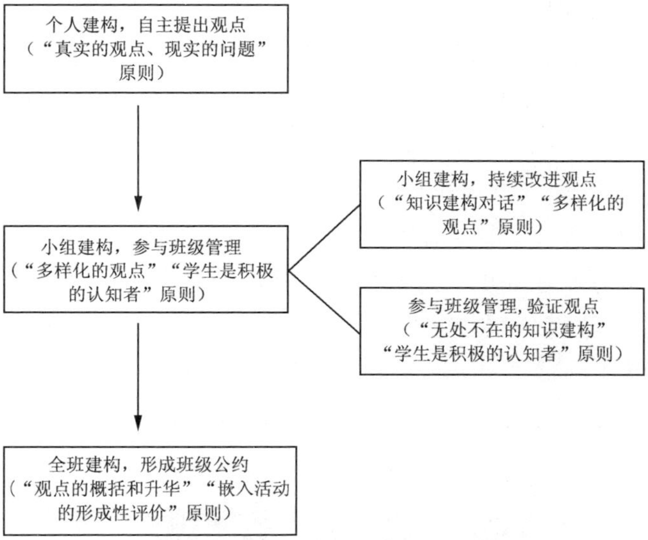

图 5-1-1　知识建构教学流程

（一）个人建构，自主提出观点

现实世界中的问题是知识建构的出发点，真正能引起学生关注的是生活中的真实现象，而不单单局限于课本中的问题。在主题班会开始时，刘老师展示了一系列校园中存在的不文明行为照片。这些照片呈现出插队、推搡和队伍凌乱等引人关注的现象，学生的好奇心瞬间被激发了出来。

刘老师眉头微微皱起，带着鼓励的笑容向学生发问：“你们在这些照片中观察到了哪些不文明的现象？”学生立刻神情专注，仔细观察着照片和班会主题文字，开始积极举手发言。

一位同学举手发言：“照片中有人插队，有一些人不耐烦地挤进队伍了。”另一位同学则注意到了推搡现象，说：“同学们为了去食堂，开始推其他人，有的人都快摔倒了。”

刘老师点点头，提示同学们："这些照片里的行为都是学校生活中经常能看到的，在观察过后，你们有什么疑问呢？"

同学们踊跃提出自己的问题：

（1）为什么会出现这样的现象？

（2）哪些同学最喜欢这么做？

（3）这些现象会有什么危险？

（4）什么是文明排队？

（5）谁能每次都文明排队？

（6）怎么做才是正确的？

学生的问题都是出于真实的情境、发自内心的问题，这些问题可能比较浅显、幼稚，但拥有不断改进从而建设更深刻认识、达到更创新思维的潜力。

（二）小组建构，参与班级管理

1. 小组建构，持续改进观点

知识建构对话是知识建构的基本途径，也是知识建构教学的核心部分。对话不仅仅是为了分享知识，更是为了提炼和完善知识。刘老师将同学们写有问题的便利贴粘贴在黑板上，引导他们修改、完善无意义的问题，最终总结出了5个问题。全班同学根据这5个问题分为5个小组，每个小组讨论不一样的问题、交流如何去做，组员之间互相提出观点、互相支持与改进，并将观点记录下来，在观点之间建立联系（图5-1-2）。

图5-1-2　小组记录观点

如在第三小组的讨论中，对于"什么是文明排队"的问题，同学A提出"我觉得文明排队就是大家喜欢的排队方式"。同学B马上补充："大家喜欢不插队的排队！”同学 C 听后赞同地点头，回复道：“还有不推推挤挤，不让队伍变得混乱。”同学 A 恍然大悟，进行总结：“文明排队就是要遵守规则，不插队、不推人地排队。”这番讨论让大家瞬间明白了文明排队的含义。他们迅速将这些相关观点记录下来，并通过连接彼此的观点来加深理解。各组的问题和初步的回答如表 5-1-1 所示：

表 5-1-1　学生的问题和观点

提出的问题	回答的观点
1. 为什么会出现这样的现象？	A1：同学们肚子饿了，急着去吃饭，就开始推人、插队了
2. 这些现象会有什么危险？	A2：会摔倒、会打起来、会被老师批评
3. 什么是文明排队？	A3：文明排队是不插队、不推人，是遵守规则
4. 哪些场所需要我们文明排队？	A4：需要排队的地方包括饭店、操场、超市、游乐场等
5. 怎么做才是正确的？	A5：听老师安排，遵守规则、不插队、不大声说话、不起哄

每个小组进行多番讨论，针对各组的问题总结得出一点改进建议，并与全班分享，形成多样化的观点。刘老师将学生的观点加以汇总，整理出最初版本的班级文明排队守则（表 5-1-2）。

表 5-1-2　初步总结出的班级文明排队守则

序号	守则
1	肚子饿了也不能跑，大家一起按顺序排队
2	保持安静，不能大声喧哗
3	选出队长监督大家排队，不遵守的人就扣分
4	在需要排队的场合就要自觉排队
5	排队的时候队伍一定要整齐，不能掉队，也不能挤

2. 参与班级管理，验证观点

学生是积极的认知者，自行整理出班级文明排队守则后，又形成了新的问题：“在校园里，排队的场合有很多，在这些场景下我们分别应该怎么做呢？”在刘老师的鼓励下，学生总结出了如下情景：大课间时，要自觉排队去做早操；中午应为自觉有序排队领午餐、倒餐盘；室外课上，排队靠右行；放学后，排队整齐有序出校门……

随后，刘老师带领各小组分配了不同的场景，并将问题留给学生课后进行更深入的讨论和思考，也可以回家与父母讨论，吸收家长的实践经验和建议后，进一步改进观点。

刘老师深刻感受到了同学们加入管理班级行列的巨大动力，决定进一步激发他们的积极性和责任感，于是她鼓励同学们以 8 人小组为单位，开展“文明排队小管家”工作：第一周，每组通过民主推选确定 1 名同学担任“小管家”，推选标准为：日常自觉遵守排队秩序、能主动提醒他人守规则、责任心强，能作为小组内的文明排队榜样，发挥示范作用 。从第二周起，每组按组员顺序（如学号、座位顺序等）顺次轮换当“小管家”，每周更换 1 名同学接任。在食堂打饭、集合整队等排队场景中，“小管家”需带头遵守班级文明排队公约，并提醒、监督本小组的排队行为，让每位同学都能在参与中养成文明习惯。

知识建构应与学生的生活世界息息相关，而非限定在学科化的割裂中，在空间上便可以延伸到教室之外。这个新的安排让学生感到非常兴奋，他们意识到自己能够有机会成为文明排队的领导者，并发挥积极的影响力。他们将成为班级内的榜样，鼓励其他同学遵守规则，以及提醒其他同学注意排队的重要性。

学生自觉将规则牢记于心，并在实际行动中付诸实践。午饭前大家在食堂中整齐有序地排队，并且每两人之间保持一米的安全距离（图 5-1-3）；早操过后，大家在“文明排队小管家”的监督和引领下对齐排面，整理完毕后井然有序地返回教室（图 5-1-4）。

图 5-1-3　食堂排队

图 5-1-4　早操后的队伍整理

每天的“文明排队小管家”在工作结束后，都会对他们管理时发现的

“闪光处”进行表扬，对不足之处提出整改建议。例如，“大家早操组队时都迅速，比昨天更快了一些；但是我看到同学 A 抓着前面人的帽子，这样很危险，我们在排队的时候要管住自己的小手”。

这种及时反馈和建议的机制，促使每位小组成员意识到自己的责任和影响力，也激发了每个人的积极性和创造力。各小组成员再针对自己小组负责的场景提出整改意见，继续改进观点。

（三）全班建构，形成班级公约

小小的身体，大大的能量。通过定期模拟不同场景的方式，师生能够具体探讨在不同场景下的排队要求，这种“微训练”能够培养学生文明排队的良好行为习惯，学生对于文明排队的观点也逐渐成熟。这种形式的训练不仅让学生亲身体验和实践，也的确让他们更加深入地理解文明排队的重要性和意义。久而久之，学生的观点和认识也会越来越成熟。“嵌入活动的形成性评价”就是将对学生的评价嵌入日常的学习和生活中，并将评价主体扩展至学生自评、互评和教师点评，以确保评价的及时性和准确性。

新一周的班会课上，刘老师首先根据“文明排队小管家”的观察和提醒，记录下班级中排队的具体情况；然后邀请每个小组的成员分享他们组内讨论得出的观点，每个小组可以提出一条或多条观点，涵盖他们认为在班级排队中应该遵守的规则和行为（图 5-1-5）。这种分享的方式可以促进学生的交流和思考，让他们参与到班级文明排队公约的制定中来。再由其他小组的成员提出支持或修改意见，每个小组都可以根据其他小组的意见和建议补充那些可能被遗漏的观点，合并相同或相近的观点，甚至排除那些不合适的观点……

图 5-1-5　文明排队“微训练”

例如在第三小组总结“在队长整队后，同学们要快点走出教室，但不能奔跑”时，立刻有同学补充提出建议“教室的多媒体还没关呢”。同学们立刻发出欢笑声，刘老师顺势提问：“那么谁来关多媒体？”“队长来关。”“队长在整队呢，没空。”“那每次可以指派一个人负责。”于是大家记录下了“安排一位同学关闭多媒体”的条目。

最后全班师生在相互完善和凝练中完成了“观点的概括和升华”，形成了最终版本的“班级文明排队公约”（表 5-1-3）。

表 5-1-3　师生总结出的班级文明排队公约

序号	公约
1	需要排队的场合下，首先要做到全班安静，坐在座位上等待指令
2	队长喊出“起立”口令，同学们需站起，把椅子推到桌子下面
3	队长喊出“整队”口令，同学们快步走出教室，一个接一个，不能奔跑
4	安排一位同学关闭多媒体
5	同学们走出教室，快速找到自己站立的点，做到整齐有序
6	队长喊出“对齐”的口令，同学们需快速调整位置，队长倒计时 5 秒，然后检查一遍有没有站好，没做好一项，就不合格
7	排队走路，做到前后左右对齐，时刻注意自己的位置
8	到达指定地点，站直等待，不左顾右盼，不随意讲话

同时刘老师又引导学生提出了新的问题：生活中有哪些情景是需要排队的？我们公约中的哪些要求是可以运用过去的？哪些还需要进一步改进？同学们需要在课余时间与家人、同学一起观察，并开始新一轮的建构。

三、知识建构智慧作品展示

通过本次实践活动，学生午餐时的排队行为得到了显著改善，在互相监督和支持中遵守文明排队公约，未来还能够将这些文明行为延伸到生活中各处需要排队的场景中，同时，学生也完成了让人眼前一亮的作品。

如图 5-1-6 所示，学生回到家与父母共同完成了思维导图的创作，学生绘制了“智慧树”的场景，搭配有各种花儿和小动物，画面生动活泼。智慧树以“我的办法”为主干，树上每种颜色的叶片都代表了生活中不同场景的办法。因为一年级的小朋友书写能力有限，便采用口述的方式，由家长以文字形式记录在图画中，完成了一幅富有生机的思维导图。思维导图的创作在巩固与创新孩子的道德观念的同时，也提升了孩子感受美、创造美的能力。

图 5-1-6　学生作品展示

四、知识建构教学反思

经过本次实践活动，学生自觉排队、遵守排队规则的意识和行动力显著增强。刘老师发现现实问题后及时召开主题班会，通过校园生活中真实发生的事件引导学生进入情境，以提问、分组讨论等形式调动学生的积极性，产生了多样化的观点。实际参与到班级与校园的管理中，学生能够在实践中验证观点。最后师生共同总结概括制定班级文明排队公约，有效改善排队纪律混乱的情况，同时也使学生对社会责任感的价值形成了初步认识。昂扬的精神、矫健的步伐，一个小小的举动，就能体现大大的文明。

本次实践活动达到了预期效果，但也存在以下不足：

首先，教师没有提供相应的学习支架。根据学生的“最近发展区”和已有发展水平，教学过程中教师为学生提供相应的学习支架能够为学生带来有效的支持和帮助，调动学生的积极性、发挥学生的潜能。一年级学生刚刚接触知识建构教学不久，在观点的提出阶段可能会出现表达混乱、难以归纳等情况。这时教师引导学生利用“我的建议是……”“我认为可以改进的是……”等学习支架，能够有效促进学生对知识，尤其是隐性知识的领悟与理解。

其次，未能体现“知识建构圈”中师生的角色。学生是“知识建构圈”中的绝对主角，讨论话题的走向都应由学生决定，教师是只需要抓住讨论时机的辅助者。因为一年级学生缺乏相关经验，教师主导的占比会更大一些。在后续的活动中，教师还需要进一步“放权”给学生，给予学生充分的信任。

最后，“共享型对话”过多，导致“协商型对话”和“升华型对话”太少。知识建构对话是一个渐进的过程，具有“共享—冲突—协商—深度共识”的层次性。本次活动中，师生的交流以描述、问答、阐释观点为主，“共享型对话”占多数，这就导致观点的冲突、辩论变少了，难以发展和升华观点，或者进行的是以总结和凝练为主的较低层次的升华。

02 案例二

二年级道德与法治“帮文具找到回家的路”

一、背景

二年级一班的小朋友们入校已经一年半了，知识建构对他们而言已不陌生，同学们能够较熟练地提出和联结观点，以及发展、改进与升华观点。然而，“老师，我的尺子不见了”“我的橡皮也找不到了”“讲台前面的铅笔是哪个小朋友丢的?”这样的对话最近几乎每天都在二（1）班的教室里回荡。

到底发生了什么呢？这引起了二（1）班班主任杨老师的注意。某天课间，杨老师决定对班级的角落进行秘密探索。原来，有些同学的铅笔长得非常相似，一旦丢失就不确定是不是自己的了；另外，有些同学在学习时不经意间把尺子、橡皮掉到地上，却没有及时捡起来，导致尺子、橡皮被无数双鞋子踢来踢去。这样一来，早上带来的文具晚上就无影无踪了，遗失在教室的各个角落。

作为一名新手教师，杨老师日常会积极参与各种知识建构课程的观摩和学习，对知识建构教学的强烈兴趣使她意识到这就是真实情境里发生的真事，虽然容易被忽略，却是绝妙的教育机会。于是针对以上真实存在的问题，杨老师决定与同学们展开知识建构的活动。

杨老师发现这个情况后，组织了一次“帮文具找到回家的路”主题班会。杨老师首先展示班级内文具到处堆放的照片，激起学生的兴趣，师生开始探讨如何养成良好的整理习惯，杨老师引导学生提出问题、参与讨论，提出整理方法和建议。

随后，班级组织了一次文具整理活动。学生分成小组，互相合作整理文具。他们学习如何分类整理物品，确保每个物品都有固定的位置。杨老师在一旁给予指导和帮助，鼓励他们保持积极性。学生在实际整理过程中验证自己的观点并提出完善建议。为了增强趣味性，杨老师还设计了一些有趣的游戏和挑战，激发了学生参与的热情，并让整理变得更加有趣和有挑战性，让学生在游戏中继续发展和改善观点。

最终，经过多次的全班讨论和实践验证，学生的桌面、柜子都变得整洁有序，物品都得到了相应的归位。学生不仅学会了整理和收纳物品，还共同制定了一套整理文具的规则和标准。

杨老师希望通过本次活动达成以下 3 个教学目标：

(1) 通过"帮文具找到回家的路"实践活动，学生能够学会分类整理物品，掌握整理技巧，提高劳动能力和生活技能，养成物归原位、物归原主的习惯，形成整洁有序的意识。

(2) 经过观点的提出与碰撞，总结与升华，形成文具整理小妙招，自觉遵守规则和约定。

(3) 在讨论、尝试、分析、再尝试的过程中，意识到自己对班级管理的责任，增强责任感和自觉性，激发对学习和生活的积极态度。

二、知识建构教学流程

整理和归类文具是小学生在校学习生活中的一个细节，对于培养学生物归原位、物归原主的收纳整理好习惯十分重要。杨老师依据以上教学目标，开展了"帮文具找到回家的路"主题建构，教学流程如图 5-2-1 所示。

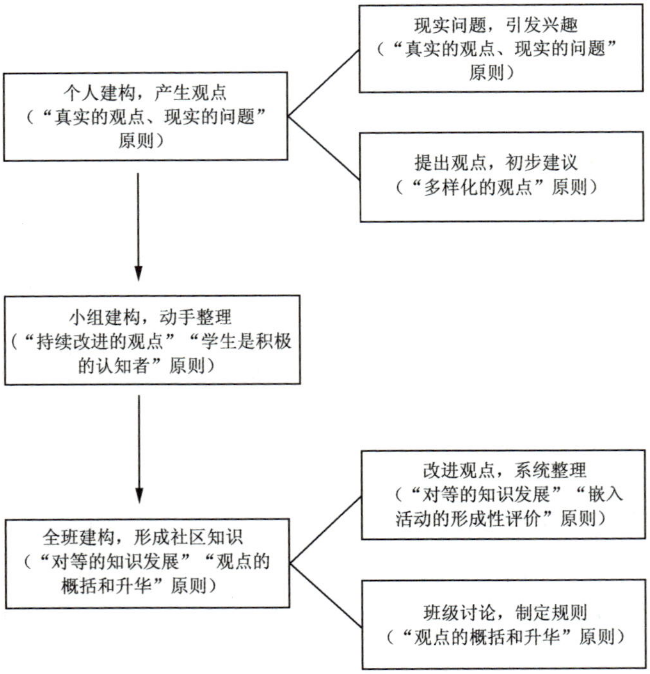

图 5-2-1 知识建构教学流程

（一）个人建构，产生观点

1. 现实问题，引发兴趣

班会课上，杨老师展示了一些先前拍摄的照片，有桌子腿边已经被踩脏的橡皮、角落里已经“秃头”的铅笔、讲台笔筒里无人认领的铅笔和尺子等（图 5-2-2）。看见同学们开始议论，杨老师便提出问题：“我们在使用和收拾文具的时候会碰到哪些问题？”

图 5-2-2　讲台上无人认领的文具

基于学生的真实生活提出的问题更能激发学生的参与兴趣、更具有生成性，基于真实问题的讨论也更能建立同伴间的联系、激发多样化的观点。学生积极发言，提出了一些真正困扰他们、想要解决的问题，并十分熟练地取出便利贴将问题写下，张贴在黑板上（图 5-2-3、图 5-2-4）。

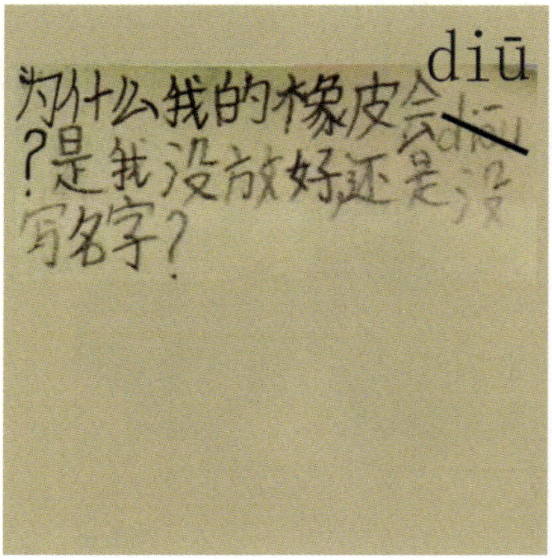

图 5-2-3　同学们的问题（1）

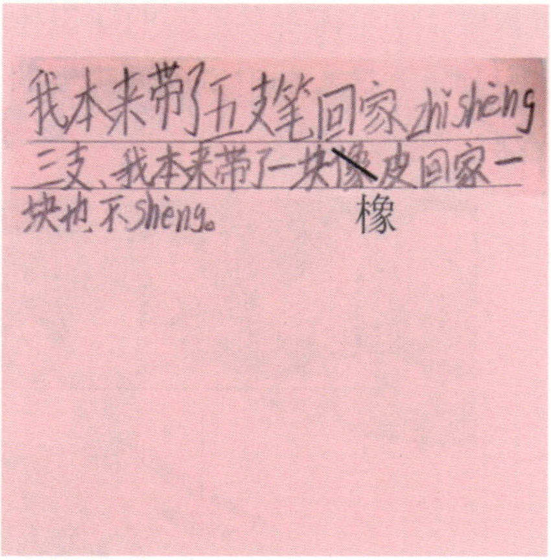

图 5-2-4　同学们的问题（2）

2. 提出观点，初步建议

根据学生提出的问题，杨老师引导大家提出一些猜想或建议，并记录下自己的观点（表 5-2-1）：

表 5-2-1 学生的问题和观点

关于整理文具的问题	建议或猜想
1. 为什么我的文具会丢？	因为我们不爱惜；因为用完就随便放在什么地方
2. 怎样让文具不丢？	用完之后就放回原处，不乱动桌子，掉了记得捡起来
3. 为什么橡皮、红笔、尺子、铅笔总是丢？	经常用到的文具很容易丢
4. 是不是我没有养成好习惯？	有的同学养成了好的习惯，所以文具不经常丢
5. 有什么办法解决这个问题呢？	需要制定文具整理规则，需要我们多加练习，同学和老师来监督
6. 不丢文具的小朋友有什么好办法吗？	可能不丢文具的同学本身习惯就很好
7. 哪些文具更容易掉在地上？	圆形的、重量轻的文具更容易掉在地上
8. 文具用完了放在什么地方更好呢？	放在笔袋里、抽屉里，不要放在桌面上

（二）小组建构，动手整理

学生提出观点后，自主地分成小组，记录和联结各自的观点，按照一定的顺序编排形成初步的文具整理方案（图 5-2-5、图 5-2-6）。在知识建构过程中，学生需要在不断的知识建构对话中自发生成新的研究目标，学生也十分乐意投入其中，成为积极的认知者。在这个过程中，教师不需要过多地控制学生的研究进度或方向，而应鼓励他们自主思考和合作。

图 5-2-5 小组进行讨论

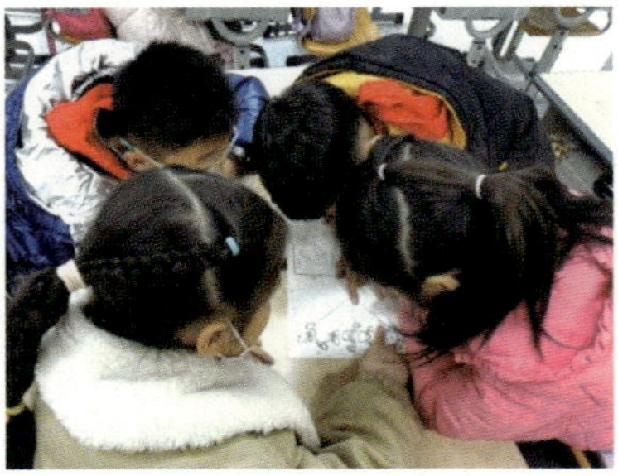

图 5-2-6 记录观点并连接

小组改进完毕后，每组派出代表介绍自己小组的归纳方案。有些同学提议直接动手整理，但由于课堂时间有限，杨老师建议学生在课后根据小组内讨论的结果合作整理桌面和柜子，以验证他们的观点。如果出现疑难问题，可以通过小组内的讨论或向教师提问来改进他们的观点。随后，他们可以根据新的建议再次尝试整理。知识建构中没有所谓的“错误”观点，只有“不断改进的观点”，无论是多么“幼稚”的想法，都可以被视为能被改进的观点，学生将持续发展观点并逐步达成共识，形成更加完善的整理方案。这个过程中，教师鼓励大家勇于表达自己的想法，并接受和尊重他人的观点，以实现共同的目标。

（三）全班建构，形成社区知识

几天后的课上，杨老师将一些最近拍摄的桌面和地面照片分享给学生，请每组的成员简要介绍他们归纳出的小妙招。接着，杨老师出示了几件校园生活中常用的文具和几个笔袋，提出问题：“如何检验每个小组的整理妙招是否有效？”有的同学建议，比赛在规定时限内整理的整洁程度、比比谁整理得更快等，比赛结束后，可以评选出整理得最好的小组，总结其他小组的优点和改进的空间。

1. 改进观点，系统整理

杨老师将文具随机摆放在教室的各个角落，每组选出代表寻找文具并上台整理，计时一分钟，学生共同评价，提出支持的理由、改进的建议，持续完善小妙招。“嵌入活动的形成性评价”就主张评估应包含在每天的学习过程中，以识别出学习进行期间出现的问题，让学生进行互评更能促进知识的内化和观点的改进。例如，第三小组在进行整理时明显超时了，学生纷纷提出想法，其中一位同学建议：“应该先把同类的文具堆在一起，然后再按种类放进去。”第三小组代表听取了这个建议，并再次尝试，这一次，他们发现速度果然变快了，文具也更加整齐。其他小组看到这个情况，也纷纷将这一条观点纳入自己的小妙招。整个过程中，教室里充满了活跃的讨论声和思维碰撞的火花。学生的观点和建议不仅得到了认真倾听，而且得到了尊重和采纳。他们通过互相交流和反思，不断完善自己的整理妙招，提高了整理的效率和质量。甚至杨老师也对整理方法有了新的认识，形成了“对等的知识发展”。

在比赛结束后，杨老师带领学生拿出他们各自的书包、文具盒、笔袋，重新整理，灵活运用他们总结的归纳技巧（图 5-2-7、图 5-2-8）。学生充满了自信和动力，他们展示出在比赛中获得的技能和策略。大家互相观察，比较自己的整理速度和效果，看看谁能够用时最短、效果最好。这个实践活动不仅巩固了学生学到的知识和技巧，还增强了他们的团队合作意识和自我挑战的勇气。

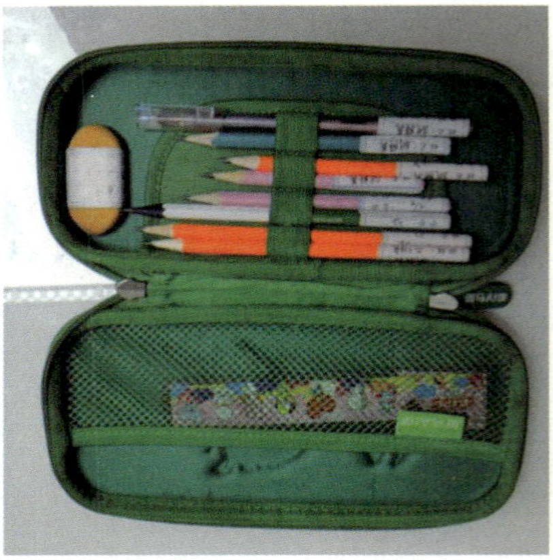

图 5-2-7　笔袋整理成果

图 5-2-8　铅笔上的姓名贴

2. 班级讨论，制定规则

经过新一轮的整理，杨老师再次邀请学生分享实际操作中的新发现，其他同学倾听并提出支持或改进的建议，收集相互关联的观点进行凝练和总结，按顺序排列观点，以便更好地组织和理解它们。通过愈来愈多元化和复杂的讨论，学生逐渐提升了自己的思维能力和创造力。他们学会了将个人经验和观点与他人的观点相结合，形成更全面和深入的理解。这种集思广益的过程促使他们从单一的个体认知走向了共同建构知识的过程，完成“观点的概括和升华”。最终，在师生的共同努力下，正式的文具回家小妙招得以制定出来，如表 5-2-2 所示。

表 5-2-2　师生总结出的文具回家小妙招

序号	小妙招	
1	随用随收	文具用完后，就立刻放进笔袋里，不给它“出逃”的机会
2	仔细检查	如果发现笔袋里有文具少了，要注意有没有丢在自己的座位底下。平时也要多留意座位的地面，发现丢失了文具就立刻捡起来，不让它有“外出旅游”的机会
3	制作姓名贴	将自己的文具贴上姓名贴，这样即使掉在了地上，别人一看也知道是谁的了，文具就能乖乖“回家”
4	临时小屋	如果捡到丢失的文具，放入专门的物品遗失盒（“临时庇护所”），同学们可以自行认领
5	小口诀	收拾文具前确认三步骤：一铅笔、二尺子、三橡皮

续表

序号	小妙招	
6	数量少而精	减少文具盒里铅笔的数量，够用就可以了，不需要带很多支
7	文具花名册	将每次带的东西列个清单，放学和收拾书包前核对清单看看是否有物品遗失

这些小妙招汇集了学生的智慧和经验，是在实践中验证并经过深思熟虑的方法。它们不是个别同学的意见，而是整个班级共同的成果。这些小妙招被记录下来，成为今后整理文具的指导原则，也为学生后续的知识建构提供了有益的参考。

学生不仅学会了归纳物品，还培养了合作精神、批判性思维和问题解决能力。他们体验到了知识的共同建构和升华的过程，学习到了如何将个体的观点和经验与集体智慧结合起来，创造出更具价值和创新性的解决方案。这样的学习方式不仅提高了学生的学习效果，还为他们提供了思考和解决问题的思维与方法。

三、知识建构智慧作品展示

小小的姓名贴，却让文具找到了回家的路。巴金先生说过，孩子成功教育从好习惯培养开始。学生自主管理文具的过程，逐渐扩展到管理自己的生活用品，“自己的东西我知道”，不需要询问家长，自己能第一时间找到它，成为物品的主人。只有不断地留心，行为上不断地坚持，才能真正内化于心、外化于行。在制定了文具回家小妙招后，杨老师也收到了学生多样的作品。

如图 5-2-9 所示，学生生动地画出了自己文具盒的样式和布局，第一层住着铅笔、尺子、红笔和橡皮，第二层的住户是便利贴和备用橡皮；旁边还画了自己设计的姓名贴，这样能够帮助文具顺利找到家；最后还写着学生自己的领悟：最重要的就是文具需要有细心的小主人，使用过后要及时把它们送回文具盒。这样能够提醒同学们爱惜物品，在生活中做个有心人。

图 5-2-10 则是另一位同学绘制的思维导图，以“帮文具找到回家的路”这一主题为中心，延伸出问题、如何解决、具体方法几个方面，以及每天检查文具的步骤。画面还配有各种文具的卡通形象，一支铅笔、一块橡皮、一把尺子看似微不足道，但对培养孩子们良好的整理习惯至关重要。经过个人思考、小组讨论、班级建构后，同学们能清晰地意识到自己的丢三落四的行为，并表示要努力成为称职的文具“小主人”。

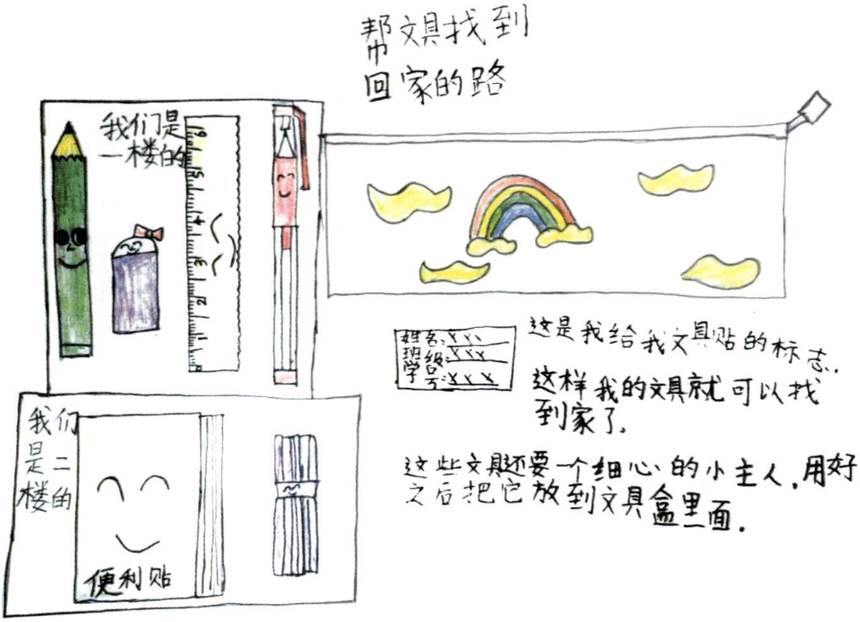

图 5-2-9　文具盒布局

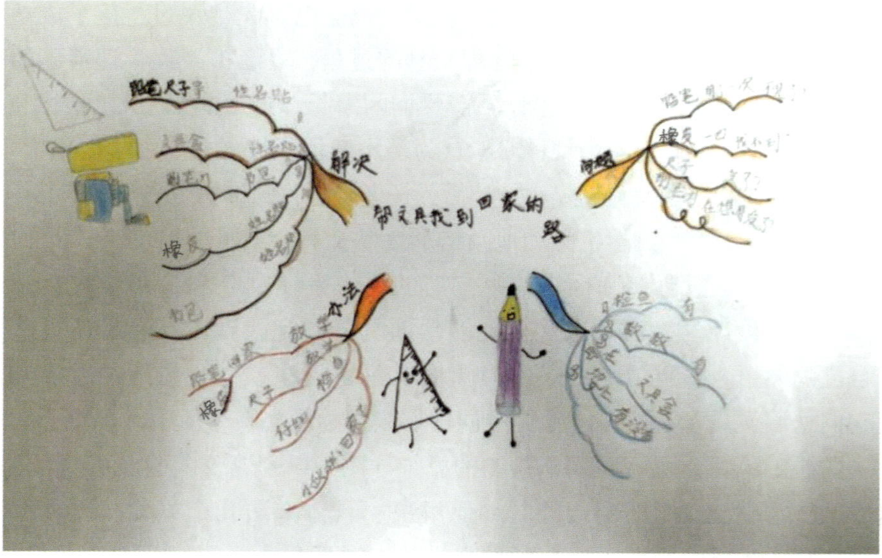

图 5-2-10　思维导图

四、知识建构教学反思

杨老师善于抓住学生的兴趣点，用活生生的例子引导学生投入话题，从文具丢失的现实问题出发，通过自主提问、个人建构到小组建构，逐渐形成和改善初步观点，并回到实际的整理活动中，贯穿始终。在整理活动中，学生充分发表自己的见解，积极参与讨论、尝试、分析、再尝试，在自主性得到发展的同时，也培养了细心和耐心，增强了责任感。之后在全班建构中，观点在同伴间不断发展与完善，形成了最终的整理小妙招。整理习惯的培养不仅提高了学生整理物品的能力，而且促进了学生全方位的发展。

杨老师认为这次的活动达成了目标，但也有一些不足需要在后续教学中多加注意：

首先，话题可以进一步延伸。根据“真实的观点、现实的问题”原则，最初问题的出发点一定是现实世界的问题。本次教学一开始的问题是有关学生文具的，但是有些过于拘泥于文具的归纳整理，实际上后期可以引导学生延伸到更多类似的场景中，如衣物的叠放、储物柜的整理等，进一步促进多样化观点的提出，进行更高层次的观点升华。

其次，缺乏权威资料的建构性使用。虽然知识建构一直以学生的观点为中心，但随着研究的深入，多元化的权威资料的使用也能够帮助学生进一步发展、改进和升华观点。本案例中，教师建议学生在出现疑难问题时可以组内讨论或询问教师，其实这个时候就可以适当引导学生查询相关权威资料作为学生观点改进过程中的实用材料。

最后，知识建构可以拓展至更多场景中。“无处不在的知识建构”原则指出，知识建构可以在班级内外、学校内外，应不受时空的限制。因此，教师可以继续鼓励学生在课后寻找类似的场景，并积极改进，例如，学生寻找家中、社区里需要整理的场景，将焦点转移到新的问题上，实现知识建构在原有的基础上的时空延伸。

03 案例三

一年级道德与法治“春风十里育绿植，快乐相伴共成长”

一、背景

春天来了，一年级十班的孩子们在学习了绿色植物能够美化环境、缓解疲劳的知识后，充满期待地从家里带来了一盆盆生机勃勃的植物，然而，最近他们发现很多植物都变得萎靡不振，有的甚至已经干枯了！这让孩子们感到非常心痛和不安。

班主任樊老师经验丰富，十分善于将知识建构理论与日常授课和班级管理有机结合。孩子们入学已经有一个学期，且刚入学就学习了知识建构课程，对观点的讨论和发展有很强烈的兴趣。秉承“亲自然，共成长”的教学理念，为了帮助同学们树立“爱护环境，人人有责”的良好意识，樊老师带领一年级十班的学生就“绿植养护”展开了微型知识建构讨论和实践。

樊老师先从植物出发，引导同学们介绍植物，提出真实的问题，并进行猜测、提出观点。同学们自行分成小组，在组内进行下一步建构，每个小组内部进行同伴间观点的联结和改进，形成自己的养护绿植小技巧。同时，同学们也将目光聚焦到实际的绿植养护上，每组在真实的动手操作中验证小组观点并记录，再进一步改进方法。最后全班进行社区的大建构，全班交流、改善、汇总经验，形成属于一年级十班自己的绿植养护小知识。

通过本次知识建构课程的实际操作，樊老师希望同学们达成以下目标：

（1）查询相关的绿植养护的知识，加深对绿色植物用途和特征的理解。

（2）亲自参与植物的养护工作，理解勤奋耕耘才有收获的内涵。

（3）在小组讨论和班级讨论中明确分工，增强责任意识。

（4）通过与绿色植物的深度接触，感受自然的美，爱护一草一木，懂得保护自然环境的重要性。

二、知识建构教学流程

樊老师按照图 5-3-1 所示的流程，带领同学们一同进行了“春风十里，快乐相伴共成长”的主题活动。

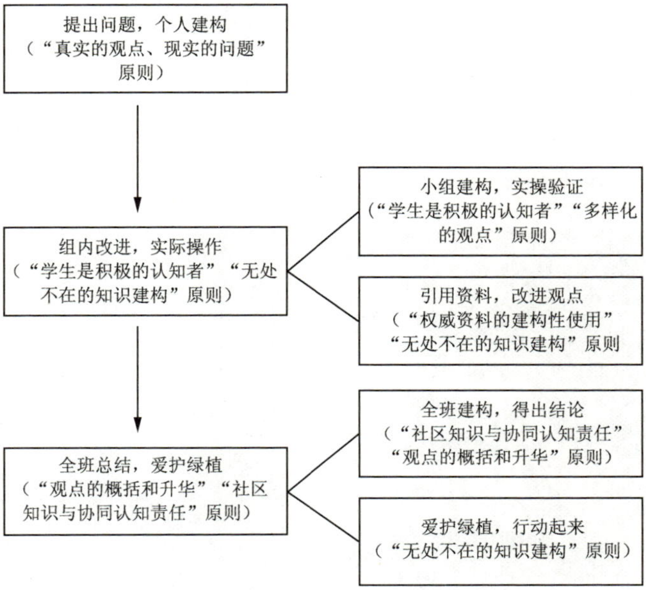

图 5-3-1　知识建构教学流程

（一）提出问题，个人建构

按照知识建构教学的“真实的观点、现实的问题”原则，樊老师认为真正的实物最能激发学生的兴趣，于是在课上展示了几幅学生刚带来植物时的照片，邀请植物的小主人介绍这是什么品种、它的特征和作用是什么。同学们兴致勃勃地上前为大家娓娓道来。接着樊老师出示了几盆枯萎的花卉实物，大家立刻唏嘘不已，开始了窃窃私语。樊老师便引出了话题：“现在我们班的植物怎么了？”同学们马上活跃起来，回答说“死了”“干掉了”“黄了”……接着樊老师引导同学们围绕“我们枯萎的绿植”提出一系列问题：

（1）为什么我们班的植物会枯萎呢？

（2）好看的植物更容易枯吗？

（3）植物需要多长时间浇一次水呢？

（4）为什么有的植物浇过水还会掉叶子呢？

（5）怎样才能把植物养护好呢？

（6）你愿意养护哪盆绿植呢？

（7）不同品种的植物养的方式不一样吗？

（8）植物对我们的生活有哪些重要作用？

学生都将自己的问题和猜测的观点记录在了纸上。虽然有些观点可能看起来与最终目标无关，但是孩子们的观点都是有生命的，都具有发展的潜力，值得被尊重，可以被反复打磨。大家将问题记录下来，张贴在教室黑板上，形成了一面问题墙。这个问题墙成为一个学习的起点和引导，激发了学生进一步思考和探索的欲望（图 5-3-2、图 5-3-3）。

图 5-3-2　同学们多样的问题

图 5-3-3　同学们分享观点

（二）组内改进，实际操作

1. 小组建构，实操验证

学生记录完自己的观点后，自行分成小组，开始了激烈的讨论。樊老师明白学生是“积极的认知者”，因此提供了一些小组讨论的支架——“我觉得植物需要……”“我同意你的观点，但我觉得……”“我不认同你的观点，我觉得……”“我补充你的观点……”等，帮助学生发表多样化的观点，并在各个小组间巡视，耐心倾听学生的观点，引导观点的交互和进一步发展。各小组的学生在纸上将同伴的观点罗列下来并进行修改、删减、添加和连接（图 5-3-4）。

樊老师耐心地倾听学生的观点，并引导他们就不同的观点进行深入的讨论。她希望学生提出更具体、更有深度的问题，挖掘观点背后的原因和依据。她也鼓励学生相互倾听和尊重对方的观点，学会在讨论中建立共识，并通过合作来进一步发展自己的观点。通过不断讨论和交流，学生逐渐总结形成小组的结论。

接着各小组积极参与“植物救援”行动，在实践中验证自己的观点。

例如，小组 1 的讨论中，成员 A 提出了观点："我觉得植物需要水，按时浇水是不能少的。"成员 B 则补充道："我同意，但我觉得植物会枯萎也可能是因为晒不到太阳。"他们意识到植物的枯萎可能与水和阳光的供应有关。

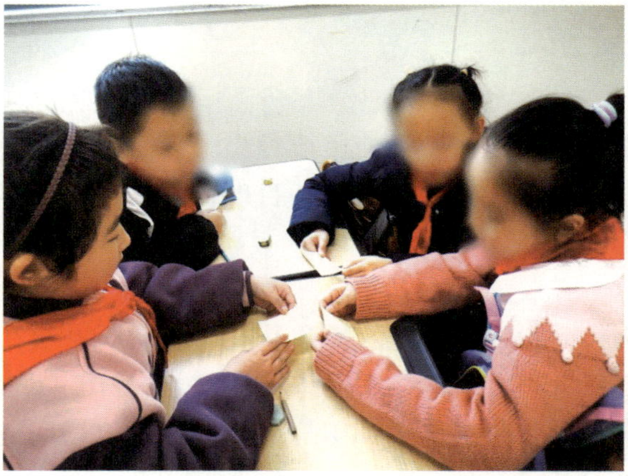

图 5-3-4　小组热烈讨论

为了验证这个观点，小组 1 决定将他们的植物放在阳光充足的地方，并制定了每天浇水的计划。他们希望通过给植物提供充足的水和阳光，观察植物的生长情况，以验证观点是否正确。在接下来的几天里，小组 1 的成员认真执行他们的计划，每天按时给植物浇水，并确保植物能够充分接触阳光。他们仔细观察植物的叶片颜色、植株的生长情况等，并记录下观察结果。

2. 引用资料，改进观点

经过几天的实践，学生发现有的植物渐渐有了活力，而有的还是毫无精神，这引发了组内的讨论，并促使他们进一步探索植物的需求和生长条件。如小组 1 的成员发现其中一些植物不仅没有恢复活力，叶片上还出现了一些类似烧焦的痕迹。樊老师看见他们的讨论陷入瓶颈，便鼓励大家主动查询相关的资料，向家长询问植物养护的经验，以及观察父母是如何照料植物的。学会建构性地使用权威资料和将知识建构与生活融为一体，并延伸到各处，都是知识建构教学中必要的组成部分。

经过进一步的研究和讨论，小组成员总结了他们的观点。他们认为，植物的叶子出现焦印，是因为浇完水后又暴晒在阳光下，水珠会变成凸透镜，聚焦太阳光并烧焦叶子。所以不能在叶子湿掉的时候晒太阳，而是应该在固定的时间段内晒太阳；而有的植物（如多肉）不需要每天都浇水；

有的植物看起来瘦瘦小小的，可能需要施肥……在一次次的实践和观点的反复迭代中，学生不断发展和完善自己的观点。他们通过实际操作和观察，深入理解植物的需求，并逐渐掌握植物养护的技巧。这样的实践过程不仅加深了学生对植物生长的理解，还培养了他们的观察力、探究能力和团队合作精神。

（三）全班总结，爱护绿植

两周过后的班会课上，樊老师邀请各小组分享自己小组总结的养护技巧，希望通过这次分享，学生能够将各自的观点加以概括和升华，形成统一的绿植养护小知识。

1. 全班建构，得出结论

各小组发表自己的观点，樊老师和其他小组倾听并提出问题，这种互动有助于学生反思自己的观点，并从其他人的观点中获取新的信息和见解，以帮助发展社区公共知识。樊老师引导学生，在提出疑问或面对质疑时可以使用“我查阅到的资料是……”“我妈妈在浇花的时候……”等支架协助自己表达观点。这种讨论和分享的过程旨在促进社区知识的发展，每个人都对社区知识的推进负有重要责任。学生被鼓励积极参与讨论，发表自己的观点，并将个人经验和所了解的知识结合起来，为社区知识的发展做出贡献。

小组 1 的代表首先分享了他们的观点和总结。他们解释说，植物叶子上出现焦印，是因为浇水后暴晒在阳光下，水珠会变成凸透镜，聚焦太阳光并烧焦叶子。为了避免这种情况发生，他们建议在植物叶子干燥的时候晒太阳，并且应该选择固定的时间段进行日晒（图 5-3-5）。

图 5-3-5　选择固定的时间晒太阳

小组 2 的代表指出不同植物有不同的水分需求，如多肉植物不需要每天浇水，而某些看起来瘦小的植物可能需要施肥。他们建议大家仔细观察植物叶片和土壤的湿度，并根据植物的需要来调整浇水的频率和量。

小组 3 的代表强调了定期除虫的重要性。他们提到了一些常见的害虫，如蚜虫和螨虫，并介绍了一些防治方法，比如使用生物农药或者定期擦拭植物叶片。

小组 4 的代表指出不同植物对温度的要求有所不同，适宜的温度对植物的生长和健康至关重要。他们还解释了温度对植物的影响，如高温可能导致植物脱水、叶子枯萎，而低温可能引起植物生长缓慢或受冻……

经过全班对观点的改善、整理和归纳，一年级十班总结出了绿植养护小贴士（表 5-3-1）。

表 5-3-1　绿植养护小贴士

关键要素	详细要点
水分	夏天一到两天浇一次水
	冬天一个星期浇一次水
	发现土壤干旱就要及时浇水，保证土壤微湿
	定期在叶子上喷水，也可以保持叶片的干燥、防止脱水
光照	每天午睡时间把植物搬到走廊上享受“日光浴”
	不能刚浇完水就立刻晒太阳，会晒伤叶子
	也不能一直放在外面晒，植物会脱水
温度	植物都喜欢温暖的环境，冬天要把植物搬到室内，防止冻伤
	夏天要把植物放在窗外，保持通风
肥料	植物掉落的枯叶，可以放在土壤里当肥料
	吃剩的果皮也能做肥料
	也可以用市面上的氮磷钾通用肥，但绝对不能多用，要按比例施肥
虫害	在老师的指导下按比例勾兑药水
	定期喷药，或者用药水擦拭植物叶片
	不同品种的虫子，防治方法也不一样

2. 爱护绿植，行动起来

樊老师引导学生思考：除了班级的植物，还有哪里能够用到我们的养护小贴士？学生意识到在家里、在学校里也可以运用学习到的小知识养护绿植，同时在实践中发现更多问题，能够进一步改进自己的观点。樊老师也鼓励学生在养护过程中积累更多关于植物特性和种类的知识，并与小组成员和全班同学分享。这种分享可以帮助学生拓宽视野，学习更多植物的特点和养护方法。学生可以互相交流自己关于不同植物的养护经验，分享他们的观察和发现（图 5-3-6）。

图 5-3-6　师生观察植物的变化

通过这种实践和分享，学生不仅能够提升自己的植物养护技能，还能培养责任感、问题解决能力和合作精神。他们要确保植物得到适当的水分、光照和温度，并定期进行检查和维护。这种责任感的培养将使他们意识到自己的行动对植物生长和健康的重要性，并将这种责任感扩展到生活中的其他方面；在面临病虫害的处理、适应不同季节的变化等问题并寻找解决方案时，他们可以培养自己的观察力、分析能力和创新思维，从而提高解决问题的能力；他们可以相互合作、分享经验和知识，共同解决问题，达到共同的目标。这种合作精神的培养将使他们学会倾听他人的意见和观点，尊重和理解不同的观点，同时也培养团队协作的能力。

综上，这种综合性的学习体验将对学生的发展和成长产生积极的影响，使他们不仅学会养护植物，还能在生活的其他方面受益。

三、知识建构智慧作品展示

通过这次微型知识建构讨论，学生明白了这样的道理：勤劳创造美丽，汗水浇灌绿色；耕耘付出，才有回报；精心呵护，才会茁壮成长；耐心等待，才会叶绿花开。植物的生长与我们的成长一样，需要勤奋、耕耘、等待与守望。

樊老师欣喜地看到了学生多样的成果，并对他们的创造力和表达能力表示赞赏。如图 5-3-7 所示，学生从“巧手护绿植”的主题展开，分成了种植、浇水、温度、施肥几个板块总结爱护绿植的技巧，每个方面也能延伸出一些小细节，如“浇水”板块下还细分了各个季节的浇水频率。这种详细的划分和归纳显示了学生的细致观察和思考能力，用自己的图画和话语对爱护绿植的技巧进行了可视化表达，完成了思维导图。

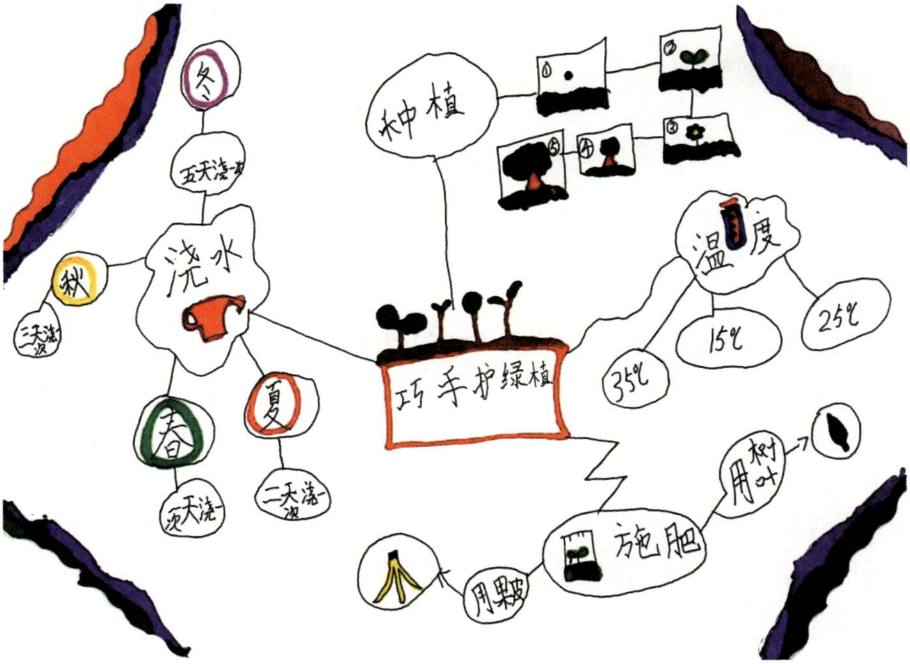

图 5-3-7　种植技巧的思维导图

而图 5-3-8 的小作者从名称、来历、情感、特征几个角度向大家介绍了对自己喜爱的植物——仙人掌的认识，这样的分享有助于让学生共同了解仙人掌这种植物。在此基础上，小作者还分享了他对绿植的领悟，即植物在我们的生活中有许多作用，甚至具有药用价值，因此我们应该爱护它们。这种认识不仅展示了小作者对植物的深刻理解，还强调了植物在生态系统和人类生活中扮演的重要角色。

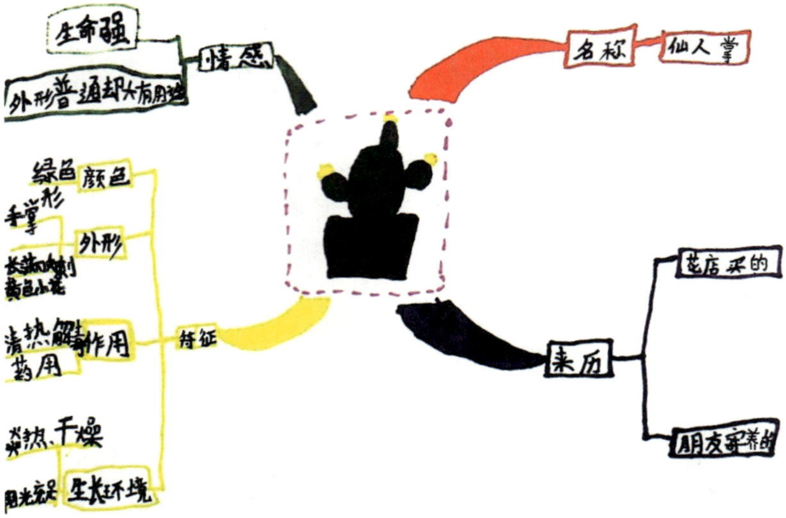

图 5-3-8　植物简介的思维导图

四、知识建构教学反思

樊老师对本次活动的成果很满意。这次活动从学生手里活生生的绿植出发，激发他们培育植物的意愿，通过知识建构讨论，从个人到小组再扩展到班级、班外、校外，在此期间樊老师还不断引导学生使用学习支架支撑自己的观点、一步步充实观点，并在班上的实践中进行验证，共同促进社区知识的生成。学生和绿色生命一起成长，了解了植物的分类和特征，收获了绿植养护的基本常识，增强了责任和担当，提升了与自然万物和谐相处的环保意识。而在这之后，学生还将进一步探索更多的绿植培育问题，进行更深入的思考。

整体上看，这次活动是成功的，但还存在一些不足，需要在后期改进：

首先，活动范围还需进一步延伸。本次活动中，学生所处的情境都是观察和培养班上的植物，最多是在家中观察家长的操作。按照“无处不在的知识建构”原则，知识建构的场合是应该遍及学校内外的所有生活的。为了促进观点的凝练和升华，教师可以安排学生去学校的种植园地、公园等地进行实地研究，从而进一步提升学生爱护环境的责任意识。

其次，观点的升华程度不够。一年级学生对更深层次的知识建构对话还缺乏相应的认识，对观点的“反思”与“评价”还不够充分，最终进行的只是以总结和凝练为主的较低层次的升华——得出了绿植养护小贴士。学生对爱护花草、保护环境的认识还不够深刻。所以在之后学生的建构过程中，教师可以引发学生之间观点的矛盾和冲突，让学生不断协商、改进观点，直至形成共识，创造新产品。

最后，没有使用 KF 平台。在充足的多样化观点的情况下，需要运用好信息化工具。例如，对于知识建构论坛中呈现的大量观点，通过增建、引用等方式建立观点间的联系等，能够帮助学生更直观地感受和改进观点。虽然对于一年级的学生来说，操作运用信息化平台可能会有点早，但观察教师的示范也能够促进学生后期更快上手，通过知识建构论坛进行观点的发表和改进。

04 案例四

二年级道德与法治“午间休息　最静班级”

一、背景

二年级八班的学生经历了一年的知识建构学习，已经很熟悉知识建构的基本流程，能够自行组织小组，积极展开活动探究，进行全班的话题讨论。班主任郭老师发现最近有的同学在午休期间经常翻来覆去睡不着，有的同学会忍不住低头看书、和同桌悄悄说话，还有的同学会发出动静影响他人，班级无法营造一个安静的午睡环境。郭老师虽然接手班主任工作不久，但在进入南京师范大学附属邗江实验小学时，就开始接触知识建构教学理念，并与学生共同学习、深化。她相信道德思想和行为通过知识建构教学浸润在学生的内心后，生根发芽，就能孕育出美好的结果。

郭老师首先拍摄了学生午休期间的视频，在班会课上播放，引发班内的讨论。学生踊跃提出了问题，展开了关于“午休时注意事项”的讨论，并树立了目标——建设“最静班级”。

学生针对不同的问题分成了小组，提出建议并在组内改进观点。每天的午睡时间，学生都运用小组的观点尝试入睡。之后各小组继续讨论改善建议，并与郭老师沟通争取建议，再次运用在下次午睡中。郭老师会继续拍摄学生的午睡情况，选值日班长监督午睡情况、一边巡视一边观察学习。接着进行全班建构，请学生分享经验，大家再提出改进意见，最后班级制定出“最静班级”小妙招，向着目标继续加油。

郭老师期望通过本次主题活动，能够帮助同学们达成以下目标：

（1）通过活动认识到午休对身心健康的重要性，养成自愿、自觉地午休的良好习惯。

（2）通过值日班长监督午睡情况、巡视和观察学习，培养责任感，学会管理自己的行为，尊重他人的休息权益。

（3）小组讨论和改进观点，学习与他人合作、交流意见，增强提出问题和解决问题的能力。

（4）在共同追求目标、分享经验和制定“最静班级”小妙招的过程中，培养班级凝聚力，激发团队意识，共同努力营造安静的午休环境。

二、知识建构教学流程

为了培养学生自觉午休的好习惯，营造一个安静的午休氛围，郭老师带领二年级八班的学生针对“午间休息”展开了微型知识建构讨论和实践，教学流程如图 5-4-1 所示。

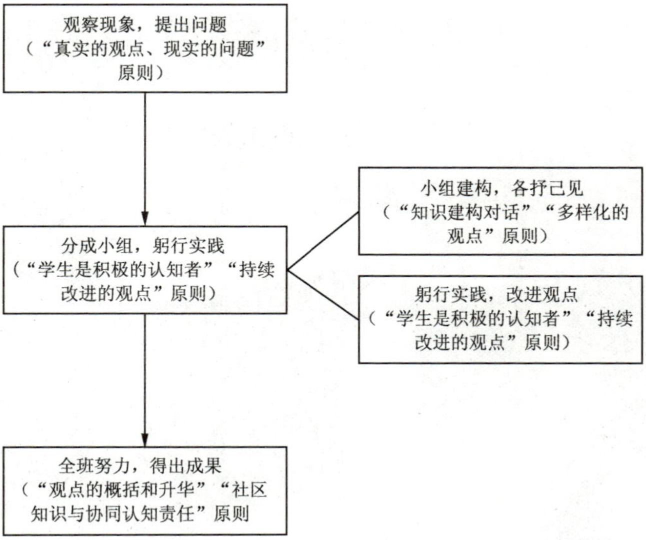

图 5-4-1　知识建构教学流程

（一）观察现象，提出问题

郭老师在“午间休息　最静班级”的主题班会一开始就播放了先前拍摄的班上同学的午睡视频。这个视频引起了学生强烈的好奇心，学生在傻笑之后，也陷入了思考，并踊跃提出了很多疑问：

（1）为什么我们要睡午觉？

（2）不睡午觉有什么坏处？

（3）为什么有的同学会在午休期间影响别人？

（4）怎么能让自己快速入睡？

（5）班级怎么才能营造出一个好的午休环境？

（6）为什么我们班里的人那么吵？

（7）为什么我前面的人在甩绳子？

（8）他们在桌肚里掏什么？

这些问题的提出反映了学生对提高午休质量和营造安静的学习环境的

关注和意愿。学生的积极参与和思考为进一步的讨论和改进提供了基础。郭老师可以借助这些问题引导班级讨论，促进学生的合作和交流，共同寻找解决方案，从而推动建立最静班级目标的实现。

郭老师引导学生把自己的观点记录下来，张贴在黑板上，全班分享（图 5-4-2）。大家积极举手发表自己的意见，这种集思广益的方式让同学们能够听到不同的声音（表 5-4-1）。

图 5-4-2　同学们张贴的观点

表 5-4-1　关于午睡视频的疑问

提出的问题	猜想与回答
为什么我们要睡午觉？	为了下午能够专心听课，为了休息
不睡午觉有什么坏处？	下午上课会打瞌睡，没精神
为什么有的同学会在午休期间影响别人？	因为他睡不着就很无聊，想有人陪他玩
怎么能让自己快速入睡？	保持安静，不说话
班级怎么才能营造出一个好的午休环境？	确立午休规则，要有人监督
为什么我们班里的人那么吵？	有的人不好好睡觉还会影响其他人

渐渐地，师生的关注点聚焦到了“怎样才能睡好午觉”的话题上。郭老师邀请学生围绕午休的注意事项提出了多样化的观点：

（1）午睡前我们需要做好哪些准备？

（2）老师可以为班级的午间休息做些什么？

（3）我们自己可以做些什么？

（4）被别人影响或者睡不着应该怎么办？

（5）怎么检查我们的午睡情况有没有进步？

郭老师带领学生树立了目标——一同建设“最静班级”。

（二）分成小组，躬行实践

1. 小组建构，各抒己见

针对不同的问题，同学们自行组建了探究小组。在组内提出观点，组员之间相互支撑、补充观点，为建设“最静班级”建言献策。从午睡前的准备（图 5-4-3）到老师和自己可以做的事情，再到遇到困扰时应该如何应对，以及如何检查自己的午睡情况是否有进步，大家纷纷贡献自己的观点。

如“入睡准备”小组中，同学 A 热情地指出：“桌子上东西太多了，要先把桌子清空。”同学 B 立刻回应道：“但是趴在桌子上的话，胳膊就太疼了，我们可以把衣服铺在桌子上！”同学 C 也有自己的想法：“天气太冷了，准备抱枕不是更好吗？”组员们将观点记录在纸上，并开始将它们连线排序，以更好地组织思路。他们继续讨论，探索是否还有其他可以补充或修改的观点。随着多样化观点的提出，自然开展的知识建构对话能够帮助组员确定共同的问题、分歧。

图 5-4-3　睡前准备

2. 躬行实践，改进观点

各小组总结完观点后就可以将其运用到实践中。第二天中午，各小组成员都按照小组制定的计划开始了新的午睡尝试。然而，在实践过程中，难免会出现一些意外情况：有些同学睡不着，开始用手指轻敲桌面，干扰到了其他同学；有些人受到干扰，开始交头接耳……

各组成员注意到这些情况后，再次组织讨论，分享自身感受和需要改进的地方，在“入睡准备”小组的讨论中，他们发现桌椅排放得太挤，导致同学们无法得到足够舒适的休息空间。因此，他们在小组的观点中加入了“调整座位”的建议。与此同时，“自己做事”小组成员决定征求郭老师的意见。他们提出让不易入睡的同学轮流担任值日班长的想法，这样不仅可以巡视监督班级的入睡情况，还能让自身通过观察学习到一些午睡技巧。郭老师也同意这个建议，并表示会继续拍摄同学们的午睡情况以便后续评估。

第二天，他们继续实施改进的策略，并再次进行讨论。小组成员们持续关注午睡过程中的问题，并根据实际情况提出新的观点和建议。这种持续的循环让他们的观点不断改进和完善，从而逐步接近建设“最静班级”的目标（图 5-4-4）。

图 5-4-4　在监控午睡的实践中改进观点

（三）全班努力，得出成果

在新一周的班会课上，郭老师播放了过去一周的午睡视频剪辑。同学们看得很认真，不自觉地寻找着自己的身影。郭老师顺势邀请同学们思考和分享他们发现的变化，同学们纷纷表达自己的感受，“我都不知道自己被拍了”“我虽然还是睡不着，但是会一直闭着眼睛”“口水都流出来了”……

接着，郭老师邀请视频中迅速进入梦乡的同学分享他们的经验，同学们纷纷发言：“我会想着今天上午学了哪些东西，想着想着就困了。”“我闭眼的时候不会很用力，这样就会很快放松下来。”“我喜欢先看着旁边人睡，然后我也就睡着了。”各小组再派出代表发表他们总结的观点，师生共同提出支持、反对和补充的观点。

研究“快速入睡”小组的成员认为：“我们不仅自身应该做到自觉主动地趴下、闭眼，也可以借助老师与同学的帮助和监督。”他们提出了一些建议，例如，在午睡前进行四肢放松训练，老师可以给予一些语言提醒和指导，同学们可以互相监督和鼓励。“老师建议”小组的成员立刻想起音乐课上学过的《摇篮曲》和《小宝宝睡着了》，他们建议老师在午睡时间播放舒缓轻柔的音乐，以帮助同学们更好地入睡。这一想法立即得到全班的赞同和肯定。

大家都在为社区知识和协同认知的目标做出自己的贡献。最终，经过全班对观点的总结和升华，形成了建设“最静班级”的小妙招，以及对班级午睡的认识（表 5-4-2）：

表 5-4-2　建设“最静班级”小妙招

序号	小妙招
1	午休前的准备：拉上窗帘，调整桌椅，关灯，清空桌面，拿出自己的午睡枕
2	放松活动：进行简单的伸展运动、深呼吸或冥想几分钟，可以让大家缓解压力，进入更加放松的状态
3	当一切准备就绪，老师播放助眠的音乐，营造一个安静的氛围
4	在进入梦乡的过程中，脑海里可以想一想自己喜欢的书籍、上午学习的知识，还可以用数羊的办法帮助自己入睡
5	一切的前提就是把眼睛闭上，做到真正静下心来，不发出声音，维护安静的环境
6	巡视的过程中值日班长进行提醒，督促每个人都做到自觉自律，为建设“最静班级”贡献力量
7	记录午休感受：除了简单的交流，还可以记录自己每次午休后的感受和体验，写下自己的心情、注意到的变化及午休产生的影响
8	通过每日对比老师拍摄的午睡小视频，回顾自己的午睡变化
9	醒来后小组内简单交流这次午睡的感受，互相提出建议

如图 5-4-5 所示，经过小组和班级的多次讨论，同学们总结了午休能做、不能做及午休带来的好处的思维导图，监督自己每天坚持午休。通过这种方式，同学们可以更好地理解午休的重要性，并自我监督每天是否能坚持午休。思维导图也可以作为一个交流和分享的工具，让同学们共同探讨午休的优点和实践经验。

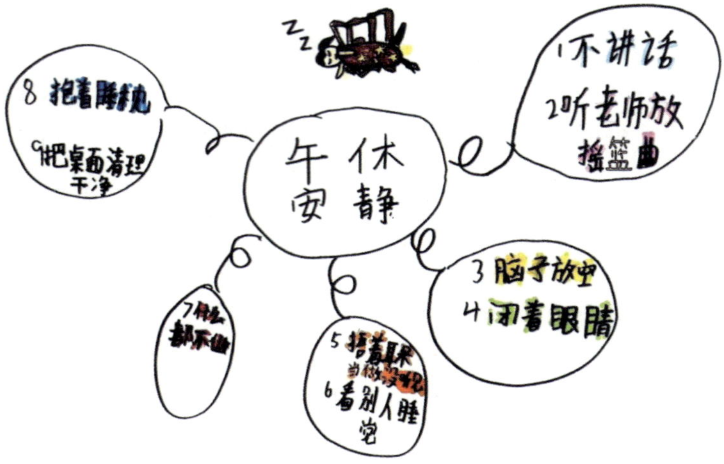

图 5-4-5　思维导图

接下来，同学们还将继续把午休的方法运用到晚上。在家入睡前的哪些行为可以帮助我们更好更快入睡？哪些午睡小妙招可以适当改进以运用在晚间？同学们已经意识到创建舒适的睡眠环境及保持规律的睡眠时间表的重要性，促进午间和晚间睡眠培养双管齐下，能够进一步促进学生养成良好的生活习惯。

三、知识建构智慧作品展示

在师生的互相提醒和帮助下，经过一次次的尝试与改进，二年级八班离达到建设“最静班级”的目标已经越来越近。通过同伴间的监督和互相学习，同学们的午休习惯得到显著的改善，在班级中的责任感也明显增强。充足的睡眠也提升了孩子们在课堂上的注意力。活动过后，同学们产出了各种对于午睡习惯的认识的可视化成果（图 5-4-6）。

如图 5-4-6 所示，这位同学制作的思维导图总结了关于午休大讨论结果的想法与收获：想法类目下列举了全班构建的小妙招中的部分注意事项，这是一个用来记录和分享同学们关于午睡的实用建议的很直观的方式；而在收获类目中，同学们通过主题活动升华了对午休的理解，领悟到了体谅他人和养成公德心的重要性。同学们通过参与主题活动，感受到了互相关心和照顾的力量，这有助于培养同学们的沟通能力和责任感。

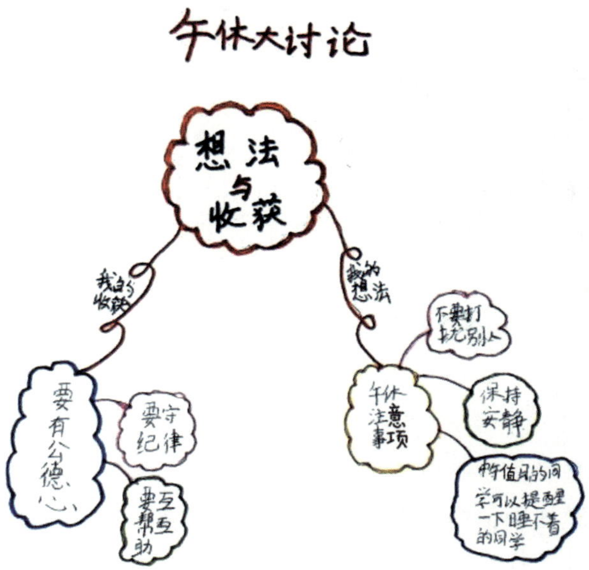

图 5-4-6　午休讨论的思维导图

图 5-4-7 和图 5-4-8 则展示了同学们根据总结的午休小妙招制作的大海报，图 5-4-7 分成了“午休怎么做”“午休的好处”两个部分；图 5-4-8 从时间维度分成了“午休前”“午休时”两类注意事项。将海报张贴在教室内，同学们会无意或有意地注意到上面的内容，这将有助于在潜移默化中提升他们的午休意识，激发他们养成午休习惯的积极性。希望大家能够坚持这些关键点，并将其融入日常生活中，养成良好的生活习惯。

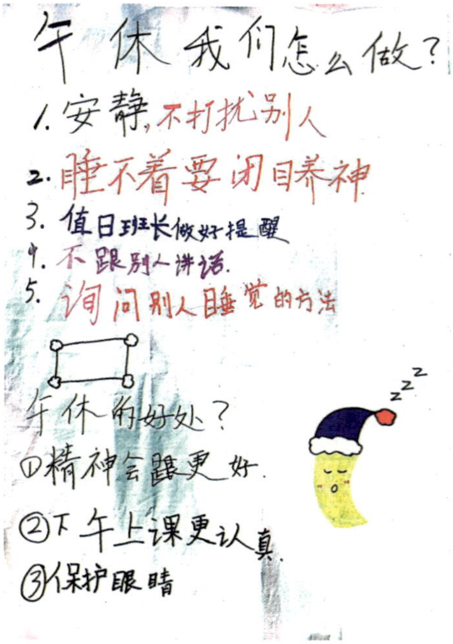

图 5-4-7　午休海报（1）

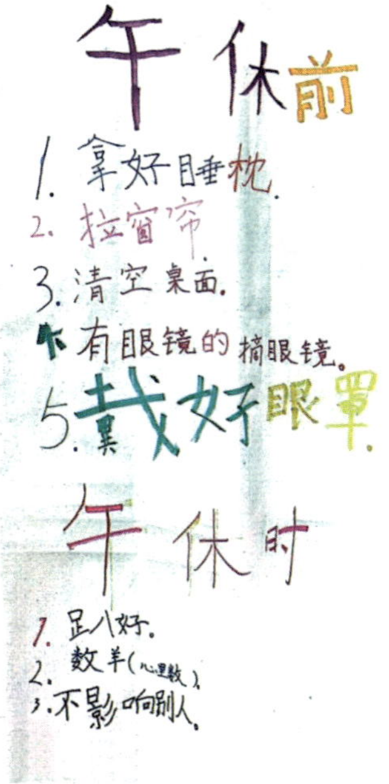

图 5-4-8　午休海报（2）

四、知识建构教学反思

郭老师的教学方法非常出色。首先，她采用现实情境导入的方式，引导学生观察午睡视频，提出真实的问题，有效地激发了学生的兴趣和参与意愿。然后，郭老师通过个人建构、分组建构、全班建构形成多层次建构，以及穿插实践体验，一步步帮助学生改善午睡习惯，总结出午睡妙招，增强学生的责任意识、团队意识和自控能力，向着“最静班级”目标持续迈进。郭老师认为本次活动达到了预期的效果，但也存在一些不足，总结这些不足能够为后续活动提供改进方向：

首先，没有合理利用家长资源。教师可以引导学生询问家中的长辈，分享小故事。如果学生家长有专业医护背景和相关工作经验的话，可以邀请学生家长录制科普小视频，说明午睡的益处，提升学生养成良好午睡习惯的意识。这样的活动不仅可以提高学生对午睡的关注度，还可以加强家校联系，促进家庭与学校的合作，有助于学生养成良好的睡眠习惯。

其次，权威资料使用不充分。当小组遇到困难待解决时，郭老师只是建议学生征求教师的意见，而忽视了权威资料的使用。在知识建构遇到困难时不应仅仅依赖教师的建议，巧妙运用权威资料可以有力地支撑观点。

这样可以培养学生独立思考和获取信息的能力，并加深他们对午睡相关知识的理解。资料的类别不能局限于书面材料，短视频、新闻报道等都适合二年级学生使用。这些多样化的资料可以更好地吸引学生的注意力，激发他们的学习意愿，同时也能让学生接触到更广泛的信息资源，从而拓宽他们的视野。

最后，反馈和评估还不够充足。教师可以在教学和实践中穿插各种问答、小测验、个人反思评估，收集学生的反馈，及时了解学生的学习情况和进展，并给予相应的指导和建议。嵌入活动的形成性评价还包括学生自评、互评和教师评价，知识建构社区内的及时评估可以帮助学生实时调整学习策略，提升学习效果，促进观点的改善。

第六单元

音体美知识建构案例

单元导言

音体美知识建构是在知识建构理论的指导下，主张让学生在音乐、体育、美术等课堂中通过一系列知识建构活动，帮助学生逐步改变并最终获得发展的过程。在传统的音体美教学中，教师往往习惯于主导课堂，掌控课堂节奏，给学生设置问题、布置任务，进行结构化教学，带领学生朝着自己设计的方向走。这种教学方式虽然能够在一定程度上帮助学生掌握音体美的相关知识与技能，但也容易扼杀学生的好奇心和创造力，限制他们素养和能力的发展。

音体美知识建构强调以“观点”为中心，学生在学习社区中通过个人建构、小组建构、社区建构等方式持续改进自身的观点，在共享型、协商型和升华型对话过程中发展社区知识。这种知识建构的方式，与传统音体美教学模式有着本质的不同。在此过程中，学生是积极的认知者，他们发挥自身的能动性不断提出观点、改进观点、升华观点。教师也不再是单纯的知识传授者，而是成为学生学习的引导者和协作者，与学生共同建构知识。

本单元包括四个案例，每个案例都由背景、知识建构教学流程、知识建构智慧作品展示和知识建构教学反思四个部分组成。在第一个案例中，三年级音乐课“竖笛学习”旨在通过知识建构教学，帮助学生掌握竖笛的种类及其演奏方法，感受音乐的魅力。这节课以竖笛小课堂微课导入情境，引导学生积极提出问题，通过初级建构和社区建构，加深对竖笛的理解，并最终形成问题提出类、知识整合类和实践操作类等人工制品。在第二个案例中，三年级体育与健康课“立定跳远”旨在帮助学生掌握立定跳远的技术技能，提高上下肢协调配合能力，建立运动表象。这节课以观察不同动物的跳跃方式为切入点，通过自主提问、分组讨论和全班建构等过程，让学生掌握立定跳远的要领。第三个案例是三年级体育课“花样跳绳一级套路”，旨在帮助学生掌握花样跳绳的名称和基本动作方法，发展弹跳力和协调性。这节课分为前期准备部分、主体部分和放松部分，学生首先自主学习并提出感兴趣的问题，接下来通过小组建构使得问题不断迭代，最后通过班级建构使观点得到升华。第四个案例是一年级美术课“秋天来了”，旨在帮助学生观察和欣赏秋天的景色，并运用简单的美术形式语言表达对秋天的感受。这节课以学生的提问为知识建构教学的起点，让学生通过提出问题、问题迭代、问题升华等过程感悟秋天，并创作出多样化的人工制品。

如果您是知识建构新手读者，想要初步尝试音体美知识建构教学，希望以下建议能够帮助您。第一，加强知识建构理论学习，深入理解知识建构的理念、十二条基本原则等。这将帮助您明确教学方向，了解如何以知识建构的方式引导学生学习。第二，深入挖掘课程内容，并在课程标准的要求下进行知识建构教学设计。这意味着您需要熟悉课程标准的各项要求，并将这些要求与知识建构理论相结合，重新整合课程内容。第三，通过研读知识建构教学案例或学习知识建构教学课堂来积累相关经验。通过亲身体验知识建构教学，观察教师和学生在课堂上的表现，来更好地理解知识建构的教学理念和实际应用。

如果您已经积累了知识建构的经验，并希望在音体美教学中进行深度的知识建构，以下建议可能会对您有所帮助。第一，关注观点的升华。要想进行深度的音体美知识建构教学，您需要思考如何将知识建构对话从共享型和协商型对话引导到升华型对话，实现观点的升华并最终形成社区知识。第二，关注个别学生。在知识建构教学中，可能会出现个别学生参与度低的问题。这时，您需要关注他们的需求和困惑，了解他们参与知识建构活动的障碍，有针对性地引导每个学生融入知识建构活动，从而实现深度的知识建构。

01 案例一

三年级音乐“竖笛学习”

一、背景

苏少版小学音乐教科书从三年级开始每个单元加入了竖笛的学习内容，竖笛不仅易学易奏，简单便携，便于集体教学使用，还可与唱歌、鉴赏、创造等教学内容密切结合。对于三年级的学生来说，学习竖笛并不是一件难事。但汤老师基于多年的教学经验总结发现学生学习竖笛的效果并不尽如人意。最大的问题不是学不会，而是学生没有坚持练习的自觉性，家长也不够重视，无法督促学生和配合教师教学。南京师范大学附属邗江实验小学三年级的学生，目前已有两年的知识建构学习经验，对知识建构教学中提出问题、表达观点、小组讨论等环节都驾轻就熟。因此，汤老师尝试将微型知识建构的方法融入竖笛教学，从今年开学和同组老师共同合作，在三年级竖笛课上开始探究实施。从老师教、学生学，到老师把握中心，学生围绕教学目标自主学习、探索讨论，再到学生深度地学习，枯燥的乐器课逐渐鲜活起来。

器乐演奏对于激发学生学习音乐的兴趣，提高学生对音乐的理解、表达和创造能力有着十分重要的作用。让每个学生都能在义务教育阶段音乐常态课上学会一件小乐器，不仅可以提高学生的音乐素养，还能增强学生的音乐表现力和同伴协作能力。

在竖笛初始学习前，为了让学生有一定的知识储备，有更多的时间去实践操作，节约课上理论知识占用时间，汤老师制作了竖笛微课，播放了小学生竖笛演奏的精彩视频给学生观看。学生对将要学习的乐器充满了期待和好奇，能自发通过各种信息渠道查找竖笛的相关知识，如竖笛的种类、来源和指法等。课堂上，因为有了一定的知识储备，学生提出的很多问题，同伴就能解答，一堂课收获满满，学生在课后对知识稍加梳理，就能完成初步的竖笛个人建构图。在汤老师讲授初级指法和练习曲后，学生分为多个学习小组形成社区，在小组长的安排下利用课间共同练习乐曲，探讨问题，解决难点，练习乐器成了一件轻松快乐的事情。小组长随时择优迭代，小组间、班级间展开良性竞争，这种课程模式的创新促使学生对竖笛学习产生了内驱力。课间少了很多追逐和吵闹，时而能看见学生争论得面红耳赤的场景，常常能听见校园里流出断断续续的悠扬笛声。

通过本课程的教学，汤老师想要实现以下 3 个教学目标：

（1）学生能够知道竖笛的种类和掌握竖笛的演奏方法。

（2）学生能通过竖笛的学习、实际操作和参与感受到音乐的魅力，对音乐产生浓厚的兴趣。

（3）学生在小组学习中共同练习乐曲、讨论问题、解决难点，养成同伴协作的能力，形成良好的学习社区。

二、知识建构教学流程

本课程的知识建构教学流程如图 6-1-1 所示，汤老师依据知识建构理论与十二条原则，开展了教学活动。教学活动主要包括五个阶段，在第一阶段“真实情境——审美感知”中，汤老师首先让学生在课前进行预习，接着通过微课展示和现场同龄人的竖笛表演，激发学生的学习兴趣。在第二阶段“提出问题——探索发现”中，汤老师让学生观察竖笛，提出多样化问题。在第三阶段“初级建构——分类梳理”中，汤老师引导学生对自己关于竖笛的观点进行分类和梳理，进一步形成人工制品。在第四阶段“形成社区——实践探究”中，学生分为各个小组进行竖笛的吹奏练习，学生在小组内和各个小组之间共同练习，分享心得，提出疑问，协商解决，促进知识社区的形成。在最后一个阶段“评价激励——激发内驱力”中，多元评价机制和激励机制能最大程度提升学生的学习热情和乐趣，学生成为积极的认知者。在整个教学过程中，知识建构教学的十二条原则是融会贯

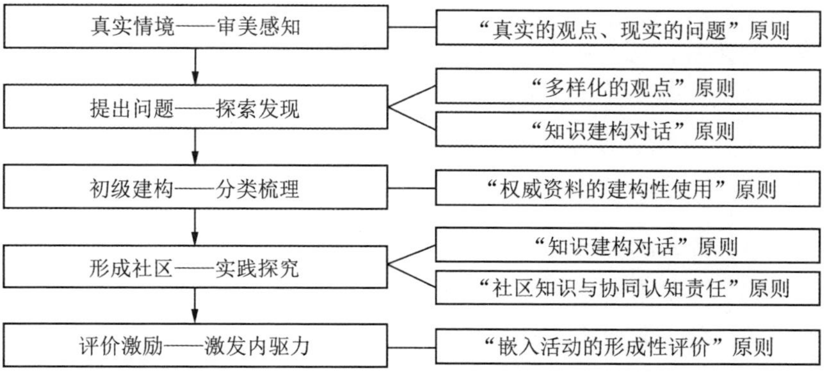

图 6-1-1　知识建构教学流程

通的，值得注意的是，这里指出的每个阶段所对应的原则，是本阶段中体现较为突出的知识建构教学原则，而并不是唯一原则。

（一）真实情境——审美感知

在知识建构准备期，需要做好思想、物质、制度和教学内容上的准备。在这次竖笛课程开始之前，汤老师精心制作了竖笛微课，其中富有趣味的图片和幽默诙谐的动画解说符合三年级学生的心理特征，能够很大程度在课程一开始吸引三年级学生的注意力。兴趣是一切学习的源动力，好奇心是开启兴趣的一把魔力钥匙。汤老师还要求学生在课前进行竖笛的预习。学生通过网络、书籍等渠道查阅资料，对竖笛有了大致的了解，也有了一些知识储备，希望可以进一步开始广度的探究，激发了他们的好奇心和探究欲。

课程正式开始时，汤老师首先播放了竖笛微课吸引学生的注意力，让学生将微课的部分内容与自己课前搜寻的资料建立联系。知识建构教学真正的开始源自结合学生现实生活的问题情境的形成，形成问题情境的教学策略，一方面需要回归课程标准，另一方面需要转向学生提出的自己真正关注的问题。那么接下来是第一阶段最重要的一步，汤老师请同龄人进行精彩的竖笛表演，让学生觉得学习竖笛并非难事，小小的竖笛也可以吹奏出动听的旋律（图 6-1-2）。欣赏完同龄人的表演后，同学们大都会提出这样一个问题：“竖笛应该怎么吹奏呢？”

图 6-1-2　竖笛

（二）提出问题——探索发现

这时学生的学习欲望到达最高点，汤老师没有使用传统的讲授法直接讲解竖笛，而是抓住时机，继续引导学生进入竖笛的自主学习中。在每一位同学都拿到竖笛后，汤老师让学生依据现有的知识储备进行竖笛的探索，并在此过程中提出自己的问题，与同学和老师交流讨论。课堂中老师作为教学的引导者，根据学生的课前知识建构情况，要适时引导学生进行思考，学生在思考和讨论中提出了很多现实的问题，如：

学生 1：竖笛上都有几个孔？

学生 2：竖笛上的孔为什么不一样？

学生 3：竖笛背面的孔有什么用？

学生 4：都是笛子，为什么有的横着吹、有的竖着吹？

学生5：英式竖笛和德式竖笛有什么区别？

学生6：竖笛和竹笛一样吗？

学生积极参与课堂讨论，提出了一系列问题，其中一部分问题在课堂上得到了学生的积极反馈和讨论。通过集体的智慧，汤老师和学生们共同找到了一些问题的答案并进行了深入的探讨。然而，仍有一些问题在课堂时间内没有得到充分解决，这些问题需要学生在课后继续进行研究和解决。为了更好地理解和探究这些问题，汤老师鼓励学生积极查阅相关资料、阅读参考书籍，并且欢迎大家向老师提出进一步的问题，以便在知识的海洋中更深入地探索和领悟。通过这种积极的学习方式，学生可以更全面地理解课程内容，培养自主学习的能力，更好地应对未来的挑战。

（三）初级建构——分类梳理

在知识构建的初期，学生积极地整理了他们对竖笛的了解，将个人掌握的知识、课堂小组讨论中涌现的问题，以及个人深入探究所获取的知识有条不紊地进行了分类梳理。值得一提的是，汤老师并未对呈现方式提出统一的格式要求，这为学生提供了展现创意的机会，让他们可以用自己喜欢的方式完成竖笛个人建构作品。

在这个阶段，学生充分发挥创造力，通过图示的方式对当前阶段的竖笛学习内容进行了巧妙而富有表现力的归纳和整合（图6-1-3）。这种呈现方式不仅展现了他们对竖笛知识的深刻理解，同时也促进了他们对知识的发散思考。通过这个过程，学生得以继续深入挖掘竖笛领域的知识，为他们的学习注入了更多的热情和动力。这样的个性化建构作品不仅在内容上丰富多彩，还在学生思维的拓展和创新方面产生了积极的影响。

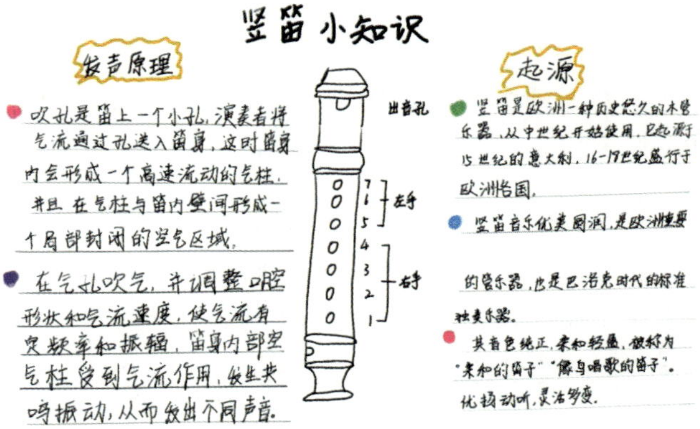

图 6-1-3　个人初级建构人工制品

（四）形成社区——实践探究

为了顺利完成竖笛练习曲的还课，学生需要投入大量时间进行反复练习。为了最大限度地发挥他们的学习效能，汤老师将整个班级分成若干个学习小组。这一创新性的组织方式激发了学生的团队协作精神和自主学习动力。在这个新的学习小组结构中，各小组成员被鼓励充分利用在校的碎片化时间，共同投入竖笛的练习中。小组长在组织中扮演着重要的角色，他们负责协调同学们的练习计划，组织集体练习，并激发团队内部的互助和共享。学生在这样的氛围中不仅能够分享彼此的练习心得，还能够提出疑问、协商解决问题，从中获得更全面的学习体验。更令人振奋的是，各小组之间也积极进行了观点的共享，促进了一个积极向上的学习社区的形成。这种互动交流不仅加深了学生对竖笛学习的理解，同时也培养了他们在团队中合作、沟通和分享的能力。通过这样的集体练习模式，汤老师成功地构建了一个蓬勃发展的学习生态系统，为学生提供了更加丰富和深刻的学习体验（图 6-1-4）。

图 6-1-4　同学们形成学习小组

竖笛课堂上，汤老师引导学生围绕练习中常见的问题，进行深入交流，例如学生们提出：

学生 1：目前已学的 5、6、7 三个音的指法有何规律？

学生 2：竖笛指孔为何会漏气？有什么解决的妙招？

学生 3：为什么越到低音越难吹？

学生 4：练习中总是冒尖锐高音怎么解决？

学生 5：吐奏总是吹不好怎么办？

学生 6：连音演奏怎么吹？

学生在课堂上乐于提问，积极思考，敢于表达自己的想法。对于手指漏气的问题，就有学生提出可以在家用“照镜子”的方法进行纠正。对于吐奏总是吹不好的问题，同学建议可以念一念“du”的发音，感受舌尖轻弹的感觉，再去吐奏，很快就找到了方法。学生持续提出改进的观点，最后再由汤老师进行梳理和补充讲解。汤老师发现乐器课不再是一板一眼的吹吹练练，而是你一言我一语，人人积极参与的热闹的海洋。

在这样的学习过程中，学生多样化的观点持续提出，除了得到老师的帮助解答，同伴的练习小妙招分享也有一种神奇的魔力，让竖笛练习事半功倍。音乐基础薄弱或自觉性不佳的学生，在小组长的“严厉”监督下，丝毫不敢拖延练习；学有余力的学生，开始询问老师或自行查阅资料进行更深度的学习探究。

（五）评价激励——激发内驱力

评价与激励机制示意图见图 6-1-5。

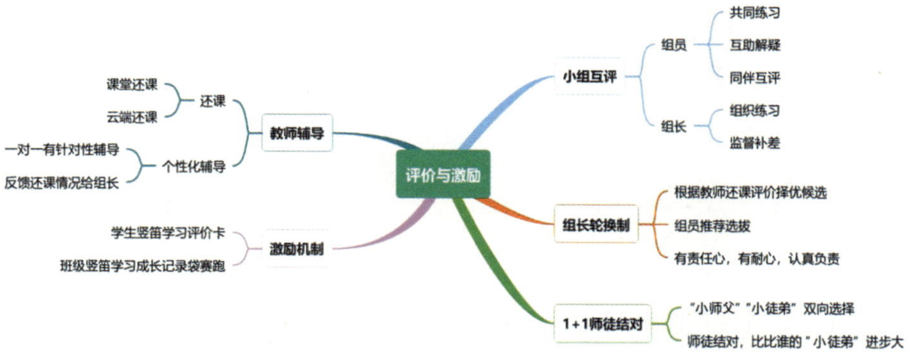

图 6-1-5　评价与激励机制

教学评价是考查学生学习成效的重要渠道，乐器教学评价就是还课的效果。还课是乐器教学工作中一个不可缺少的环节，是监督和提升竖笛教学质量的重要手段。激励性评价可以激活教学气氛，激发学生练习竖笛的积极性，激活学生的学习内驱力。组长组织组员日常练习，互助解疑，同时组长轮换制也激励着每个学生跃跃欲试，不断进取。在小组互评和教师还课评价中得到优秀的学生就有竞选组长的资格，当然还需要有责任心、耐心和时间去组织组员们学习。由于教授班级较多，课堂时间有限，汤老师把学生的还课分为两个部分进行：一部分学生在课堂上还课，教师一对一有针对性辅导、纠错；另一部分学生在云端还课（QQ 群作业提交演奏视频），教师直接语音指导学生。针对基础薄弱或疏于练习的学生，汤老师一方面利用课余时间多加指导，另一方面把学生的情况反馈给组长或组织 1+1 师徒结对帮扶。“小徒弟”选择自己喜欢的“小师父”，“小师父”也要有所考量，双方同意后方可结对，经过老师和“小师父”的共同指导，一段时间后比一比谁的“小徒弟”进步最大，老师奖励。虽然小小的一颗糖果毫不起眼，但是通过努力得到的老师和同学的褒奖似乎比什么都甜。

除此之外，班级间的竞争也是学生喜闻乐见的，每个学生都有属于自己的竖笛学习评价卡，留下了每次学习的痕迹。每个班级也有自己的竖笛学习成长记录袋，每次还课后，根据各班的还课情况，汤老师会让班级竖笛学习成长记录袋进行“赛跑”。学生每次进音乐教室总会第一时间关注墙壁上“赛跑”着的班级竖笛学习成长记录袋，很在意自己所在的班级跑在了第几名。大部分学生都不愿意成为班级“赛跑”的绊脚石，班级凝聚力和集体荣誉感油然而生（图 6-1-6）。

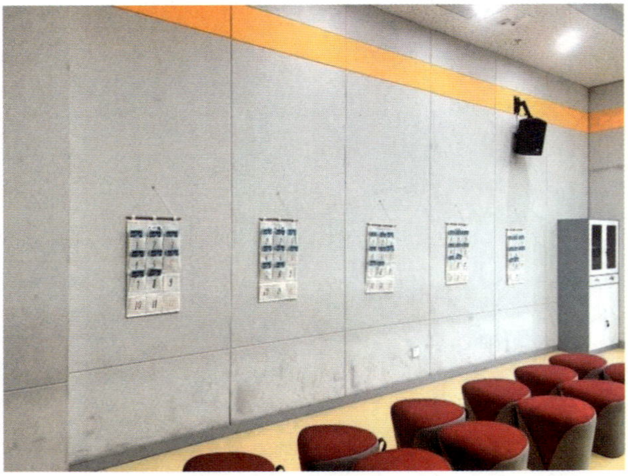

图 6-1-6　班级竖笛学习成长记录袋

三、知识建构智慧作品展示

在本课程中，学生将知识可视化，形成了多样化的人工制品。学生的人工制品围绕竖笛进行，可以大致分为以下三类：问题提出类、知识整合类和实践操作类。

第一类，问题提出类。这一类制品中，学生提出自己关于主题的问题，在引发自己思考的同时，也为社区成员提供了思考路径（图 6-1-7）。

第二类，知识整合类。这也是最多的一类人工制品。在这类制品中，学生将自己在课上及课后，利用权威资料或协作交流所获取的知识进行可视化呈现（图 6-1-8）。

图 6-1-7　问题提出类人工制品

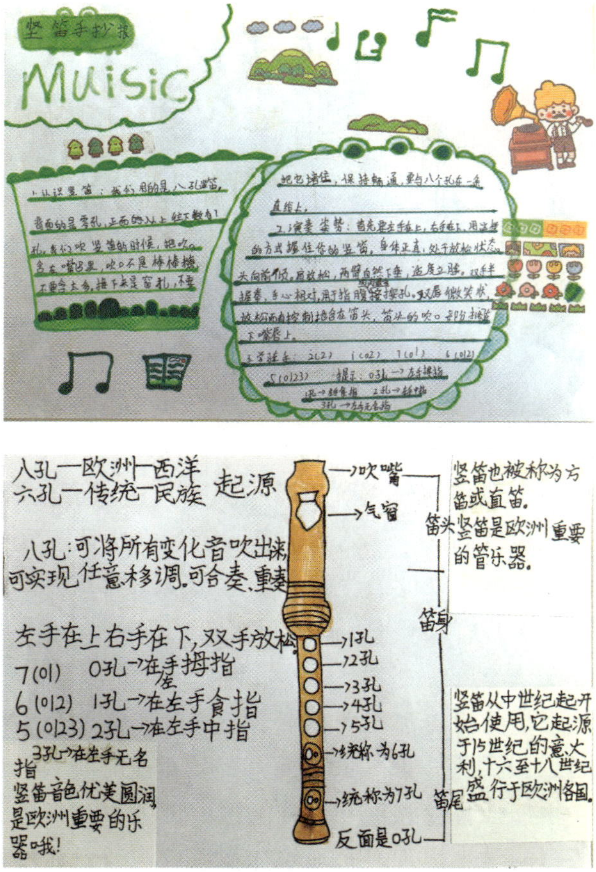

图 6-1-8　知识整合类人工制品

第三类，实践操作类。这类制品是操作当中的知识，在一定程度上属于知识整合类人工制品，但是为什么将它单独划分为一类呢？原因是这类制品善于反思在实践操作中遇到的问题，并归纳总结出技巧和方法，形成自己的“方法论”，所以将它作为另外一类人工制品进行展示（图 6-1-9）。

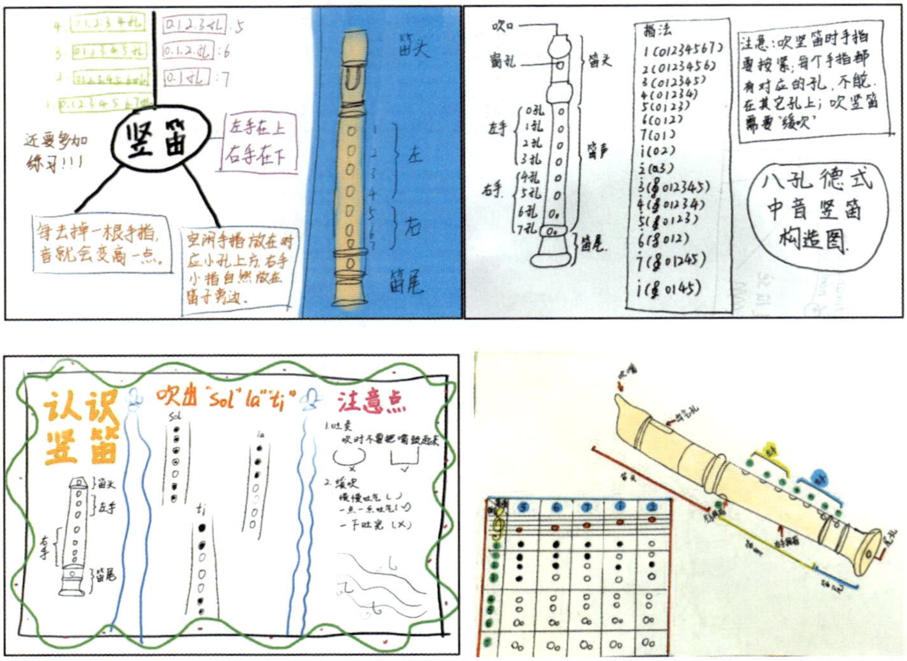

图 6-1-9　实践操作类人工制品

四、知识建构教学反思

从目前实施两个多月的研究阶段看来，基本达到了预期的教学效果，学生学习竖笛的积极性高涨，学习效果佳，但汤老师认为其中也存在一些问题和不足，需要在接下来的教学研究中继续反思和探讨，以便为后续音乐课程的开展提供一些启示。这些问题和不足主要体现在以下方面。

首先，并非所有学生都进入知识建构教学中。在具体的教学实践中，教师应保证每个学生的观点都得到理解和重视，让每个学生都能参与到知识建构中，这是“民主化知识”的重要前提。而这需要教师积极引导，并针对基础薄弱学生加强督促和辅导。目前每个班级不时有个别音乐基础薄弱，平时疏于练习的学生出现。教师要加强家校沟通，和家长协作帮助学生，最大限度让学生跟上大家的脚步，不放弃任何一个学生。

其次，知识建构社区公共知识形成较弱。虽然教学过程中有小组活动，但是小组和小组之间的交流几乎没有。教师需要强化社区公共知识的形成，在教学的每个阶段都需要进一步增加小组、班级的共同活动。比如，增加小组与小组之间的学习机会，选定一至两个小组进行实时跟踪、展示，更加准确地描述小组内部的协作学习过程；增加小组与小组之间的对话机会，为小组和社区知识的形成提供充足的事实依据。

最后，没有使用 KF 平台和知识建构教学的辅助工具。KF 平台作为一种知识建构学习工具，具有许多优势。一方面，学生可以在平台上自由发表自己的观点，与其他同学进行交流与辩论。这样可以激发学生的思维，促进思想碰撞和理论辩论。另一方面，KF 平台具有记录功能，可以将学生的观点和讨论记录下来，形成一个有序的学习档案。这不仅有利于学生回顾和巩固所学知识，还可以为教师提供参考，有利于评估学生的学习情况。可能因为学生所处的年级低而无法使用 KF 平台，但是要认识到知识可视化的重要性，可以利用知识建构教学的辅助工具，如知识建构记录本、便利贴与美术纸等，来帮助学生记录观点，修改、提升和发展观点。

02 案例二

三年级体育“立定跳远”

一、背景

小学三年级的学生活泼好动，对事物充满好奇且善于模仿，具有较强的表现欲望，但自控能力和约束能力还不够强，对具有一定难度的技术动作与要领还未形成较为完整与正确的理解，不过只要是让他们感兴趣的运动，他们都乐意去学，乐意去练。在玩中学、学中练，才能符合他们的年龄特征和接受能力。学生在一年级入学时就系统地接受了知识建构的熏陶，十分擅长发表自己的观点，在小组和全班范围内参与观点的改进和发展，共同创造属于社区的共同知识。

徐老师作为一位拥有多年教学经验的一线体育老师，在未接触知识建构教学之前，更为习惯于主导课堂，进行结构化教学，带领学生热身，给学生示范动作、纠正姿势，掌控课堂节奏，在自己的设计中按部就班操练。而徐老师进入南京师范大学附属邗江实验小学，接触知识建构教学理念后，逐渐开始主动思考如何更好地将知识建构教学与体育课堂结合，尽管才一年多的时间，他的教学理念已发生了巨大变化，能在小操场上玩转体育大单元整体教学。

在这次课程中，徐老师选择了“立定跳远”作为授课项目，将整个教学内容情景化、游戏化、比赛化。徐老师首先采用了多媒体视听手段，引导学生合作探索各种动物的跳跃动作，激发学生的学习兴趣；接着引入本节立定跳远的教学，练习部分借助多媒体慢放分析技术动作。另外，他还采用了示范法、讲解法、练习法、纠正错误法、自编口诀法和评价法提升学生的学习效果。从“简明扼要的讲解”“标准的示范动作”入手，徐老师引导学生完成观察、分析、思考、练习、合作的学习过程，让学生通过小组探究活动，对知识产生浓厚的探究欲望。学生通过观看投屏回放练习过程中的易错动作，能够自己发现问题、提出问题；学生通过教师的指导、小组间的相互合作建构正确动作并加以练习，最终掌握立定跳远的动作要领，并能够完美地展现动作。

通过本次的知识建构教学，徐老师期望能够达到以下 3 个教学目标：

（1）通过探索，学生能够掌握立定跳远的技术技能，做到自然协调跳出去；发展下肢力量，提高上下肢协调配合能力。

（2）学生能在自己的认知范围内积极提出自己的观点，思考跳跃动作的可行性并去实践，建立运动表象。

（3）通过全班活动，学生能成为积极的认知者，敢于提出观点；同时能成为社区的合作者，增强合作竞争意识。

二、知识建构教学流程

知识建构教学流程如图 6-2-1 所示，徐老师围绕该教学设计，和三年级的学生们共同发现了人类跳跃的奥秘。

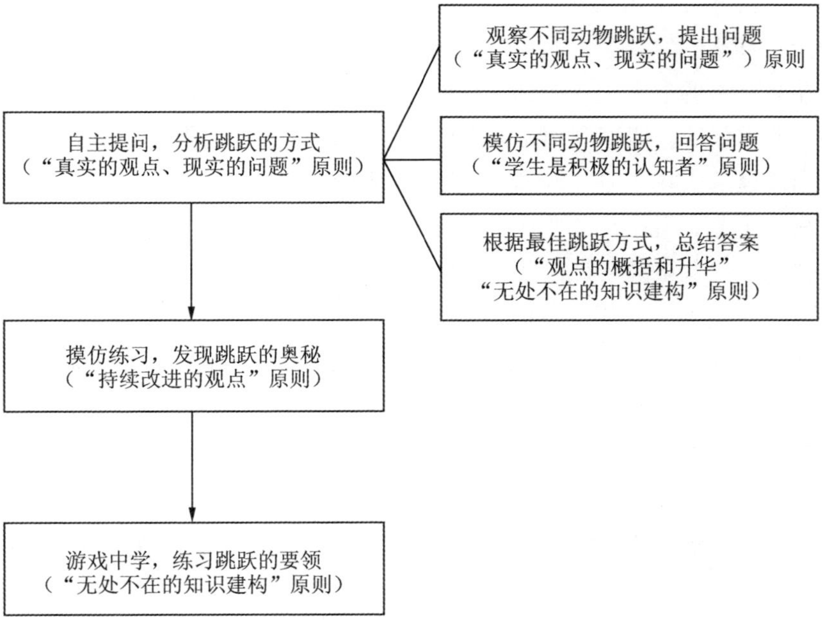

图 6-2-1　知识建构教学流程

（一）自主提问，分析跳跃的方式

1. 观看不同动物跳跃，提出问题

整队完毕后，徐老师兴奋地与学生分享了三组动物跳跃的视频：袋鼠是双脚跳跃的，青蛙是四脚跳跃的，鸵鸟是单脚跳跃的。学生观察这些小动物，瞬间眼前一亮，纷纷提出了自己的观点和问题：

问题1：袋鼠是怎么跳跃的？为什么呢？

问题2：青蛙是怎么跳跃的？为什么呢？

问题3：鸵鸟是怎么跳跃的？为什么呢？

问题4：谁的跳跃方式更有效率呢？

问题5：三组小动物，谁的身体结构更加接近我们人类呢？

问题6：我们人类应该用什么方法跳跃呢？

这些问题都来自学生的兴趣，不少学生都去过动物园、看过《动物世界》等纪录片，对动物抱有强烈的兴趣，真实的问题强烈地激发了学生的好奇心和思考行为，于是他们迫不及待地准备开始探究啦！

2. 模仿不同动物跳跃，回答问题

学生根据自己感兴趣的动物自由分组，讨论并模仿动物的跳跃动作，不同小组间相互学习模范各种动物跳跃的方式，大家观看录像，模仿并讨论得热火朝天。

袋鼠小组的学生聚在一起，纷纷探讨袋鼠的跳跃方式。他们观察到袋鼠的后腿非常强壮，能够利用富有弹性的跟腱让自己跳跃得更远。此外，有学生指出袋鼠的大尾巴在空中能够帮助其平衡身体。综合各自的观察和推测，他们得出了关于问题1的两个结论：一是袋鼠的肌肉比较发达，这使它们能够跳得更远；二是袋鼠用双脚起跳，并且拥有一条能够控制平衡的尾巴。

青蛙小组的成员提到青蛙利用四脚起跳，弹跳时后脚会用力蹬地。所以对于问题2，他们猜测青蛙的四肢可以提供弹跳力量，同时青蛙的后腿肌肉发达，有助于跳跃力量的输出。

鸵鸟小组的学生针对问题3也展开了热烈的讨论。他们指出鸵鸟拥有大长腿和强壮的腿部肌肉，这样就能够迅速地单脚跳跃。此外，还有学生补充说鸵鸟的长脖子和强壮的胸肌能够帮助它们保持平衡。关于鸵鸟的翅膀是否能够帮助它们跳得更远，组员们各抒己见，展开了进一步的讨论。

整个探究过程生动有趣，学生作为积极的认知者，自发地划分了小组，通过观察、模仿和讨论，深入了解并探究了不同动物的跳跃方式，也锻炼了他们的团队合作和思考能力。这样学生自发的学习形式不仅增强了学生自行表达观点、倾听观点和组织改进观点的能力，还提高了他们对动物动作的认识，激发了他们对科学探索的兴趣。

3. 根据最佳跳跃方式，总结答案

讨论结束后，各小组选举代表参加“小动物运动会”，通过模仿不同动物的跳跃方式，比一比谁跳得更远、更快，以进一步探讨问题 4 到问题 6。

袋鼠小组的代表两脚并拢，在起跳前先屈膝准备，利用小腿发力，跳跃时尽量把双脚向前伸；青蛙小组的代表先是两脚呈外八形岔开、膝盖向外蹲下，双手扶地，跳跃时两脚用力向后蹬地，两手也向前伸展；鸵鸟小组的代表一只脚屈膝提起，利用另一只脚的力量向前跳跃，弹跳中途还模仿鸵鸟扇动翅膀的动作，来回挥动双臂，这引得同学们忍不住发出笑声。

结果显而易见：袋鼠组的同学跳跃距离最远，赢得了胜利。徐老师引导学生根据问题 4 到问题 6 思考比赛结果，有什么新发现？同学生再次以小组为单位展开讨论。经过新一轮的讨论，得到了以下答案（表 6-2-1）：

表 6-2-1　学生的问题和回答

提出的问题	回答的观点
1. 袋鼠是怎么跳跃的？为什么呢？	袋鼠的跳跃方式可以概括为双脚跳跃。因为它们的大腿肌肉特别发达，能够产生足够的力量来完成高效的跳跃
2. 青蛙是怎么跳跃的？为什么呢？	青蛙通过四脚起跳的方式实现跳跃，并利用后脚的力量蹬地。因为同时利用四只脚的力量，青蛙能够获得更大的推动力，从而跳得更远，还能保持平衡
3. 鸵鸟是怎么跳跃的？为什么呢？	鸵鸟是单脚进行跳跃的，它们生活在开阔地区，需要快速奔跑和跳跃来逃避潜在的威胁
4. 谁的跳跃方式更有效率呢？	袋鼠跳跃的效率更高，青蛙的也很快，但需要四条腿一起用力
5. 三组小动物，谁的身体结构更加接近我们人类呢？	袋鼠的身体结构和人类的最接近，袋鼠的前肢比较短小，主要是使用两条后腿发力，和我们的跳跃习惯一样
6. 我们人类应该用什么方法跳跃呢？	双脚跳跃配合屈膝蹬地最适合人类，最有效率

由此可见，学生的知识建构不仅可以在课堂上进行，还能延伸到体育馆和操场、生活中的各处。因此，应打破时间和空间的约束，将知识建构渗透到日常生活中。

（二）模仿练习，发现跳跃的奥秘

在知识建构中，学生在观察与提问中产生的误解不再被认为是错误和必须纠正的。在徐老师的带领下，这些不成熟的观点被不断优化提升，在班级中得以分享和讨论。学生就自己的认知提出真实想法，自由地提出不成熟的观点（图 6-2-2）。

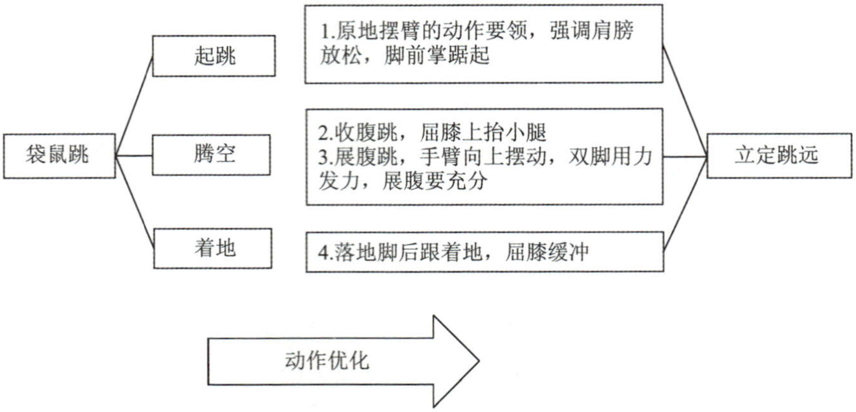

图 6-2-2 袋鼠跳与立定跳远

徐老师感受到学生对袋鼠跳跃方式的探究充满了热情，于是进一步扩展他们的学习体验。他邀请袋鼠小组的同学示范并讲解袋鼠跳的动作，说出他们所理解的袋鼠跳跃方式。袋鼠小组成员提到了起跳前要两脚并拢、膝盖弯曲，起跳时需要用力蹬地，落地时站稳。有的同学提出了疑问：跳跃时两腿到底是要向上抬还是向下蹬？

徐老师引导学生再次观察袋鼠跳的视频，引导学生仔细观察并思考袋鼠如何跳跃。学生开始了观点的补充：起跳之前肩膀要放松、手臂向后预摆；跳跃时先展腹，双脚用力，双臂由后向上摆动，这样会有更远的跳跃空间，然后收腹、大腿尽量抬高，着陆时脚后跟需要落地，不然身子会向前倒，也不能完全靠脚后跟支撑，不然会向后仰，落地后还需要弯曲膝盖做缓冲（图 6-2-3）。

图 6-2-3 同学们练习跳跃

接着徐老师带领学生来到专门设置的“跳远跑道”——由体操垫架起了三角形的障碍物。大家分组进行尝试，验证观点，老师在一旁录制视频。学生根据实践体验提出新的问题并且观察小组视频的回放，讨论分析解答，继续尝试。随着探索的深入，障碍的高度逐渐增加，学生进一步完成更难的挑战（图 6-2-4）。

图 6-2-4　学生验证立定跳远技巧

在这一过程中，学生多样化的观点被持续提出并改进，徐老师和学生对跳跃的探究越发深入，并根据袋鼠的跳跃整理总结了一套适合我们人类的立定跳远模板。袋鼠之跃是学生的体育思维之跃，学生在课堂上跃起来，知识在建构中“悦”起来，体育场上荡漾起知识建构与体育课堂新的涟漪（表 6-2-2）。

表 6-2-2　新问题的生成

与跳跃相关的问题	与跳跃者相关的问题	如何解答问题
1. 我该如何起跳？ 2. 我该如何展腹？ 3. 我该如何平稳落地？	1. 为什么我跳得不高？ 2. 为什么我跳得不远？ 3. 为什么我落地时总会摔倒？	1. 观看视频回放，总结技术要领 2. 根据视频回放，改正动作问题 3. 观察视频回放，调整落地时的重心

（三）游戏中学，练习跳跃的要领

徐老师将体育练习与爱国主义教育、历史教育融合在一起，设计了一个激动人心的活动——长津湖小战士游戏。在这个活动中，学生分成四个小组比赛，每个小组成员都代表着参与长津湖战役的勇敢志愿军战士，游戏的关卡代表着战场的艰难险阻，小战士们需要灵活运用总结出的立定跳远技巧越过山川（体操垫）、穿过丛林（呼啦圈）。越山川时要想办法跳得更高，穿丛林的秘诀在于平稳落在圈中，及时调整方向，逐渐提高跳跃的频率和速度。老师在各组之间巡视并及时给予鼓励、表扬。学生在游戏中反复操练立定跳远动作要领。比赛结束后，老师宣布冠军并颁发奖品。

通过这个活动，学生不仅巩固了立定跳远的技术要点，还培养了观察力、分析力和自我调整的能力。这样的活动不仅让学习变得有趣和自然，还激发了学生对体育的热情和对自我提升的追求。

三、知识建构智慧作品展示

本节体育课让学生对立定跳远的技术要点有了深刻的认识。徐老师在课堂上通过一系列的观察和探究来启发学生对立定跳远的认识，一步步和学生一起找到了立定跳远的跳跃之法。学生观察袋鼠等动物的跳跃方式，能够从自然界中汲取灵感，并将其应用到自己的跳跃练习中。

通过观察自我（观看录像回放）的方式，学生能够观察和分析自己的跳跃动作。在这种自我观察和反思的过程中，学生逐渐意识到自己可能存在的问题和改进的空间。他们能够看到不太好的跳跃和比较好的跳跃之间的差异，并尝试寻找跳跃的秘诀，逐渐接近完美跳跃。

从模仿自然（模仿袋鼠跳跃）到提高自我（改进跳跃方法），知识在课堂上自然生成，学习自然而然地变成了一种下意识的行为，体育精神也逐渐被知识建构唤醒，学生的跳跃练习也被记录了下来，学生逐渐找到了立定跳远完美之跃的小窍门（表 6-2-3）。

表 6-2-3　完美之跃小窍门

跳跃阶段	跳跃要领
1. 起跳前	原地摆臂，先预摆几下，摆动时，两腿要伸直，后摆时，手要尽量往后放
	肩膀和手臂要放松，不能耸肩
	脚后跟微微踮起来，重心向前
2. 起跳时	两臂从后往前摆动时，两腿屈膝蹲，这时快速用力蹬地
	身体前倾，两臂也要朝向前上方甩起来
3. 腾空时	在空中要充分展腹，双腿逐渐从后向前伸展
4. 落地时	落地前小腿向前伸、收腹抬腿，两臂自然落下，再屈膝缓冲落地，注意重心不能太靠后

孩子们 3 种跳跃的渐进见图 6-2-5。

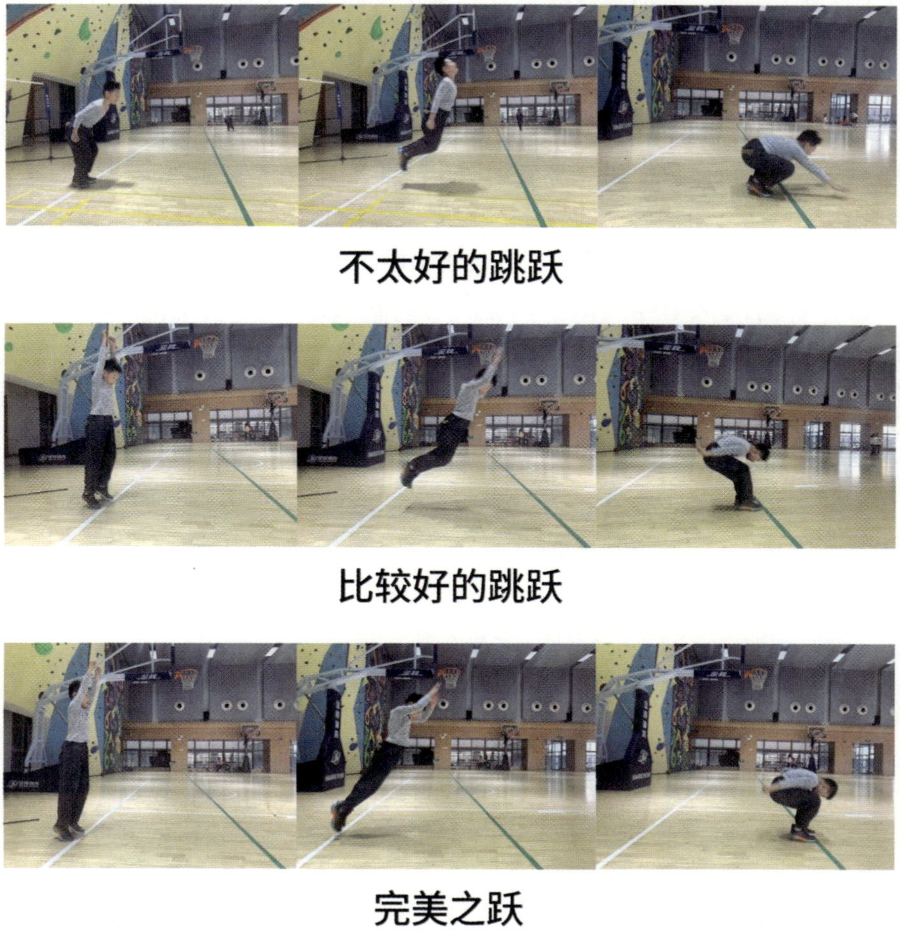

图 6-2-5　3 种跳跃的渐进

四、知识建构教学反思

徐老师运用知识建构教学，通过自主提问、分组讨论、全班建构的方式让学生掌握立定跳远的方法和技巧。通过小游戏实现了“教学、勤练、常赛”，学生的运动积极性和活动意愿都得到了显著提高。徐老师认为，此次立定跳远学习达到了预期效果，但也存在一些问题和不足，需要进一步改进，以便为后续体育课程的开展提供启示。这些问题和不足主要体现在以下方面。

首先，本次课场地利用率不高。可以尽可能地拓展练习空间，让学生充分交互、自由练习。场景也不限于操场和体育馆，教学楼的走廊是否能够支持学生练习？个别练习环节存在安全隐患，应更加合理安全地设置练习环节，可以通过教师的提醒、学生间的讨论、器材的合理布置来保证安全。

其次，多媒体设备参与度不高。本次课是体育与信息科技跨学科教学的一次大胆尝试，教师在教学过程中应思考如何让学生参与多媒体信息技术操作。另外，在整节课的教学过程中多媒体利用率不够，例如在小组练习过程中，大屏可以循环播放优秀运动员跳跃的慢动作视频。

最后，没有建构性地使用权威资料。学生进行小组知识讨论时，可以引入权威资料来支撑自己的观点，让观点和建议更具备参考价值，也可以合理运用多媒体设备进行查阅。带入资料后与学生的原生观点做比较，进行新一轮的辩论，对资料进行建构性地使用，仍要以学生的观点为主体，而不是教条式地套用。

03 案例三

三年级体育“花样跳绳一级套路”

一、背景

对于三年级一班的大部分学生来说，有着两年多的语数英知识建构学习经验，能很快适应知识建构学习的一般环节。陈老师作为一位拥有十多年教学经验的体育老师，在未接触知识建构教学之前，更倾向于传统的体育课堂授课模式，特别是受到“体育”传统课堂观念影响，把重点放在了学生的动作跟练上，只注重学生的运动表现，而忽视了学生在体育课堂上的自主性与思考性。而陈老师进入南京师范大学附属邗江实验小学，接触知识建构教学理念后，开始思考体育课与知识建构的结合，他逐渐意识到体育课不仅需要关注到学生的运动表现，也要注重学生对运动本身的思考和对体育知识的掌握与创新。虽然应用知识建构时间并不算很长，但陈老师的课堂已经大有改变了。

花样跳绳属于新课标里的新兴体育类运动项目，本课程结合此项目的特点适用大单元教学，因为大单元教学既能使学生掌握所学项目的运动技能，又能加深学生对该项运动完整的体验和理解。本学期陈老师打算进行 18 课时及以上相对系统和完整的花样跳绳一级动作和二级动作学习，本次课为第十课次。

陈老师先让学生利用 iPad 学生端的资料自主学习和练习，提出问题；然后引导学生小组共同进行知识建构，这时学生基本能够解决大部分花样跳绳动作方面的问题，但一些知识性的问题需要权威资料的帮助，于是陈老师引导学生利用“数课平台”和权威资料进行了更深一步的讨论，观点与问题不断迭代，越来越多的知识被学生发现；最后，陈老师提供支架帮助学生进行知识的提炼升华，社区知识被建构形成。在锻炼身体的同时，学生能学会发现问题、思考问题、解决问题，这种学习方式比传统的“填鸭式”教学更加生动、活泼，学生的学习兴趣更浓，思维更活跃。

基于知识建构理论，引导学生自己创编动作，陈老师希望达成以下 3 个教学目标：

（1）运动能力：在学习中95%的学生掌握花样跳绳的名称和基本动作，并能配合音乐完成跳绳动作，能自主创编动作并大胆向同学展示。

（2）健康行为：通过竞赛激励法，发展学生的弹跳力和协调性，提高学生的跳绳能力。

（3）体育品德：通过体育课程与国防教育跨学科的学习，培养学生的爱国精神和集体主义精神，以及不怕困难、团结协作、顽强拼搏、勇于担当的品质。

二、知识建构教学流程

陈老师将知识建构教学的原则渗透进他的体育课堂中。在图6-3-1所示知识建构教学流程的指引下，陈老师带领学生在观点产生与问题解决中研究了花样跳绳。

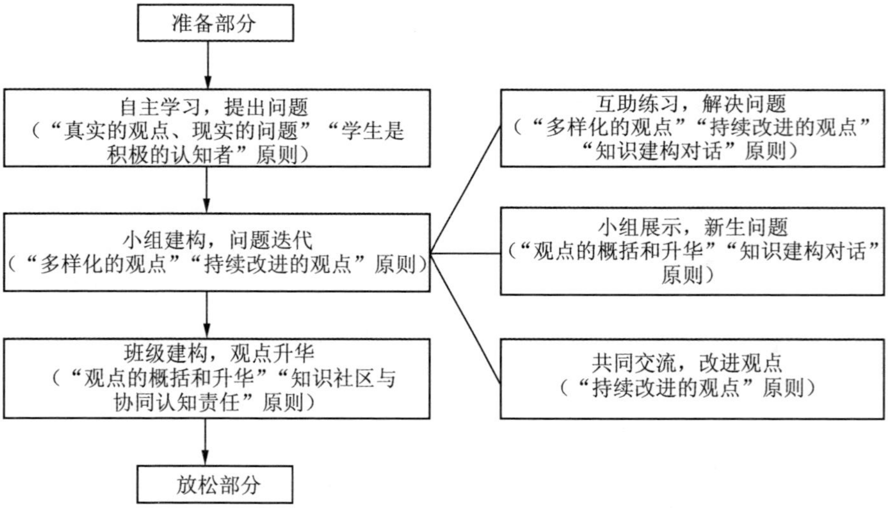

图6-3-1　知识建构教学流程

（一）准备部分

准备活动的内容选择按以往的模式一般是走跑练习、徒手操、器械操、武术操等一般性和专门性准备活动。本节课的热身部分是这样设计的，把自己的跳绳围成一个圆圈，听音乐绕绳慢跑，边跑边做开合跳、弓步跳、左右摇摆跳等动作，用这些动作性质和结构为主体部分的跳绳动作做辅助性、诱导性、过渡性练习。

当音乐停止时，快速占领一个圈。没有占领到圈的学生在中间带领大家做各关节的准备活动。这样既增加了趣味性，又让学生懂得了在做花样跳绳动作时需要用到哪些肌肉和应该做好哪些关节的活动；既锻炼了身体，又培养了学生的自主思考能力。

（二）主体部分

1. 自主学习，提出问题

现实的问题是知识建构的基础，陈老师想要改变以往“老师指挥，学生做动作；老师提醒，学生做改变”的生硬、无趣的体育课堂，他说，“学生的观点与问题的产生”很好地改变了这样的现象。

学生各有一台 iPad，里面有陈老师准备好的这节课的跳绳名称和讲解视频，学生根据自己的能力，选择自己感兴趣的或者不熟练的动作进行自主学习、思考，提出自己的问题。这时学生的问题基本围绕动作和技巧方面，比如：

Q1：我跳不好弓步跳，这个是怎么跳的，要注意什么？

Q2：我做单脚屈膝跳的时候特别容易倒，怎么办？

Q3：开合跳跳绳我做得很慢，怎么办？

Q4：跳着跳着就呼吸不过来了，腿也很酸，还有点想抽筋，怎么办？

Q5：花样跳绳还有其他的动作吗？

Q6：为什么叫花样跳绳？哪里有花啊？

……

基于学生提出的问题，陈老师带领学生进入了下一环节的研究。

2. 小组建构，问题迭代

学生的观点与问题最终要在知识建构圈中被讨论和解决。陈老师发现在小组建构中，学生的问题不仅得到了很好的解决，而且不断有新的问题迭代产生。

（1）互助练习，解决问题。通过自主学习，学生已经明确了自己的问题，紧接着陈老师把所有学生分成八个小组，由小组长带领本小组成员共同讨论、练习，组内成员互帮互助。在场地中，学生时而对话，时而思考，时而专注练习，他们相互指导动作，有说有笑，这样的课堂氛围让陈老师深感欣慰。这时学生的“动作问题”基本都能得到解决，比如 Q1，学生小组给出的解答是“这个动作是一条腿向前迈出一步，然后另一条腿也向前跳跃，在空中完成一个弓步的动作，弓步的步子不要太大，要不然容易绊倒”；还有 Q2，学生小组的解答是“身体要稍微前倾，注意保持平衡”。

（2）小组展示，新生问题。小组建构基本完成后，陈老师组织各小组分别展示正确的花样跳绳动作，并让各小组对自己小组的问题和观点进行了展示，其他小组进行了补充讨论。比如 Q4，该小组认为是“跳得太快了，适当休息、缓解一下就好了”，其他小组又提出了“运动前要做好准备，把身体活动开”“及时拉伸、按摩一下”等观点，这些都非常有助于学生形成良好的运动习惯。

受学生知识水平的限制，学生虽然对 Q5 和 Q6 有自己的想法，但问题并没有得到彻底的解决。学生在思考的同时又产生了新的问题。

生 1：Q5，我们觉得肯定还有其他花样跳绳的动作。

生 2：你怎么知道，我们 8 种动作已经学完了，没有其他的了？

生 3：我也觉得有，但是还有什么动作呢？

……

生 4：Q6，我觉得这个“花”，并不是说的花朵的“花”。

生 5：跳绳摆成花的形状就有“花”了。

生 6：摆在那里还怎么跳啊？

生 7：我觉得“花”是说跳的时候动作有各种各样的。

……

（3）共同交流，改进观点。陈老师觉得此时学生的思维非常活跃，每个人都想发表自己的意见，但是受人数限制，讨论的效率并不高，于是他引导学生打开“数课平台”汇集问题，并且提醒学生如果有新的问题，也要及时发表在“数课平台”上，互助解决。另外，陈老师强调了“权威知识的引入”，提醒学生，对于自己感兴趣的观点，可以在网络上搜索相关资料，帮助解决问题。这时，更多关于花样跳绳的问题产生了：

Q7：花样跳绳有没有专门的比赛或者比赛规则？

Q8：花样跳绳对身体有哪些好处？

Q9：花样跳绳是从哪里来的？有没有有趣的故事？

Q10：我们学的都是自己跳的，花样跳绳能跟我的好朋友一起跳吗？

Q11：我查到花样跳绳的动作不止这 8 种，还有很多很难的动作，我学不会怎么办？

……

通过权威资料的引入，学生在“数课平台”上的讨论进展较为顺利、迅速，特别是Q5和Q6都得到了解决，学生知道了花样跳绳还有很多组合动作、复杂动作。在Q6的讨论中，有的学生说，"'花'可能是说像花儿一样好看，因为花样跳绳比平时的跳绳有趣，我觉得很好看"；有的学生说，"既然花样跳绳有这么多不同的动作，那'花'应该就是说它的动作多种多样"；还有的学生说，"我查到'花样跳绳可以同舞蹈、技巧、武术、街舞和音乐等多种运动及形式结合，还有不同的速度、力度、难度'呢，这也是很'花'的地方"。针对其他问题，学生们也都进行了不同程度的讨论。

3. 班级建构，观点升华

知识建构学习理论要求学生会从多样化、复杂的观点中概括总结出更高层次的观点。但三年级学生的认知水平、表达能力都还比较有限，于是陈老师给学生提供了观点支架，并引导学生进行总结性思考。

观点支架："我这节课学到了很多知识，比如通过对问题________的研究，我学到了________，所以我会________。"

陈老师为了学生更好地总结，先给学生做了示范："我这节课学到了很多知识，比如通过对问题4的研究，我学到了在花样跳绳前应该做好准备运动，花样跳绳后，应该及时拉伸按摩，避免身体不舒服，所以我会在以后的运动里做好准备运动和放松的。"给学生思考和在平台上发表的时间后，陈老师选取了一些观点，在课堂上分享，比如："我这节课学到了很多知识，比如通过对问题8的研究，我学到了花样跳绳能够帮我们增加身体的协调性，让我们更灵活，更加健康，所以我会坚持花样跳绳。""我这节课学到了很多知识，比如通过对问题9的研究，我学到了花样跳绳是从哪里来的，还有花样跳绳（有关的）历史故事，我很喜欢这些，所以我会把这些讲给我的好朋友听，让她跟我一起喜欢（花样跳绳）。""我这节课学到了很多知识，比如通过对问题7的研究，我学到了花样跳绳是有很多比赛和表演的，我很喜欢花样跳绳，所以我会好好练习，以后也要参加（比赛和表演）。"……

（三）放松部分

最后游戏阶段，陈老师运用《冲锋》这首激动人心的曲子伴随学生进行爬、绕、跳、跨等综合技能的障碍跑游戏，激发他们的潜力，将本节课推向一个高潮。学生的心率在此刻达到了最高点。

放松恢复阶段，适合听节奏比较舒缓的曲目，因为慢节奏的、舒缓的、悠长的、醉人的音乐能够使人处于较安静的环境中，使疲劳的身体得到放松和恢复。所以陈老师运用舒缓的《大鱼》作为放松操的背景音乐，配合简便易学的拉伸动作，主要有颈部拉伸、肩部拉伸、侧腰拉伸、大腿拉伸、小腿拉伸。在陈老师的口令和言语提示下，学生配合呼吸进行练习，以达到放松肌体的目的。学生沉浸在舒缓的音乐里拉伸关节和调节心率。

三、知识建构智慧作品展示

本节课的学习让学生对花样跳绳有了比较全面的了解。学生在讨论过程中提到了花样跳绳的“花”，即种类与来源问题，于是陈老师想到可以让学生自己设计花样跳绳动作，这既能发挥学生的创造性，又能帮助学生理解花样跳绳的多样性。陈老师将创编动作的作业布置了下去，学生在家中和课后进行了创编，小组之间进行了探讨交流，相互提供了灵感与建议，然后每个人展示了自己的创编动作，小组之间相互讨论与改进，最后每一组精挑细选完成了本小组的创编动作并进行了展示与比赛。

少数小组利用现场表演、视频制作的形式展示他们设计的花样跳绳动作，大部分学生采用绘制人工制品的方式来展示他们设计的动作，比如图 6-3-2 所示作品，将他们设计的花样跳绳动作的每一步都详细地画了出来，并且加上了详细的解释文字，主题事项和动作要领也都写得很清楚，学生还使用了丰富的颜色与图案，排版也十分具有观赏性。

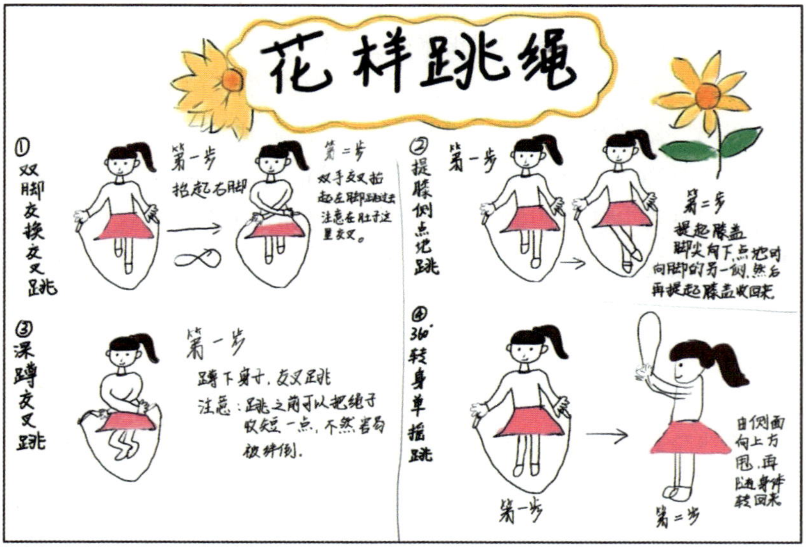

图 6-3-2　学生智慧作品

四、知识建构教学反思

陈老师基于知识建构教学，改进传统体育课堂，通过“自主学习，提出问题”“小组建构，问题迭代”“班级建构，观点升华”的方式，不仅让学生掌握了 8 种一级花样跳绳动作，而且在这个过程中让学生自己找出了注意事项和动作要领，了解到了关于花样跳绳的作用、历史来源、表演和比赛等有趣的知识。此次将知识建构理论渗透到体育课里达到了预期效果，但也存在一些问题和不足，需要进一步改进，以便为后续的体育课提供启示。这些问题和不足主要体现在以下方面。

*首先，教师对学生的运动负荷掌握不准。*科学合理地安排体育课的运动负荷是非常重要的，要真正根据人体机能活动规律和适应性规律，使体育课的运动负荷适量和适度。本节课的运动负荷设置大致如下：平均心率：140±5 次/分钟，群体密度≥75%，个体密度≥50%。但是当天的温度有点高，大部分学生呼吸急促，汗量过多。所以在以后的体育课中关于运动负荷的计量要根据课的类型、学生的情况、教材的性质、难易程度及气候的变化等因素不断调节，掌握并利用观察法，通过观察学生的动作完成质量、准确性、控制身体能力、呼吸、汗量、脸色、表情等特点及时调整运动负荷。

*其次，学生设计的花样跳绳动作质量不高。*知识建构教学鼓励学生提出真实的问题，设计出新颖的动作，这更有利于激发学生学习和练习花样跳绳的欲望，但当前存在学生提出的问题质量不高，设计的动作没有新颖性等问题。针对这种情况，教师可以适时地提供有效提问的方法，借助多媒体视频技术拓宽学生的视野，帮助学生提出更具探究价值的问题，从而设计出与众不同的花样跳绳动作。

*最后，教师未充分调动学生的积极性。*虽然大部分学生都能投入思考、合作、运动练习中，但陈老师在观察过程中还是发现个别同学参与度较低，并在课后询问了这些学生，学生给出的原因有“不太会用‘数课平台’”“不喜欢运动，很累”“自己什么都不知道，怕自己说错”。针对这些问题，陈老师表示会在以后的教学中注意：第一，在学生使用平台时多多指导，多给予学生过程性反馈；第二，为不喜欢运动的同学设计个性化方案，与家长协同改善学生对运动的观点，让学生意识到运动的重要性；第三，促进知识建构圈交流讨论氛围的形成，强调观点的可改进性，对缺少自信心的同学多加鼓励和引导。

04 案例四

一年级美术“秋天来了”

一、背景

对于小学一年级的学生来说，知识建构是一种完全陌生的事物。他们对知识建构教学平台的使用、提出问题与表达观点、小组乃至班级讨论等都不了解。马老师作为一位拥有近十年教学经验的美术老师，在未接触知识建构教学之前，更为习惯于主导课堂，给学生设置问题、布置任务，掌控课堂节奏，进行结构化教学，带领学生朝着自己设计的方向走。而在进入南京师范大学附属邗江实验小学，接触知识建构教学理念后，从刚开始的不适应到现在主动思考如何更好地将知识建构教学与课本结合，尽管才两年多的时间，马老师的教学观念却发生了巨大变化。

在本次的课程中，马老师将目光锁定在一年级美术，选择了上册教材中的第十课“秋天来了”。本课属于“造型・表现”领域的学习内容。“万美之中秋为最。”秋天是多彩的，阳光下，红的、橙的、金的、绿的……各色树叶一片片招人喜爱。秋天是最美的季节，也是收获的季节，黄澄澄、金灿灿的果实挂满枝头，殷实、成熟、美丽。马老师要带着低年级的学生观察、亲近、体验、感受、表现、创造美好的自然现象，把生活体验表达在美术作品中。马老师采用知识建构教学方式，首先引导学生说说现在是什么季节，并提出真实的问题，例如：“到了秋天身边有什么变化吗？”“秋天到底是什么颜色的？”紧接着，马老师让学生欣赏秋天的图片，回答这些问题并在小组和班级中展开讨论，初步了解秋天的特征与变化，欣赏和感受秋天的景与色。最后，马老师培养学生良好的审美观，让学生从自然、生活等角度感受秋天不仅是美丽的季节，还是“收获的季节”，培养学生积极向上的健康心理，将感知、审美层次从浅层向深层推进。

通过本节课的教学，马老师希望达成以下 4 个教学目标：

（1）让学生初步了解秋天的特征与变化，欣赏和感受秋天的景与色。

（2）让学生联系实际，观察秋天树叶色彩的变化。

（3）激活学生的创作灵感，让学生学会综合运用一些简单的美术形式语言，表达自己对秋天的感受和理解。

(4) 增强学生对自然生态资源的保护意识，将美丽的秋天留在学生心中。

二、知识建构教学流程

知识建构教学流程如图 6-4-1 所示，马老师围绕该教学设计，和一年级的学生开启了“秋天来了”这节课的探究之旅。

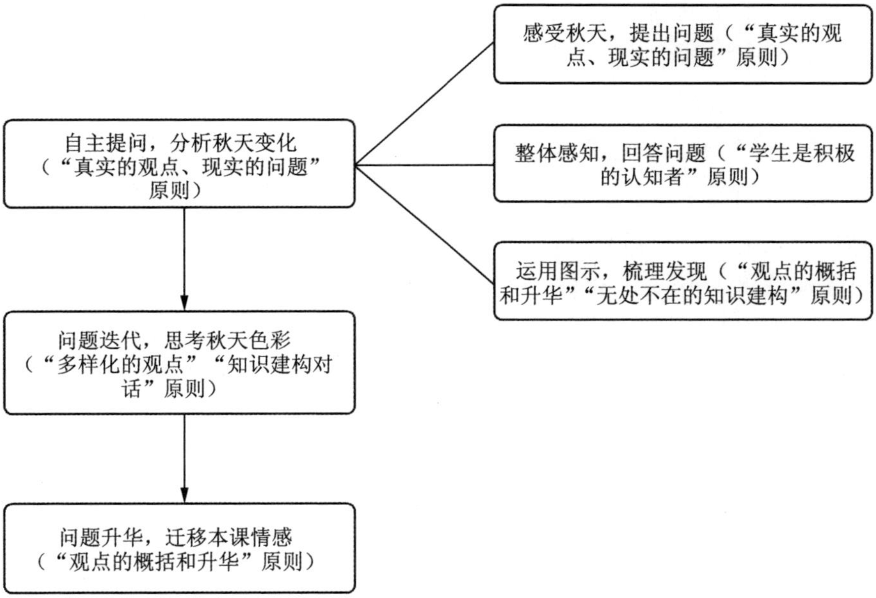

图 6-4-1　知识建构教学流程

（一）自主提问，分析秋天变化

现实的问题是知识建构的出发点。马老师想让学生用自己的问题和想法来引领整个学习过程。

1. 感受秋天，提出问题

在马老师看来，观察秋天的变化是富有趣味的，能够激发学生的学习兴趣。因此，上课前马老师先让学生观察秋天，提出真实的问题。学生主要提出了以下 3 个问题：

问题一：到了秋天身边有什么变化？

问题二：秋天到底是什么颜色的？

问题三：该怎么样去表现秋天的景与色呢？

这些问题驱动学生继续开展探究。

2. 整体感知，回答问题

通过本节课的学习，学生发现秋天到了，天气变冷了，树叶变颜色了，从枝头上落了下来，秋天也是收获的季节，黄澄澄、金灿灿的果实挂满枝头，殷实、成熟、美丽。秋天不是单一的颜色，而是五彩斑斓的。马老师带领学生一同赏析儿歌《秋天是什么颜色》。问题一和问题二得到解答，问题三有待学生进一步探究。在学生了解了秋天色彩的基础上，马老师引导学生形成了一个继续推进寻找绘画方法的问题：秋天的色彩到底该怎么样表现？教师作为引导者，应根据学生的知识建构情况，适时引导学生进一步思考，持续改进观点。

3. 运用图示，梳理发现

马老师引导学生再次欣赏大师作品，并让学生依据自己的理解绘制文本结构图，形成对“观点的概括和升华”。马老师没有对文本结构图的形式做过多的要求，不需要达成统一，学生可以以秋天的变化为中心，绘制变化关系图（图 6-4-2），也可以以秋天的色彩为线索绘制色彩关系图（图 6-4-3）。这一环节的目的在于帮助学生梳理整节课内容，促进学生的知识在广度上发散，推进学习的深度。

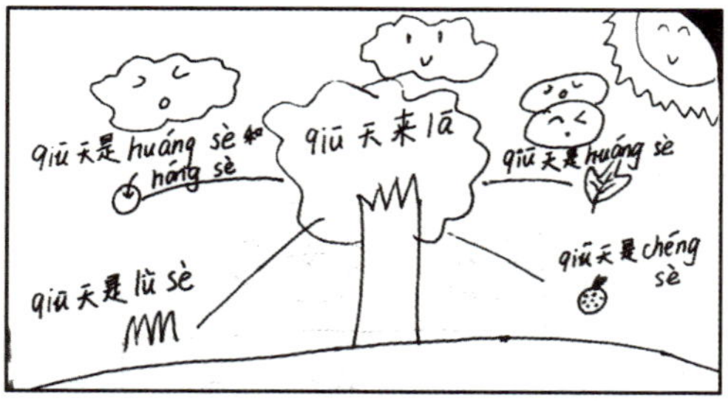

图 6-4-2　变化关系图

图 6-4-3　色彩关系图

（二）问题迭代，思考秋天色彩

“知识建构对话”原则支持学生在组内和组间进行观点的共享、解释、质疑、协商，持续改进观点，深化对文本的理解，促进社区知识的形成。学生在完成文本结构图之后，通过欣赏又有了新的思考，形成了新的问题。例如：艺术家是如何表现秋日主题的？看到画面你有什么感受？在这一过程中，学生多样化的观点持续提出并改进，马老师感受到学生对本节课的探究越发深入。学生此时提出了问题：如何学习艺术家的方法表现秋天？

在此基础上，马老师引导学生选择一个事物（如树叶）并和选择相同事物的学生组成研究小组，在课堂上开展深度观察交流活动。首先，学生在小组内交流自己提出的问题及观点；其次，小组内围绕存在疑惑的问题进行探讨，确定最终观点后将本组的问题和观点用海报的形式记录下来；再其次，选择相同艺术家的小组互相交流海报，提供建议，改进观点；最后，选择不同艺术家的小组交流海报，了解他人的研究问题和观点，加深对本节课内容的了解。

图 6-4-4 展现了树叶小组学生的海报内容。学生提出问题，如："秋天的树叶是什么颜色?""秋天叶子会变吗?""秋天树叶都会掉光吗?"这说明学生已经意识到秋天树叶的变化并想探究到底有哪些变化。接着从小组成员对问题一的回答可以看出学生多样化观点的表达及批判性思考。从对问题二和问题三的回答可以发现，学生基于对本节课的学习，能够从多角度感知秋天，感受到秋天丰富的色彩，这培养了他们良好的审美观。学生在思维深化的同时，增强了对自然生态资源的保护意识，将美丽的秋天留在了心中。

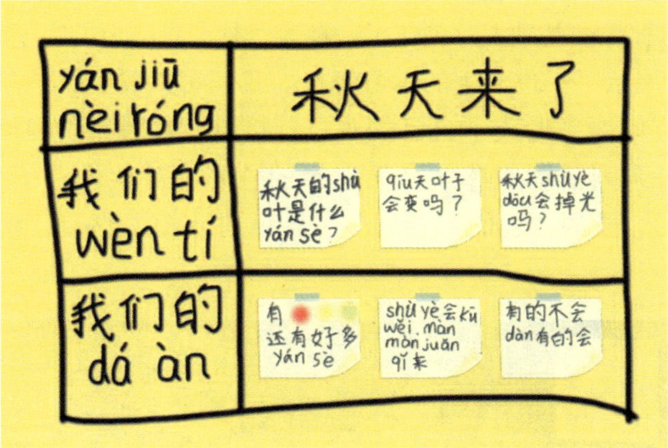

图 6-4-4　树叶小组的海报

（三）问题升华，迁移本课情感

创造性的知识建构需要发展出更具有上位的观点，这要求学生能够从多样化、复杂化的观点中概括出更高层次的观点，获取"精髓"部分。在小组对问题进行探究后，马老师发现学生对本节课的"知识与技能""过程与方法""情感、态度与价值观"有了进一步的感悟，为了加深学生对秋天景与色的认识，他引导学生围绕主题继续提出问题，帮助学生升华情感，感受秋天。学生由此提出了如下问题：

问题一：画家为什么用大色块涂抹的方式表达秋天？

问题二：我该运用哪些色彩表达秋天？

问题三：我可以运用哪些创作方法表达对秋天的感受？

学生首先在小组内讨论了问题一：有的学生认为，画家这么画是想分出画面的前景、中景和远景，表达出画面深远的空间感；有的学生则认为画家想表达一种秋天温暖浪漫的氛围。而实际上，无论哪种观点，都体现了学生对本课的批判性理解。随后，学生写出问题二、问题三的答案，继续在组内讨论了问题二和问题三，并在小组建构的过程中不断迭代改进、升华观点。

三、知识建构智慧作品展示

通过此次课程的学习，学生对秋天的景与色有了更深的体会。马老师随即让学生自主选择一种人工制品形式表达自己对秋天的感悟。很快，马老师收到了各种各样有趣的人工制品。例如，本次知识建构课程结束之时，有部分学生创作了各式各样的树叶作品，表达了对秋天色彩的感受。有的学生则在整节课学习秋天的基础上，创作了一幅表达秋天景与色的完整作品。

图 6-4-5 展示了一位学生的学习海报。我们可以看到，该学生首先提出了自己的研究问题，形成了自己的观点，接着，在观察、提问、体验、欣赏、讨论等一系列活动中感知秋天丰富的色彩，对秋天有了全新的感悟，阳光下，红的、橙的、金的、绿的……各色树叶招人喜爱，秋天是绚丽多彩的。

图 6-4-5　学生的学习海报

四、知识建构教学反思

教师运用知识建构教学，通过自主提问、分组讨论、全班建构的方式让学生实现深度探究，感悟秋天的景与色，同时进行情感迁移，增强对自然生态资源的保护意识，学会综合运用一些简单的美术形式语言，表达自己对秋天的感受和理解，将美丽的秋天留在心中。

教师认为，此次“秋天来了”美术课达到了预期效果，但也存在一些问题和不足，需要进一步改进，以便为后续美术课程的开展提供启示。这些问题和不足主要体现在以下方面。

首先，学生提出的问题质量不高。知识建构教学鼓励学生提出真实的问题，这更有利于激发学生的学习欲望，但当前课程存在学生提出的问题质量不高，太宽泛或脱离本课主题，没有探究价值的情形。针对这种情况，教师可以适时提供有效提问的方法，帮助学生提出更具探究价值的问题。

其次，本次课程没有使用 KF 平台。KF 平台为学生提供了发表观点、交流讨论并形成记录的空间。由于一年级学生年龄太小，因此，教师未安排学生借助 KF 平台开展知识建构。教师认为如果今后条件允许，可以使用 KF 平台，记录观点改进的过程，拓展知识建构的时空。

最后，没有形成班级知识社区。教师在进行教学设计之初，计划课程结束后请学生通过班级合作的方式，创作出一幅完整的秋天主题作品。在合作创作环节，教师要注重小组合作的组织和引导，鼓励学生积极参与，培养学生的团队意识和集体荣誉感。教师认为这是引导学生形成对秋天的景与色深度理解的有效形式。但由于时间、场地等有限，尚未形成班级知识社区，在今后的课程教学中，将进一步落实此行动。

第七单元

寒暑假知识建构案例

单元导言

寒暑假知识建构是在知识建构理论的指导下，主张让学生在寒暑假生活中通过全科阅读、科学探究、体育锻炼、参观游览等活动，帮助学生逐步改变，并最终发展知识的过程。寒暑假知识建构是知识建构理念在寒暑假活动中的实践，旨在贯彻落实“双减”要求和《义务教育课程方案和课程标准（2022 年版）》精神，减轻学生作业负担，在知识建构的过程中全面提升学生的核心素养。尽管全国各地区着力贯彻落实“双减”要求，但是孩子们的假期生活仍然存在重复刷题、过度参加学科类课外补习等问题。在这种情况下，学生的假期生活被大量的作业和练习题占据，这些重复性的学习任务不仅使学生缺乏休息和娱乐的时间，还容易导致他们产生厌烦和疲劳的情绪。在假期里，过多的作业和补习班让很多学生失去了以往天真活泼的个性和探索世界的热情。

南京师范大学附属邗江实验小学应“双减”和义务教育课程标准要求，结合学校办学理念，尝试让学生开启一种全新的寒暑假学习形式。这种全新的形式不仅仅关注学生的知识掌握，更注重培养他们的好奇心和创造力。传统的应试教育往往将学生限制在死记硬背的学习中，这不仅会扼杀学生的天性，也与“双减”所倡导的减轻学生课业负担、增强学生综合素质的理念相违背。寒暑假知识建构要解决的核心问题就在于此，主张通过一系列知识建构活动帮助学生探索世界、发现新知识和提高自身能力。

本单元包括三个寒暑假知识建构案例，每个案例都以某个学生为例，全面剖析他们在寒暑假期间的知识建构过程。每个案例都由四个部分组成：

寒暑假知识建构背景、寒暑假知识建构流程、寒暑假知识建构智慧作品展示和寒暑假知识建构反思。第一个案例是关于《昆虫记》蝉的全科阅读，涵盖了阅读准备、阅读过程和实地观察三个阶段。通过这个案例，我们可以看到孩子如何通过阅读和观察，深入理解蝉的形态和习性等特征，以及如何持续改进自己的观点并最终形成自己的作品。第二个案例是关于《蜻蜓》的跨学科探究观察，主要包括观察准备、实地观察和撰写观察报告三个阶段。通过这个案例，我们可以看到孩子如何在实地观察中认识蜻蜓并最终形成一份关于蜻蜓的跨学科观察报告。第三个案例是关于《螳螂的变化过程》的跨学科探究观察，主要包括制定计划、探究观察和撰写观察报告三个阶段。通过这个案例，我们可以看到孩子如何在质疑和解惑中持续改进自己对螳螂的认识并创作了有关螳螂的人工制品。

如果你是知识建构新手读者，想要指导孩子们进行寒暑假知识建构活动，希望以下建议能够帮助你。第一，寒暑假开始之前对孩子们进行指导，帮助孩子们明确寒暑假知识建构活动的目的、要求、注意点及最终作品的呈现样态；第二，制定好给孩子和家长的寒暑假知识建构学习指导，包括但不限于全科阅读、科学探究、体育锻炼、参观游览等活动的建议等。第三，提供寒暑假知识建构支架和成果样例，帮助孩子们在知识建构过程中记录自己的问题和观点，激发孩子们的思考，促进其观点的持续改进和升华。

如果你已经积累了知识建构的经验，并希望在寒暑假期间指导孩子们开展深度的知识建构活动，那么以下建议可能会对你有所帮助。第一，向家长介绍寒暑假知识建构的理念、基本过程和需要注意的关键点等。如果家长们不了解知识建构，那么他们在这个过程中可能只会进行简单的提问和回答，这很难引导孩子们将知识建构活动提升到一个较高的层次。第二，建立寒暑假知识建构圈。在单个孩子的寒暑假知识建构过程中，知识建构对话往往很难发挥其应有的作用。为了解决这个问题，你可以鼓励孩子们和附近的小伙伴们一起组成小组，共同开展寒暑假知识建构活动。

01 案例一

二年级《昆虫记》蝉的全科阅读案例

一、寒暑假知识建构背景

全国各地区正在积极贯彻并落实“双减”政策及《义务教育课程方案和课程标准（2022 年版）》精神，提升学生的核心素养。在这样的背景下，孩子们的暑假生活也发生了改变。南师大附属邗江实验小学为孩子们的暑假生活制定了一种新的方案，主张在假期中合理安排全科阅读、科学探究、体育锻炼、参观游览等活动。这些活动不仅能够帮助孩子们在轻松的氛围中学习新知识，而且能够提高他们的实践能力和综合素质。学校建议家长不要在暑假期间安排孩子参加学科类课外补习，基本练习已经在课堂上训练过，且达到了课程标准的要求，不需要在暑假里反复“刷题”。另外，学校老师已经为孩子们提供了暑假生活指导。然而，由于一年级的孩子年龄较小，识字量也不多，因此需要家长协同指导。

在这次暑假知识建构活动中，首先，高同学与家长共同协商，制定了一份暑假读书计划表。其中，《昆虫记》被选为全科阅读的书目之一。这本书是法国作家法布尔通过对各种昆虫的细致观察和探究而创作的一部科普类作品。其次，在阅读《昆虫记》的过程中，高同学对蝉这种昆虫产生了浓厚的兴趣，决定展开一次关于蝉的实地观察之旅。高同学从阅读书籍到实地探究、从提出问题到拓展问题，逐渐深化了对蝉的形态和习性、蝉鸣的原因及其影响因素等问题的认识。最终，他创作了一篇关于《昆虫记》的阅读作品。

高同学的暑假知识建构目标如下：

（1）通过阅读《昆虫记》，了解各种昆虫的生活习性，特别是自己感兴趣的昆虫。

（2）通过阅读和观察，提出自己感兴趣的问题和观点，进一步加深对昆虫世界的理解。

（3）通过观察和探究，获得对自己感兴趣的昆虫的感性认识，深入了解它们的活动规律和生活环境。

（4）通过绘画、文字、思维导图等形式，设计和创作自己的阅读作品。

二、寒暑假知识建构流程

如图 7-1-1 所示，高同学围绕着《昆虫记》中的蝉开启了他的暑假知识建构之旅。

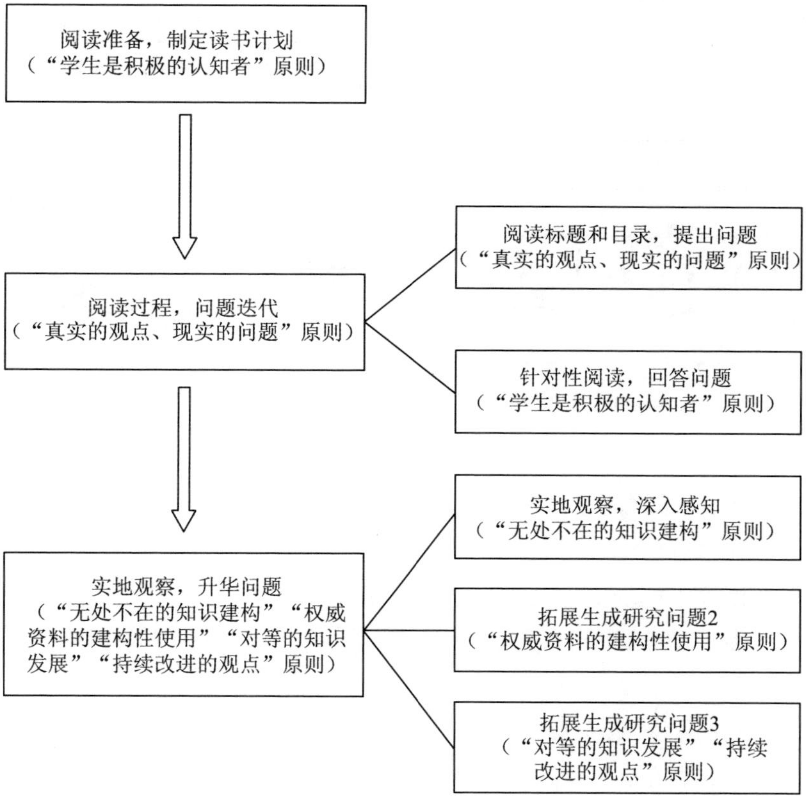

图 7-1-1　暑假知识建构流程

（一）阅读准备，制定读书计划

学生是积极的认知者，在知识建构的过程中，学生需要为问题设定目标，制定长期计划等，教师需要帮助学生建立自己的“方法论”。因此，南师大附属邗江实验小学给孩子们提供了关于全科阅读和跨学科探究观察的学习指导，同时强调家长要引导孩子自己完成作品。高同学参考学校提供的全科阅读计划表样例（图 7-1-2），自己制作了一份暑期读书计划表（图 7-1-3），每天在固定的时间里阅读《昆虫记》。

图 7-1-2 阅读计划表样例

图 7-1-3 高同学制作的阅读计划表

（二）阅读过程，问题迭代

1. 阅读标题和目录，提出问题

现实世界中的现实问题是建构知识的出发点。高同学在生活中观察过小昆虫之类的动物，所以《昆虫记》能够引起他阅读的兴趣。高同学在家长的引导下，开启了探索《昆虫记》的奇妙旅程。首先，他阅读了标题和目录，那些关于昆虫奇妙故事的标题一一映入眼帘，而其中，高同学对“蝉”的部分特别感兴趣。他眨巴着眼睛，提出了问题 1：“蝉的生活特点是什么？”

高同学提出了自己的观点：蝉最喜欢唱歌和大树。因为在他的记忆中，在炎炎夏日的大树下，那些蝉鸣声仿佛是夏天的交响乐，所以，他认为蝉最喜欢唱歌和大树。知识建构中“真实的观点、现实的问题”原则强调每个孩子都可以提出自己的观点，并且孩子最初的观点是基于他们的“最近发展区”，所以越是年幼的孩子，观点越可能是朴素的、简单的。然而，观点是有生命的，有生命就有周期，就有发展。目前高同学提出的问题和观点如下（表 7-1-1），接下来看看他是如何发展和改进自己的观点的。

表 7-1-1　高同学提出的问题 1 和观点

问题	观点
问题 1：蝉的生活特点是什么？	观点 1：蝉最喜欢唱歌和大树。

2. 针对性阅读，回答问题

高同学带着疑问和期待，开始仔细阅读有关蝉的章节。他惊奇地发现，蝉的幼虫要在地下生活四年，它们耐心地挖土、清理、加固，像是一位精明的“建筑工程师”。他知道蝉是如何度过漫长而艰辛的幼虫期，如何耐心地等待阳光的照耀的。然而，《昆虫记》中对蝉的幼虫的描述并没有详细解答他的问题。他想知道蝉的成年形态和生活是什么样的，于是，他的家长决定带他来到小区的大树下观察蝉，一场别开生面的实地观察之旅就这样开始了。

（三）实地观察，升华问题

1. 实地观察，深入感知

无处不在的知识建构原则表明知识建构不限定于特定的场合或科目，而应遍及学校内外的所有生活。因此，知识建构应与学生的生活世界息息相关，而非限定于纯粹的科学世界。

高同学和他的家长一起来到了小区的大树下，他们听到了一阵响亮如雷的蝉鸣声。这声音如同夏日的狂欢曲，此起彼伏，热闹非凡。高同学想起书中描述的蝉的幼虫生活在地下的情景，他立刻蹲下身来，目不转睛地观察着地面。然而，刚刚的兴奋之情并没有持续太久，他翻寻着泥土，并没有什么特别的发现，地面上只有一些落叶和几只小虫。

图 7-1-4　高同学寻找蝉

他的目光不禁有些失落，但这时，持续不断的蝉鸣声引起了他的注意。高同学瞪大了眼睛，试图在繁茂的树叶中找到蝉的身影。突然，他发现了一只，激动得几乎要叫出来。它的身体紧贴着树皮，全身呈黑色，翅膀薄如轻纱。他看到它用细长的口器吸食树汁，然后开始振动翅膀，发出悠扬的歌声。

高同学的家长引导他对成年蝉的生活特点进行总结，他说道："它们的身体是黑色的，有着透明的翅膀。它们喜欢树汁，通过振动翅膀发出声音。"通过实地观察，高同学对蝉的认识更加深入，直观了解了成年蝉的形态和习性，持续改进了自己的观点（表 7-1-2）。

表 7-1-2　高同学提出的问题 1 和观点

问题	观点
问题 1：蝉的生活特点是什么？	观点 1：蝉最喜欢唱歌和大树。 观点 2：它们的身体是黑色的，有着透明的翅膀；它们喜欢树汁，通过振动翅膀发出声音。

2. 拓展生成研究问题 2

高同学被那持续不断的蝉鸣声吸引，提出了新的问题："为什么它们一直在叫呢？是不是和我现在的感觉一样，觉得天气很热？还是它们饿了？"这是他的猜想。他从自己的感受出发，提出了自己的观点。关于这个问题，他的家长也无法准确回答。

高同学的家长引导孩子去网络中寻找答案。于是，孩子迫不及待地拉着身边的家长，去网络中寻找蝉鸣的秘密。原来，蝉鸣并不是因为它们感到炎热或饥饿，而是它们交流的一种方式。有的蝉鸣是为了吸引异性，有的则是为了警告同伴有危险。而且，只有雄性的蝉才会鸣叫，越强壮的雄性，其叫声越大。"权威资料的建构性使用"原则强调对权威资料的有效使用，鼓励学生使用权威资料及各种来源的信息作为他们知识建构与观点改进过程中的材料。高同学正是在家长的引导下利用网络不断地改进观点（表 7-1-3）。

表 7-1-3　高同学提出的问题 2 和观点

问题	观点
问题 2：为什么蝉一直在叫呢？	观点 1：是不是和我现在的感觉一样，觉得天气很热？还是它们饿了？ 观点 2：蝉鸣是蝉交流的一种方式。有的蝉鸣是为了吸引异性，有的则是为了警告同伴有危险。而且，只有雄性的蝉才会鸣叫，越强壮的雄性，其叫声越大。

3. 拓展生成研究问题 3

随着对蝉的研究，当高同学在夜晚听不到蝉鸣声时，他的好奇心又被点燃了，提出了另外一个问题："为什么晚上的时候蝉不叫，是因为它们怕光吗？"他想知道蝉鸣的影响因素是什么。高同学通过之前的探索，了解到蝉鸣是蝉自身交流的需要，但是对于其他影响因素比如光是否影响蝉鸣，还是持怀疑态度。知识建构理论强调观点的持续改进，学生认识问题时产生的误解不再被认为是错误和必须纠正的，而是被看作能提高的观点。他的家长了解他的好奇心，但没有直接告诉他答案，而是引导他自己去发现。接下来就看看他们对这个问题是如何探究的。

一个阳光明媚的中午，高同学和他的家长一起来到那棵大树下，聆听蝉的叫声。高同学的家长引导他把中午听到的蝉鸣声记录下来，因为他们计划与其他时间的蝉鸣声进行比较。于是，他们分别把中午和晚上的蝉鸣声用手机记录下来。高同学回去仔细听，发现中午的叫声明显比晚上的大得多。这时，蝉的叫声在他听来似乎变成了"知——了""知——了"，难怪人们又把蝉叫作知了。

然后，一天阴天，高同学和家长再次来到那棵大树下。他们发现，阴天时的蝉鸣声无论是中午还是晚上，都比晴天小了许多。通过这次实地观察和比较，高同学终于明白了蝉最喜欢在晴天的中午叫，因为这个时候阳光充足，温度适宜，最能激发它们鸣叫的热情。所以在阴天和晚上，蝉鸣声就会变得比较小。高同学通过与家长的对话和互动，在亲身的观察和体验中实现了观点的持续改进（表 7-1-4）。

表 7-1-4 高同学提出的问题 3 和观点

问题	观点
问题 3：为什么晚上的时候蝉不叫？	观点 1：晚上的时候蝉不叫，是因为它们怕黑。 观点 2：蝉最喜欢在晴天的中午叫，因为这个时候阳光充足，温度适宜，最能激发它们鸣叫的热情。所以在阴天和晚上，蝉鸣声就会变得比较小。

知识建构理论强调对等的知识发展，是真正的教学相长的过程，教师的每次知识建构教学过程也是自身学习的过程。通过观察探究，不仅孩子自身对于蝉的认识更加深入，而且孩子的家长也能获得知识。因此，知识建构是所有参与者共同学习、共同建构知识的过程。

三、寒暑假知识建构智慧作品展示

通过此次暑假知识建构，高同学对蝉有了更深的认识。首先，他阅读了法布尔的《昆虫记》，对蝉产生了浓厚的兴趣。其次，他在家长的引导下开启了一场关于蝉的实地探究之旅，在质疑和解惑中获得了关于蝉的形态、习性，以及蝉鸣的原因及其影响因素等问题的认识。他明白了蝉的独特生活方式和生存之道，也在暑假知识建构的过程中收获了新的知识。最终，他创作了一幅以《昆虫记》为主题的作品。

如图 7-1-5 所示，我们可以看到，这是一幅以《昆虫记》为主题的思维导图。这幅作品分为四个部分，分别是蝉、红蚂蚁、黑步甲和大孔雀蝶，因为他对这些昆虫最感兴趣。他用画笔生动地描绘了它们的外貌形态，用简洁的文字概括了它们的特性，使得这幅作品既具有视觉上的美感，又充满了丰富的昆虫知识。这幅人工制品展现了高同学暑假知识建构的成果，也让我们看到了每一个问题都可能引领他走向新的知识领域，每一次知识建构都可能带给他新的惊喜。

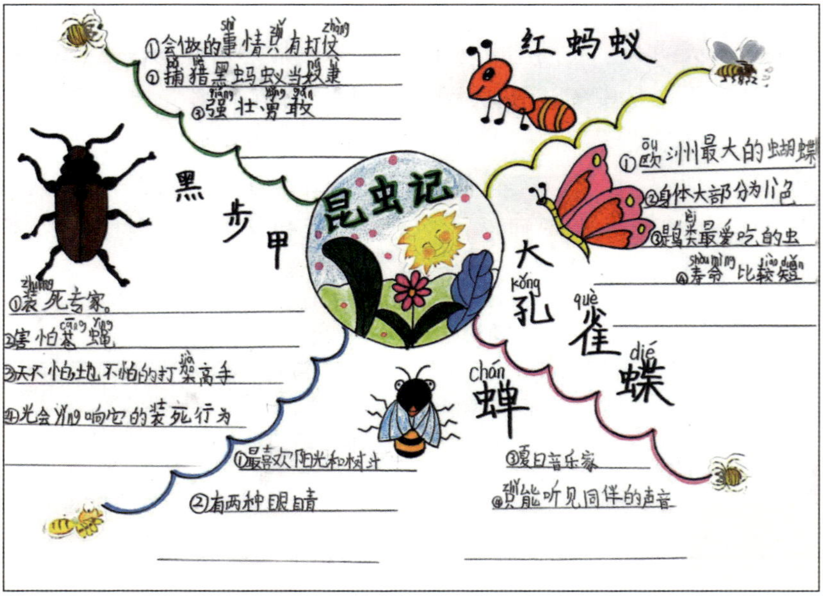

图 7-1-5　高同学《昆虫记》阅读作品

四、寒暑假知识建构反思

高同学在暑假期间通过知识建构的方式，实现了一次从理论到实践的探究之旅，不仅理解了蝉的独特生活方式，而且对蝉鸣的原因和影响因素也进行了探究。本次暑假知识建构活动已基本达到了预期效果，但是也存在一些不足，需要进一步改进，以期为后续的寒暑假知识建构提供有益的启示。

首先，缺少知识建构的引导者。在暑假知识建构中，孩子们的家长往往不了解知识建构或者缺乏陪伴孩子的时间，很难做一个合格的知识建构的引导者，也难以掌握知识建构对话的进程。在此次暑假知识建构中，孩子的家长也只是做了简单的引导。针对这种情况，学校可以在寒暑假学习指导中放入知识建构的介绍或者优秀的寒暑假知识建构范例，供家长学习和参考。

其次，没有记录观点。知识建构教学采用 KF 平台记录观点的发表、讨论等行为，有助于观点的持续改进和概括升华。此次暑假知识建构没有记录孩子观点的提出、讨论、改进等过程。针对这种情况，寒暑假知识建构即使没有条件使用 KF 平台，孩子们也可以适当使用问题记录本。

最后，没有实现较高层次的观点升华。创造性的知识建构需要发展出具有统筹性的观点和原则，这要求学生学会从多样化、复杂和杂乱的观点中概括总结出更高层次的观点，使知识建构达到更高的层次。本次暑假知识建构没有实现较高层次的概括和升华，比如探究蝉鸣的发声原理等。针对这种情况，家长可以通过提问引导的方式，帮助孩子提出更具探究价值的问题。

02 案例二

二年级《蜻蜓》跨学科探究观察案例

一、暑假知识建构背景

全国各地正着力贯彻落实“双减”要求和《义务教育课程方案和课程标准（2022年版）》精神，提升学生的核心素养。在这样的背景下，孩子们的暑假生活以休息为主，南师大附属邗江实验小学鼓励孩子们在假期中穿插适当的全科阅读、科学探究、体育锻炼、参观游览等活动；同时建议家长们不要安排孩子参加学科类课外补习，基本练习已经在课堂上训练过，且达到了课程标准的要求，不需要在暑假里反复“刷题”；另外学校老师已经给孩子们做过暑假生活指导，但由于二年级孩子小，识字量不多，因此需要家长协同指导。

在暑假生活中，吴同学与他的家长一同来到公园，对蜻蜓展开了一系列的探究和观察。首先，吴同学翻阅了暑假学习指导，明确了学习任务，为这场跨学科的观察探究活动做好了充分的准备。其次，在公园的湖边，吴同学与家长开始了对蜻蜓的观察探究。他们提出了一系列有趣的问题和观点，并将这些疑问与发现填写在观察记录表中。最后，吴同学根据这次的观察探究，撰写了关于蜻蜓的观察报告，并且将有关认识迁移到飞机的设计原理，最终形成了关于蜻蜓的跨学科探究观察报告。

吴同学的暑假知识建构目标如下：

（1）通过观察探究，认识自己感兴趣的昆虫的形态和习性。

（2）通过提出问题和观点，在质疑和解惑中深层次理解自己感兴趣的昆虫。

（3）通过概括和升华观点，在观察和探究自然现象的过程中提高抽象能力。

（4）通过制作一份人工制品，展现自己观察和探究昆虫的成果。

二、暑假知识建构流程

如图7-2-1所示，吴同学围绕着蜻蜓开启了他的暑假知识建构之旅。

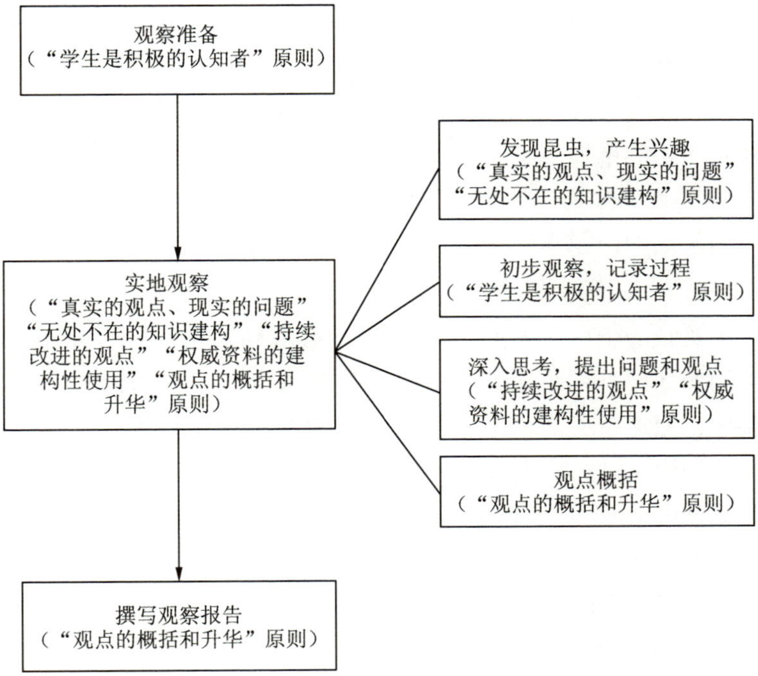

图 7-2-1　暑假知识建构流程

（一）观察准备

学习者是积极的认知者，在知识建构的过程中，学生需要自己为问题设定目标，明确要求。因此，吴同学阅读了学校提供的暑假学习指导的第二部分跨学科研究报告（图 7-2-2），明确了跨学科探究观察的注意事项和任务，在观察过程中填写了观察记录表，并且撰写了观察报告。接下来看

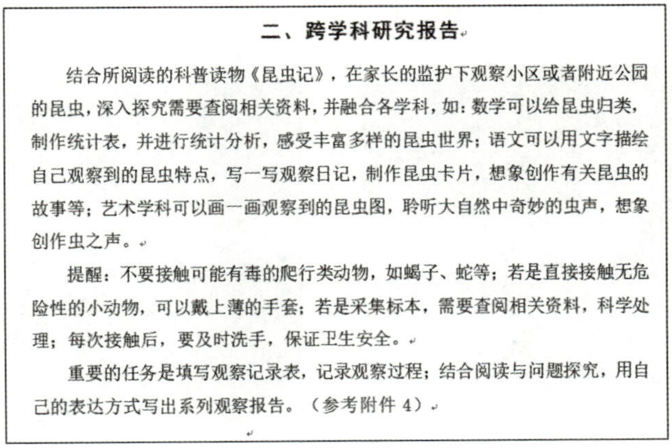

二、跨学科研究报告

结合所阅读的科普读物《昆虫记》，在家长的监护下观察小区或者附近公园的昆虫，深入探究需要查阅相关资料，并融合各学科，如：数学可以给昆虫归类，制作统计表，并进行统计分析，感受丰富多样的昆虫世界；语文可以用文字描绘自己观察到的昆虫特点，写一写观察日记，制作昆虫卡片，想象创作有关昆虫的故事等；艺术学科可以画一画观察到的昆虫图，聆听大自然中奇妙的虫声，想象创作虫之声。

提醒：不要接触可能有毒的爬行类动物，如蝎子、蛇等；若是直接接触无危险性的小动物，可以戴上薄的手套；若是采集标本，需要查阅相关资料，科学处理；每次接触后，要及时洗手，保证卫生安全。

重要的任务是填写观察记录表，记录观察过程；结合阅读与问题探究，用自己的表达方式写出系列观察报告。（参考附件 4）

图 7-2-2　跨学科研究报告要求

看他是如何进行探究观察的。

（二）实地观察

知识建构强调“真实的观点、现实的问题”原则，现实世界中的现实问题是建构知识的出发点，学生所研究的问题应该来源于他们在日常生活与学习中所遇到、看到、听到、触到的真实问题。因此，吴同学和他的爸爸一起来到附近的公园开启了他的跨学科探究观察之旅。

1. 发现昆虫，产生兴趣

在炎炎夏日的午后，吴同学与他的爸爸来到了附近一座宁静的公园。公园里的湖泊如同一面镜子，映照出蔚蓝的天空和洁白的云朵。湖中的荷花争相绽放，为这个炎热的季节带来一丝丝的清凉。突然，吴同学的注意力被一群在湖边飞舞的蜻蜓吸引。它们轻盈地翩翩起舞，时而盘旋在空中，时而停落在湖面的水草上（图 7-2-3）。吴同学发现，这些蜻蜓都有着大大的眼睛和透明的翅膀，它们轻盈的身姿在阳光下显得格外优雅。他好奇地观察着它们，对蜻蜓的独特之处产生了浓厚的兴趣。这也表明了知识建构中“无处不在的知识建构”原则，知识建构不限定于特定的场合或科目，而应遍及学校内外的所有生活。

吴同学被这些蜻蜓深深地吸引住了，他想要更深入地了解它们，想要靠近它们，观察它们的每一个细节。他转向他的爸爸，眼中充满了对知识的渴望和对蜻蜓的热爱：“爸爸，我想近距离观察这些蜻蜓，你能帮我捉一只吗？”他的爸爸笑了笑，用手指了指飞得很快的蜻蜓：“你看，它们飞得那么快，我们怎么抓得住呢？”吴同学有些失落，但他的爸爸似乎想到了什么。他走到附近的一个小摊位，买了一个捉蝴蝶的网子，然后递给了吴同学：“我们用这个试试吧。”两人便开始捉蜻蜓了（图 7-2-4）。

图 7-2-3　水草上的蜻蜓

图 7-2-4　吴同学和爸爸捉蜻蜓

在接下来的时间里，吴同学和他的爸爸一起努力地捕捉蜻蜓。他们凭借着智慧和耐心，终于捉到了一只落单的蜻蜓。吴同学欣喜若狂，小心翼翼地握着网子，生怕弄伤了这只小精灵。他们把蜻蜓放在一个透明的玻璃瓶里，这样吴同学就可以近距离地观察它了。虽然捉蜻蜓的过程中充满了困难和挑战，但吴同学和他的爸爸却乐在其中，那只被捉住的蜻蜓则成了吴同学夏日记忆的一部分。

2. 初步观察，记录过程

首先，吴同学观察了停在河面的蜻蜓，那细长的身形显得格外优雅。然后，他的视线移向了蜻蜓的眼睛，这对眼睛像两颗晶莹剔透的宝石，闪烁着神秘的光芒。最后，他的目光停留在蜻蜓的翅膀上，它们薄如蝉翼，透明而富有光泽。他把观察的结果记录到了观察记录表中（图 7-2-5）。这时吴同学对蜻蜓的形态有了一定的了解。

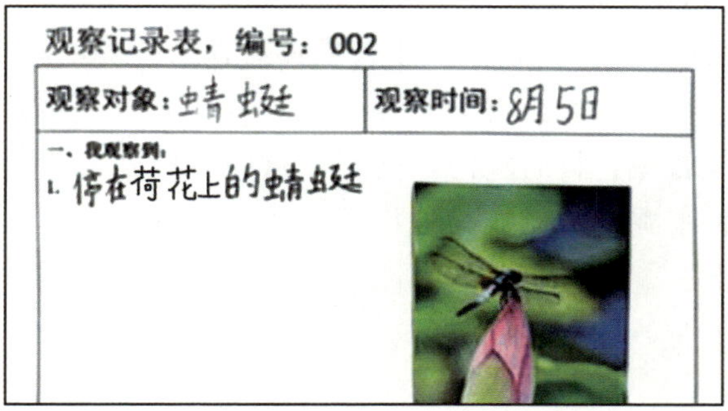
观察记录表，编号：002

观察对象：蜻蜓	观察时间：8月5日

一、我观察到：
1. 停在荷花上的蜻蜓

图 7-2-5 蜻蜓的部分观察记录表

3. 深入思考，提出问题和观点

吴同学通过对蜻蜓的观察提出了以下 2 个问题，作为积极的认知者，他针对观察到的现象提出了自己感兴趣的问题和观点。而每个孩子提出的每个观点，都是新生的生命，是生命就有周期，就有发展。那么吴同学是如何持续改进他的观点的呢？

问题 1：蜻蜓的眼睛为什么那么大？

问题 2：蜻蜓为什么喜欢在水面上点水？

对于问题 1“蜻蜓的眼睛为什么那么大”，吴同学从自己的经验出发提出了观点 1，猜想可能是因为蜻蜓的身体细长，所以眼睛显得很大。吴同学最初的观点是朴素而简单的，因为孩子最初的观点是基于他们的“最近发展区”的。知识建构中“持续改进的观点”原则强调学生的任何观点都被视为可以改进的观点，学生需要持续提高它们的质量、条理性和效用。为了寻找答案，他决定向他的妈妈请教。他的妈妈告诉他，蜻蜓的眼睛大，视力会更好，能360°看。此外，吴同学还在书中发现了一个令人惊叹的事实：蜻蜓的眼睛是由2万多个小眼睛组成的。这让他惊叹不已："原来蜻蜓的眼睛那么大，是因为它们有这么多的小眼睛啊！"

对于问题2"蜻蜓为什么喜欢在水面上点水"，他猜测可能是因为天气太热了，蜻蜓喜欢潮湿的环境。在知识建构中，学生认识问题时产生的误解不再被认为是错误和必须纠正的，而是被看作可以提高的观点。然而，他的猜测只是误解。吴同学又一次请教他的妈妈，但是他的妈妈也不清楚这个问题的答案。于是在妈妈的引导下，吴同学查阅了相关书籍，找到了答案。原来，蜻蜓点水是为了产卵。当雌性蜻蜓在水面上盘旋时，它们会寻找合适的地方产卵。为了确保卵能够安全孵化出小蜻蜓，它们会选择在水面或水生植物上产卵。因此，蜻蜓点水成了它们繁殖后代的一种方式。

吴同学感叹道："原来蜻蜓点水背后还有这么有趣的故事！"他对蜻蜓的观察和思考并没有结束，反而激发了他对自然界的更多好奇。这样的探究过程体现了"权威资料的建构性使用"这一原则，该原则鼓励学生使用权威资料及各种来源的信息作为他们观点改进过程中的材料。吴同学正是在家长的引导下去查阅相关书籍才改进了自身的观点，他的观点改进过程如表7-2-4所示。

表7-2-4 吴同学提出的问题和观点

问题	观点
问题1：蜻蜓的眼睛为什么那么大？	观点1：我觉得可能是因为它身子细长，所以显得眼睛很大。 观点2：妈妈说眼睛大，视力会更好，能360°看。 观点3：书上写到它的眼睛由2万多个小眼睛组成。
问题2：蜻蜓为什么喜欢在水面上点水？	观点1：我觉得是天气太热了，蜻蜓喜欢潮湿。 观点2：书上写到蜻蜓在水面上点水是为了产卵，它的卵是在水里孵化的。
问题3：蜻蜓飞得快吗？	

4. 观点概括

知识建构中"观点的概括和升华"原则强调学生要学会从多样化、复杂和杂乱的观点中概括总结出更高层次的观点。吴同学通过观察，概括出蜻蜓的外形：大大的眼睛，又透明又薄的翅膀，腹部和尾巴又细又长

(图 7-2-6)。在观察蜻蜓的过程中，吴同学不禁产生了疑问：蜻蜓飞得快吗？他开始在心中默默地描绘出一只只快速飞行的蜻蜓，它们的身体在阳光下闪耀着光芒。他回想起自己追逐蜻蜓的情景，那时的他仿佛是一位正在与风赛跑的勇士，然而无论他如何努力，那只蜻蜓总是轻盈地、优雅地在他眼前飞舞。针对拓展出来的新问题，接下来看看他在观察报告中是如何描述的。

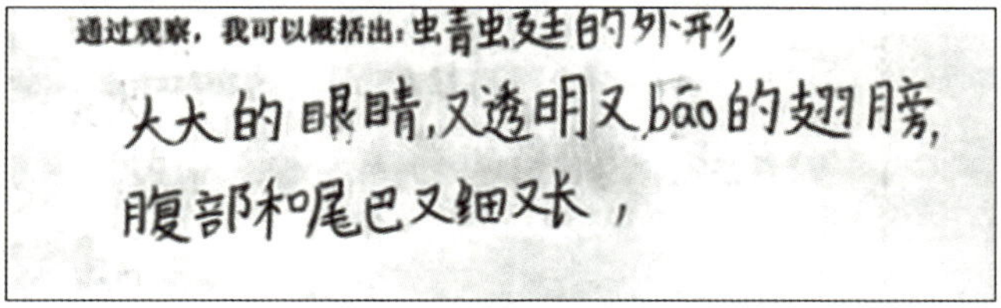

图 7-2-6　吴同学的概括

(三) 撰写观察报告

吴同学根据学校提供的观察报告样例撰写了关于蜻蜓的观察报告，提出了如下观点（表 7-2-5），包括蜻蜓的外形、食物和习性，可见他加深了对蜻蜓的认识。在撰写观察报告时，他再次思考“蜻蜓飞得快吗”这个问题，并且提出了新的观点，认为蜻蜓的飞行速度达到了 10 米每秒。他惊叹于这种生命的奇妙，也为自己能发现这个奇妙的现象而感到欣喜。

在这个过程中，吴同学还发现了一个非常有趣的现象：飞机的外形似乎与蜻蜓有着很多相似之处。他开始思考，人们是不是从蜻蜓身上得到了灵感，才设计出了飞机呢？他猜想那些工程师和科学家们或许是在面对设计的难题时，偶然看到了空中飞舞的蜻蜓，心中灵光一闪，于是有了飞机的设计思路。这种想法让吴同学对自然界的生物和人类的创造力产生了更多的敬意。

表 7-2-5　吴同学观察报告中提出的观点

问题	观点
关于蜻蜓的外形	它的身体分为头、胸、腹 3 个部分，它的眼睛很大，是世界上眼睛最多的昆虫，它有透明如纱的翅膀，尾巴又细又长，飞起来像一架小飞机。
关于蜻蜓的食物	它是食肉性昆虫，捕食苍蝇、蚊子、叶蝉等多种害虫。
关于蜻蜓的习性	喜欢潮湿，在池塘或河边飞行。
关于蜻蜓的飞行速度	在研究蜻蜓的过程中，我发现蜻蜓飞行速度很快，达到 10 米每秒。我还发现原来飞机是按蜻蜓的样子去设计的，这太神奇了。

“观点的概括和升华”原则强调知识建构者通过对观点的概括和升华，能够超越琐碎、简单观点的探讨，使知识建构达到更高的层次。吴同学从对蜻蜓的观察迁移到飞机的设计原理，表明他的认识达到了较高的层次。

三、暑假知识建构智慧作品展示

通过此次暑假对蜻蜓的观察探究，吴同学在真实的自然情境中逐渐加深了对蜻蜓的认识。他从对蜻蜓的直观感知中，提出了自己感兴趣的问题和观点，然后通过与家长的对话及权威资料的支持和帮助，不断概括和升华自己观点，最终形成了关于蜻蜓的知识。

如图 7-2-7 所示，我们可以看到，这是一份关于蜻蜓的跨学科观察报告，包括观察记录表和观察报告两个部分。第一，在蜻蜓的观察记录表中，吴同学记录了自己的所见所得、所思所想，从字里行间我们可以感受到他的观点在持续改进和概括升华。第二，在蜻蜓的观察报告中，吴同学对蜻蜓的外形、食物和习性进行了总结和概括，最后他能够将蜻蜓的特性与飞机的设计原理相联系，这无疑显示了他的观察力和思考力。这份报告不仅展示了他的观察成果，也反映出他对蜻蜓的认识已经提升到了一个新的高度。

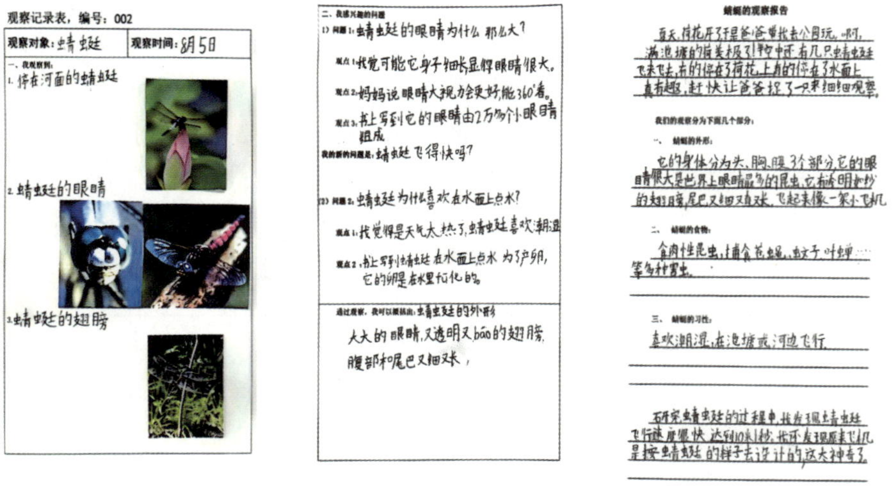

图 7-2-7　蜻蜓的跨学科探究观察作品

四、暑假知识建构反思

通过此次暑假知识建构，吴同学在自然情境中，通过亲身的体验和观察，实现了观点的持续改进和升华。他不仅了解了蜻蜓的生活习性和特点，而且将其迁移到了飞机的设计原理中。本次暑假知识建构活动已基本达到预期效果，但是也存在一些问题，需要进一步改进，以期为后续的寒暑假知识建构活动提供有益的启示。

第一，没有形成个性化的人工制品。在此次暑假知识建构活动中，吴同学的成果作品是跨学科观察报告，限定于学校提供的跨学科观察报告样例，没有形成个性化的人工制品。针对这种情况，学校和家长可以引导孩子用自己喜欢的方式创作作品，比如制作昆虫标本、昆虫图、昆虫卡片集等。

第二，没有提出较高质量的问题。高质量的问题可以引发学习者进行深度的思考探究，有助于知识建构对话达到更高的层次。在本次探究活动中，吴同学提出的问题多是围绕着蜻蜓的形态和习性，没有提出更具探究价值的问题，比如蜻蜓和环境的关系、蜻蜓在生态系统的地位等。针对这种情况，家长可以引导孩子提出较高质量的问题，帮助孩子实现观点的概括和升华。

03 案例三

一年级《螳螂的变化过程》跨学科探究观察案例

一、暑假知识建构背景

全国各地区正在积极贯彻并落实“双减”及《义务教育课程方案和课程标准（2022年版）》精神，提升学生的核心素养。在这样的背景下，孩子们的暑假生活也发生了改变。南师大附属邗江实验小学为孩子们的暑假生活制定了一种新的方案，主张在假期中合理安排全科阅读、科学探究、体育锻炼、参观游览等活动。这些活动不仅能够帮助孩子们在轻松的氛围中学习新知识，而且能够提高他们的实践能力和综合素质。学校建议家长不要在暑假期间安排孩子参加学科类课外补习，基本练习已经在课堂上训练过，且达到了课程标准的要求，不需要在暑假里反复“刷题”。另外，学校老师已经为孩子们提供了暑假生活指导。然而，由于一年级的孩子年龄较小，识字量也不多，因此需要家长协同指导。

在这次暑假知识建构中，刘同学以螳螂为主题，开启了一系列深入且富有探索性的观察研究。首先，他根据学校的暑假学习指导，自主制作了一份属于自己的阅读计划表。接下来，在阅读法布尔的经典著作《昆虫记》的过程中，刘同学对螳螂产生了浓厚的探究兴趣，所以他决定对螳螂展开一系列深入的观察和研究。于是，刘同学与他的家长一同前往小区附近开始了寻找螳螂、观察螳螂、研究螳螂的旅程。在观察过程中，他提出自己感兴趣的问题和观点，并进行验证。最后，刘同学将他的观察和研究成果整理成一份关于螳螂的观察报告，在家长的引导下对主题进行升华，从理论到实践再回到理论，最终加深了对螳螂的认识。

刘同学的暑假知识建构目标如下：

（1）通过阅读《昆虫记》，认识自己感兴趣的昆虫，包括生活习性、形态特征等。

（2）通过实践探究，在观察和探究昆虫的过程中体验自然，探寻自己感兴趣的昆虫世界。

（3）通过提出问题和观点，在质疑和解惑中探究自己感兴趣的昆虫。

（4）通过制作一份人工制品，展现自己观察和探究昆虫的成果。

二、暑假知识建构流程

如图 7-3-1 所示，刘同学围绕着螳螂展开了他的暑假知识建构之旅。

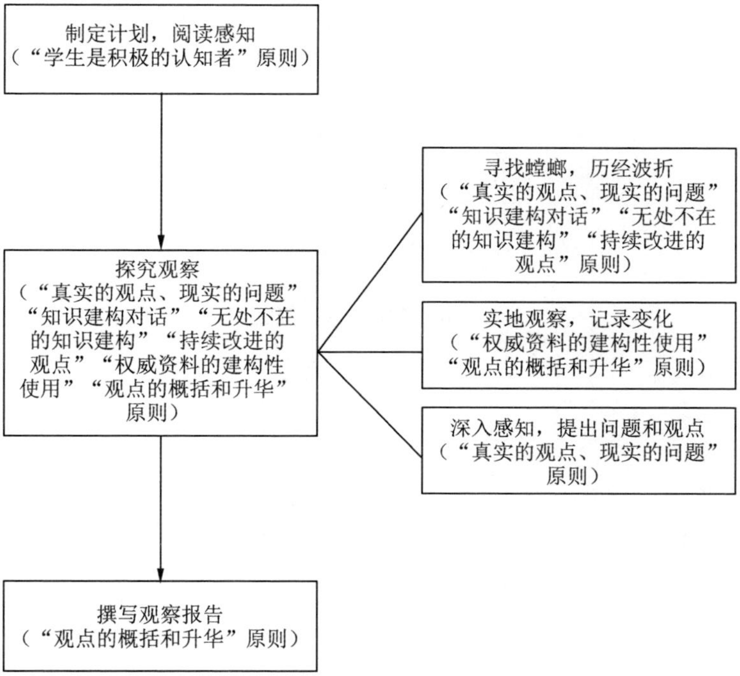

图 7-3-1　暑假知识建构流程

（一）制定计划，阅读感知

在知识建构的过程中，学生是积极的认知者，需要自主确立学习目标和计划、主动参与。而作为知识建构引导者的教师，关键任务是帮助学生建立自己的“方法论”。因此，南师大附属邗江实验小学给孩子们提供了关于全科阅读和跨学科探究观察的学习指导，同时强调要引导孩子自己完成作品，家长不需要代替孩子去做，旨在帮助孩子们在暑假生活中建立自己的“方法论”。刘同学在参考学校暑假学习指导的基础上，制定了属于自己的阅读计划表（图 7-3-2）。

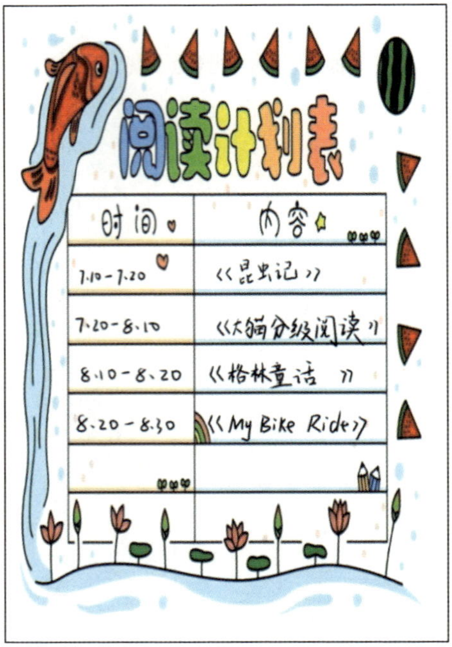

图 7-3-2　刘同学的阅读计划表

阳光明媚，微风徐徐，刘同学翻开了《昆虫记》。当阅读到有关螳螂的章节时，他被书中对螳螂的生动描绘吸引。书中描写道："整个螳螂看起来是这么优雅安详，谁能想到转瞬之间它就会变成一个优秀的杀手。"再配上螳螂的图片，图片中"三角形的眼睛、锋利的前爪、内侧有着两排锯齿"的螳螂形象，让刘同学对这个物种产生了强烈的探究兴趣。通过深入阅读，刘同学不仅了解了法布尔是如何细致观察和描写螳螂的，还对这位"优雅杀手"产生了强烈的好奇心，准备自己也当一当小小的昆虫学家。

（二）探究观察

1. 寻找螳螂，历经波折

《昆虫记》的作者法布尔是从对螳螂卵的观察开始的，所以刘同学也想模仿一百多年前的法布尔，看看这位"优雅杀手"究竟是如何一步一步成长的。这样的探究过程符合知识建构理论强调的"真实的观点、现实的问题"原则，现实世界中的现实问题是知识建构的出发点，刘同学所研究的问题来源于日常阅读中所遇到、看到的真实问题。

那么一个棘手的问题来了，到底从哪里能找到螳螂卵呢？

刘同学对这个问题提出了他的观点（表 7-3-1），"书上说螳螂窝一般建在朝阳的地方，所以，我觉得太阳能照到的地方都有可能。而且螳螂窝像是一颗金黄的麦子”。虽然范围很广，他还是决定和家长一起去小区附近寻找。

表 7-3-1　刘同学提出的问题 1 和观点

问题	观点
问题 1：到底从哪里能找到螳螂卵呢？	观点 1：书上说螳螂窝一般建在朝阳的地方，所以，我觉得太阳能照到的地方都有可能。而且螳螂窝像是一颗金黄的麦子。

又是阳光明媚的一天，刘同学和他的爸爸充满期待地来到了小区附近的草坪，开启了寻找螳螂卵的探险之旅（图 7-3-3）。孩子的脸上洋溢着好奇和兴奋的笑容。他们在草坪上细心地寻找，眼神犹如猎鹰般敏锐。刘同学蹲在草丛中，用手指小心翼翼地拨开草丛，生怕错过任何一个小小的细节。他发现了一些其他的小动物，比如勤劳的蚂蚁、色彩斑斓的甲虫，但就是没有他心心念念的螳螂卵。

图 7-3-3　刘同学和爸爸寻找螳螂

刘同学有些沮丧，他看着爸爸，眼中满是疑问。他的爸爸微笑着拍拍他的头，说：“书上说螳螂喜欢吃树汁，我们去树上找找吧。”这个消息让刘同学的精神为之一振，他兴致勃勃地跟着爸爸走到了附近的一棵大榕树下。突然，刘同学的眼睛一亮，他看到树干上有一个类似螳螂窝的东西。他走近一看，发现那确实是一个螳螂窝，里面还有几颗晶莹剔透的螳螂卵。刘同学和家长的互动是知识建构对话的体现，通过多种形式的知识建构对话，学习者能够重新审视和完善自己的观点，并通过对话协作达到新的认知高度。刘同学正是通过与家长的对话才发现了螳螂卵。

刘同学寻找螳螂卵的过程，一方面体现了“无处不在的知识建构”原则，知识建构应该与学生的生活世界息息相关，而非限定于纯粹的科学世界。刘同学对于螳螂的探索不仅仅停留在书本上，更延伸到了书本和课堂之外的现实世界。另一方面也符合“持续改进的观点”原则，学生提出的任何观点都被视为可以改进的观点，从刘同学最初基于书本提出的观点到他最后的发现，无不表明他对如何寻找螳螂卵这个问题有了更加深入的认识（表 7-3-2）。

表 7-3-2　刘同学提出的问题 1 和观点

问题	观点
问题 1：到底从哪里能找到螳螂卵呢？	观点 1：书上说螳螂窝一般建在朝阳的地方，所以，我觉得太阳能照到的地方都有可能。而且螳螂窝像是一颗金黄的麦子。 观点 2：书上说螳螂喜欢吃树汁，从树上能找到螳螂。

2. 实地观察，记录变化

刘同学历经波折终于找到了这个螳螂窝，这对他来说，就像找到了一个神秘的宝藏，充满了未知和惊喜。接下来他开始了一场观察之旅，并用绘画记录下了螳螂卵的变化过程（图 7-3-4）。

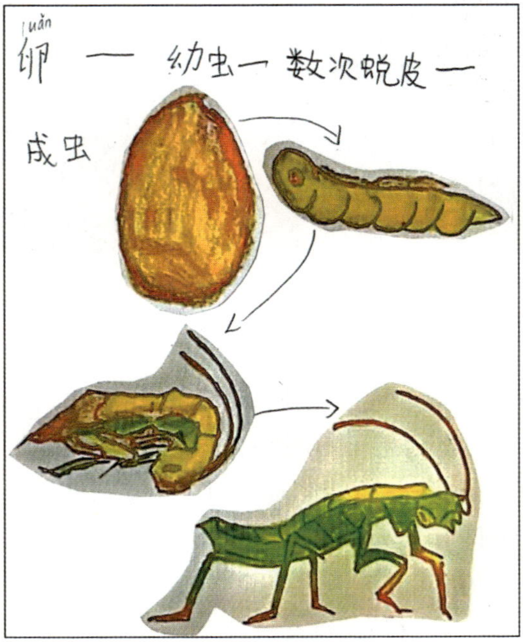

图 7-3-4　螳螂卵的变化过程图

一天，刘同学惊讶地发现螳螂卵有动静。他看到一个小东西慢慢地从卵中爬出来，那是螳螂的幼虫。它的身体呈现出淡绿色，身上覆盖着细小的鳞片，小小的脑袋上镶嵌着一双晶莹剔透的眼睛。这个发现让他激动不已，他赶紧拿起画笔，把这个可爱的小生命画了下来。

在有趣的观察中，刘同学提出了他的问题（表 7-3-3）：螳螂的食物是什么？它吃草吗？于是，他拿着一些草，跃跃欲试地想给小螳螂喂食。然而，小螳螂对他的好意并不领情，草在它的嘴边晃悠了几下，它就扭过头去，明显没有吃的意思。刘同学看着小螳螂的举动，摸不着头脑。这时，他的爸爸提醒他去书本上找找答案。于是，他决定去仔细翻阅《昆虫记》，发现螳螂是食肉性昆虫，主要以其他昆虫为食。之后，他小心翼翼地将一只苍蝇放在小螳螂的面前。小螳螂闻到新的气味，立刻变得兴奋起来。它用细长的口器抓住苍蝇，几下就吞了下去。刘同学看到这一幕，满意地笑了。

表 7-3-3　刘同学提出的问题 2 和观点

问题	观点
问题 2：螳螂的食物是什么？	观点 1：螳螂吃草。 观点 2：螳螂是食肉性昆虫，主要以其他昆虫为食。 观点 3：螳螂的食物：树木根部的汁液、蝗虫、蝴蝶、苍蝇。

这样的探究过程体现出知识建构中“权威资料的建构性使用”原则，在知识建构的过程中，鼓励学生使用权威资料及各种来源的信息作为他们知识建构与观点改进过程中的材料。刘同学正是在家长的引导下从《昆虫记》中获得灵感的，并且他把螳螂的食物记录下来了，分别是树木根部的汁液、蝗虫、蝴蝶和苍蝇。

随着时间的推移，螳螂幼虫逐渐长大，开始进行数次蜕皮。每一次蜕皮，都是它成长的见证。最终，螳螂幼虫成长为一只成年的螳螂。它的身体变得修长而强壮，绿色的鳞片也变得更加鲜艳。刘同学看着这只螳螂，心中充满了成就感。

他仔细观察这只螳螂的外形。它的头部呈三角形，一双大眼睛镶嵌在两边，显得格外醒目。它的胸部宽大而厚实，两条前腿犹如刀片般锋利，是它捕猎的主要武器。它的后腿则强壮有力，可以让它轻松地在树枝上攀爬跳跃。最引人注目的是它那对长长的翅膀，像两把轻盈的刀片，在阳光下闪闪发光。刘同学通过对螳螂的细致观察，对它的形态进行了概括（表 7-3-4）。

表 7-3-4 刘同学对螳螂外形的概括

概括点	观点
螳螂的外形	成虫身体修长，颜色为暗褐色或绿色，头部为三角形，具有大而突出的眼睛，前翅和后翅；前腿很长，好像一把钢锯，长有长短相间的齿刺，小腿也长有齿刺；雄性个小，雌性体大。

3. 深入感知，提出问题和观点

刘同学见证了螳螂的成长过程，每一次蜕皮，都是螳螂成长的一个重要阶段，标志着它已经度过了上一个生命周期，正在向着下一个生命周期迈进。

在观察和探究的过程中，刘同学提出了一个新的问题：螳螂到底是益虫还是害虫？他发现，在抓捕蜜蜂的时候，螳螂非常凶猛，甚至能迅速制服它们。这时，他觉得螳螂是害虫。但是，当他看到螳螂捕食吸血蚊子的时候，他又觉得螳螂是益虫。因为在这种情况下，螳螂帮助人们消灭了蚊子这个传播疾病的害虫（表 7-3-5）。

表 7-3-5 刘同学提出的问题 3 和观点

问题	观点
问题 3：螳螂到底是益虫还是害虫？	当它抓捕蜜蜂的时候，它就是害虫；当它捕食吸血蚊子的时候它就是益虫。益虫和害虫并不是终身制的。

刘同学认为，不能简单地给昆虫贴上固定的标签，因为益和害是相对的，不是绝对的。在他看来，益虫和害虫并不是终身制的，当它抓捕蜜蜂的时候，它就是害虫；当它捕食吸血蚊子的时候，它就是益虫。他的观点是朴素而简单的。因为孩子最初的观点是基于他们的“最近发展区”的，所以越是年幼的孩子最初的观点越可能是朴素的、简单的。尽管如此，我们还是可以从中看出刘同学的辩证性思维。

（三）撰写观察报告

实地观察结束后，刘同学决定把自己的所见所闻、所思所想整理成一篇观察报告。他在报告中用绘画的方式记录了螳螂的变化过程，用文字概括了螳螂的外形和食物，并且对于“螳螂是益虫还是害虫”这个问题进行了深入思考。

除了对螳螂的观察和研究，刘同学还在家长的引导下，阅读了有关“螳螂捕蝉、黄雀在后”的寓言故事。这是一个螳螂只顾眼前的利益而不顾身后的危险，最终导致自己被捕食的故事，他也为螳螂的命运感到惋惜。刘同学从这个故事中领悟到了很多道理，他明白了在生活中要保持警觉，不能只看到眼前的利益而忽视了潜在的危险。

知识建构理论中“观点的概括和升华”原则要求学生学会从多样化、复杂和杂乱的观点中概括总结出更高层次的观点。刘同学对观点的概括和升华，不仅使得他对于螳螂本身的认识更加深入，而且将话题延伸到了螳螂的角色评价及意义深刻的寓言故事上。

三、暑假知识建构智慧作品展示

在暑假期间，刘同学通过阅读法布尔的经典著作《昆虫记》，对螳螂这个充满神秘色彩的昆虫产生了浓厚的探究兴趣。他决定亲自踏上一段寻找螳螂、观察螳螂、深入探索螳螂的探险之旅。在这个过程中，他不仅体验到了科学探究的乐趣，也经历了种种挑战，最终形成了跨学科观察报告——《螳螂的变化过程》。

如图 7-3-5 所示，我们可以看到：第一，刘同学用绘画的方式记录下了螳螂的变化过程，描绘了螳螂从孵化、蜕皮到逐渐成长的过程。第二，他基于对螳螂的观察和探究提出并概括了自己的观点。第三，他能够辩证地看待螳螂是益虫还是害虫这个问题，认识到不能简单地将某种昆虫归为益

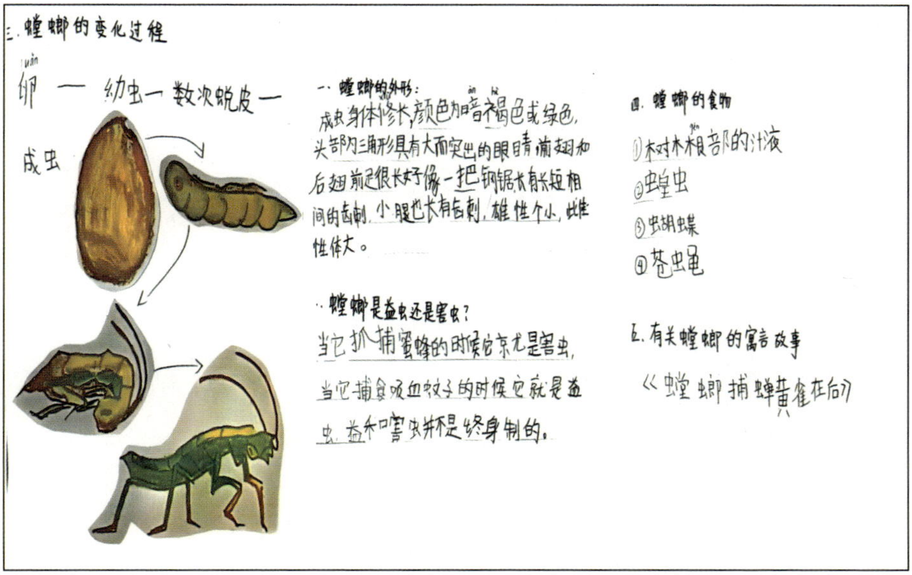

图 7-3-5　《螳螂的变化过程》跨学科观察报告

虫或害虫，而是要根据具体情况来判断。刘同学的跨学科观察报告不仅展现了他的观察力和思考能力，也体现了他对螳螂的探索和热爱之情。他学会了如何观察、分析、研究和总结问题，也培养了自己的独立思考能力和辩证思维。他的经历不仅是一次关于螳螂的知识建构学习过程，也是一次自我成长和提升的过程。

四、暑假知识建构反思

在本次暑假知识建构中，刘同学以对螳螂的兴趣为引导，开启了一场充满挑战和发现的实地探究之旅。在此过程中，他不仅直接体验到螳螂蜕变的奇妙之处，而且从中提炼和概括出自己的观点，最后延伸到螳螂角色评价和寓言故事上。此次暑假知识建构活动已基本达到预期效果，但是也存在一些待改进之处，以期为后续的寒暑假知识建构活动提供有益的启示。

第一，提出的问题质量不高。在此次暑假知识建构中，吴同学提出的问题大多围绕着螳螂的习性，还没有上升到螳螂在生态系统中的地位、生态圈等更具价值的问题，依然是对简单问题和观点的探讨。针对这种情况，家长可以适当引导孩子提出更有探究价值的问题。

第二，缺少同伴间的知识建构对话。本次暑假活动以吴同学个人探究为主，缺少与同伴之间的知识建构对话。学习者通过多种形式的知识建构对话，可以重新审视和完善自己的观点，促使理解水平超越个体层面。针对这种情况，孩子开展寒暑假知识建构活动，可以和附近的同伴们形成一个知识建构社区，共同进行观察探究。

第八单元

知识建构教师培训案例

单元导言

强教必先强师。教师专业发展一直是教育发展的关键，更是推动教育改革的不竭动力。一个适应时代发展的教师，不仅需要具备广博的教学知识和专业的教学技能，还要有扎实的思考能力，善于在教学境脉中发现问题、分析问题、研究问题并解决问题，能够创造性地开展教育工作，进行合理的教学活动设计、学生评价等。因而教师也不再是过去单纯知识传授型的“教书匠”，而应当提升为“教育家”。

传统的教师教育通常依赖大讲座、听课、模仿等方式。当然，这些手段和方法的优势毋庸置疑，同时也在一定程度上提升了教师的授课能力和水平，然而却忽视了教师的创造性和能动性，也忽视了教学作为一种生动且丰富的活动的复杂性。

知识建构理论强调对真实问题的探究，知识建构是一种通过不断交流与探讨使有前景的观点不断深化和改进的社会化过程。在知识建构的过程中生长出有关教师专业发展、教师工作的理论和实践知识。本单元分享了三个与教师专业发展息息相关的案例，分别是运用知识建构理论的职前教师的教育理论课、新手教师的教学设计课及班主任工作案例。

对于知识建构的新手教师而言，这些案例将为您尝试初步教学实践提供参考和借鉴。建议您可以在学习和理解知识建构理论的基础上，将案例中的策略和细节借鉴到您的教学中，同时也请根据学生的反馈和您的切实体验对教学策略进行调整。

对于有知识建构经验的教师而言，本章的案例将是您反思、尝试、批判的抓手。建议您在阅读本章教学设计和案例的基础上，不断回望知识建构的基本原则，思考以下案例可以如何改进和调整，以实现更有效、更深度的知识建构。

01 案例一

职前教师的教育理论课

一、背景

师范生是未来教师的预备者。帮助职前教师学习、理解并掌握教育的方法和相关理论，是师范教育的重要议题。本案例发生在某师范大学现代教育技术专业硕士班（研一）。这群职前教师非常明确自己未来的职业规划，即成为一名优秀的中小学教师。然而，研究生班级的成员构成非常复杂，有人并未接受过师范教育，他们是从其他非师范专业跨考至现代教育技术专业的。因此，面对基础参差不齐的学生，相应的教育理论教学课程，要想让每位学生有所收获相对难度较大。知识建构理论是鼓励学生提出真实的观点并不断改进观点的一种社会化教学过程。它尊重每位学生的想法，也尊重每位学生的起点，是针对上述学生开展教学的可行方法。授课教师张老师是一位经验丰富的知识建构教师，他多次设计本科生、研究生的知识建构课堂，对知识建构有较深且较为全面的理解。

“学习科学理论与实践”是现代教育技术专业研究生的必修教育理论课。这门课程包括了学习科学的相关理论基础（例如：支架式教学、元认知、活动理论、认知学徒制）、研究方法（例如：基于设计的研究、微观发生法、教育数据挖掘和学习分析、教学实践与设计等）和主要内容。

通过本门课程的学习，学生能构建起学习科学的理论框架；能够灵活运用学习科学的相关理论进行教学活动设计或相关教学产品的设计；最后能综合运用学习科学的理论、研究方法和实践形成教研论文的雏形。

二、知识建构教学流程

知识建构的教学流程如图 8-1-1 所示，张老师以知识建构原则为指导，按照以下的教学设计与现代教育技术专业硕士的学生们展开了为期 12 周的学习科学的研究之旅。

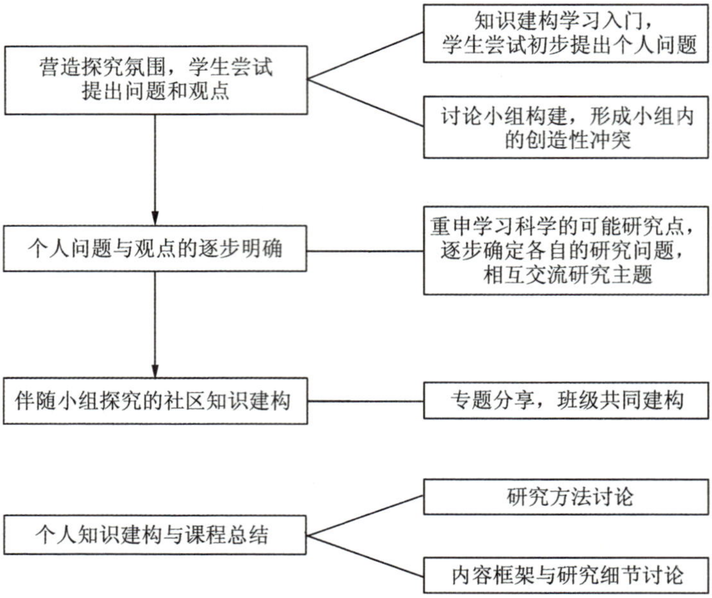

图 8-1-1　知识建构教学流程

（一）营造探究氛围，学生尝试提出问题和观点

在教学第一阶段，教师主要为学生创设情境，引发学生思考，引导并辅助学生提出感兴趣的探究问题和真实多样化的观点；同时也尝试不断为学生创建自由、灵活的讨论与探究的环境。

第 1 周：知识建构学习入门，学生尝试初步提出个人问题。

在这次课程中，张老师首先绘声绘色地介绍了学习科学的经典案例——小学二年级学生基于博客平台的项目化学习，将其作为激发学生探究兴趣的引子导入。该经典案例讲述了以“校园花圃种植”为项目主题，在搜集资料、亲身体验、交流互动、合作学习、学习成果汇报的过程中培养孩子的技术素养、语文写作水平、数学思想、设计思维等创新学习手段，如图 8-1-2 所示。

图 8-1-2　课程引入案例的课件截图

学生对于学习科学的学习兴趣被这个新颖且有趣的案例

极大地激发了起来，开始结合自身经历思考过去在学习、教学上存在的疑惑和想法。第二节课，教师以学习科学的研究情况与研究脉络为主题，向学生介绍了学习科学是什么、研究学习科学的目的及当下学界关于学习科学研究的热点。同时也结合简单案例向学生展现了在这门课程中可能研究的课题，从而拓宽了学生的思路。第三节课，在教师的引领之下，班级中的几个学生简单地介绍了自己感兴趣的研究问题，并在班级中讨论。教师在班级讨论中逐步向学生传递敢于质疑、提出自己的想法的知识建构精神。另外，教师给学生培训了课程需要使用的在线平台——数课平台的操作方法，要求每一位学生课后在平台上提出自己的研究问题，并尝试发展别人的问题和观点。

第 2 周：讨论小组构建，形成小组内的创造性冲突。

本周的课程主要分为如下几部分：首先，教师通过观察评估学生上一周课后在数课平台上发表的观点，与学生共同探讨了平台观点撰写的可能规则，包括如何撰写观点的标题，如何对自己的观点进行论证，如何查阅权威资料，以此来提升学生观点发展的深度和广度，也能更大化地挖掘学生的学习兴趣点。其次，教师和助教选择了学生的两个观点展开了全班的讨论，模拟并向学生展示了如何进行知识建构的对话讨论。

对如何展开讨论的内容进行简单培训和展示后，教师要求学生根据平台上的观点情况自由形成临时的讨论小组，进行相互协作并推进观点的发展。为了让学生在临时小组中能更好地参与探究协作，张老师同时设计了临时小组的讨论支架以供学生参考，要求学生：

(1) 每名学生要轮流向组内同学说出自己的研究问题和猜测性想法。在说自己的研究问题和想法时需要组织大家的发言。

(2) 每一位学生说完，其他人要给出建设性的意见，可以相互辩驳。

(3) 收到他人的意见后，重新修改，形成相对完善的观点。

(4) 把讨论内容写在平台上。

在小组内的讨论中，学生自发生成了一定的认知冲突。例如，针对教学改革后教材是否仍然有存在的必要，学生在小组内展开了相互的探讨；在有关协作学习的讨论中，学生生成并挖掘到了协作学习中的共享调节这一学习科学领域中的核心概念。

(二) 个人问题与观点的逐步明确

为了促进每位学生的认知，从个人或小组的研究专题引发社区的共同建构从而逐步生成学习科学的框架体系，张老师将第二阶段视为整个知识建构教学走向社区知识建构的过渡阶段。在这一阶段，张老师再次对学生强调了学习科学的可能研究走向和研究热点，学生在课堂上重新思考，逐步明晰了各自的研究问题。

第 3 周：重申学习科学的可能研究点，逐步确定各自的研究问题，相互交流研究主题。

在前两周的建构与讨论中，张老师发现学生在平台上发表的问题与观点较为局限，大致停留在提升学习兴趣、构建学习社区及协作学习的相关研究内容。为此张老师以第一版和第二版《剑桥学习科学手册》为主线，为学生再次梳理了学习科学的研究领域和研究取向，学生在引导之下思考并逐步明晰各自的研究问题，如表 8-1-1 所示。

表 8-1-1　个人研究主题汇总

学生	研究问题	学生	研究问题
S1		S13	项目式学习的过程性评价设计
S2	网络环境下协作学习对学生学习积极性的影响	S14	关于在线教学环境下学习共同体构建的思考
S3	协作学习的监控与调节	S15	非正式学习环境中如何进行知识建构教学
S4	社会共享调节学习的具体实施过程	S16	中小学教师如何更好地开展项目学习
S5	从认知负荷的视角看某学科的深度学习模式	S17	如何构建教师专业学习共同体
S6	具身认知视角下的教学活动的设计	S18	知识论坛中影响个人知识贡献度的因素
S7		S19	项目式学习学习效果评价的方法
S8	项目式学习学习效果评价的方法	S20	博物馆中的非正式学习
S9	网络环境下项目学习的优势	S21	非正式教育中的教师
S10	协作学习的分组策略，如何达到深度学习	S22	博物馆中的非正式学习
S11		S23	STEM 教育理念下项目式学习的模型建构
S12	协作学习的过程性评价	S24	良好的学习共同体应具备的特点

注：空白表示在这一周内学生还未明确个人的研究问题。

大致明确了个人的研究问题后，学生在氛围轻松的教室环境中进行相互讨论，进而了解班级社区内大家的研究思考，同时对他人的研究进行推进，学生逐步依据研究的相关性形成讨论小组。教师要求学生将个人或小组的讨论进展在课后继续发展在平台上。

（三）伴随小组探究的社区知识建构

在第三阶段，教学将以个人或小组探究的专题分享、全班共同建构为主要逻辑链展开。通过这一展开方式，督促了学生的认知参与，更融合了个人、小组及社区的知识建构，以期生成班级社区内学习科学的体系。

第 4–9 周：专题分享，班级共同建构。

在这一阶段，张老师主要根据学生在平台上的课后主题探究情况，确定每周进行专题分享的个人或小组，因而从第 4 周开始，大致每 1～2 周由学生进行专题分享，接着全班对这一主题进行共同的建构与发展。在这 6 周时间内，全班分别进行了教学评价、学习分析、认知负荷视角下的协作学习、非正式学习、学习共同体、项目化学习的主题分享与社区建构，如图 8-1-4 所示。

图 8-1-4　专题分享与全班建构

（四）个人知识建构与课程总结

在教学的第四阶段，张老师开始要求学生总结自己的探究内容，并形成最终的期末小论文。因此，在这一阶段，张老师主要向学生引入了研究方法内容的探究与学生个人知识体系的形成和细节的讨论。

第 10 周：研究方法讨论。

在这一周的课堂教学开始之前，张老师根据学生在平台上发表的观点内容捕捉到有两位学生的探究内容涉及了研究方法，因此，张老师抓住教学时机，鼓励这两位学生提前简单地准备，并邀请这两位学生在这一周的课程中为同学们简单介绍自己的探究，尤其偏向于研究方法的介绍。

在两位学生的分享后，张老师与学生共同讨论了学习科学领域的关键研究方法——基于设计的研究方法，并对基于设计的研究方法的基本内涵、注意事项、优势劣势、与行动研究等其他研究方法的比较进行了探讨。接着，张老师要求学生根据自己前几周的探究内容或者全新的内容，自由形成讨论小组，尝试运用基于设计的研究方法，设计出小组的研究案例。最后，请一位学生简单分享自己在这节课上设计的案例（见图 8-1-5），全班继续共同讨论建构，继而对研究方法有更为深刻的理解。

图 8-1-5　学生的研究设计分享

第 11–12 周：内容框架与研究细节讨论。

在课程的最后两周，张老师将教学的重心逐步转向学生个人知识体系的形成和课程的总结。教学要求每一位学生对这一学期的探究内容进行总结，并且依据前期的探究内容形成最后的期末小论文。

第 11 周，张老师要求学生进一步明确自己的选题，并形成自己的研究框架：张老师为全班学生展示了几篇论文范例，并请学生反思自己前几周的课程探究内容，以前几周课程探究的理论和案例为基础，同时结合上一周课程中的研究方法，形成大致的研究框架。

第 12 周，张老师以两位学生的研究内容为例，深入讨论研究论文撰写的细节：在课程开始之前，张老师首先随机选择两位学生，鼓励他们向全班同学展示了上一周课程中他们所设计的研究框架和各个部分的研究构想。接着学生形成自由讨论的小组，在小组中分别讨论和分享对这两位学生展示内容的建议，同时张老师在平台上开辟了相关的讨论区域以供学生课后继续讨论。而在课上，针对他们研究内容中的效果评价、因变量的确定等内容，同学们各抒己见，展开激烈的讨论。在这一案例讨论的过程中，学生对自己的研究内容也有了深入的理解。

三、知识建构智慧作品展示

通过此次学习科学课程的学习，职前教师对学习科学的前沿理论、方法及教学实践的相关设计有了更加深入的领会，也形成了一套属于自己的学习科学研究知识体系。在这 12 周的课程中，学生自主制作了大量有意义的人工制品，同时在学期结束时，张老师要求每一位学生提交一份研究设计报告，这些都展现了这群职前教师对学习科学的深入研究。

图 8-1-6 所示为某个小组基于“项目化学习”的理论研究所设计的具体教学实践方案。从这幅海报中可以看到，这个小组对实践方案进行了深入的剖析，并详细设计了实践方案的具体内容、实施过程和评价手段。

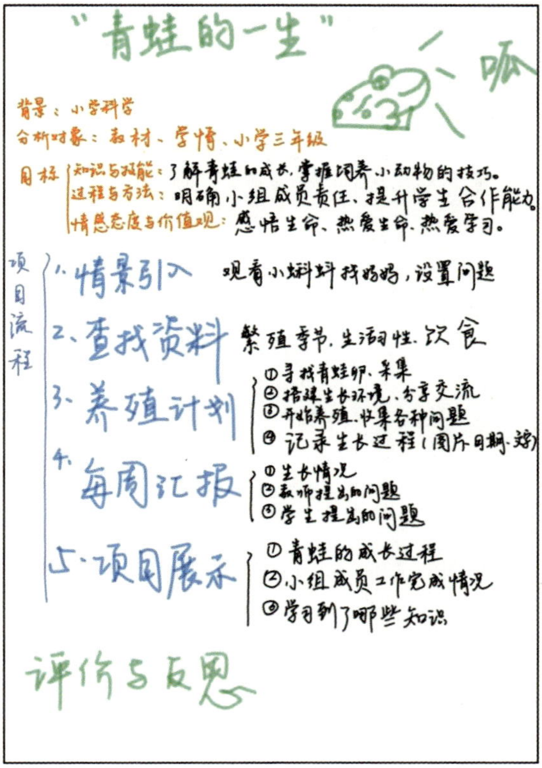

图 8-1-6　小组设计的海报制品

四、知识建构教学反思

张老师运用知识建构的教学手段，让现代教育技术专业硕士生班的学生真正深度探究学习科学的理论、方法并尝试进行教学设计活动，并让学生理解理论如何走向现实、如何能够在未来更好地指导教学设计、如何从真实的教育问题出发进行探究。虽然每一个人的基础不同，但是在知识建构的课堂上，每一个人都能投入其中，有所收获。

张老师认为，这门课程仍然存在着一些不足，主要体现在：

首先，由于时间仓促，在学期后期，学生相互交流的力度下降。知识建构鼓励学生相互探讨、发展观点，不断提升和改进想法。但是在学期后期，学生多关注自己个人的研究项目，对他人的观点内容和发展关注度相较于之前有一定幅度的降低，这并不利于知识建构的开展，甚至弱化了知识建构的理念，转向了项目化学习。

其次，也是由于时间仓促，学生所设计的研究项目只是一个大概的框架和设想，并未真正落实。只有在不断落实和深入反思的过程中，学习科学的相关知识才能真正不断地在学生的头脑中生长。

02 案例二

新手教师的教学设计课

一、背景

新教师培训是提高青年教师素质的重要途径。它不仅能帮助新教师掌握教学理论和方法，提高教学能力和水平，还可以促进新教师的专业成长和发展，增强新教师的职业认同感和责任感。作为入职时间较短、普遍年轻的教师群体，新教师具备可塑性强、思维活跃等宝贵的特质，引入合理的教师培训能有效地激发新教师潜能，促进他们的个人成长。然而，传统的教师培训多以专家讲授教学知识为主，配合听课、讨论等活动。这样的培训模式在很大程度上抑制了教师的创造性，尤其是参与培训的教师学员经常有不同的学习起点、教授不同学科、有各自不同的培训需求……教师培训风风火火数十年却仍在使用传统的手段与内容，这是否与时代的要求脱节？以教学知识传授为主的教师培训是否应当是当下教师培训的主旋律？

南京市中等职业学校新入职教师的培训项目的主旨在于促进教师专业发展，提升教师的教学水平与能力。它是基于知识建构原理与方法的一种新的教学培训的尝试。培训历时 3 个月，每两周一次课，每次持续约 2.5 小时。共有 19 所中职学校参与此次培训，42 位新教师报名参加。这 42 位中职教师中有 37 位入职不满一年，5 位教师入职一年。其中本科学历 25 人，硕士学历 17 人。他们所教学科包括语文、数学、公共卫生管理、人体解剖与组织胚胎学，共涉及 35 个专业领域。在此次培训之前，他们一直接受传统讲授式的教学培训，未接受过以知识创造为目的的知识建构教学培训，不习惯主动建构知识。张老师作为一位有经验的知识建构教师，和四位对知识建构充满热情的教学助手一起组织了这次培训，共同观察和收集学员的课堂表现与课后反馈，同时共同参与了整个教学培训的阶段性设计。虽然培训时间不长，但是大部分教师学员的教学理念却发生了翻天覆地的变化。

对于大部分新教师而言，如何上好一堂课是他们非常关注的问题。一堂好课就如同一个情节曲折动人的故事，让人有峰回路转的感觉，让人有豁然开朗的心境，让人有雨后晴天的清爽。而一堂好课是需要进行精心的教学设计的，正如建筑设计之于建筑，平面设计之于广告。因此，掌握系统的教学设计理论与方法对于教师而言非常重要，掌握系统的教学设计理论和方法有利于教学工作的科学化，有利于教学理论与教学实践的结合，有利于教师专业成长，有利于提高教师处理各种教学信息的能力。因此，在这次的教师培训项目中，张老师和四位教学助手确定了培训的主要目标，即通过形成知识建构社区，共同探究学员真实的教学问题，理解教学理论、设计教学方案，在此过程中提升他们的教学设计能力与教学研究水平。

二、知识建构教学流程

张老师将问题情境的形成、学员的个人观点提出、持续的观点改进、社区知识的形成和融入过程的评价这些关键的知识建构流程融入教学培训的项目，勾画了以促进教师学员发现真实的教学问题、深度思考、积极参与为主要导向的三阶段设计，具体流程如图 8-2-1 所示。

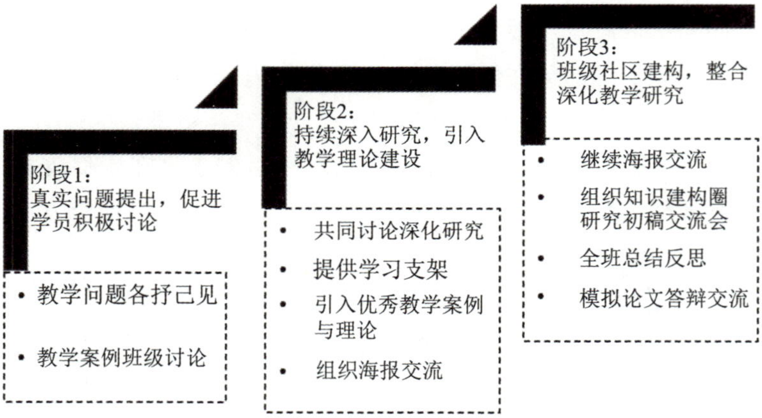

图 8-2-1　知识建构教学流程

（一）真实问题提出，促进学员积极讨论

在培训开始时，每一位学员都要提交一份教学设计方案（图 8-2-2）。此时大部分学员的教学设计是结构化的，并且大部分的教学设计方案中所涉及的教学方法也都是以讲授法、案例法为主，也没有对学生的分析。他们的教学设计目标关注的是“如何上一门课”而非“如何上好一门课”。

课题序号	1	授课班级	18综高2	授课课时	2	授课形式	新授
授课章节名称	沁园春·长沙					授课日期	9月3日
教学目标	1. 诵读诗歌，感受作者青年时代的革命豪情及战斗热情。 2.学习文中情景交融的表现手法。 3. 体会诗歌意境，了解诗歌特点。						
教学重点与难点	1. 通过诵读感受词作的情感意象，体会诗人的伟大志向和革命豪情。 2. 学习情景交融和叙议结合的表达手法。						
教学方法	讲授法、诵读法、讨论法						
教学资源	多媒体						

静物素描一杯子 教案

授课章（单元）及内容	静物—杯子	课时安排	4
教学目标	1. 让学生掌握杯子的素描技法；2. 通过杯子的素描学习，进一步提高学生的审美，并为之后的静物组合素描打下基础。		
教学重点	杯子的透视、体积表现		
教学难点	杯子的厚度、透视、玻璃质感		
教学方法	讲授法、示范法、练习法		
教学准备	教材、PPT、素描纸、铅笔、橡皮		
教学结构安排			
教学环节	教学内容	教师活动	学生活动
导入	复习上节课内容		
新授	教学内容与教学设计： 杯子类似圆柱，用圆柱基本画法 一、 起稿： 画十字线，看准两条直线间的距离，即杯子的高度 二、 细画： 1. 画出上下两个椭圆，杯口与杯底 2. 画杯子两壁	讲述 辅导	听 看 临摹

图 8-2-2　学员前期的教学设计方案

根据学员的教学设计方案，张老师与教学助手们共同组织了一系列的教学活动，如教学问题各抒己见、教学案例班级讨论等，并要求学员在知识论坛（Knowledge Forum）中写下讨论笔记和反思在课后继续发散。具体而言，张老师从教与学的真实问题和规律入手，与学员共同提出了诸如“现在的教学方法是十几年前看到过的，合理吗？”“学生经常使用手机吗？”“理论与实践上是否存在矛盾”“教与学的哲学是什么？”等问题，引导学员提出自己真实的想法，相互进行讨论。在这一阶段，班级中产生了大量有趣、有争议的观点。

冒老师，在某中职学校物流专业任教。他提出“中职高年级学生拒绝学习”这个让大部分学员都感同身受的观点。他说：“经济学课程开始前需要先教导数作为铺垫，但是学生拒绝学习这个加入的内容，认为应付考试就可以了，不需要学这个不需要考的。学生认为十块钱就够了为什么给我二十块钱？”张老师抓住这个大部分学员都感兴趣的话题，带领大家一同讨论。大家认为，这个教育问题本质上是学习者分析相关的问题，聚焦于学生功利性学习的心态。陈老师认为，这需要进一步探讨学生的学习心态：学生为什么会拒绝？可能的问题到底出在哪里？应该如何解决它？……

王老师，在某中职软件技术专业任教。他指出：“学生跟着敲代码，敲完过阵子就忘了，觉得学不会，也不想学。”徐老师表示赞同，他认为，很多教学方法，比如视频导入等方法都尝试过了，却总是没有效果。陈老师提出了他的观点，说：“我有一门课是标志设计，给出了世界著名设计师作品的视频，但学生不感兴趣。所以我考虑设计绝地求生这款游戏的标志，和学生生活离得近，贴近生活，真实的问题就应该可以。”冒老师表示认同，他提出：“针对学生学过了，炒冷饭没兴趣的情况，我的做法是把学生分成小组，小组展示，形式多样化比如 PPT、表演、相声、小品等，采用学生能够懂的方式即可；老师对小组进行评价，小组组长交明细表，百分比不能相同；老师针对大纲里面的重点内容做一个 PPT，面向全班来讲解强调；别的小组进行提问，看看谁能被问倒。”

在张老师和学员们你一言我一语的讨论中，学员关注的问题逐步生成，这些问题围绕着项目式学习、分组教学、协作学习、教育戏剧、学习者分析等，同时，张老师在潜移默化中带着学员们学会如何聚焦并分析教学问题，如何论证自己的想法。

（二）持续深入研究，引入教学理论建设

通过对上一阶段的观察与评估，授课教师与研究者发现，该阶段学员的研究似乎逐渐进入瓶颈，陷入对问题的抽象表述却找不到解决问题的思路，导致学员研究能力的发展停滞不前。研究者经过多轮的讨论与课堂观察，认为问题的根本在于学员之间的问题和观点不能相互深层理解，从而导致知识论坛上学员的问题和观点表述非常模糊。因此，在第二阶段教学的开端，授课教师首先筛选出了知识论坛中参与度较高的研究问题，并对其进行分类，与学员共同讨论应该如何深化研究。与此同时，研究者为学员提供了学习支架，如：“我所知道的关于这个问题的已有理论、他人经验或观点”“我觉得这些经验、理论不能解决（释）这个问题，具体表现在”等，以供学员参考，最终帮助学员共同将抽象的问题转化为具体的描述，从而使学员深入地挖掘并研究产生教育问题的具体原因，并在此过程中潜移默化地认同知识建构的文化。此外，教师还引入了优秀的教学案例，拓宽学员的思路。为了使学员的研究进一步走向深度，教师用一次线下课程的时间向学员介绍了 ADDIE 理论［Analysis（分析）、Design（设计）、Development（开发）、Implement（实施）、Evaluate（评价）］，并组织多次线下课堂的海报交流，以促进学员之间的研究与观点的碰撞。

（三）班级社区建构，整合深化教学研究

在这一阶段，培训已经接近尾声，因而研究者与授课教师一方面需要

尝试对全班讨论与研究的内容进一步地凝练与升华；另一方面，也期望通过更大范围的社区知识建构促进学员更深入地反思自己的研究问题、整理完善各自的研究内容，进而进一步提升研究能力。因此，在这一阶段，授课教师继续组织了几次线下的全班海报交流活动，以扩大学员协同探究的交互范围。此外，在第 6 次的线下教学中，教师以知识建构圈的形式——学员围成圆圈，在这个圈子里每个人都需要轮流分享观点——组织了一次研究论文初稿交流会，在全班形成了四个知识建构圈。这种圆圈的排列方式便于学员之间面对面对话，学员们既可以相互学习，又能够促进彼此的理解，聆听他人的发言并耐心地等待发言，授课教师则在圆圈中扮演着共同学习者的角色，大家在圆圈中均享有平等的地位，促进了学员的相互倾听与沟通。最后，授课教师请每一个知识建构圈中的代表进行总结反思，同时要求所有学员将自己的研究推进写在知识论坛中。在第 7 次线下培训课程中，学员则形成各自的书面研究报告，进行全班的答辩交流。

三、知识建构智慧作品展示

通过此次教师培训项目，教师学员对真实的教学问题进行了详细的探讨，并且形成了多种以学生为中心的教学设计。在培训项目开展的过程中，张老师让学生制作了较多的人工制品，包括贯穿培训过程的小组研究项目海报及培训结束后的个人研究论文。图 8-2-3 和图 8-2-4 展示了某个研究小组对“中职学生在课堂上睡觉”这个真实的教学问题的探讨。这两张图分别呈现了不同阶段教师学员对该问题的研究。

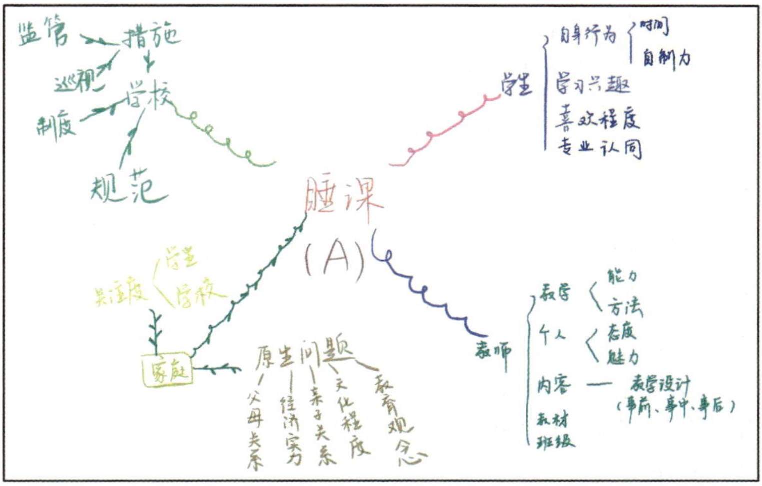

图 8-2-3　第四周“睡课”小组的研究海报

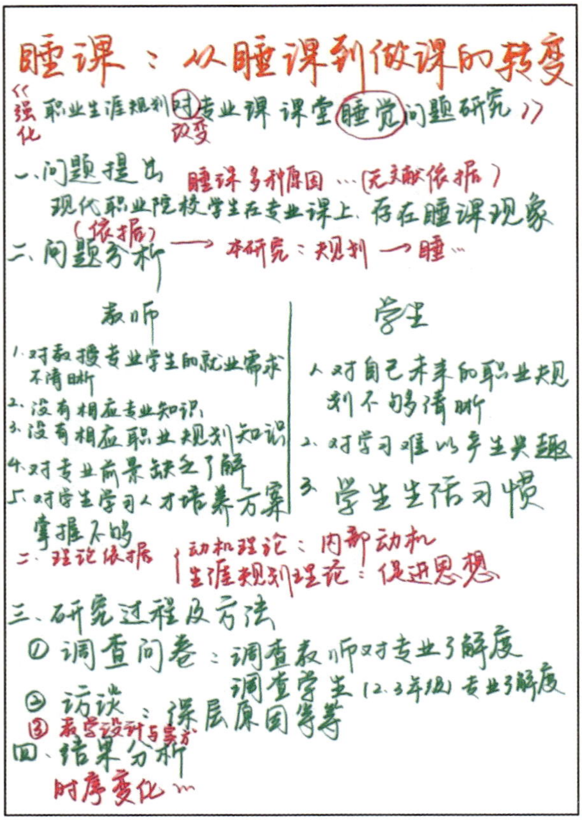

图 8-2-4 第 5 周“睡课”小组的研究海报

从图 8-2-3 和图 8-2-4 中，可以清晰地看到，学员的研究内容在不断地加深，对“睡课”现象的理解和研究也从浅显的猜测逐步转向深度的研究，并提出了相应的研究思路和框架。正如图 8-2-3 所展示的，在提出真实的问题后，该小组的学员们通过不断地讨论从学生、教师、家庭、学校这四大方面提出并尝试分析“睡课”现象的多元化与深层次的原因；然后学员转向对一篇研究性教研论文的思考，深度勾画、分析、探究相应的研究问题，以及深入思考如何设计研究过程等。可见，学员在知识建构的教学培训过程中正逐步从发掘教学问题的老师转向研究教学问题的教育研究者。

四、知识建构教学反思

6 周的培训转眼过去，知识建构的过程给每个学员带来了不一样的体验和不一样的思维方式。原来，观点是可以不断被改进的；没有最好的观点，只有更好的观点；教师的角色定位不是教书匠而是带着人文关怀和研究色彩的教育家……而这些思维的转变对于一位教师未来的发展是大有裨益的。

当然，即便如此，本次培训依然有不尽如人意之处。通过授课教师的不断反思，大致归纳出以下问题：

首先，学员提出的问题大多和课堂管理有关，对教学设计方面的研究涉足并不深刻。知识建构的原则鼓励学员提出真实的问题，这也更加有利于学员的讨论和探究。然而，对于中职教师而言，他们面对的大多数问题是关于课堂管理的问题，例如学生注意力不集中、学生不做作业等，虽然是真实的问题，但讨论方向最终容易归向对中职学生群体的特征、不良学习习惯的探讨。针对讨论偏离主线的问题，教师可以适当在培训过程中把握讨论方向，要求学员的讨论集中在教学问题，乃至教学设计问题的探究上。

其次，学员使用 KF 平台的效率并不高。KF 平台为学员提供了发表观点、建构观点、实时记录的空间。但是本次培训学员人数较多，导致平台观点较多，且观点的管理不够及时，平台显得较为杂乱，最后使得平台使用的效率降低。因此，未来应当不断强化平台管理，甚至鼓励学员自己来管理平台。

最后，针对教育问题的研究，并未对与研究相关的文献调研、数据收集和分析方法展开深入探讨。多数学员在讨论最后都走向了深入的教学研究。对于教学研究而言，离不开对研究文献的调研和数据分析。然而这块内容是每一位学员的薄弱点，因此较多学员浅尝辄止，甚至止步于此。同时，由于时间有限，对这块内容并未展开深入讨论。在今后的教师培训中，可以提前为学员提供相应的资料，供学生研读和自主学习。

03 案例三

班主任工作案例

一、背景

对于刚刚开始接触正式教育体系的一（2）班的学生来说，知识建构是一个相对陌生的概念，他们进行知识建构的能力也较为欠缺。但是，在他们成长的过程中已然形成和具备了一些基本的能力，比如：观察和描述能力、分类和归纳能力、简单逻辑推理能力、创造性思维和想象力。这些能力的养成都对后续培养知识建构能力有着积极的推动作用。唐雨佳老师是一（2）班的班主任，具有丰富的教学经验，擅长运用知识建构的方法，通过开展班级微建构来解决班级中的问题。

对于一年级的学生来说，在如何和同学、朋友友好相处这个方面面临一定的困扰和问题。这个阶段的学生社交技能不足，他们可能不知道如何与他人建立良好的关系，比如如何开始对话，如何表达自己的观点，如何解决冲突等。同时也缺乏一定的自我控制力，他们可能无法控制自己的情绪和行为，可能会因为小事而争吵或打架。在一（2）班中，有着 45 个活泼可爱、单纯善良的小朋友，但在同学们的相处过程中，仍然充斥着“老师，我同桌打我”“老师，排队的时候后面的人踢我”“老师，我被别人推倒了”这样的打报告的声音。针对这一问题，班主任唐老师决定开展班级微建构，让小朋友们共同商讨：班集体的同学们如何才能更加团结友爱。

在课堂中，唐老师将目光聚焦到同学们相处的真实情境中，请打报告的三位同学分别描述自己遇到的状况。随后让学生们将三位同学所说的事情与在自己身上真实发生过的事情相结合，思考同学交往中存在什么问题。问题提出后，建立探究小组，小组成员合作探究怎么做可以解决这些问题，同学之间友好交往需要注意什么。汇总不同小组的观点，全班同学共同制定友好相处公约。在此基础上，唐老师再深入发问：对于已经产生矛盾的同学，应该如何和好呢？学生们针对这个进阶问题展开一定的讨论和思考，并发表自己的意见与建议。随后唐老师将学生的观点进行一定的概括和升华并让学生们将这些“理论”付诸“实践”，用这些方法尝试与曾经有矛盾的同学和解。

通过此次班级微建构，唐老师希望达成以下 4 个教学目标：

（1）学生们自己发现同学交往中存在的问题；

（2）探究如何解决现阶段同学交往中存在的问题；

（3）学生们共同制定友好相处公约；

（4）探讨如何让已经产生矛盾的同学和好。

二、知识建构教学流程

知识建构教学流程如图 8-3-1 所示，唐老师围绕该教学设计，和一（2）班同学开展班级微建构。

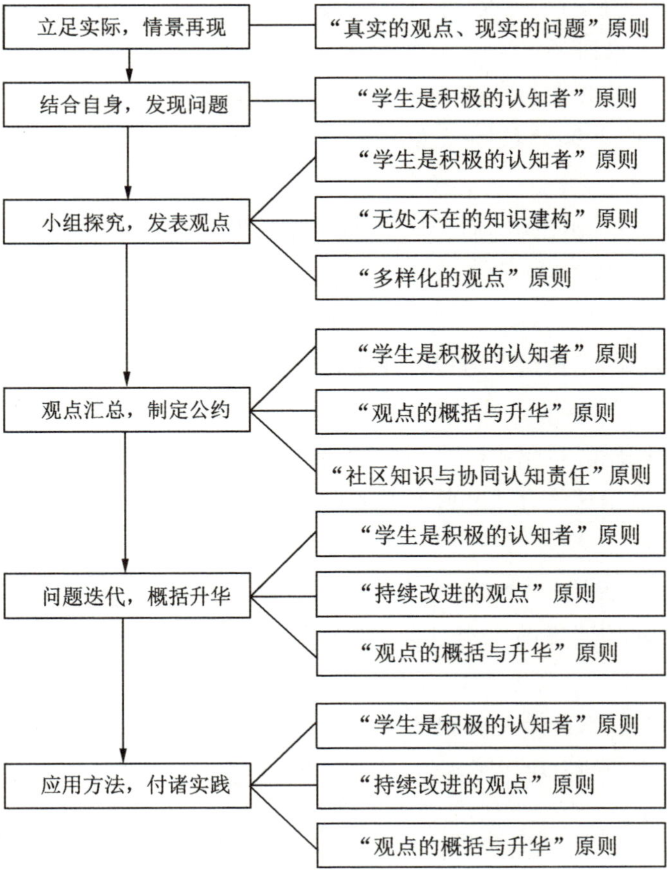

图 8-3-1　知识建构教学流程

（一）立足实际，情景再现

真实的观点、现实的问题是知识建构的出发点。唐老师在课间拍摄下同学们相处的真实情景，在课堂上让三位打报告的同学分别阐述自己刚刚遇到的情况和打报告的原因。

（二）结合自身，发现问题

在三位同学阐述完后，唐老师要求学生将刚刚三位同学说的事情与在自己身上真实发生过的事情相结合，思考同学交往之间存在什么问题 。

（三）小组探究，发表观点

问题提出后，唐老师将学生分成不同的小组，给予一定的时间让学生们针对所提出的问题进行小组合作探究，找出解决这些问题的策略，并说明同学之间友好交往需要注意什么。

（四）观点汇总，制定公约

在每个小组发表自己的观点后，汇总不同小组的观点，发挥群体智慧的合力，全班同学共同制定友好相处公约。

（五）问题迭代，概括升华

在制定友好相处公约后，唐老师再深入发问：对于已经产生矛盾的同学，应该如何和好呢？学生们针对这个进阶问题展开一定的讨论和思考，并发表自己的意见与建议。随后唐老师将学生的观点进行一定的概括和升华。唐老师总结出从选准时机和注重礼节两个角度来促进与同学和好。

（六）应用方法，付诸实践

在发现问题、找出策略之后，唐老师给予空间让学生们将这些方法付诸实践，尝试用这些方法和曾经有矛盾的同学和解。

三、知识建构智慧作品展示

通过此次的课堂微建构，学生们在课堂小组讨论的时候迸发生成了很多观点（图 8-3-2、图 8-3-3）。学生们学会了该如何和自己的同学友好相处，也懂得了当与同学产生矛盾和摩擦的时候应该怎么做。最后，学生们也将在这节课上所学到的方法用于实践，尝试和产生过摩擦的同学和解（图 8-3-4）。

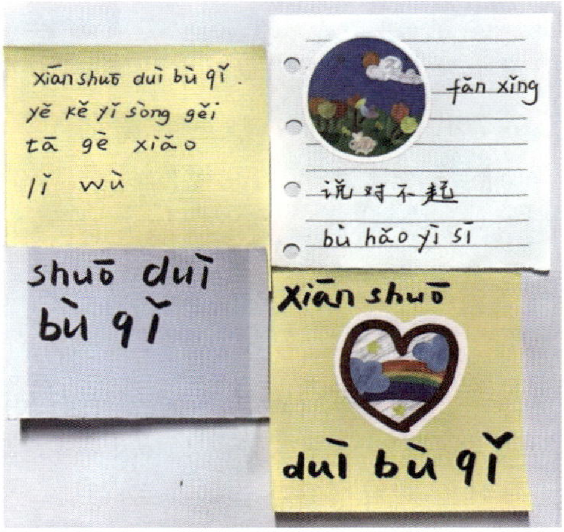

图 8-3-2　学生观点

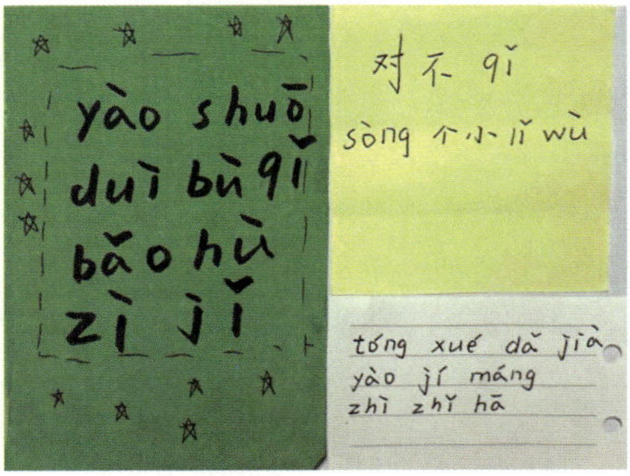

图 8-3-3　学生观点

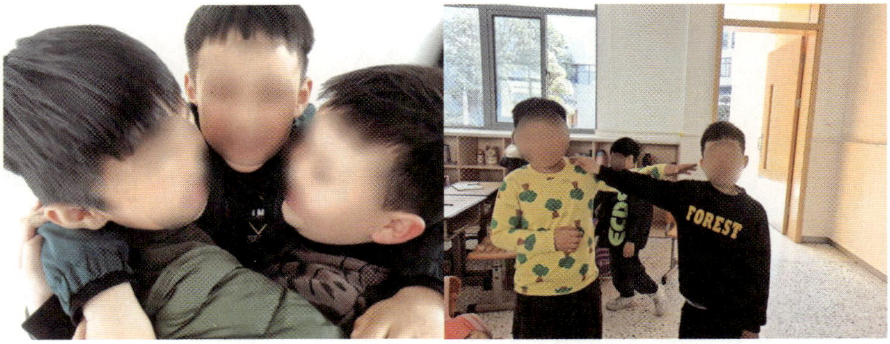

图 8-3-4　学生和解

四、知识建构教学反思

唐老师运用知识建构教学开展课堂微建构，通过发现问题、小组探究、全班建构、付诸实践的方式让学生们深度融入课堂，学会了如何和同学友好相处，也懂得了当与同学产生矛盾和摩擦的时候应该怎么做。学生们在一次次的尝试和求证中渐渐明白，当你善待他人时，他人也会善待你；当你尊重他人时，你也会得到他人的尊重。谦让、主动与人和好不丢面子，而是大度和成熟的标志，只有与人友好来往，才会有人与自己同行。

唐老师认为，此次课堂微建构达到了自己预期的目标，但也存在一些不足，需要进一步改进。这些问题主要体现在以下几方面。

首先，在贯彻探究型原则和创新性原则方面有所欠缺。尽管在课堂中提供了一定的场景供学生合作探究，但在引导他们进行深入探究和创新方面还不够充分。

其次，学生提出的观点和策略质量不高。这点与学生所处的年龄阶段相关，对于一年级的学生来说，要提出有一定水平的策略是非常困难的，这就更需要教师加强引导、及时总结和概括升华。

最后，小组合作组织的有效性有待加强。小组合作环节必不可少，但小组合作出现有个别学生走神、游离的情况，也存在部分学生不愿意在小组中表达自己的观点的情况。这就要求教师更关注学生的个体差异和需求，把目光聚焦到每一个学生身上。

第九单元

亲子互动与家庭知识建构案例

单元导言

本单元旨在为家长和教育者提供实用的工具和策略，以帮助他们在家庭环境中有效地促进孩子们的知识建构。在当今这个知识经济时代，孩子们不仅需要掌握基础的知识技能，还需要具备批判性思维、解决问题的能力和创新精神。这就需要家长和教育者在日常生活中引导他们，通过实例和实践来培养他们的这些能力。在家庭教育中进行知识建构，需要家长关注孩子的需求和兴趣，为孩子营造良好的学习氛围，鼓励他们进行探索和学习，培养他们的批判性思维和创新能力，并关注孩子的情感发展。传统家庭教育中，家长可能会缺乏与孩子的有效沟通。家长可能没有花时间听取孩子的想法和感受，也没有尊重孩子的意见，往往过分关注孩子的学术成绩，尤其是考试分数。家长可能会忽视对孩子其他方面（如社交技能、情感发展和兴趣爱好）的培养。一些家长在教育孩子时可能会采取权威的方式，对孩子施加严格的管教和控制。这种方式可能会让孩子感到害怕或不安，从而无法培养他们的独立思考和自主能力。

在家庭教育中融入知识建构能解决许多传统家庭教育中的问题。首先，知识建构强调的是孩子在获取知识过程中的主动性和积极性，而非被动地接受知识。这有助于解决传统教育中孩子过度依赖家长和老师的问题，培养孩子的自主学习和问题解决能力。其次，知识建构注重的是知识的深度和广度，而不仅仅是学术成绩。这可以解决传统教育中过度关注分数，忽视孩子兴趣和全面发展的问题。再其次，知识建构鼓励家长和孩子进行有效的沟通，尊重孩子的想法和感受，培养他们的批判性思维和创新能力。

这有助于解决传统教育中沟通不足、忽视个体差异的问题。最后，知识建构强调的是持续的学习和改进，这可以激励孩子不断探索和学习，培养他们的终身学习能力和对变化的适应能力。

本模块由四个基于知识建构的真实家庭教育案例组成，展现了充满好奇心的小朋友在生活与学习中提出的一些小疑问，以及家庭成员如何运用知识建构的方法对孩子进行引导，并组织各种有趣的游戏、比赛和实验等互动活动，帮助孩子积累丰富的科学知识。每个案例都详细阐述了家庭成员如何引导孩子，通过提问、观察、实验等方式，帮助孩子发现问题、分析问题和解决问题。这些案例也展示了如何将知识建构与游戏、比赛等活动相结合，让孩子在玩耍中积累知识，提高他们的思维能力和动手能力。通过这些活动，孩子不仅学到了科学知识，还培养了自信心、创造力和团队合作精神。

在阅读本单元案例时，家长可以参考文中母亲的做法和反思，并结合知识建构的十二条原则，思考如何开展自己家庭的知识建构。我们应该注意以下几个问题：首先要尊重孩子的个性和意愿，每个孩子都是独一无二的，他们有着自己的兴趣、能力和需求。在家庭知识建构的过程中，不同的孩子会有不同的问题和想法，我们要尊重孩子的个性和意愿，从孩子自身的问题出发，了解他们的想法，陪伴孩子探索知识。其次是建立亲密的亲子关系，知识建构注重问题的提出和观点的互动，良好的家庭氛围会让孩子积极地与家长互动和沟通，促进家庭的深层次知识建构。再其次，家庭知识建构是长期的过程，具有灵活性的特征，需要根据孩子的年龄、性格、兴趣、能力和家庭环境等因素进行调整，采取不同的形式开展探究过程。最后，家长也要不断学习和探索，更新自己的知识和技能，以适应孩子不断变化的需求和发展。

家长想要模仿本单元案例进行初步的家庭知识建构，需要先了解知识建构的十二条原则。另外，应该营造自由、民主、安全的家庭氛围，对孩子的问题和观点及时予以回应和肯定。在对知识建构有了一些经验之后，要反思之前对待孩子问题和观点的做法，鼓励孩子与他人交流分享，使其在与社区和同伴的互动及实践中不断探索。

01 案例一

《光线与黑暗》——瞳孔实验

“晚上临睡前刚关灯感觉特别黑，过一会儿就不那么黑了？”

一、背景

本次的研究对象是一个从3岁起就爱提科学问题的男孩腾腾（6岁，幼儿园大班）和他的家庭成员，成员包括祖父（65岁，中学退休物理教师）、祖母（66岁，退休工人）、父亲（39岁，内科医生）、母亲（38岁，大学讲师，有知识建构经验）和弟弟（1岁）。为了保护腾腾的好奇心、想象力和探索精神，其家庭成员经常与腾腾一起讨论他提出的问题，都支持并参与到知识建构的相关活动中。此外，一些问题的探索活动还会和腾腾的同学及他同学的家庭成员一起参与。这体现了“社区知识共享与协同认知责任”和“知识建构对话”等知识建构原则。

“关灯为什么会黑”是腾腾在多次观察睡前关灯的情境下提出的，开始时腾腾对问题的描述并不清晰，妈妈通过反复对话了解到孩子的想法，确定其问题为“为什么晚上刚关灯时感觉特别黑，过一会儿就没那么黑了”。这是一个典型的科学问题，这一问题通过知识建构的持续迭代活动，涉及到物理（光线的强弱与传播）、生理学（瞳孔的自我调节）、心理学（明适应和暗适应）等多学科交叉领域的内容。对于6岁儿童而言，将相关的问题答案直接告诉孩子，孩子的理解可能并不深刻，也不符合儿童的身心发展规律和最近发展区，而利用手电筒、白纸等工具和儿童一起设计瞳孔与光线的实验，用实验观察的方法让其参与到知识建构过程中，去直观地感受瞳孔的变化是最好的办法。

基本信息

时间：2018年，腾腾6岁。

主要参与者：一家五口，以及网上参与讨论的学生、同事。

活动形式：主要通过对话与实验展开。

真实情境：晚上睡觉前，腾腾问：为什么晚上刚关灯时感觉特别黑，等一会儿就没那么黑了？我已经好几个晚上觉得是这样了。

相关知识：物理知识（光线的强弱与传播）、生理学知识（瞳孔的自我调节）、心理学知识（明适应和暗适应）、医学等多学科交叉领域。

二、家庭知识建构过程

基于知识建构理论，妈妈设计了如图 9-1-1 所示的探究过程，从生活中的真实问题“为什么晚上刚关灯时感觉特别黑，等一会儿就没那么黑了”出发，持续改进观点并升华。

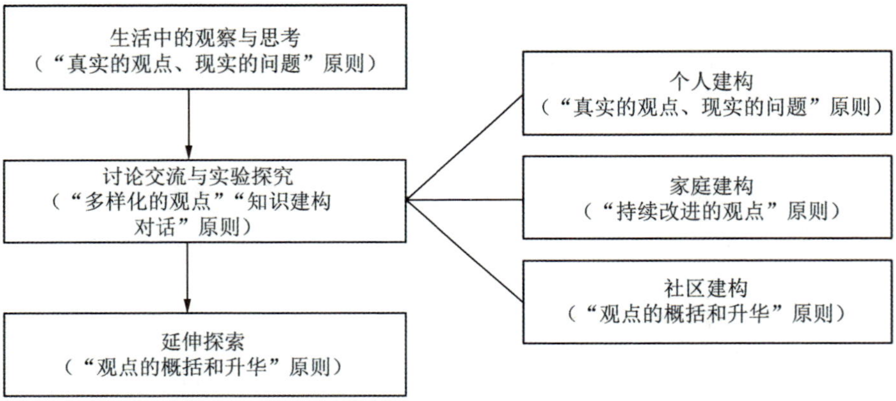

图 9-1-1　家庭知识建构教学流程

（一）生活中的观察和思考

6 岁的腾腾问妈妈“关灯为什么会黑”，刚开始妈妈没有敏锐捕捉到腾腾究竟想要问什么，觉得关了灯理所当然就黑了，这是没有什么疑问的。在腾腾问了几次之后，妈妈引起了重视，心里想这应该是腾腾通过多次睡前观察关灯产生的疑问，一定是在心里困扰他很久了，才会反反复复提出这个疑问，于是妈妈开始引导腾腾详细描述他的问题。

当孩子提出的问题不明确时，家长要去引导孩子，可以先说出自己对问题的理解，然后问孩子对吗，在引导的过程中，让孩子更精确地表达出自己的意思。

腾腾问："关灯为什么就会变黑？"

妈妈说："关灯当然会黑了，这个是没有什么疑问的啊。"

腾腾继续描述："不对，灯关了一会儿之后，我还没有睡着，我就感觉没有那么黑了，我已经观察好几个晚上了。"

妈妈引导："你的意思是，当你晚上睡觉的时候，刚关掉灯，眼前感觉特别特别黑，但是过了一会儿，虽然这个屋子里面的光线没有增加，但它不那么黑了，对不对？"

腾腾说："对对，就是你说的这样。"

开始时腾腾对问题的表述并不明确，不善于用自己的语言表达出来，妈妈鼓励他仔细描述问题产生的过程，通过这样反反复复的沟通交流之后，问题一步步清晰，妈妈知道了孩子究竟要表达什么，从而确定腾腾的问题是："为什么晚上刚关灯时感觉特别黑，过一会儿就没那么黑了？"（初始问题）现实的问题是知识建构的出发点，腾腾多次在睡前观察关灯，提出了问题，这个过程充分体现了知识建构理论中的第一条原则"真实的观点、现实的问题"。

妈妈明确了腾腾的问题之后，首先对这个问题予以肯定："这是一个非常好的问题，我们可以一起研究一下。"

"这是一个非常好的问题"，妈妈的这种做法是很好的，家长要及时鼓励、表扬孩子，也可以勇于承认自己的无知，就算知道答案也可以对孩子说自己不知道，一同享受和孩子一起探索知识的过程。

（二）讨论交流

腾腾提出问题后，妈妈没有直接告诉其答案，而是组织全家人进行简单的讨论，妈妈还将这一问题发布到网络平台上，与朋友、同事、学生等人交流。

妈妈在与这些人交流后，思考应该怎样设计符合儿童兴趣和认知特点的简单实验，进行科学探究。孩子的交流互动并不局限于学校或家庭，也可以拓展到朋友圈、微博等平台，和朋友、同学、同事等人一起讨论，这个过程充分体现了知识建构理论中的"社区知识与协同认知责任""'民主化'的知识"原则。

（三）实验探究

为了探究这个问题，可以选择家里现有的或者生活中易得的材料，爸爸妈妈曾想使用医用看瞳孔的手电筒，无奈找不到了，只好使用看喉咙的手电筒、手机手电筒和一个普通的手电筒进行实验（图 9-1-2）。

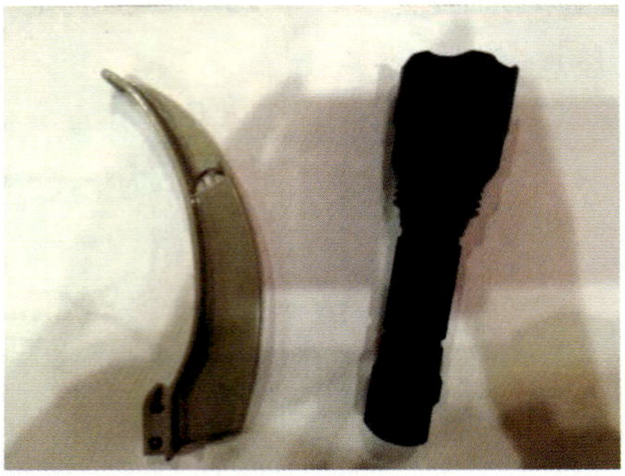

图 9-1-2　手电筒

在对问题进行家庭内部讨论和与同事等人的讨论之后，妈妈和爸爸一起制定了一个方案，简单设计了两个实验来探究不同光线下人的瞳孔究竟是怎么调节的。实验一“不同光线强度下人瞳孔大小变化”（图 9-1-3）的变化大小从 1 到 5，最小为 1，最大为 5；实验二“关灯后黑暗屋子里人眼明度感觉等级”（图 9-1-4）变化大小从 1 到 5，最暗为 1，最亮为 5。为了记录实验过程中的数据，爸爸妈妈将实验表格打印出来。

不同光线强度下人瞳仁大小变化（变化大小从 1-5，最小为 1，最大为 5）

	强度 1	强度 2	强度 3	强度 4	强度 5
爸爸					
妈妈					
弟弟					

图 9-1-3　不同光线强度下人瞳孔大小变化

关灯后黑暗屋子里人眼明度感觉等级（变化大小从 1-5，最暗为 1，最亮为 5）

	亮度 1	亮度 2	亮度 3	亮度 4	亮度 5
刚关灯					
1 分钟后					
2 分钟后					
3 分钟后					
4 分钟后					

图 9-1-4　关灯后黑暗屋子里人眼明度感觉等级

实验开始前，腾腾先观察了爸爸妈妈的眼睛，了解什么叫瞳孔，爸爸建议让腾腾直接把看到的瞳孔的大小画出来。妈妈的眼睛对强光敏感，一照就会自动闭上，弟弟不配合、不让照，爸爸自告奋勇说他的眼睛大，更适合观察，让照他的眼睛，进行简单的预测试之后，实验正式开始。

实验一：不同光线强度下人瞳孔大小变化。

腾腾扒开爸爸的眼睛，先用弱光照射观察爸爸眼睛瞳孔的大小，然后用强一档的光再去照。通过五个不同强度光源的实验，腾腾画出了不同光线强度下瞳孔的大小，得出结论：光线越强，瞳孔越小，而且当一个强光照到眼睛上时，可以明显看到瞳孔由大变小。

实验二：关灯后黑暗屋子里人眼明度感觉等级。

开展实验时，爸爸建议，不能直接用分钟间隔，一分钟的变化可能很大，而且考虑到腾腾年龄小，还不会计时，让腾腾数数比较科学。

此实验进行了 4 轮（图 9-1-5）：

Round 1：家里普通亮度的灯，拉上窗帘，关掉后，一开始是伸手不见五指的黑，定义为 1；数到 30 下左右，感觉亮一点儿了，定义为 2；差不多一分半钟，腾腾说可以看见爸爸的影子了，定义为 3；约两分二十秒，感觉更亮一些，可以看到人在走动，定义为 4；约两分五十秒，能看清小物品的轮廓，定义为 5；一直持续到差不多三分钟，亮度基本不再变化。

Round 2：卧室灯开到最亮，拉上窗帘，关掉后，感觉比第一轮更黑，之后的变化和第一轮没有明显的差别。

Round 3：和第一轮亮度一样，但是窗帘拉开一半，关掉后没有 1 和 2 的很黑的状态，亮度变化也不明显，中间腾腾自作主张完全关上了窗帘，也没有到前两轮刚关灯时最黑的状态。

Round 4：卧室里最弱的蓝光，拉上窗帘，关掉后没有出现最黑的状态，而且眼睛恢复很快。

进行了4轮，有录音　关灯后黑暗屋子里人眼明度感觉等级（变化大小从 1-5，最暗为 1，最亮为 5）

	亮度 1（中等亮度）	亮度 2（卧室灯最亮）	亮度 3	亮度 4（普通亮度，窗帘拉开一半）	亮度 5（最弱蓝光）
刚关灯	1.伸手不见5指	1，比第1轮黑		3.	3.没有1和2最黑时亮
1 分钟后	数数30多 2.亮一点点儿	2.亮点，能看到爸爸		4.变化不明显	4.
2 分钟后	约1'30" 3.可以看见爸爸影子了	3.更亮，能看到妈妈		中间再关上窗帘	5.恢复较快
3 分钟后	约2'20" 4.更亮一点儿看到人走动	4.更亮		也不是全黑(1)的状态	
4 分钟后	约2'50" 5.能看见小物品轮廓	5.感觉不再变化			
	持续到3'多，亮度不再变化				

间隔时间不一定合适
爸爸建议让他数数，说出自己的感觉，不同的亮度关灯后的不同感受

图 9-1-5　“关灯后黑暗屋子里人眼明度感觉等级”记录

腾腾陆续提出了以下问题，妈妈把这些问题记录下来，便于接下来的讨论和探究。

Q1：为什么晚上刚关灯时感觉特别黑，过一会儿就没那么黑了？

Q2：关灯时间越久，感觉越亮吗？

Q3：为什么突然遇到强光会睁不开眼？

Q4：为什么半夜醒来不开灯也能看清楚？

Q5：听觉和嗅觉也有这种适应现象吗？

在实验过程中，腾腾对这些问题慢慢有了答案。腾腾明白了，人的瞳孔有自动调节的作用，光线非常弱的时候，人的瞳孔会自动放大，因为瞳孔在放大的时候有利于吸收更多的光线，所以人在黑暗当中，就要瞪大眼睛去看；如果看太阳或很强的光线，人要眯着眼睛，也就是瞳孔变小。关灯后眼睛逐渐适应黑暗，到一定程度就不再改变，突然开灯会觉得很刺眼、睁不开，一下子难以适应。腾腾也知道了，人眼有适应能力，在黑暗的屋子里待的时间长了会适应这种环境，看东西会更清晰。腾腾通过对话和阅读权威资料，了解到这属于心理学的明适应、暗适应，又结合日常生活，想到了嗅觉也有适应现象，刚进入花园时觉得很香，过一会儿香味就不明显了。

实验做完后，时间比较晚了，腾腾第二天还要上学，父母没有时间问他的感受和收获，但他在整个过程中十分兴奋，也期待再次有这样全家一起研究的机会。

探究过程中，儿童提出的问题一步步深化和多元化，逐渐引出相关的概念，正如知识建构理论所倡导的，概念是生成的，不是由讲解传授的，完成了“观点的概括与升华”。在实验和问题迭代过程中，不仅儿童的科学兴趣与科学思维得到了发展，社区其他成员的知识也得到了提升，体现了对等的知识发展。

（四）延伸探索

爸爸提出可以再次深入研究，比如捂住一只眼睛，对比两只眼睛瞳孔的变化；两只眼睛都睁开，在面部中央用挡板隔开，照一只眼睛，观察两只眼睛的变化，也就是一只眼睛接收光线多少对另一只眼睛的影响。妈妈甚至觉得可以引导腾腾思考如何保护眼睛，探究为什么妈妈会戴眼镜、为什么会有散光等相关的问题。

之后，家庭社区继续进行讨论，爸爸认为实际上除了眼睛具有很强的调节作用，其他的器官也同样具有这种能力。腾腾举出例子："刚下水游泳的时候感觉水特别凉，但是过一会儿就感觉不那么凉了，是不是我们的身体适应了，我的皮肤适应了，这跟眼睛的适应是不是同样的道理？"妈妈认为腾腾这个类比非常好，也就是"人的皮肤的毛孔有调节作用，比如说人刚进入特别热的环境时，感觉特别热，后来感觉不那么热了。为什么呢？因为人的身体在调节，身体器官会用出汗来保护我们，不让我们中暑。当天气特别冷的时候，刚下水时特别冷，皮肤的毛孔会收缩，阻止我们身体的热量进一步向外界释放，过一会儿就没有那么冷了，就像人们刚下水，冷得我们一激灵，是这个意思，对吧？"腾腾在几天后又提出声音也有类似的现象。

后来妈妈又拓展到嗅觉，有一句话叫"如入芝兰之室，久而不闻其香；如入鲍鱼之肆，久而不闻其臭"，也就是说人们一直待在香的屋子里面，就不觉得它很香，但人们要去一个臭的地方，刚开始闻起来会特别明显，但过一会儿人们也感觉不到了。妈妈又拓展到生活的环境，如果我们生活的环境一直是一个非常积极向上的环境，比如说周围的人都是爱阅读、爱运动的人，而不是沉迷于游戏、爱骂人的人，我们适应了这个环境，那么我们就会越来越积极向上，越来越适应这样的环境。

腾腾由生活中一个非常常见的现象"眼睛对黑暗环境的适应能力"引申到明适应、暗适应等抽象概念，明白了瞳孔的自我调节作用，由最初的眼睛的适应现象逐渐拓展到触觉、嗅觉等的适应现象，认识到生活环境对我们潜移默化的影响，这些知识在腾腾的心里扎根生长。

三、知识建构作品展示

腾腾从生活中的常见现象提出疑问，爸爸妈妈设计实验共同探究这一问题，腾腾在爸爸妈妈的帮助下形成了一份"人工制品"（图 9-1-6），对瞳孔的自我调节作用有了更深入的认识，并且通过家庭成员之间和社会成员之间的对话及对权威资料的查阅，由视觉的适应现象引申到了触觉、嗅觉和听觉等方面的适应现象。

预测试 不同光线强度下人瞳仁大小变化（变化大小从 1-5，最小为 1，最大为 5）

手电筒

	强度 1	强度 2	强度 3	强度 4	强度 5
爸爸					
妈妈	爸爸说妈妈眼睛太小，还受不了强光，没法看				
弟弟	弟弟不配合，不让照，还各种捣乱				

可以捂住一只眼

分左右眼

分别观察左右眼瞳孔大小

电筒照爸爸眼睛瞳孔从大变小

孩子可以将看到的大小画出来

进行了4轮，有录音

关灯后黑暗屋子里人眼明度感觉等级（变化大小从 1-5，最暗为 1，最亮为 5）

	亮度 1（中等亮度）	亮度 2（卧室灯最亮）	亮度 3	亮度 4（普通亮度，窗帘拉开一半）	亮度 5（最强蓝光）
刚关灯	1、伸手不见五指	1、比第1轮黑		3、	3、没有小那下最黑时亮
1 分钟后	数数30多 2、亮一点点儿	2、亮点，能看到爸爸		4、变化不明显	4、
2 分钟后	约1'30" 3、可以看到爸爸影子	3、更亮，能看到妈妈		中间再关上窗帘	5、恢复较快
3 分钟后	约2'20" 4、更亮一点儿，看到人走动	4、更亮		也不是全黑(1)的状态、	
4 分钟后	约2'50" 5、能看到小物品轮廓	5、感觉不再变化			
	持续到3'多，亮度不再变化				

间隔时间不一定合适

爸爸建议让他数数，说出自己的感觉

不同的亮度关灯后的不同感受

图 9-1-6　人工制品

四、知识建构教学反思

腾腾以“为什么晚上刚关灯时感觉特别黑，过一会儿就没那么黑了”为初始问题，探究了瞳孔在不同光线强度下的变化情况，在与父母一起进行实验的过程中，了解到瞳孔的调节作用，并由视觉的适应现象引申到触觉、嗅觉、听觉等的适应现象。但是本次的知识建构也存在一些不足之处。

首先，实验不够严谨。在实验过程中采用的是让腾腾数数的方式，而没有采用科学计时的方法，并且实验过程中对光源亮度的控制不够严谨。实验操作可以更加规范、严谨，以培养孩子科学探究的思维和习惯。

其次，缺少与社会成员的交流。此次实验是腾腾与父母共同探究，实验完成后没有让腾腾和同伴交流讨论，缺少社区成员间的交流互动。知识建构对话不仅发生在家庭成员之间，也可以存在于同伴、社区等之间，进一步凝聚形成社区知识。

最后，对权威资料的理解存在困难。由于儿童年龄较小，且识字量有限，对于权威资料的阅读和理解存在一定困难，因此家长可以借助插图或视频，辅以语言讲解，帮助孩子理解。

02 案例二

《恐龙与鱼刺》——“动物的牙齿和消化”

“为什么恐龙吃动物的时候，不用吐骨头也不会被卡喉咙，而我们人吃鱼，一点点的鱼刺都会被卡住？”

一、背景

研究对象是一个爱提科学问题的男孩腾腾（6岁，幼儿园大班）和他的家庭，家庭成员包括祖父（65岁，中学退休物理教师）、祖母（66岁，退休工人）、父亲（39岁，内科医生）、母亲（38岁，大学讲师）和弟弟（1岁），参与者还包括腾腾的同学及动物医院的医生、护士等人。“为什么恐龙吃动物的时候，不用吐骨头也不会被卡喉咙，而我们人吃鱼，一点点的鱼刺都会被扎？”这是腾腾在听到弟弟吃鱼被刺卡住的情境下提出的，这一问题提出后经过家庭讨论没有得出确切的答案，在家里也无法进行实验探究，于是妈妈联系动物医院的同事，组织了一次动物实验室和动物医院的参观之旅。

通过参观、讨论、查阅权威资料等形式，问题逐步深入，涉及了动物的咀嚼、消化和繁殖、食物链，以及哺乳动物和爬行动物等生物学知识，在这期间孩子也接触了显微镜、天平等实验仪器。参观（属于直接经验）让孩子对生物和科学实验等有了更具体的认知，产生了更浓厚的兴趣。

基本信息

时间：2018年12月4日—31日，6岁7个月。

主要参与者：一家六口，同学骁恩和妈妈，两个四年级孩子及爸爸（动物医学博士），动物医院医生及护士。

活动形式：主要是对话、参观、画图。

真实情境：2018年12月4日，腾腾两岁的弟弟中午吃带鱼被鱼刺卡了喉咙（不严重，很快就没事了），妈妈提醒腾腾吃鱼一定要小心，他突然问：“为什么恐龙吃动物的时候，不用吐骨头也不会被卡喉咙，而我们人吃鱼，一点点的鱼刺都会被扎？”

二、家庭知识建构过程

基于知识建构理论，妈妈设计了如图 9-2-1 所示的探究过程，从生活中的真实问题“为什么恐龙吃动物的时候，不用吐骨头也不会被卡喉咙，而我们人吃鱼，一点点的鱼刺都会被扎”出发，持续改进观点并升华。

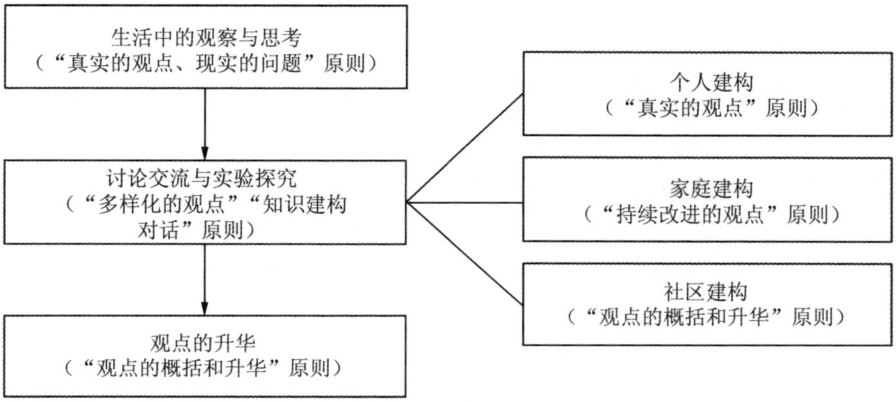

图 9-2-1　家庭知识建构教学流程

（一）生活中的观察与思考

某天中午吃饭的时候，腾腾奶奶做了鱼，弟弟不小心被鱼刺卡了喉咙，于是饭吃到一半，妈妈连忙带着弟弟去看急诊。由于是午饭时间，一时没有找到医生，结果过了一会儿，弟弟在医院的大厅里面活蹦乱跳的，妈妈问弟弟：“这个鱼刺在哪里呢？你还觉得扎吗？还难受吗？”弟弟说：“不难受了，这鱼刺我感觉不到了。”

后来腾腾在吃鱼的时候，妈妈提醒他注意鱼刺，腾腾在听到弟弟被鱼刺卡到喉咙这件事时提出了问题：“我们人吃鱼，这么小小一根鱼刺都会卡住喉咙，那为什么恐龙在吃那么大的动物的时候，都吞下去了？那个动物的刺和动物的骨头，不会卡到恐龙的喉咙吗？（初始问题，Q1）”

腾腾提出这样的疑问之后，妈妈回应 ：“这是一个很好的问题。”妈妈认为这种鼓励的方式值得所有家长学习。腾腾的爷爷则说：“你提的什么玩意儿，这不是个问题，你长大后就会明白了。”腾腾的爷爷（中学物理老师）是一个传统意义上的老师，他的表现也极其典型，每次腾腾一提出问题，爷爷就会说这不是问题，这个问题没有意义，或者说去学一下某某内容就好了。他认为孩子什么都不懂，所以才会提出这样的问题，他习惯用灌输式的方式教育孩子。

而妈妈的观点和爷爷的不一样，这时候家长的教育观念不同，妈妈便用开玩笑的方式说“腾腾你不要听爷爷的，我觉得你提的是一个特别棒的问题”，孩子会相信妈妈是权威的，所以他会不在意爷爷说的话，继续提出自己的疑问。妈妈也会给腾腾说“我们一起问问爸爸的意见，爸爸是怎样想的”。家里几个人讨论不清楚就可以请教更专业的人。

（二）猜想讨论

腾腾提出真实的问题之后，全家人开始讨论。

妈妈：“我觉得可能是因为恐龙的牙齿特别锋利，它把骨头都嚼碎了。”

奶奶：“我觉得不是，应该是恐龙把骨头咽下去了，但是它的胃里有一种东西可以把骨头消化掉。”

爸爸：“它胃里能消化的那个东西，我们人的胃里应该没有。”

腾腾：“我觉得是它吃的时候只吃了肉，把骨头剩下了，根本没吃下去。”

（观点 1）

爷爷：“我觉得有的恐龙能吃下骨头，有的不能，或者只能吃下小的骨头。”

家庭成员中每个人都提出了自己的观点，观点之间存在差异性，体现了知识建构理论中的“多样化的观点”和“‘民主化’的知识”（原则 7）等原则。

讨论又持续了一会儿，晚饭差不多吃完了，可是这个问题成功激起了腾腾的兴趣，他兴致勃勃地要把这个问题搞清楚。显然，这种由真实的好奇心引发的口头讨论可以激发孩子去探寻新的知识。

趣味小实验

爸爸让腾腾拿出一颗消食片，说：“如果整颗咽下去可能吗？分成两半能咽下去吗？或者嚼碎更好咽？”他们试了好几颗消食片，得出的结论是：整颗咽的话需要一些水的辅助才能咽下去，掰成两半根本不好咽，嚼碎了不用喝水就可以咽下去，所以爸爸的意见是，恐龙吃动物的时候应该是骨头裹在肉里面直接咽下去的，如果骨头露出来就不好咽，也就是说一些小的骨头被裹在肉里面直接咽下去了。

（三）查阅资料

腾腾显然对这个答案不是很满意，妈妈顺势说可以帮他上网查一查，但不保证能查到答案，他自己可以想想办法。于是，腾腾把自己所有与恐龙相关的书全部找了出来，找到了一种鸭嘴龙，它没有咀嚼功能，吃东西都是囫囵吞枣的，因此，他自己排除了之前的那个观点——恐龙只吃肉、不吃骨头。

腾腾继续找资料，发现恐龙的牙齿和人的牙齿不一样，恐龙的牙齿很多是尖刀般的牙齿，但是能把食物磨碎的牙齿好像很少。腾腾又突然想起电脑上有关于恐龙的纪录片，里面好像有恐龙吃动物的画面，便又去找到了这个视频。

腾腾发现问题之后，积极查阅相关书籍和纪录片等资料，包括《恐龙王国》等书籍和一些网络电子文本、图片资料，这体现了知识建构理论中的“学生是积极的认知者”和“权威资料的建构性使用”原则。

现在搞清楚的问题是：

恐龙吃下去一部分骨头，特别大的骨头吃不下。（观点 2）

随之而来的问题是：

Q2：恐龙靠什么消化这些骨头？它的消化系统和人的有什么不一样？

Q3：酶为什么能帮助消化呢？

Q4：恐龙的牙齿和人的有什么不同？除了咬断，能咀嚼吗？

Q5：恐龙有没有磨牙？它吃肉需要嚼碎吗？

腾腾并没有满足于现在的探究程度，妈妈突然想起来认识学校动物医学专业的一位教授，于是跟他联系，询问是否可以参观他们的兽医实验室。徐博士非常感兴趣，爽快地答应了，并表示可以给孩子们当指导老师。

（四）参观讨论

2018 年 12 月 26 日参观动物医学实验室

家长带着孩子们（徐博士的孩子、腾腾和他的好朋友）去动物医学实验室参观，孩子们异常兴奋，表现出对实验室的浓厚热情。徐博士耐心解答孩子们接连不断提出的问题，内容涉及牙齿、各部分骨骼、胃、肾脏、胚胎、心脏……并做了一系列科普。孩子们了解了动物的消化器官，发现动物的消化与牙齿、胃、肝、脾、肠等有关，酶能帮助消化，动物也要吃健康的食物。

孩子们在参观过程中提出了一系列问题（表 9-2-1）：

表 9-2-1　孩子们提出的问题

姓名	恩恩	睿睿	腾腾	轩轩
问题	Q1：脊柱能动吗？能弯曲吗？我们弯腰的时候是这样吗？（脊柱骨） Q2：骨头是空心的吗？ Q3：心脏周围的血管为什么有红色和蓝色之分？（静脉、动脉）	Q1：牙齿露在外面的和长在肉里的哪个多？ Q2：这个牙还能活吗？（牙齿是人体保存时间最长的器官之一，长达 10 年都可以做 DNA 鉴定） Q3：这标本是真的肉，还是模型？ Q4：为什么要泡在药里？	Q1：人为什么会牙疼？动物会不会牙疼？（牙里面是有血管和神经，糖吃多了、不好好刷，牙会有牙洞，吃酸的或甜的就会刺激里面的神经） Q2：马是站着睡的吗？（有时候还会抬起一只脚） Q3：骨头里还有肉吗？	Q1：这个牙（尖牙）是干什么用的？和里面的牙（磨牙）有什么不同？ Q2：这是什么动物的骨？ Q3：胃疼、胃癌有时是由幽门发炎引起的吗？（贲门、幽门区别） Q4：给马蹄掌钉掌它会疼吗？为什么要钉掌钉？（就像人的指甲，没有神经） Q5：不是不能拿人做实验吗？

看来孩子们都非常喜欢这种参观学习的方式，在参观过程中都表现得非常兴奋，提出了各种各样的问题。

2018 年 12 月 31 日参观动物医院

参观对孩子们来说是一次令人兴奋的旅行，应他们强烈的要求，又找人约定了 12 月 31 日和恩恩一起参观动物医院（图 9-2-2）。

一走进医院大门，一只小狗（后来腾腾他们回来的时候，小狗送他们到大门外，一直到大路上，好热情，不过腾腾说它是去觅食，不是送他们）摇着尾巴欢迎我们，后来了解到这只小狗曾经是只流浪狗，被动物医院的医护人员抱来做绝育手术，谁知道它肚肚里已经怀有小狗狗了……

首先去了第一个实验室，里面的显微镜很快吸引了孩子们的眼球，×同学拿了一个玻片来给孩子们耐心讲解显微镜的使用方法，孩子们知道了显微镜最终的放大倍数是上下两个镜头放大倍数的乘积，观察了肉眼看不到的东西，看到了放大千倍的微生物。然后讲解了天平的正确使用事项，左物右码，游码需要用镊子拨动，看标尺时不到整数应该估算，称量物体之后要把游码归零。

然后去了宠物美容室，腾腾看到了给动物检查血液的过程，看到了真正的蛔虫，还看到了做实验的各种仪器（无影灯、呼吸麻醉剂……）。在手术室，遇到了一只正在输液的牧羊犬，温顺得很。医护人员给孩子们介绍，它已经10多岁了，是只老年狗了。孩子们问道："10岁为什么是老年？"他们都很感兴趣，还要摸摸那只狗，医护人员就告诉孩子们："人的1岁相当于狗的7岁，所以狗的10岁就相当于人的70岁了，这只狗已经是老年狗了，它现在生病了，因为肛门发炎需要输液。"医护人员说有的宠物看病是非常贵的，宠物做一个血常规检查，比人要贵很多，有时候还和人一样，会产生医疗纠纷。医护人员还告诉了孩子们有些传染病是人畜共患的，也就是动物生病可以传染给人，人生病也可以传染给动物，这就需要我们平时注意个人卫生。

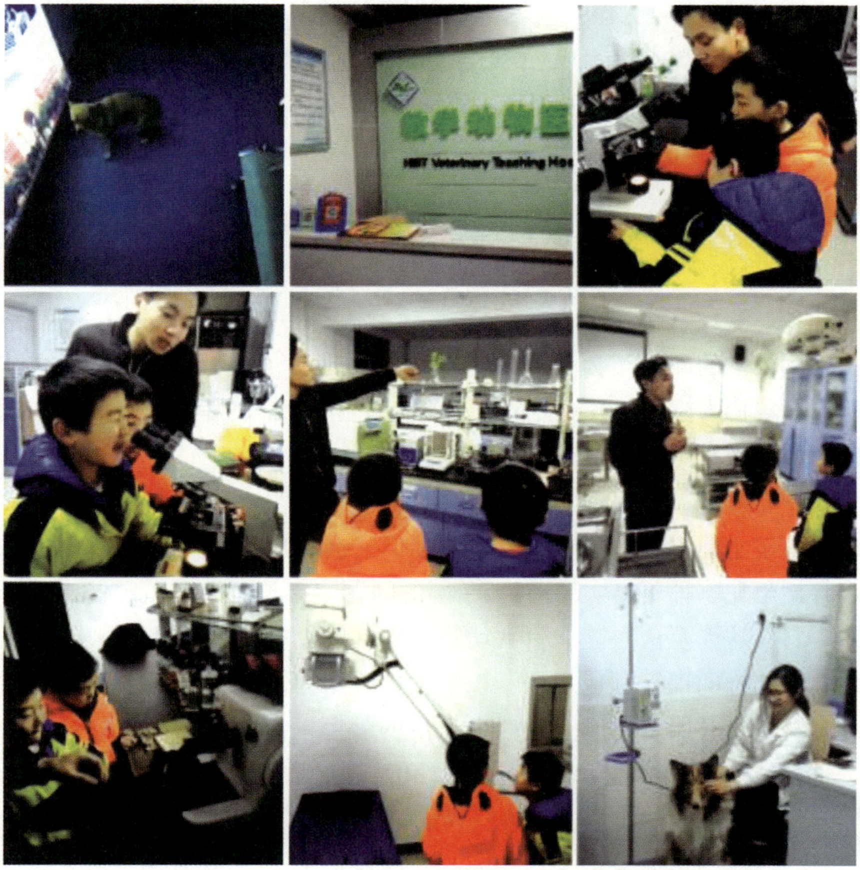

图 9-2-2 参观动物医院

参观过程中，在不影响仪器正常使用的情况下，孩子们有机会动手试一试。参观过程中孩子们提出了诸多问题，腾腾说这次参观好有收获：动物也会生病，有些病是人畜共患的，草食动物比肉食动物更加温和，但唯一的遗憾是，没有见到和恐龙有关的东西，连骨骼和化石也没有。

以下是孩子们在参观过程中提出的问题（表 9-2-2）：

表 9-2-2　孩子和家长提出的问题

姓名	恩恩	腾腾	胡胡	蒋蒋
问题	Q1：你给动物看病时，如果是疯狗你怕不怕？ Q2：把手直接伸到显微镜下能不能看到细菌？ Q3：显微镜能放大多少倍啊？ Q4：蛇还会活吗？ Q5：为什么这些东西要放在深色的瓶子里？为什么不能摸？ Q6：如果给动物治病时用手抱着，不会被传染吗？	Q1：显微镜的镜片为什么会很热？ Q2：狗狗 10 岁为什么就属于老年了？ Q3：蛔虫有眼睛吗？有两个头吗？怎么区分蛔虫的头和尾？ Q4：这是什么动物的肝脏？ Q5：蛔虫从动物体内取出来时是活的还是死的？ Q6：做手术为什么要用无影灯？	Q1：人得的那些病动物会得吗，比如肺炎、癌症？ Q2：呼吸麻醉机和电视上用毛巾捂鼻使人昏迷是一回事吗？	Q1：为什么给动物拍片子、做手术比给人还要贵？ Q2：狗除了打狂犬疫苗，还需要打什么疫苗？

回到最初的问题“为什么恐龙吃动物的时候，不用吐骨头也不会被卡喉咙，而我们人吃鱼，一点点的鱼刺都会被扎到”，实际上肉食恐龙在吃动物的时候也是有可能被骨头卡住喉咙的。

（五）问题深化

解决了之前提出的问题之后，孩子们又会提出新的问题“草食性恐龙和肉食性恐龙哪种更多”。针对孩子们的问题，家长可以和孩子们一起上网查阅资料，这涉及食物链、胎生动物、哺乳动物等数十个概念，腾腾也将自己对食物链的理解画成了画，孩子们的理解可能并不准确，比如将白菜放在食物链最底层。在这一过程中产生的画可以记录观点改进的过程和轨迹，这就体现了“嵌入活动的形成性评价”原则。

之后通过不断的对话、查阅权威资料，孩子们进一步提出新的问题。

Q6：哺乳动物等于胎生动物吗？

Q7：我原来是不是个蛋，然后妈妈把我孵出来？

Q8：人为什么不是卵生的？

Q9：所有的动物都是妈妈生的吗？

Q10：动物还有没有其他的出生方式？

这又涉及胎生和卵生的概念，因此这成为接下来要探讨的问题。通过绘本的阅读及资料的搜集查阅，孩子们了解到蚯蚓和海星有另外的繁殖方式，蚯蚓断了之后就会变成两个蚯蚓，把海星撕开也会变成两个海星。逛书店时，孩子们发现绘本《海马先生》（图 9-2-3）中提到海马是由爸爸生出来的。这些知识又进一步扩充了孩子们的认知，让孩子们提前接触了生物学的知识，培养了孩子们对生物学研究的兴趣。

图 9-2-3　海马的繁殖

三、知识建构作品展示

腾腾从生活中的常见现象提出疑问，妈妈带着腾腾及他的朋友去动物医学实验室和动物医院，通过参观和请教动物医学专家来探究这一问题，让腾腾对动物的消化和繁殖有了更全面深入的认识，并且通过家庭成员之间和社会成员之间的对话及对权威资料的查阅，涉及了哺乳动物、胎生动物、食物链和食物网等生物学科的重要概念（图 9-2-4）。

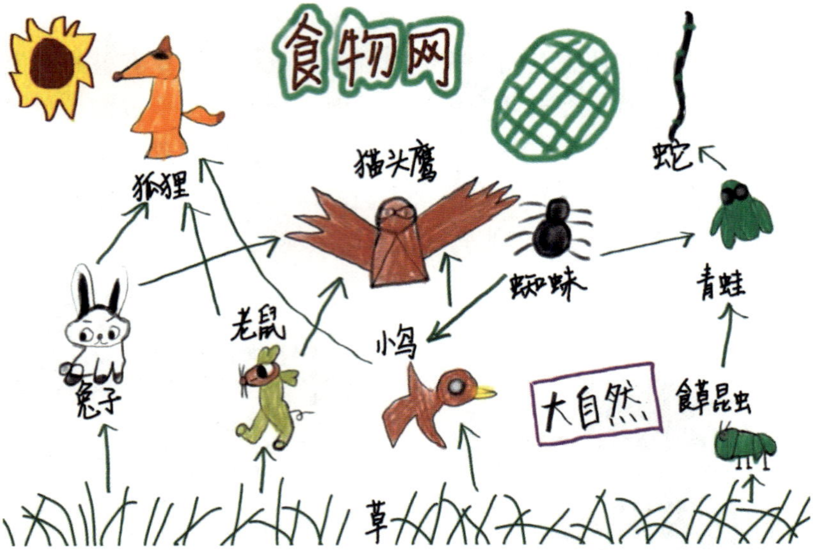

图 9-2-4　孩子们创作的“食物网”

四、知识建构教学反思

腾腾听到弟弟被鱼刺卡住时，提出“为什么恐龙吃动物的时候，不用吐骨头也不会被卡喉咙，而我们人吃鱼，一点点的鱼刺都会被扎到”这一初始问题。通过家庭讨论、查阅权威资料、参观、同伴交流等形式，问题逐步深入，涉及了动物的咀嚼、消化和繁殖、食物链及哺乳动物和胎生动物等生物学知识。在这期间孩子也接触了显微镜、天平等实验仪器。参观（属于直接经验）让孩子对生物和科学实验等有了更具体的认知，产生了更浓厚的兴趣。但是本次的知识建构也存在一些不足之处。

对权威资料的理解存在困难。由于学龄前儿童识字量有限，阅读速度慢，不会自己搜索资料，对于权威资料的阅读和理解存在一定困难。因此家长可以借助科普绘本或视频，加以语言讲解来帮助孩子理解，并且采取参观学习的方式进行家庭知识建构。

03 案例三

腾腾小朋友关于“西瓜在水中的浮沉变化”探究体验案例

一、知识建构背景

正处于幼儿园阶段的小朋友腾腾，是一个充满好奇心的孩子，总是提出各种各样的问题。为了满足他的好奇心，爸爸妈妈和爷爷奶奶会耐心地回答他的问题。虽然腾腾之前没有接触过知识建构的学习，但他对周围的事物充满了好奇心和探究欲望。一次在饭桌上，切西瓜这件小事引发了腾腾的好奇心。在家人的鼓励和帮助下，他们共同设计并实施了一系列渐进式的、基于家庭情境的探究活动。这些活动包括观察不同水果在浴缸中的浮沉现象、探究空心或其他材质物体的浮沉特性、研究混合物体的浮沉规律及制作简易潜水艇模型等。在家庭中，儿童作为问题的最初生成者，容易与家庭成员一起构建家庭社区知识，并承担协同认知责任。在实验过程中，家长应运用知识建构的理论引导孩子带着自己的问题去探究，注重孩子的内心想法和思考过程，使孩子能够产生更多的想法和问题。在这些探究活动中，腾腾不仅学会了观察、比较、分析、归纳等科学方法，还逐渐培养了对科学探究的兴趣和好奇心。同时，家人的支持和鼓励也让腾腾更加自信和勇敢地面对未来的学习和生活挑战。

基本信息

时间：2017 年，腾腾时年 5 岁。

主要参与者：一家五口，以及其他小伙伴。

活动形式：主要通过对话与实验展开。

真实情境：在准备切西瓜之前，需先清洗，这引发了腾腾的好奇心：如果把西瓜放在水里，是会沉下去还是浮起来呢？

相关知识：物体在水中的悬浮现象可用浮力原理解释。浮力是指物体在液体中受到的向上的力，其大小等于物体下沉时排开液体的重力。浮力原理在船舶设计、潜水器设计等领域有着广泛的应用。

二、家庭知识建构过程

基于知识建构理论，腾腾围绕西瓜在水中会发生怎样的变化进行了一场知识建构探究体验（图 9-3-1）。

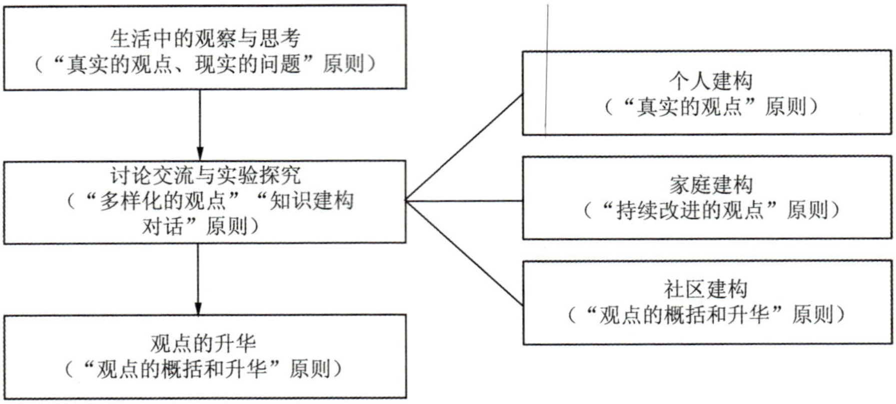

图 9-3-1 “西瓜在水中的变化”知识建构过程

（一）生活中的观察与思考

在一次家庭聚餐中，爷爷从市场带回了一个新鲜的大西瓜。正当他准备将诱人的西瓜切成块状时，细心的腾腾注意到了西瓜表面还带有一些泥巴。他提醒爷爷在切之前最好先清洗一下。这一细心之举不禁引发了腾腾的思考，他随即提出了一个有趣的问题：“把西瓜放进水里，它会沉下去还是浮起来？”这个日常生活中的小插曲恰好体现了知识建构教学的核心理念之一：真实的观点、现实的问题。儿童常常在日常生活场景（如吃饭、洗澡、睡前等）中产生各种疑问和好奇心。这种源自生活经验的探索和学习方式，为儿童提供了一个直观、有趣且富有挑战性的学习平台。家人们在饭桌上展开了热烈的讨论，每个人都发表了自己的观点和想法。他们运用已有的知识和经验，试图解答这个问题。在这个过程中，儿童的疑问成了一种积极的动力，推动着家庭成员共同参与，一起寻找答案。这种协同认知的方式，不仅增进了亲子间的交流与互动，还培养了儿童的探究精神和批判性思维。由此我们也可以看到家庭环境对于儿童知识建构的重要性。在日常生活中，家庭成员可以积极引导和鼓励儿童发现问题、提出问题，并一同探讨解决问题的方法。这种以儿童为中心的学习方式有助于培养他们的创新思维和自主学习能力。在饭桌上与孩子进行交流是一种极佳的教育方式，它可以促进语言的发展、情感的交流、价值观的传递、文化的传承及社交技能的培养。这种交流不仅有助于孩子的个人成长和发展，而且能够增强家庭的凝聚力，有助于和谐亲子关系的建立。

（二）讨论交流与实验探究

随着问题的提出，妈妈为了寻找答案，买来了许多种类的西瓜，准备一一进行实验。在实验开始之前，一家人各自提出看法，热烈讨论着这个问题。

爷爷首先坚定地表示："西瓜会沉下去。"

爸爸则有些犹豫地认为："这可能要看西瓜的品种，也许有的能浮起来。"

奶奶猜测说："我觉得有一部分西瓜应该能浮起来。"

妈妈看着好奇的腾腾，微笑着问道："那你觉得呢？"

腾腾认真地说："西瓜有时候会浮起来，有时候会沉下去。"

爸爸接着提问："那你觉得什么东西会浮起来，什么东西会沉下去呢？"

腾腾想了想，然后兴奋地回答："大的东西会沉下去，小的东西会浮起来，跟物体重量有关系，越轻的物体越会浮，越重的东西越会沉，铁的东西会沉下去。"

在这个轻松的家庭讨论中，腾腾和家人一起交流时所提出的这些问题，恰好体现了知识建构的第二条原则——"多样化的观点"。与学校的学科教学不同，家庭教育没有明确的教学目标，没有固定的学习材料，没有学科专家。因此，家庭成员往往有着不同的观点和看法。这种多样化的观点不仅丰富了我们的认识，也加深了我们对世界的理解。

实验一：浴缸中的西瓜探索

在充满温馨的家庭氛围中，妈妈与腾腾一起进行了一项有趣且富有教育意义的实验。他们在家里的浴缸中注满水，随后将各种大小不一、品种各异的西瓜逐一放入浴缸中。这个实验旨在通过直接观察和体验，让腾腾了解物体在水中的浮沉现象。妈妈细心地引导腾腾，让他观察并记录下每个西瓜在水中的状态。有些西瓜在水中缓缓下沉，有些则浮在水面上。妈妈解释说，这和西瓜的密度和体积有关。密度比水大的西瓜会沉下去，密度比水小的西瓜则会浮起来。

这个实验，不仅让腾腾对物体的浮沉原理有了基本的理解，还激发了他对科学现象的好奇心和探索欲望。他兴奋地与家人分享自己的发现，并提出了更多有关物体浮沉的问题。在实验中妈妈也会引导孩子提出更多的问题，帮助腾腾更清晰地思考实验过程中可能发生的现象（表 9-3-1）。

表 9-3-1　问题提出的引导

实验阶段	实验前	实验中	实验后
引导问题	你认为会发生些什么？（你的猜想是什么） 你为什么认为将会发生这些？	你观察到发生了什么？ 仔细观察，发生了什么改变？ 有没有发生变化呢？	你有什么依据发生了这些？ 你预测到发生的这些了吗？ 你观察到的与你猜想的有什么不同吗？ 这些结果意味着什么呢？

带着之前的问题，妈妈和腾腾进行了进一步的实验。首先，他们尝试了在不同温度的水中进行实验，腾腾观察了不同水温下西瓜的表现。接着，他们又有了一个新的发现：成熟的西瓜往往会在水中浮起一小部分，不成熟的西瓜则会完全沉入水中。看到这个现象，腾腾灵机一动，提出一个颇为实用的方法："妈妈，我们以后买西瓜的时候，是不是可以根据这个方法来判断西瓜是否成熟呢？比如，看西瓜大小不是很明显，但是拿起来感觉特别重，那可能这个西瓜就还不够成熟。"妈妈对腾腾这个独到的结论给予了肯定和鼓励，并进一步提问："很好，那如果是其他的水果呢？比如，我们换一个比较小的水果放进水里，又会产生怎样的结果呢？"这个问题引发了腾腾新一轮的思考和好奇心，他迫不及待地想要探索更多关于浮沉现象的奥秘。

实验二：探索更多物体的浮沉现象

在腾腾提出的问题的引导下，他们进一步拓宽了实验的范围，挑选了不同类型和大小的水果及金属物品，进行浮沉实验。首先，他们尝试了各种不同的水果，如苹果、橙子、葡萄等。当把它们逐一放入水中时，他们观察到有的水果会浮在水面上，有的则会沉入水底。这个结果让腾腾更加确信，物体的浮沉现象与物体的密度和体积有关。接下来，他们还尝试了一些金属物品，如硬币、钥匙等。这些金属物品由于密度较大，通常会沉入水底。然而，当他们将一块较轻的金属薄片放入水中时，它却漂浮在水面上。这个意外的发现让腾腾对物体的浮沉原理产生了更加浓厚的兴趣。

通过这个实验，腾腾不仅深化了对物体浮沉现象的理解，还拓展了视野，了解到不同物体在水中的不同表现。他们又尝试了用其他类型的水果进行实验。在这次实验中，他们发现葡萄体积虽小，却能在水中沉下去。这个观察结果直接推翻了腾腾之前的观点，让他意识到不是所有轻的物体都会浮在水面上。他重新思考后，又提出了新的假设："轻的东西会浮起来，重的东西会沉下去。"为了验证这个假设，他们进行了另一个实验。他们将一根细小的针轻轻地放入水中，它果然沉了下去。然而，当他们想到一艘重达数吨的轮船时，情况就完全不同了。尽管它的重量极大，但却能稳稳地浮在水面上。这个实验结果让腾腾意识到，物体的浮沉不仅仅取决于它的重量。接着，腾腾又提出了一个新的观点："铁会沉下去，因为它是金属。"妈妈向他提出一个问题："你看轮船也是金属的，那它是浮着还是沉下去呢？"（图 9-3-2）这个问题让腾腾意识到，金属的物体并不一定会沉下去。在整个实验过程中，腾腾都在不断地改进自己的观点，意识到自己在初始阶段提出的问题往往是基于幼稚的看法或迷思概念而提出的。通过与家庭成员的共同探索和实验，他能够持续改进自己的理解和观点，从而更深入地理解物体的浮沉现象。

图 9-3-2　轮船在水上的状态

实验结束后，腾腾明白了浮沉现象与物体的大小和重量并无直接关系。在此基础上，他提出了以下观点：

观点一：物体的浮沉与其是否空心有关。一般来说，空心物体较容易浮起来，例如竹子和轮船。然而，当轮船进水（变为实心）时，它便会沉入水底。

观点二：并非所有空心的物体都会浮起来，空心的程度也是影响浮沉的重要因素。例如，如果一个物体虽然是空心的，但空心部分所占比例很小，那么它也不容易浮起来。有些空心的物体也会沉入水底。

观点三：充气的物体通常会浮起来，并且还有助于其他物体浮起来。例如游泳圈、气球和轮胎都是充气的，它们不仅自己能浮起来，还能让其他物体浮起来。

观点四：能够吸水的物体会沉下去，例如衣服。这是因为吸水会使物体的重量增加，进而导致其下沉。

实验三：空心物体在水中浮沉现象的研究

在实验的第三阶段，腾腾为了验证空心物体是否会影响浮沉，精心设计并亲自实施了实验。他利用身边常见的空心物品，如空心的塑料杯子、玻璃瓶等，进行了实验，以观察它们在水中会呈现何种现象。首先，他挑选了一些不同大小和形状的空瓶子，如细长的玻璃瓶、宽大的陶罐等。将它们一一放入水中，观察其浮沉情况。腾腾发现，大部分空瓶子都会浮在水面上，只有少数较重的瓶子会沉入水底。通过这个实验，腾腾进一步加深了对物体浮沉现象的理解，发现物体是否空心及物体的材质都会影响其在水中的浮沉状态，更加确信了空心物体的浮沉特性。他发现这些空心的物体由于内部没有实心部分，密度比水小，因此容易浮起来。同时，这次实验也锻炼了他的动手能力，培养了他的科学探究精神，让他在实践中不断积累新的知识和经验。

自主设计实验的腾腾就像是我们提到的“学生是积极的认知者”。由于问题是腾腾自己提出的，因此他充满了探究的热情，积极主动地通过各种途径去寻找答案。他不仅进行了网络搜索，还自主设计了实验。在这个过程中，妈妈向腾腾解释了阿基米德原理和潜水艇的原理，以帮助他更好地理解浮沉现象。妈妈在整个过程中的引导及对权威资料的借助，都能够引发孩子对问题的进一步思考。在儿童提出的科学问题中，有很多权威资料可以作为他们的学习资源。对这些信息的建设性使用，对孩子的学习和思想升华具有重大意义。通过以上几轮实验，腾腾得出的结论是：“物体的空心部分不能决定其浮沉。”经过这一轮又一轮的实验，腾腾不断产生新的观点和想法。在非正式的学习环境中，当提出的问题经历了多轮的迭代和深入之后，相应的概念也得到了深化和发展。第三阶段腾腾的自主设计实验不仅锻炼了腾腾的动手能力，培养了他的科学探究精神，也让他在实践中不断积累新的知识和经验。更重要的是，他在亲身体验中逐渐形成了对科学现象的深刻理解。

实验四：矿泉水的浮沉实验

空心实验结束后，腾腾充满热情地拿来了许多空矿泉水瓶。他计划往每个瓶子里灌入不同容量的水，然后放在水池里观察其下沉情况。他非常好奇这个实验会产生什么样的结果，于是便与爸爸妈妈一起讨论并开始行动。在这个实验中，腾腾想到了用矿泉水瓶作为实验材料，在家庭这种非正式环境下，没有局限于教室或者校园，知识建构就随时随地都可能发生。在这次实验中他发现，当瓶子里的水量不同时，瓶子下沉的速度和程度也会有所不同。这个实验结果进一步印证了他之前得出的结论，即物体的空心部分和浮沉现象之间并没有直接关系。这让腾腾更加相信，知识不仅是在学校里学习的，生活中也处处都有知识的建构和应用。他用矿泉水瓶做实验，不仅充分利用了身边的资源，还展示了在非正式环境下进行科学探究的无限可能。在这次实验中，妈妈用曹冲称象的故事来帮助腾腾理解浮力。通过这个实验和妈妈的引导，腾腾对浮力的理解更加深入，能够将浮力原理与实际应用联系起来。这又一次充分体现了知识建构中的第七条原则——“权威资料的建构性使用”。妈妈通过讲述曹冲称象和死海的故事，解释潜水艇的原理，帮助腾腾拓展了知识面，加深了对浮力的理解。

（三）观点的升华

经过多次实验的迭代，腾腾对浮力的理解逐渐深入，并提出了一些关于浮力的观点。

观点的升华总结

结论一：浮力可以让我们在游泳时漂浮在水面上。这是通过使用游泳圈来实现的，游泳圈提供了足够的浮力，使我们能够在水面上漂浮。

结论二：浮力可以用来制作轮船。轮船是空心的，而且通常做得很大，以提供足够的浮力。这种设计可以让轮船在水面上漂浮，并且能够承载大量的货物和乘客。

结论三：浮力与水有关吗？如果将物体放入不同的水中，会影响它的浮沉吗？（妈妈向腾腾介绍了死海，告诉他即使某件物体在水中可以沉下去，在死海中却可以浮起来，这是因为死海含盐量高，水的密度大，浮力也相应增大）

结论四：潜水艇能够潜水也是利用了浮力的原理。当潜水艇中灌入少量的水时，空心部分较多，浮力大于重力，所以会浮起来；当灌入的水增多时，重力增大，潜水艇就会沉下去。同样的道理，空的矿泉水瓶子会浮在水面上，但随着灌入的水越来越多，瓶子的重力逐渐增大，沉下去的部分也逐渐增多，直到灌满水时完全沉入水中。

三、知识建构作品展示

从观点的提出到实验的进行，腾腾不断提出新的问题、发表新的观点、进行新的尝试，整个探究过程经历了种种挑战和困难，最终得到了许多科学的实验结果。

如下所示，妈妈和腾腾拿水果进行初步实验，发现物体的浮沉现象与物体的密度和体积有关（图 9-3-3）。紧接着他们又进行了关于金属在水中的浮沉变化的探究，逐渐理解了浮沉现象与物体的密度的关系（图 9-3-4）。在水中空心物体较容易浮起来，例如轮船，然而，当轮船进水变为实心时，它便会沉入水底。腾腾的疑惑解开后，他自发进行了一个实验（用矿泉水瓶装不同容量的水放在水中进行观察），结果论证了物体的空心部分和浮沉现象之间并非没有直接关系（图 9-3-5）。针对后一次矿泉水瓶实验，腾腾还画出了一幅关于此次实验的结果图（图 9-3-6）。

图 9-3-3　水果实验

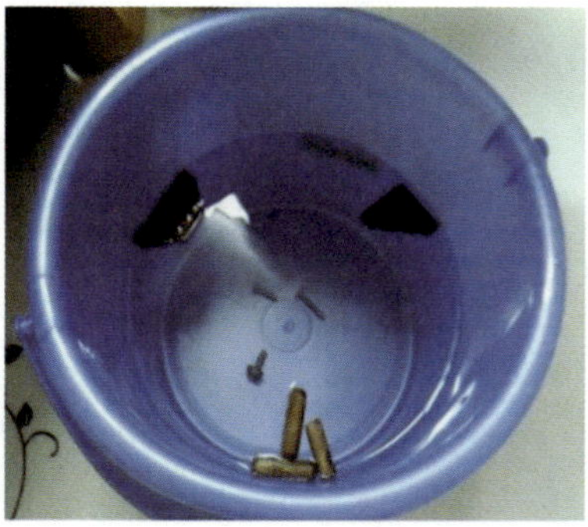

图 9-3-4　金属实验

图 9-3-5　矿泉水瓶实验

图 9-3-6　矿泉水瓶浮沉结果图

四、“西瓜在水中的变化”知识建构反思

在这次活动中，腾腾以西瓜放在水中会呈现什么样的现象为兴趣引导，开启了一场关于西瓜的探究实验。在一轮又一轮的实验和观点的迭代中，他运用观察、比较、分析、归纳等科学方法，逐渐理解了浮力的原理。经过整个过程，腾腾不仅理解了关于浮力的科学知识，而且更加自信、勇敢

地面对未来的学习和生活挑战。但是本次知识建构探究也存在着一些不足之处。

第一，实验不够严谨。在这一次知识建构的过程中，浮力的实验设计还可以更加严谨和完善，以减少误差和排除干扰因素的影响。实验操作中可以更加注重细节和规范性，以确保实验结果的可靠性。在实验结果分析中可以更加深入地探讨现象背后的原理和机制。

第二，家庭成员的缺位。在这几轮实验过程中，除了妈妈一直全程陪伴之外，爸爸和爷爷奶奶也应当尽量参与孩子的实验。儿童的发展是整个家庭与社区共同的目标，每个成员都承载着集体认知的责任。当孩子提出问题或观点时，家长应当及时回应并陪伴他们一同探索。

第三，缺少同伴间的交流。本次实验以腾腾个人的探究为主，缺少同龄小朋友之间的交流和对话。学习者通过多种形式的知识建构对话，可以重新审视和完善自己的观点，促使理解水平超越个体层面。针对这种情况，寒暑假知识建构活动可以和附近的同伴们组建一个知识建构社区，共同进行观察探究。

04 案例四

“水与火哪个更重要”辩论探究案例

一、知识建构背景

正在上幼儿园的腾腾小朋友总是会提出各种各样的问题。他的爸爸、妈妈、爷爷和奶奶也会陪着他一起解答他的疑问。腾腾是一个非常可爱和聪明的孩子，他的好奇心和求知欲非常强烈。他喜欢探索新事物，了解世界的奥秘。他的家人也非常支持他的学习和成长，愿意花时间陪他一起学习和探索。

基本信息

时间：2017 年 12 月。

主要参与者：腾腾的家庭成员和 1—4 年级的 6 个小朋友，还有 3 位妈妈。

活动形式：游戏扮演和辩论赛。

真实情境：腾腾反复追问妈妈关于水与火哪个更厉害的问题，引起了妈妈的关注。随后，他们进行了一场激烈的研讨并组织了一场辩论赛。

相关知识：水是生命之源，它的重要性体现在生物学和生态学原理中。火是热能和光能的来源，它的重要性体现在物理学和能源原理中。

二、辩论赛知识建构过程

从知识建构理论出发，腾腾围绕着对人类来说水与火哪个更重要进行了知识建构探究体验（图 9-4-1）。

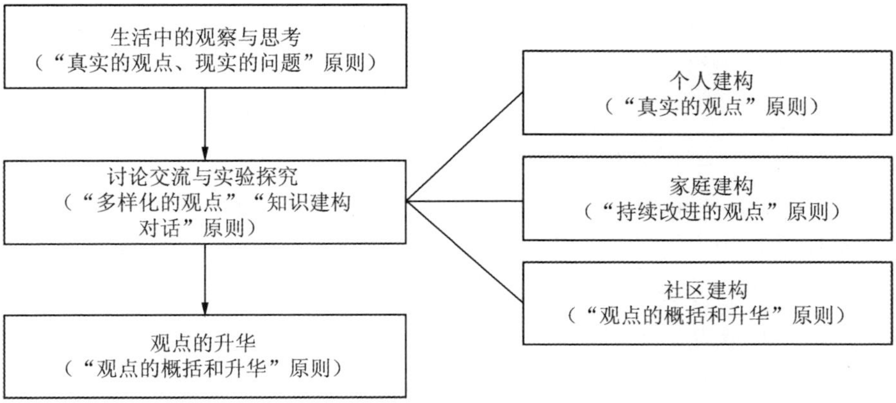

图 9-4-1 “水与火哪个更重要”知识建构过程

（一）生活中的观察与思考

2017 年 12 月 2 日，腾腾第一次问妈妈对于人类来说水与火哪个更加厉害。一开始，妈妈并没有认真回答他，因为这个问题无论如何回答他都会继续追问。然而，当他反复提出这个问题时，妈妈意识到这或许是困扰他很久的一个问题，必须给他一个恰当的回答，否则他会一直纠缠不休。当妈妈开始这么想的时候，这个问题就不再是个无聊的问题，而变成了一个带给腾腾很多“科学”意义的问题。从问题产生的情境来看，非正式环境中的场景是非人为的、未经过刻意安排的自然情境。在不经意间，孩子们会突发奇想提出一些真实的观点或者现实的问题，这些观点或问题都来源于日常生活场景，如吃饭、洗澡、睡前等。在生活中，孩子所提出的一些偶发性问题更需要用具有创造性的方式来解决。因此，妈妈开始意识到，这个问题不仅是一个简单的问题，而且是一个可以引发孩子对科学的兴趣和探索的问题。这种在非正式环境中生成的问题，往往需要更具有创造性和探索性的方式来回答，这样才能激发孩子的好奇心和学习兴趣。

带着孩子的问题，妈妈提议来组织一场“水火大战”游戏，腾腾和爸爸扮演火，妈妈和爷爷奶奶扮演水，看看谁能胜过谁。“水火大战”游戏很简单，但充满乐趣和挑战。他们分成两队，通过一系列挑战来比较哪一方的优势更明显。在游戏中，孩子将学会团队合作、沟通协作，以及解决问题的能力和创造力。

（二）讨论交流与实验探究

经过一段时间的思考，腾腾对于水与火的认知进入了一个新的阶段，妈妈认为应该开展新一轮的活动了，于是，特地抽出时间邀请了几位小朋友和他们一起进行了一场辩论赛。2019 年 1 月 5 日，“水火大战”辩论赛正式开始（图 9-4-2）。辩论主题为：谁更重要？水是生命之源，没有水，生命将无法存在；火是人类文明的象征，没有火，人类将无法生存。这是一个备受争议的话题，引发了孩子们对于水和火的重要性和影响的深刻思考。在这场辩论中，他们讨论了水和火的重要性，探讨了它们在人类生存和社会发展中的作用，也从不同角度出发，用理性的思考和客观的观点，展开了激烈的辩论。参加的人员有 2 个一年级的、1 个二年级的、1 个三年级的、2 个四年级的小朋友（3 男 3 女）及 3 位妈妈（活动组织者、评委、主办方兼承办方），本次辩论没有进行辩论培训，没有提前准备资料，没有奖品（只有零食水果），一切在原有的认知状态下进行，小朋友们也只是在前一天得到通知和倡议，整个活动持续近 100 分钟。

图 9-4-2　水与火辩论大赛

自由陈述阶段：准备开始时，两位队长通过“剪刀石头布”决定谁先开始。孩子们大多没有经验，只有腾腾和思宇中午提前准备了两张纸条，其他孩子几乎没有带纸笔之类的东西，全凭口才进行辩论。由于支持“水”的论述占有优势，辩论赛开始时腾腾义无反顾地选择了水队。火队有 2 个四年级的孩子，一开始就显示出年龄的优势，但是水队在论点占有天然的优势，因此自由辩论时尚能接住招。在进行了大概 20 分钟的辩论后，冯博士拿来了纸和笔，暂停 5 分钟让他们整理思路。大一点儿的孩子迅速地写了起来，小一点儿的孩子则因认字太少，选择用画画代替文字来表达自己的观点（图 9-4-3）。

图 9-4-3　思路整理

辩论继续进行：在第二次进行辩论时，每个小朋友都有了写出来的思路，这使得他们表达自己的想法变得非常顺畅，同时反驳也变得更加激烈。然而，随着辩论的进行，出现了其他问题。孩子们提出了很多问题，但总是说出一些无根据的、想象中的例子。三位科学素养极高的妈妈忍不住质疑这些迷思概念，而另一方的孩子并没有提出有效的反驳。这使得辩论的质量和效果受到了一定的影响。知识建构过程中，孩子们提出的初始问题往往是幼稚的看法或者迷思概念，需要在社区成员的共同建构中持续改进。后来在休息时，惠泽小朋友提出借妈妈的手机上网搜索证据，另一方的孩子也向自己的妈妈借手机。即便是不会打字的孩子，也熟练使用语音识别功能。因此，此后的辩论变得有理有据、有模有样了。孩子们通过搜索和查找，找到了更多的证据和资料，使得他们的观点更加有说服力（图 9-4-4）。这一过程也让孩子们意识到，通过科学的方法和工具，可以更好地支持自己的观点，并且更加深入地了解和探究问题。知识建构往往就是一个探索孩子们突发观点和兴趣的理想环境。无论如何，孩子们的问题是进行探究的动力。

腾腾虽然在家庭中进行过一次类似的辩论，但由于时间太久远，他除了记住一句“水是生命之源”，在其他方面并没有表现出优势。在辩论的最后阶段，水队的孩子几乎被对方说得无法应对，连续好几轮都没有说出有力的观点。这显示出孩子们在辩论中遇到了困难，需要更多的准备和训练来提高他们的表达能力和逻辑思维能力。在这场辩论中，我们看到了孩子们的积极参与和热情表现。他们不仅展现了自己的观点，还学会了倾听和

图 9-4-4　借助技术手段搜集论据

尊重对方的意见。希望孩子们能够从这次辩论中吸取经验教训，不断提高自己的辩论能力。在未来的学习和生活中，我们鼓励孩子们保持积极的思维，勇于表达自己的观点，同时也要学会尊重和倾听他人的意见。只有这样，我们才能更好地成长和进步。

（三）观点的升华

在不断迭代的知识建构过程中，观点得到了持续的改进。通过社区成员的相互激发，儿童提出的问题数量不断增加，初步观点也得到了概括和升华。在这个过程中，儿童将琐碎、原始的观点逐渐升华为系统的理论认识。在知识建构圈中，个体通过与他人的交流和互动，通过语言、符号和社会实践来共同建构知识。这种知识建构不仅是个体的内在认知过程，还包括了社会和文化因素对知识的塑造和影响。儿童通过与老师和同伴的互动，不断扩展自己的认知边界，从而丰富了自己的知识体系。这种社会化的知识建构过程，促进了儿童的认知和社会发展，使他们在成长过程中建立起更加全面和系统的认知结构。这一过程也强调了社会和文化因素对于知识建构的重要性，它们不仅可以塑造个体的认知，也能影响整个社区的知识体系。这种共同建构的知识体系，为儿童提供了更广阔的认知空间，也为他们的成长和发展提供了更多的可能性。通过这种不断迭代的知识建构过程，儿童在社会化的互动中逐渐形成了更加丰富和系统的认知结构，为他们未来的学习和生活打下了坚实的基础。

知识建构圈——水与火到底哪个更重要？

腾：水是生命之源，没有水，人就不能生存。

腾：不用水，怎么洗脸？怎么洗水果？

腾：水并非取之不尽，不爱惜水，水就会短缺，人们就会面临生存危机。

腾：水可以灭火，让火灾不再蔓延。

腾：水牛能在火里游泳吗？没有水，水牛也不能活。

腾：如果南极有火，就会把南极冰雪融化。

腾：你能不用水生存吗？

腾：水能灭火，火不能灭水，即使火把水烧干了，变成了水蒸气，它有一天又会变成雨下来（引出了水的三态）。

诚：水对气候有调节作用（上网查到的）。

诚：水是维持生命必不可少的物质。

宇：水占人体的70%。

宇：地球上有70%都是水，没有水，地球就不存在了。

宇：准备了与水有关的成语：水远山长、望穿秋水、火耕水种、滴水不漏等。

宇：如果没有水，就没有生命，人们怎么用火做东西？

宇：如果没有水，人就只能吃脏的食物。

胡：假如我们人因为什么灾难（地震）被困在一个地方，没有水，人只能活七天，但是没有火的话，就算只能吃生的食物，也可以活很久。

恩：火可以照明、烤食物。

恩：如果没有火，就没有文明。

恩：印第安人以前是用火把照明的，很少用水。

恩：有火灾的话，人并不是一下子就死掉，还可以活五分钟。

恩：水里有蚂蟥，会咬人。

恩：船在水里会撞到珊瑚礁，所以水里很危险。

惠：火可以让我们吃到熟食。

惠：火可以带来温暖。

惠：每年溺水死亡人数超过火灾死亡人数。

惠：太阳就是一个巨大的火源，我们人类离不开太阳。

冯：火是什么组成的？火有成分吗？

蒋：没有吧，火就是热量、燃烧的产物啊！

婉：人类文明离不开火，如景德镇陶瓷、唐三彩、出土文物、钢铁冶炼。

婉：有奥运圣火而没有奥运圣水。

婉：水火都是生命演化过程中的重要因素，侏罗纪时期，恐龙本已是地球的统治者，但最终还是灭绝了（观点表述不够清晰）。

婉：上古时期，水火本为共存且相互作用（不知道是什么意思），它们缺一不可。

婉：如果没有火，也不会有水（这个观点对方居然未予以反驳）。

婉：如果没有水，我们也可以从植物中获得水。

婉：溺水会立刻死亡，而遇到火灾还可以活一会儿。

知识建构中强调以“观点”为中心，反对对“标准答案”的过分痴迷与盲目崇拜。研究者在进行探索时所表现出的兴趣、热情和好奇心是需要得到呵护的。

在这个过程中，研究者体验到的成功、失败、激动和挫折等情绪，与真正的科学家进行科学研究的过程是一样的。在这个过程中，对认识结果正确性的价值判断反而显得不那么重要。举例来说，当今学习科学领域的知识建构理论认为，学生的观点是基于现实情境提出的真实的、多样化的观点，所有观点都是可以接受的。这意味着，我们需要持续改进我们的观点，并且尊重和呵护儿童表现出的知识的差异性。这种做法不仅给予了孩子们足够的尊重和呵护，而且能够激发孩子们的兴趣和好奇心，让他们更加积极地参与到学习和探索中来。因此，我们应该鼓励孩子们保持对世界的好奇心和热情，让他们在学习和探索中体验到成功、失败、激动和挫折，这些经历都是有价值的。同时，我们也应该尊重和接受孩子们表达出的多样化观点，并且持续改进自己的认知。只有这样，我们才能更好地发掘孩子们的潜能，让他们在学习和生活中取得更大的成就。

三、知识建构作品展示

本次大赛经过一轮又一轮的辩论，每个小朋友的想法和观点都进行了多次的迭代。他们积极地把自己的想法记录在记录本上，这些记录都充满了个人特色和独特见解，有的甚至用拼音来代替自己不会写的汉字，遇到实在不会写的内容还会借助电子产品来进行查询，这足以看出孩子们对于本次辩论的认真态度。这场活动不仅展现了孩子们的才华和创造力，更重要的是，传递出了孩子们对辩题的深刻思考和对问题的全面分析，这不仅是对辩题的理解，更是对水与火的思考和观点的表达。在辩论赛中，孩子们不仅可以锻炼自己的口才和表达能力，而且能够提高逻辑思维能力和分析能力。在辩论的过程中，孩子们需要深入思考问题，理性地分析问题，找出问题的本质，这对孩子们的综合素质提升是非常有益的（图 9-4-5）。

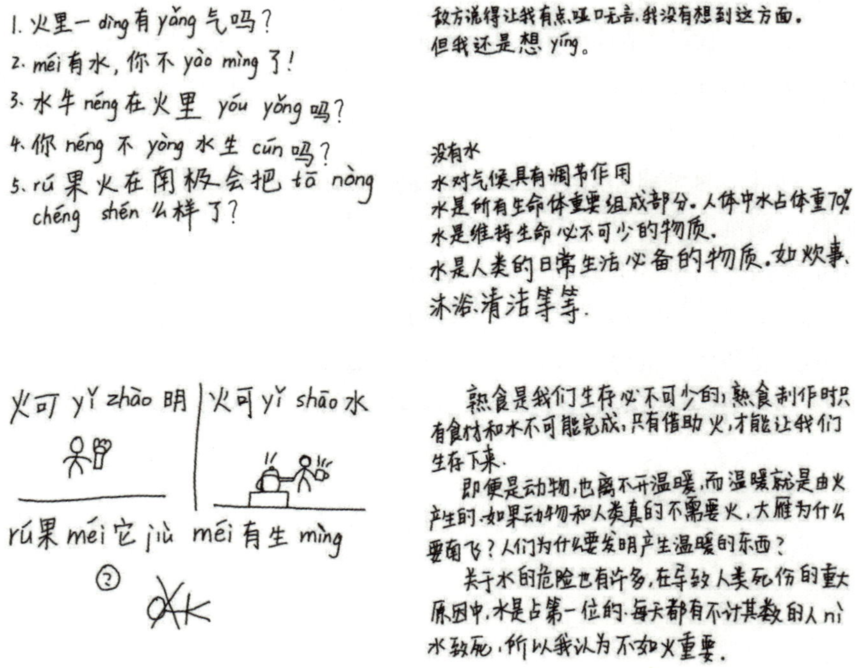

图 9-4-5　人工制品

四、知识建构教学反思

在此次辩论活动中，每个孩子都积极地发表观点，经过一轮又一轮的探索和辩论，每个人对水与火的认识都提升到了一个新的高度。但是，这场关于水与火哪个更重要的辩论赛的知识建构过程也存在着一定的不足之处。

第一，语言表达能力存在差异。在整个知识建构过程中，由于孩子们年龄不同，他们在语言表达能力和知识储备方面也存在一定的差异，因此，在辩论赛中可以借用更多技术手段进行支撑，也可以借助搜索引擎、语音、图画、概念图、科普动画片等形式，提高社区成员的参与度，以帮助孩子们更好地表达自己的观点。

第二，缺少引导。虽然知识建构强调孩子的自主学习，但在整个过程中，仍需要一定的引导。非正式环境下的儿童偶发性科学教育是一个大胆的尝试，但在研究中会遇到很多困难和问题。例如，非正式环境下的科学问题探究时间跨度长，案例资料的收集和整理难度大，学龄前儿童的识字量有限，需要其他成员的帮助与支持。

第三，缺少家庭成员的参与。提高家庭成员的参与度也是研究中的难点，例如，年龄较大的祖父母等人群的参与。解决这个问题就需要在日常讨论和相处的过程中创造民主平等的氛围，鼓励他们积极参与。从孩子们的原始问题中捕捉适合探究的科学问题尤为重要。这种方法可以帮助孩子们建立对科学的兴趣和好奇心，激发他们的探索精神。家庭成员应该对孩子们的“捣乱”行为和“奇怪”想法保持足够的包容心，因为这些行为和想法正是孩子们探索世界的方式。通过营造自由、民主、平等的氛围，鼓励孩子们提出更多大胆冒险的想法，可以帮助他们建立自信和勇气，从而更好地探究和认识世界。这种开放的环境也可以促进家庭成员之间的交流和合作，共同探索解决问题的方法，培养孩子们的团队合作精神和创造力。

第十单元

嵌入过程的形成性评价

单元导言

目前我国语文教材所选课文大多为单篇且篇幅短小的文学文本，阅读教学因过于注重字词、语言、文学与写作，而忽略了阅读中的关联思维、高阶思维、情感体验、生成性与创造性等全人发展目标的实现。已有阅读教学中，由于名著篇幅长、难度高，加上课时有限等问题，阅读教学面临较大难度。《义务教育语文课程标准（2022 年版）》增加或修订了敢于质疑、培养合作精神、学习科学的思想方法等内容，阅读需要在深度学习的理念指导下提升学习的深度与层次。

本单元主要针对小学语文专题阅读，在知识建构教学中，小学四年级阅读《西游记》，五年级阅读《三国演义》，并采用创造性戏剧教学方法，进行整本书阅读和专题阅读，全面提升学生的阅读、写作、团队协作、反思与共情的能力。在知识建构教学中，采用以“观点”为中心、基于十二条原则的教学策略，学生自编自导自演与阅读相关的创造性戏剧。通过四阶段的教学迭代，生成海报、思维导图等多样化的概念制品，逐步提升学生的整本书阅读能力，构建阅读、写作与创造性戏剧的融合理论。

教学评价历来是教学活动的难点，针对学习效果的评价中，已有评价方式存在一些弊端：第一，数据来源以结果性数据为主，过程性数据较少；第二，分析方法以结构化数据的统计分析方法为主，非结构化数据分析不足；第三，分析内容以外显行为为主，对与知识本身相关的内隐数据分析不深。知识建构把评价看作知识发展工作的一部分，评价需要融入日常工作，用于发现正在进行的知识建构活动中的问题。嵌入过程的形成性评价将评价的视野扩展至学生的整个学习历程。本单元针对语文专题阅读教学中生成的多样化制品进行评价，提供了社会网络分析法、内容分析法，词云、同感评估技术，以及基于群决策的综合评估法，为阅读教学的过程性评价和非结构化数据的评价提供有效参考。

01 案例一

四年级语文《西游记》阅读

一、教学背景

《义务教育语文课程标准（2022 年版）》主张全面提高学生的语文素养，强调体验性，注重整体性、交际性和主体性等。作为知识创造隐喻的一种理论，知识建构理论（Knowledge Building）自提出以来，在阅读与写作教学中进行了几十年的实践与研究，取得了较为突出的成果。本研究拟采用知识建构理论在小学四年级开展《西游记》阅读教学。

研究对象为小学四年级一个班级的学生，共 37 人，全班阅读《西游记》同一版本——青少年版，历时 9 个月。学生之前没有接触过创造性戏剧，也没有参与过相关活动。从阅读《西游记》开始，学生逐步掌握了从自己的兴趣出发去阅读的方法，不断建构阅读与写作的理论知识。

二、教学目标

根据《义务教育语文课程标准（2022 年版）》，将教学目标按照核心素养，分为语言、思维、审美和文化四个方面，旨在为未来的学习和生活打下坚实的基础。

语言建构和运用：理解《西游记》的基本故事情节和人物形象，能够复述主要的故事情节，激发阅读兴趣，培养良好的阅读习惯，提高阅读能力和理解能力，并能够用自己的语言评价和鉴赏其中的重要人物形象，进而提高写作和创作能力。

思维发展和提升：学生应具备一定的思维能力和思维方式，能够通过分析和判断解决问题，并能够从阅读中获取知识和信息，进行深入思考和理解。

审美鉴赏和创造：通过阅读《西游记》，培养学生的审美意识和审美能力，能够欣赏和评价文学作品，感受到作品的文学价值和艺术魅力，并通过写作和创作表达自己的审美观点和情感体验。

文化理解和传承：理解作品中所蕴含的中华优秀传统文化和价值观，

增强学生的文化自信和人文精神，培养学生的道德品质和社会责任感。

三、教学设计

本次《西游记》阅读活动主要采用知识建构教学法（当年 7 月–次年 3 月），在基于设计的研究中对学生的观点进行多轮迭代，充分利用班级讨论交流课、知识建构墙和知识建构圈及数课论坛平台进行深入的讨论和交流。

在观点改进四阶段的基础上，阅读体现了创造性戏剧的生成与演化过程，大致经历了四轮教学迭代：第一轮迭代萌芽期，主要利用支架促使学生大量提出观点，知识建构教学为学生阅读原著获取更精确的信息和证据提供阅读支架，形成一些探究主题；第二轮迭代创造性戏剧的热身活动，主要是发展学生观点之间的联系，使多样化的观点演化到新的更精练的形式，研究主题更加聚焦，形成了师徒四人组、神仙组、妖怪组、武器组、途经国家组等不同的研究小组；第三轮迭代创造性戏剧的排演，学生改编、创编、续编《西游记》，自编自导自演戏剧；第四轮迭代观点升华，学生对多样化的观点进行反思和概括总结，形成对阅读、剧本和表演的理论化知识。

根据知识建构观点改进的四阶段，本次小学生创造性戏剧教学过程大致分为四个阶段，分别是观点提出、观点联结、观点提升与观点升华。

（一）观点提出：创造性戏剧的萌芽

知识建构创造性戏剧的萌芽阶段主要包括提供支架、知识建构墙和数课论坛学习平台，促使学生提出大量的感兴趣的观点。

（1）支架促进观点提出：《西游记》是一部家喻户晓的作品，几乎每个孩子之前都已经看过关于《西游记》的动画片、电视剧、电影及漫画等作品，对其已经有一些感性的认识。为鼓励学生通过阅读原著获取更精确的信息和证据，教师提供一些支架促使学生提出大量的观点，如“我喜欢”“我知道了什么”“我的证据”“我还想知道”……学生提出了大量既有意思又值得探究的问题，例如：我想知道孙悟空为什么有 72 变？我想知道唐僧被抓走后为什么妖怪不立刻吃掉？为什么孙悟空一出生就有法力？孙悟空是从哪里来的？我想知道孙悟空解决了多少事情？我想知道师徒四人走过的地方有哪些？我想知道猪八戒怎么爱上了高翠花？……示例见图 10-1-1：

图 10-1-1　初始观点

（2）知识建构墙和数课论坛平台促进观点的交流：为鼓励学生表达自己的观点，浏览其他同学的观点，教师让学生将自己的问题（如写在便利贴上）贴到教室墙上或发表在数课论坛平台上，相互阅读并补充或提出不同的观点。知识建构墙见图 10-1-2：

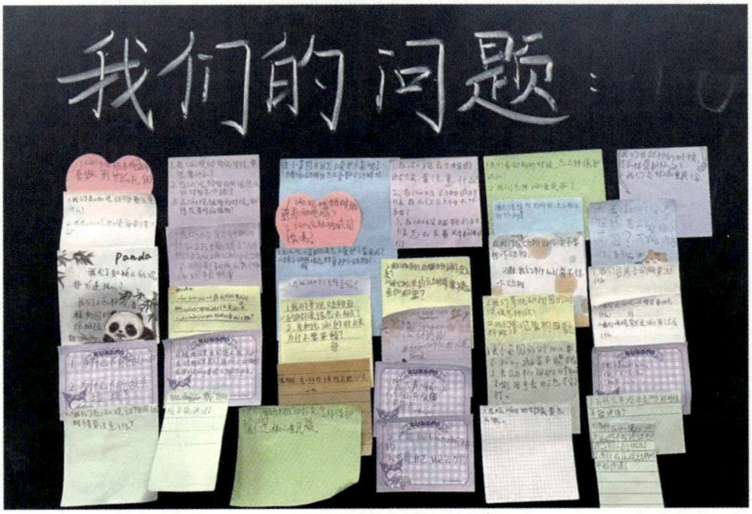

图 10-1-2　知识建构墙

（3）小组生成：对已经有一定了解的《西游记》，有的学生对孙悟空感兴趣，有的学生对武器感兴趣，有的学生对妖怪感兴趣，有的学生对取经过程中路过的国家感兴趣，等等。基于自己真实的问题，学生带着问题进行阅读，并做好阅读记录。教师根据学生的话题内容新建子话题，学生自由选择子话题，形成统一主题的阅读研究小组。

（二）观点联结：创造性戏剧的热身活动

在这个阶段，一方面发展学生观点之间的联系，使多样化的观点演化到新的更精练的形式，另一方面让学生进行创造性戏剧的热身活动。

（1）权威资料的建构性使用：教师引入权威资料，推荐学生阅读更多的书籍和资料进一步提升观点。学生开始深入研究孙悟空的来历、作者吴承恩为什么要写《西游记》、取经团队的性格特征等。

（2）人工制品生成：在已有阅读的基础上，知识建构进一步提供支架，促进学生对资料进行再加工，比如：我知道了什么（人物：名字、别名、英文名；武器：归属者，功能，所属者；妖怪：特点、武器），我已经知道了什么，还不知道什么等。学生整理阶段性资料，形成了主题绘画、主题海报和小论文等制品，并利用知识建构墙和数课论坛深入交流。

（3）观点联结：在已有大量个人或孤立观点的基础上，引导学生制作主题海报，进一步建立观点间的联结；最初学生的关注点主要集中在几个人物主角上；然后在此基础上通过绘制思维导图串联起主题间的关系，学生们开始注意到神仙，孙悟空每次遇到困难都去求助如来佛祖、观音菩萨、太上老君、菩提祖师等神仙；又有同学对有各种法力的妖怪和妖怪使用的厉害的武器感兴趣，比如白骨精、蝎子精、黑熊精等，因此进一步延伸到武器，如孙悟空的金箍棒、牛魔王的坐骑避水金睛兽、托塔李天王的玲珑宝塔、风火轮、九环锡杖、紫金铃、幌金绳等。学生逐渐形成了人物组、神仙组、妖怪组、武器组等。武器又分为取经四人组武器、神的武器、妖的武器。还有学生对取经过程中路过的不同国家和吃过的当地的食物感兴趣等，又形成了美食组、途经国家组，将师徒四人西天取经的路线绘制成地图。

（三）观点提升：创造性戏剧的排练与演出

有表演就能成为戏剧吗？游戏的主要形式是“玩耍”，模仿主要是亲身实践某种活动，这个过程不缺乏故事性，令人痴迷[1]，只有再加入了教育性，才构成戏剧。知识建构在创造性戏剧的排演与演出中的作用主要体现在以下两方面：

（1）欣赏相关影视作品：以《西游记》为主题的影视作品数不胜数，经典作品更是广为人知。老师引导学生观看电视连续剧《西游记》，学生发现了影视与书籍的故事情节的异同。这不仅激发了学生持续阅读的兴趣，还让学生产生了“演一演”的欲望，学生开始比手画脚、像模像样地模仿起故事中人物的语言、动作、情节等来。教师敏锐地抓住这个时机组织学生观看《西游·降魔篇》电影，并推荐学生回家观看《西游记之大圣归来》《天蓬归来》等相关的影视作品，鼓励学生也可以自己表演。

（2）剧本编写与表演（知识建构圈）：学生开始编写剧本主要是对书中描写的情节的再现，在知识建构“积极的认知者”原则的指导下，教师鼓励学生可以按照自己的兴趣对《西游记》的某一章节进行改编，也可以创编、续编。全班交流讨论，根据同学和老师的修改意见对剧本草稿进行修改。按大组依次阅读修改后的剧本，每个大组选出 2 个优秀剧本。最终全班共选出 6 个剧本，老师朗读给全班听，让每一个学生了解到优秀剧本的内

1　宋佳样．西方戏剧教育学：历史与理论［M］．厦门：厦门大学出版社，2018：2.

容，为报名不同的剧本演出做准备。选出的6个剧本的作者在全班的报名者中挑选演员，其他学生根据自己的兴趣来挑选参演剧本。各剧组分组讨论剧本，提出修改意见。教师提示可以补充内容，加入神情、动作等，小组进行剧本排练与表演。

（四）观点升华：创造性戏剧的理论建构

经过一个学期的《西游记》主题阅读，学生们渐渐产生了一些倦怠，教师利用课余时间给学生播放《西游·降魔篇》电影，让学生始终保持对《西游记》的兴趣，激发他们不断去探究《西游记》与《西游·降魔篇》的相同点与不同点。不同点是《西游记》主要写师徒四人取经遇到的困难，《西游·降魔篇》主要写收四个徒弟。还有人提出疑问，如最后的猪八戒变得太瘦了，为什么没有白龙马，为什么唐三藏那么厉害，还以“我眼中的《西游记》”为主题撰写了阅读总结。

知识建构的创造性活动需要学生能够超越琐碎的、简单观点的探讨层次，对多样化的观点进行概括总结，使知识建构达到更高的层次，将初始观点升华为系统的、理论化的认识。学生经过“画西游”“演西游”之后，不再局限于阅读文本自身，而是围绕“剧本”和“表演”进行梳理，书写了整个知识建构过程，总结了自己的观点，形成了阅读报告。在表演剧本的过程中，学生们围绕“表演”和“剧本”进行了知识的拓展。

四、嵌入过程的形成性评价

（一）社会网络分析

研究采用社会网络分析法来分析学生在阅读过程中的交互，反映知识建构阅读教学过程中学生之间的协作情况。社会网络分析是知识创造隐喻下学习者协作学习活动的一种评估方法。研究采用知识建构对话分析软件KBDeX（Knowledge Building Discourse Explorer）[1]，分析学生交互的社会网络密度、度中心性和亲密度中心度等，定量地分析每个学生对社区知识进步的贡献并将其可视化，以学习平台中学生发表观点的关键词生成网络图。本研究中生成的学生社会网络如图10-1-3所示，形成的网络密度为26.7%，相对较高，说明学生之间以观点为中心的交互较为密切。

1　Oshima J, Oshima R, Matsuzawa Y. Knowledge building discourse explorer: a social network analysis application for knowledge building discourse [J]. Educational technology research and development, 2012, 60 (5): 903-921.

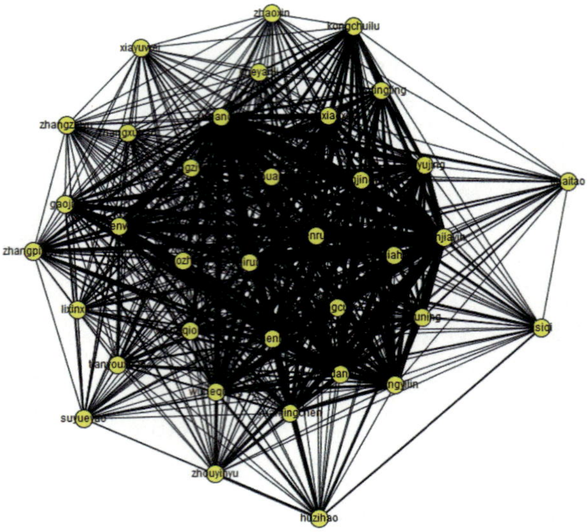

图 10-1-3　学生社会网络分析结果

度中心性（Degree centrality）表示网络中一个节点与其他节点连接的总和，可以判断某个节点在这个网络中的重要性，度中心性越高表明此节点在网络中的地位越重要。斯卡尔达玛利亚（Scardmalia）提出，使用度中心性来分析协作学习中的对话[1]，以此反映学生由网络边缘到网络中心的动态过程。本研究中学习者交互的度中心性结果如表 10-1-1 所示，28 人中有 18 人的度中心性都高于 0.5，有 26 人的度中心性高于 0.3，不存在个别的“明星”人物，说明每个学习者都积极参与社区知识的贡献，学生间建立了融洽的关系，交互也非常紧密。

亲密度中心性（Closeness centrality）是衡量一个节点对其集群内所有邻居的集中程度，假定到所有其他节点的路径都是最短的，那么该节点就能够以最快的速度到达整个组，用于找到具有理想社交网络位置的人，以便更快地传播信息。在知识接收隐喻下学生间的交互度比较低，以个人学习为主，且存在某几个中心人物，如教师权威或少数几个学霸“霸权”。本研究中的亲密度中心性都处于 0.3～0.5（表 10-1-1），学生间差异不明显，说明每个学生都能够高效传播信息、学习的协作性比较强，共同推进并实现团队的创造力，符合知识创造隐喻下的团队协作方式。

1　Scardamalia M. Collective cognitive responsibility for the advancement of knowledge [A]. B. Smith. Liberal Education in a Knowledge Society [C]. Chicago, IL: Open Court, 2002: 67～98.

表 10-1-1　学生交互的度中心性和亲密度中心性

学生	度中心性	亲密度中心性	学生	度中心性	亲密度中心性
S1	0. 8889	0. 4821	S15	0. 6296	0. 4218
S2	0. 8519	0. 4737	S16	0. 5926	0. 4218
S3	0. 8148	0. 4655	S17	0. 5926	0. 4091
S4	0. 7778	0. 4576	S18	0. 5185	0. 403
S5	0. 7407	0. 45	S19	0. 4815	0. 391
S6	0. 7037	0. 4426	S20	0. 4444	0. 3913
S7	0. 7037	0. 4426	S21	0. 4444	0. 3913
S8	0. 7037	0. 4426	S22	0. 4444	0. 3913
S9	0. 6667	0. 4355	S23	0. 4074	0. 3857
S10	0. 6667	0. 4355	S24	0. 3704	0. 3857
S11	0. 6667	0. 4355	S25	0. 3704	0. 3858
S12	0. 6666	0. 4355	S26	0. 3704	0. 3553
S13	0. 6296	0. 4286	S27	0. 1481	0. 3375
S14	0. 8889	0. 4286	S28	0. 1111	0. 0357

数课论坛平台中观点关键词网络如图 10-1-4 所示，可以看出，大部分关键词构成了紧密联系的网络，只有个别关键词未与其他节点相连；网络结构是内聚的，说明在协作讨论中学生将这些关键词有机关联了起来，并在概念层面进行了较为连贯的对话，所有观点都持续参与知识贡献，符合

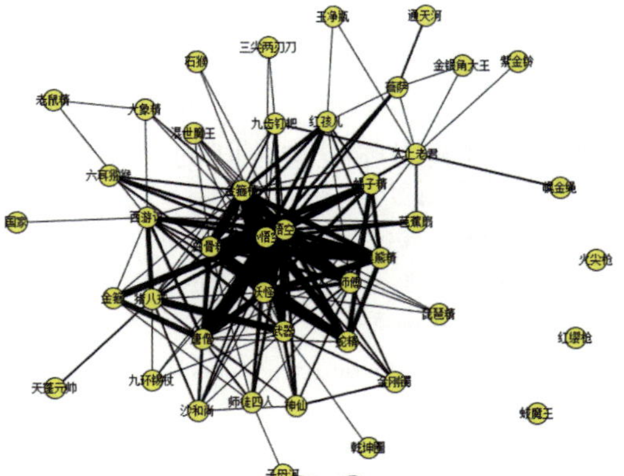

图 10-1-4　观点关键词网络

以概念制品为中介的知识创造隐喻过程。

（二）阅读的层级划分

已有研究一般认为，阅读具有一定的层级。PISA（2018）将阅读分为访问和检索、综合和阐释、评论和反思[1]；PIRLS（2016）将阅读分为信息提取、不复杂的推论、诠释整合和比较评估[2]；Mortimer（1972）将阅读分为基础阅读、检视阅读、分析阅读和主题阅读[3]；Kintsch（1988）将阅读分为文本的表层结构处理、文本基础处理和情境模式处理三个层次[4]；Smith（1966）把阅读分为认知性阅读、解释性阅读、评价性阅读、创造性阅读[5]；唐明等（2020）将阅读分为解释水平、鉴赏水平与创生水平三个层次[6]。

研究主要采用内容分析法评估学生阅读过程中生成的制品。其中，阅读知识深度评估采用国际阅读能力进展研究项目 PIRLS 中对四年级学生阅读发展分为信息提取、不复杂的推论、诠释整合和比较评估的四个层级，示例如表 10-1-2 所示。

表 10-1-2　PIRLS 阅读素养

层级	举例
提取信息	金刚琢是太上老君的法器，出自第五十回，又名金刚圈，老君道："这件兵器，乃锟钢所炼，被我还丹点成，养就一身灵气，善能变化，水火不侵，又能套诸物。"
不复杂的推论	金刚琢非常厉害，老君当年仅仅像抛石头一样，随便砸了一下孙悟空的头，就将他砸晕了；还有它吸走了孙悟空的金箍棒，可见老君的法宝是无敌的
诠释整合	虽然金刚琢很厉害，但在我心中九齿钉耙是第一名。在第十九回，猪八戒的九齿钉耙攻击性和防御性都很强，还把孙悟空打跑过一次，足以证明九齿钉耙比金箍棒厉害

1　OECD. PISA 2018 draft analytical frameworks [EB/OL]. [2020-10-20]. http://www.oecd.org/pisa/data/PISA-2018-draft-frameworks.

2　Mullis I V, Martin M O, et al. PIRLS 2016 Assessment Framework [M]. 2nd Edition. Boston: International Study Center, Lynch School of Education, Boston College, 2015.

3　Mortimer J, Charles V. How to read a book [M]. 1972.

4　Kintsch W. The role of knowledge in discourse comprehension: A construction-integration model [J]. Psychological review, 1988, 95 (2): 163.

5　Smith N B. "Perspectives: teaching young children to read" vistas in reading [A]. International reading association conference proceedings, 1966: 581-586.

6　唐明，李松林. 聚焦意义建构的语文深度阅读教学 [J]. 中国教育学刊，2020（5）：60-65.

续表

层级	举例
比较评估	在《西游记》里武器很重要，不管神、妖、魔、怪、人都有武器，它们各有各的作用，都是每个人的宝贝，如果没有了武器，《西游记》就没有那么有趣了，人物就不那么厉害了

研究采用PIRLS的层级编码分析结果如图10-1-5所示。知识建构教学四个阶段中，阶段一以提取信息和不复杂的推论为主，其他三个阶段中诠释整合和比较评估所占比例逐渐上升，阅读知识深度随着知识建构教学的推进有明显提升。

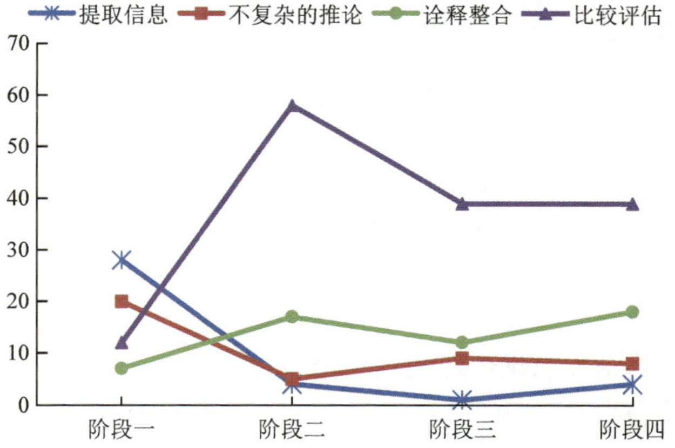

图10-1-5　阅读知识深度分布图

阶段一：初步阅读。学生完成两遍左右的全文通读，能够提出一些疑问和自己感兴趣的主题，如金刚琢、金箍棒、唐僧、白骨精、黑熊精等，并做阅读记录、制作手抄报等，以重述、综述和信息提取为主。在这个阶段，提取信息和不复杂的推论所占比例最高，学生理解尚不够深入，但随着阅读的推进，提取信息和不复杂的推论的占比呈现逐渐下降的趋势，且学生提出的大量真实问题和自己感兴趣的研究点为下一步的主题研读奠定了良好基础。

阶段二：主题研读。学生能够在信息提取的基础上进行一定程度的整合，开始分专题进行探究。从最初关注点主要集中在师徒四人这几个主角上，逐渐开始研究神通广大的神仙、有各种法力的妖怪、各种稀奇古怪的武器、西行地图、途经国家、美食、八十一难等，运用大量的思维导图进行整合比较，对整本书中的相关主题进行关联，其诠释整合和比较评估能力显著提升。例如在对武器的探究过程中，从最初对金箍棒等单个的武器感兴趣，逐步发展到比较分析师徒四人的武器的材质、特点、来历和主要功能，最后对《西游记》中所有的武器进行综合排名。

阶段三：主题探究。主要是剧本编写，从阅读输入转向输出，每个学生在原著阅读的基础上进行编写、改写、续写、创编等，最终选出 6 个戏剧，包括 3 个情节再现类戏剧（三借芭蕉扇、三打白骨精、收八戒）、2 个穿越类戏剧（取经科技、穿越时空）和 1 个后续类戏剧（西游记后续），体现了学生的想象力和创造力。每组撰写剧本、选择演员、准备道具、排练与演出等，在这一过程中，他们对各小组的作品进行互评，指出优点和缺点及改进的建议等，逐渐认识到要在戏剧中突出体现情节的反复矛盾冲突与跌宕起伏以及鲜明的人物特点，从而吸引观众，体现了学生对剧本的深刻理解。在具身认知表演中，也突出体现了学生的情感体验和深层次认知。

阶段四：反思总结。进行反思与总结，升华观点，建构关于写作、情节设计、矛盾冲突等理论体系。比如总结吴承恩为何要写《西游记》、电影与原著的关系、《西游记》中的人物性格分析等，最后撰写“我眼中的西游记”进行观点升华。因此本阶段诠释整合和比较评估的占比较前几个阶段都有所提升，这是知识建构理论区别于项目式学习、活动学习等主要关注考试和个人头脑中的知识的学习方式的最大不同。[1] 知识建构学习针对“概念制品”展开类似科学家的探究活动，是在波普尔的世界三中工作，其中心目标不是学习知识，而是协作开发新的方法、理论和实践等，不断解决问题，超越现有知识，且这些创新活动都发生在社区内，不仅仅有人与人、人与环境之间的交互，更集中体现在通过制品的交互，实现社区认知，共同促进社区公共知识的形成。

（三）词云

形成了关于人物、武器、妖怪等的理论体系，如图 10-1-6 的词云图所示。

人物方面：取经成功主要靠师徒四人齐心协力；展现了人物的鲜明性格，唐僧信仰坚定，孙悟空聪明、活泼、勇敢、乐观，沙和尚忠诚、任劳任怨，猪八戒虽然很贪吃，但很会调节气氛。

武器方面：有人认为武器非常重要，没有武器，《西游记》就不精彩了，会显得单调，人物也不会那么厉害了。

---

1 张义兵. 知识建构：新教育公平视野下教与学的变革［M］. 南京：南京师范大学出版社，2018：6.

妖怪方面：有人认为实际上妖怪也在帮助师徒四人取得真经，少了谁都不完整。

自己的感悟：面对困难不放弃；面对白骨精的伪装不能光看表面，还要看心灵；故事写作中，激烈的矛盾冲突将故事推向高潮。

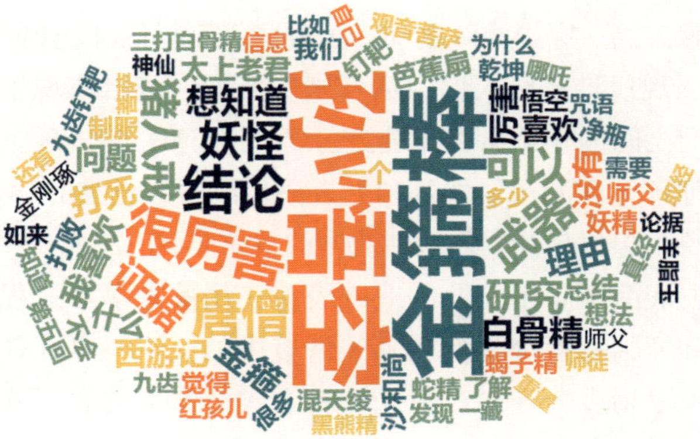

图 10-1-6　词云

（四）戏剧评价的内容分析法

在创造性戏剧排演与演出的过程中，各小组都要撰写剧本、选择演员、准备道具、排练与正式演出等。在这一过程中，学生对各小组的作品进行互评，指出优点和不足及改进的建议等。最终形成了 6 组自编自导自演的戏剧，统计详见表 10-1-3。

表 10-1-3　西游记戏剧表演

名称	类型	演员人数	持续时间
三借芭蕉扇	情节再现	6 人	4. 5min
取经科技	穿越	11 人	2. 5min
三打白骨精	情节再现	7 人	7min
穿越时空	穿越	7 人	4min
收八戒	情节再现	7 人	
西游记后续	后续	10 人	

三个情节再现类戏剧再现了《西游记》中矛盾突出的情节，多次反复的冲突与跌宕起伏的情节吸引人、抓住观众的心，对这个情节的经典再现，体现了学生的精心挑选和对剧本的深刻理解。“三借芭蕉扇”经过三次不同

的经历，突出体现孙悟空的智慧和铁扇公主一家的狡猾及内部矛盾，铁扇公主一家三口也都成为人物研究的重要对象；“三打白骨精”是《西游记》中矛盾最为突出的一个情节，里面不仅展现了人妖之间的矛盾，而且突出展现了师徒团队中不信任、不团结的矛盾，连续经过三次与妖怪的斗争才最终化解矛盾，师徒同心、协力取经；“收八戒”突出体现了八戒的性格特点，让人捧腹大笑。穿越类戏剧加入了近些年流行的穿越剧的思想，“取经科技”则加入现代科技给人们生活带来的影响，突出体现了师徒无法适应现代科技生活之间的矛盾，是学生想象力与创造力的体现。后续类戏剧由学生在深度理解《西游记》的基础上进一步续写，也是对学生阅读、理解、想象力的反映，想象是开展创造性戏剧的首要步骤[1]。

教育戏剧表演不同于专业的戏剧表演，注重对学习过程的表现情况进行动态观察和评估，评价学生在真实情境中的交流与合作能力、问题解决能力。本研究采用多个外部专家评分的方式对学生的教育戏剧表演录像进行打分，分别邀请非实验班的一位语文教师和两位研究者，通过观看视频录像的方式，在参照徐静（2017）为教育戏剧评价设定的剧情设计、语言、动作和合作四个标准的基础上，增加了情绪表达、反应和创造性三个标准，进行评分，每项 10 分[2]。对教育戏剧表演的分项评分结果见表 10-1-4。

表 10-1-4　创造性戏剧表演评价表

	三借芭蕉扇	取经科技	三打白骨精	穿越时空
剧情设计	9	8	8	10
语言	9	9	9	9
动作	9	8	8	9
情绪表达	9	9	8	10
反应	9	8	8	9
合作	8	8	8	9
创造性	8	9	8	10
合计	61	59	57	66

1　Nellie McCaslin. Creative drama in the classroom and beyond [M]. Boston: pearson education, inc., 2006: 623.

2　徐静．表现性评价在教育戏剧活动课中的应用［J］．综合版．成功密码，2017（6）：35-40.

02 案例二

五年级语文《三国演义》阅读

一、教学背景

统编版语文五年级下册第二单元，由四篇节选自四大名著的课文组成。这个单元以掌握阅读古典名著的方法、学习写读后感为单元目标。在笔者所带班级四年级一学年的《西游记》主题阅读基础上，开展此次的《三国演义》主题阅读课程，旨在以此课程培养学生的古典名著阅读与鉴赏能力，在丰富多彩的课程活动中，提升学生的综合素养。

本次教学对象是新疆一个班级的小学五年级学生，共 37 人，阅读内容是《三国演义》青少年版，为期 9 个月。学生有 3 个学期的知识建构学习经历，已经阅读过《西游记》《童话》《哈利波特与魔法石》等文学作品。教师和学生都较为认可和喜爱这种教学方法。

二、教学目标

（1）让学生在充分阅读古典名著《三国演义》的基础上，熟知三国故事，品味人物形象，汲取中国古典文学作品丰富的文化内涵。

（2）培养学生搜集整理信息的能力、口语与书面表达能力、合作探究能力。

（3）通过丰富多彩的课程活动，培养学生对祖国灿烂文化的自豪感，提升学生的阅读能力。

三、教学设计

本次教学实践主要发生在新冠疫情期间（2020 年 1 月－9 月），前期教师充分利用钉钉和数课论坛分别开展课堂同步教学和异步教学，重返校园后采用线上线下相结合的混合式教学。学生从自主阅读入手，进行主题研讨，自编自导自演《三国演义》相关戏剧，逐步总结反思与建构阅读相关的理论体系。《三国演义》创造性阅读的知识建构教学主要采用基于设计的研究（Design-based Research）进行教学迭代，依据其十二条原则，遵循观点改进规律，具体包含四个环节，教学设计详见图 10-2-1。

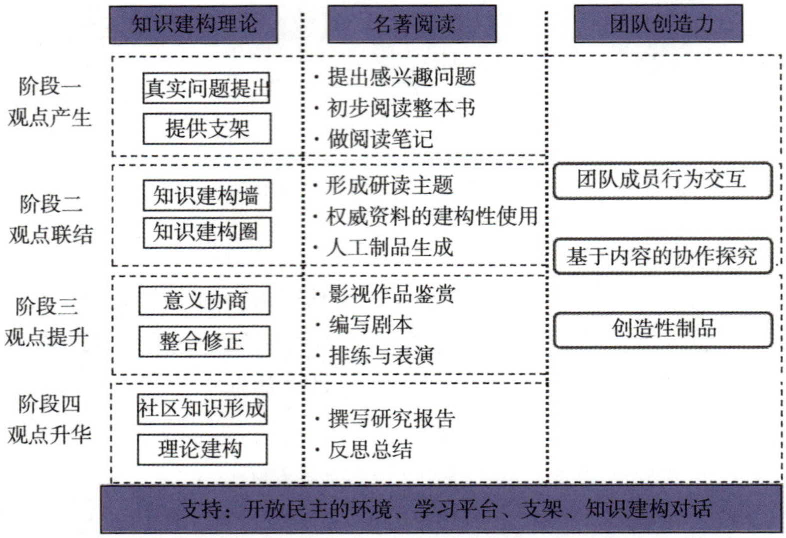

图 10-2-1　基于知识建构理论的《三国演义》创造性阅读教学设计

（一）第一轮迭代观点产生：支架促进真实问题的提出

真实的问题和多样化的观点为观点演化到新的、更精练的形式创造了丰富的环境，学生批判已有观点、摒弃错误观点、完善已有观点、综合并建立新的观点，促使观点不断向更高的层次发展。为了促进真实问题的提出，在阅读《三国演义》之前学生先围绕书名进行提问，带着自己的问题进行阅读，知识建构理论提供促进深度阅读的支架，如“人物”“线索”“我知道了什么”“延伸思考”，学生利用支架做阅读记录（图 10-2-2）。接下来教师利用钉钉开展《三国演义》专题讲座，激发学生的兴趣，并引导学生观看优秀网络资源，鼓励学生进一步提出想了解的问题，并利用学习平台中的 20 多种支架来论证自己的观点，如“我的观点”“我的证据”“我的结论”“我们想要了解……”“我们下一步应该……”“这无法说明……”“没人解释过……”等，支架的使用对学生在阅读过程中整理文本信息、思考前后文关联、总结与提升起到了积极的思维支撑作用。

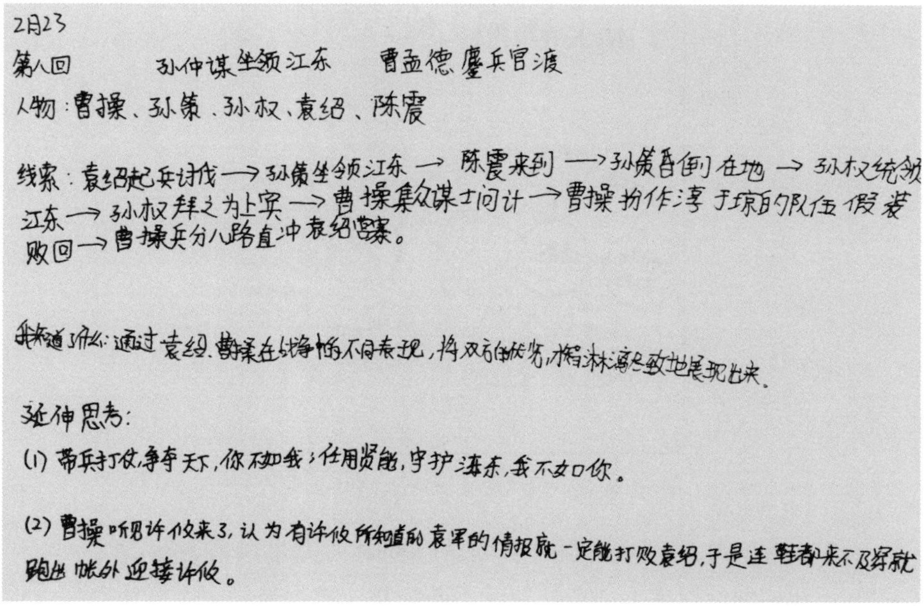
2月23
第八回　孙仲谋坐领江东　曹孟德鏖兵官渡
人物：曹操、孙策、孙权、袁绍、陈震
线索：袁绍起兵讨伐→孙策坐领江东→陈震来到→孙策昏倒在地→孙权统领江东→孙权拜之为上宾→曹操集众谋士问计→曹操扮作淳于琼的队伍假装败回→曹操兵分八路直冲袁绍营寨。
我知道了什么：通过袁绍、曹操在战争中的不同表现，将双方的优劣，淋漓尽致地展现出来。
延伸思考：
(1) 带兵打仗，争夺天下，你不如我；任用贤能，守护江东，我不如你。
(2) 曹操听说许攸来了，认为有许攸所知道的袁军的情报就一定能打败袁绍，于是连鞋都来不及穿就跑出帐外迎接许攸。

图 10-2-2　自定义支架

（二）第二轮迭代观点联结：主题研读与深入探究

整本书阅读注重培养学生的整体思维与关联思维（蔡伟等，2019）[1]，将前后内容贯穿，拓宽和挖掘文本背后的意义（李金云，李胜利，2019）[2]。发表在学习平台上的观点逐渐形成一些主题，如刘备的家族、诸葛亮的一生、三国武器等，有共同兴趣的学生自发形成了小组。小组成员再次精读、细读原著，寻找支撑其自己观点的证据，深入探究问题，通过钉钉进行相应的交流活动。学生阶段性地制作手抄报或思维导图进行知识梳理，形成的探究主题有人物、武器、诗词鉴赏、成语、历史事件、计谋、发明、歇后语、地图等，形成了知识点交叉融合和跨学科的探究结果。例如与诸葛亮主题相关的制品如图 10-2-3 所示。

1　蔡伟，赵丹，李莉. 整本书阅读的实施困境及其突破策略［J］. 课程·教材·教法，2019，39（12）：103-108.

2　李金云，李胜利. 指向深度学习的整本书阅读研讨：性质、定位及其核心教学策略［J］. 课程·教材·教法，2019，39（2）：79-85.

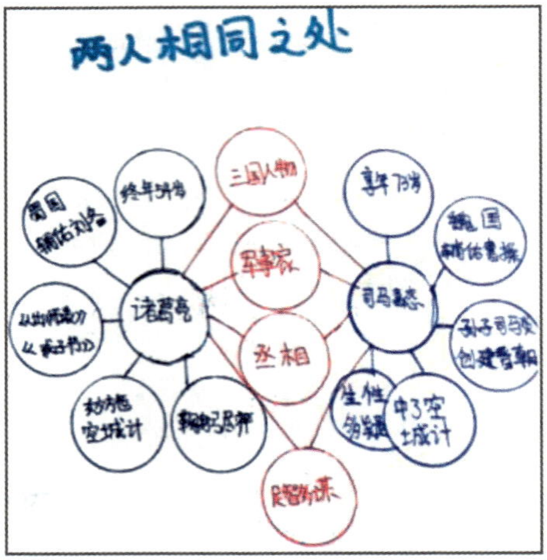

图 10-2-3　阅读中生成的制品

（三）第三轮迭代观点提升：创造性戏剧的剧本编写与排演

知识建构理论指导下创造性阅读不断演化，教师鼓励每个学生编写、改编、续写和创编与《三国演义》相关的剧本，讨论编写剧本所需的情节连贯、激烈的矛盾冲突、人物特点突出等特点；然后全班选出优秀剧本，在小组内自主修改剧本；最终形成“三顾茅庐”“刮骨疗伤”“火烧赤壁”“送金珠李肃说吕布”等剧本。学生自编、自导、自演与《三国演义》相关的创造性戏剧，撰写研究报告进行反思总结，促进观点升华，逐步建构出关于人物性格、武器、计谋等理论体系。创造性戏剧促进了学生对文本信息的深层次加工和高水平理解。在这个过程中，存在着模仿与创新之间的转化、个体与群体之间的转化、表演者与观者之间的转化（罗文娜，严孟帅，2019）[1]，也体现了全人发展的教育理念。在具身认知体验的过程中，学生提升了文本阅读、思想、情感、思维、表演力与创造力（McCaslin，1996）[2]。

（四）第四轮迭代观点升华：反思与理论建构

与项目式学习、活动学习不同，知识建构理论更加注重理论建构和社区知识的形成，学生需要超越琐碎的、简单观点的探讨层次，通过绘制与评析计谋、人物、兵器等小组主题海报，概括总结多样化、复杂的观点，将初始观点升华为系统的、理论化的认识。研究报告撰写、自评、互评、

1　罗文娜，严孟帅. 教育人类学视域中教育戏剧的转化逻辑研究［J］. 当代教育与文化，2019，11（1）：36-41.

2　Nellie McCaslin. Creative Drama in the classroom and beyond［M］. Longman Publisher US，1996：6.

师评等多层次评价让学生清晰了解到自己在课程中的成长，建构名著阅读、协作探究、形成自我价值观等多维度的理论体系。

三、嵌入过程的形成性评价

具体的测评方法包括：对团队成员之间的行为交互采用社会网络分析法（Social Network Analysis），对内容的协作过程采用交互分析法，对对话之间的承接关系采用滞后序列分析法（Lag Sequential Analysis），对创造性结果的分析则主要采用 Amabile 的同感评估技术（Consensus Assessment Technique，CAT）。

（一）对话分析

学生间基于内容的对话分析主要采用滞后序列分析法。学生间针对内容的协作探究主要体现在，采用滞后序列分析法的 GSEQ（General Sequential Querier）软件（Bakeman & Quera，1995）[1] 分析学生间观点的承接关系，注重话轮转换与观点改进。对话采用知识建构对话编码体系，具有较高的信度（蒋纪平，胡金艳，张义兵，2021），此编码体系是在 Pena-Shaff 的编码[2]和张义兵（2018）[3] 的编码基础上进一步改进得到的，分为共享型对话、协商型对话和升华型对话三大类别，详见表 10-2-1。为保证编码信度，首先由两名研究者分别对制品进行独立编码，保留相同编码，对有争议的编码进行讨论并再次编码，直到 Kappa 一致性系数大于 0. 8。

表 10-2-1　知识建构对话编码体系

一级分类	二级分类	具体解释	编码
共享型对话	发起话题	收集信息、探寻或发起讨论及反思问题	A
	解释	对事实和假设进行归纳和演绎，提出假设和预测，提出解决方法	B
	细化	鉴别与细化观点，如建立联系、举例、描述经验、列举优缺点、比较异同等	C

1　Bakeman R，Quera V. Analyzing interaction：Sequential analysis with SDIS and GSEQ［M］. Cambridge：Cambridge University Press，1995.

2　Pena-Shaff J B，Nicholls C. Analyzing student interactions and meaning construction in computer bulletin board discussions［J］. Computers & Education，2004，42（3）：243-265.

3　张义兵. 知识建构：新教育公平视野下教与学的变革［M］. 南京：南京师范大学出版社，2018：90-91.

续表

一级分类	二级分类	具体解释	编码
协商型对话	冲突	提出不同观点，质疑或反驳他人的观点	D
	支持	赞同、补充或反馈他人观点	E
	辩护	维护和辩护观点，如重新陈述、进一步解释来维护自己的观点	F
	共识	协商相关概念、澄清错误理解，达成一致或同意	G
升华型对话	综合	得出结论、方案或原则，分析和总结问题解决过程	H
	评论	对观点、方案、事实等做出价值判断或评价	I
	反思	对学习的自我评估	J

（二）制品的同感评估技术

对阅读过程中产生的制品的分析主要采用同感评估技术。阿马比尔（Amabile）针对产品测量采用同感评估技术[1]，分为新颖性、有用性和流畅性三方面，测量具有客观性强、分析细致、深入等优点，因此得到广泛的应用。本研究主要针对阅读中生成的制品进行分析，而不是商业中的产品设计，故结合美国心理学家史密斯（Smith）将创造性阅读作为阅读的最高层级（1966）[2]，将“有用性”调整为“创造性”，其他两个方面不变，最终确立从新颖性、流畅性和创造性三方面分析阅读制品。新颖性意指团队提出的观点是以前从未出现过的或与过去存在显著差异的；流畅性指团队提出新想法的数量、连贯性、合理性（Kurtzberg，2005）[3]；创造性指对阅读材料进行探索，制造出新的被普遍接受的事物。针对学生在阅读过程中生成的制品进行同感评估，评委为 7 名小学语文教师、7 名心理学研究生和 7 名教育技术学教师和研究生。虽然三组评委的专业知识水平有一定差异，但对阅读制品创造力的评分总体上保持了较好的一致性：小学语文教师与心理学研究生对阅读制品创造力评分的相关系数为 0.041，$p<0.05$，显著相关；心理学研究生与教育技术学教师和研究生评分的相关系数为 0.000，p<

1　特雷莎·阿马比尔. 情境中的创造力［M］. 刘艳，付晗晓，译. 成都：四川人民出版社，2016：55-98.

2　Smith N B. “Perspectives：teaching young children to read” vistas in reading ［A］. International reading association conference proceedings，1966：581-586.

3　Kurtzberg T R. Feeling creative，being creative：An empirical study of diversity and creativity in teams ［J］. Creativity Research Journal，2005，17（1）：51-65.

0.05，显著相关；小学语文教师与教育技术学教师和研究生评分的相关系数为0.053，p接近0.05，接近显著相关。采用因子分析进行结构效度分析，各载荷因子都高于0.7，总的信度系数α为0.955，各因子信度系数都高于0.8，详见表10-2-2。

表10-2-2　制品的同感评估信效度分析

维度	二级子维度	因子载荷	信度（α）
新颖性	思想原创性[b]	0.860	0.887
	提出不同类型的创意[c]	0.833	
	以不同的观点审视问题，得到全新的看法[c]	0.883	
流畅性	提出大量创意想法[ad]	0.887	0.887
	想象丰富性[a]	0.829	
	喜爱程度[a]	0.888	
创造性	融合不同信息，并提出新概念或解决独一无二的问题[c]	0.861	0.900
	拓展了知识和技术[c]	0.840	
	开发新产品、服务，赢得满意[c]	0.848	

来源：a. Amabile，1982　　b. Amabile，1996　　c. Pirola-Merlo & Mann，2004　d. Kurtzberg，2005

（三）制品的群决策评估

将每个专家对制品的数据分成52行9列，分别对应52个制品的9个不同属性下的评分值。共有42位专家，每一位专家针对52个制品在9个不同属性下进行评分，故此步骤需进行42次循环。

然后采用两轮TOPSIS进行计算。

1. 第一轮

（1）归一化：为了确保统一的量纲，首先对数据进行归一化（见公式1）。通过这个过程，可以在一定程度上计算出不同单位的指标。

$$r_{ij}=\frac{x_{ij}}{\sqrt{\sum_{i=1}^{n}x_{ij}^{2}}} \quad \text{（公式1）}$$

总共有n行j列，i表示行，j表示列，x_{ij}是第i个对象的第j个属性的值。

（2）定义正负理想解

根据 TOPSIS，最优解是最大值，最差解是最小值。

每列的最大值定义为正理想解（见公式 2）。

$$r_j^+=\max\ (r_{1j},\ r_{2j},\dots,\ r_{nj}) \qquad (公式 2)$$

每列的最小值定义为负理想解（见公式 3）。

$$r_j^-=\min\ (r_{1j},\ r_{2j},\dots,\ r_{nj}) \qquad (公式 3)$$

（3）计算欧几里得距离

需要计算每个方案与最优解（$d+$）和最差解（$d-$）之间的距离。对象的 $d+$值越大，离最优解就越远。d 值越大，离最坏的解决方案就越远。最令人满意的对象是 $d+$值越小，$d-$值越大。

将第 i 个对象与最大值之间的距离定义为正理想距离（见公式 4）。

$$d_i^+=\sqrt{\sum_{j=1}^{J}(r_j^+-r_{ij})^2} \qquad (公式 4)$$

将第 i 个对象与最小值之间的距离定义为负理想距离（见公式 5）。

$$d_i^-=\sqrt{\sum_{j=1}^{J}(r_j^--r_{ij})^2} \qquad (公式 5)$$

（4）计算相对接近度

相对接近度是 TOPSIS 在本轮中计算出的每个对象的得分（见公式 6）。42 位专家中，每位专家的分数都是计算出来的，因此第一轮共有 42 次计算。部分结果如表 10-2-3 所示，每一列是每位专家对 52 个概念制品的评分结果。

$$\text{Score}_i=\frac{d_i^-}{d_i^++d_i^-} \qquad (公式 6)$$

表 10-2-3　第一轮 TOPSIS 计算结果

Num	1	2	3	……	42
T1	0. 4984	0. 4677	0. 5339	……	0. 5227
T2	0. 6904	0. 4958	0. 1787	……	0. 4282
T3	0. 5987	0. 3381	0. 3069	……	0. 4103
……	……	……	……	……	……
T52	0. 7909	0. 5519	0. 8703	……	0. 5729

2. 第二轮

由第一轮的数据综合得到一个 52 行、42 列的数据，分别代表 52 个制品在 42 位专家评分下的得分情况。将制品视为方案集，将 42 位专家的评分视为不同属性。基于此，采用与第一轮相同的 TOPSIS 方法，计算可得最终 52 个制品的综合得分。

3. 排序

根据接近度的值对 52 个概念制品进行排序（表 10-2-4）。分数越高，说明该对象距离最差解越远，对象就越好。分析显示，第 26 个概念制品排名第一。其距离负理想解相对最远，离正理想解最近。在前 5 名中，排名第 2 名至第 5 名的依次是第 23 号、第 27 号、第 28 号和第 29 号。

表 10-2-4　概念制品的排序

Num	closeness	ranking	Num	closeness	ranking	Num	closeness	ranking
T1	0. 4206	43	T19	0. 5525	23	T37	0. 6135	12
T2	0. 3990	48	T20	0. 5154	32	T38	0. 5200	29
T3	0. 2642	51	T21	0. 5933	16	T39	0. 5527	22
T4	0. 2429	52	T22	0. 4752	37	T40	0. 5973	15
T5	0. 2877	50	T23	0. 7922	2	T41	0. 6791	6
T6	0. 5158	31	T24	0. 6469	8	T42	0. 5708	18
T7	0. 3692	49	T25	0. 4899	35	T43	0. 4649	38
T8	0. 6580	7	T26	0. 8021	1	T44	0. 4039	46
T9	0. 5029	34	T27	0. 7697	3	T45	0. 5232	26
T10	0. 5507	24	T28	0. 7213	4	T46	0. 3995	47
T11	0. 6038	14	T29	0. 7122	5	T47	0. 4202	44
T12	0. 5606	21	T30	0. 5211	28	T48	0. 4431	41
T13	0. 6070	13	T31	0. 4152	45	T49	0. 5270	25
T14	0. 6257	11	T32	0. 6269	10	T50	0. 5637	20
T15	0. 4281	42	T33	0. 5673	19	T51	0. 5171	30
T16	0. 5053	33	T34	0. 5229	27	T52	0. 4625	39
T17	0. 5915	17	T35	0. 6455	9			
T18	0. 4762	36	T36	0. 4599	40			

参考文献

一、英文文献

[1] Scardamalia M. Collective cognitive responsibility for the advancement of knowledge [M] //Liberal education in a knowledge society, 2002：67-98.

[2] Bereiter C. Education and mind in the knowledge age [M]. New Jersey：Lawrence Erlbaum associates, 2002：12-20, 269, 295, 45.

[3] Scardamalia M, Bereiter C, Steinbach R. Teachability of reflective processes in written composition [J]. Cognitive Science, 1984, 8 (2)：173-190.

[4] Bereiter C, Scardamalia M. The psychology of written composition [M]. Lawrence Erlbaum, 1987：foreword.

[5] Scardamalia M. The CSILE project：trying to bring the classroom into World 3 [M]. The MIT Press, 1994：201-228.

[6] Scardamalia M. Computer-supported intentional learning environments [J]. Journal of Educational Computing Research, 1989, 5 (1)：51-68.

[7] Oshima J, Oshima R, Matsuzawa Y. Knowledge building discourse explorer：a social network analysis application for knowledge building discourse [J]. Educational Technology Research & Development, 2012, 60 (5)：903-921.

[8] Scardamalia M. Collective cognitive responsibility for the advancement of knowledge [C]. Smith B. Liberal education in a knowledge society. Chicago, IL：Open Court, 2002：67-98.

[9] OECD. PISA 2018 draft analytical frameworks [EB/OL]. [2020-10-20] http：//www. oecd. org/pisa/data/PISA-2018-draft-frameworks. PDF.

[10] Mullis I V, Martin M O, et al. PIRLS 2016 assessment framework [M]. 2nd Edition. Boston：International Study Center, Lynch School of Education, Boston College, 2015.

[11] Mortimer J, Charles V. How to read a book [M]. 1972.

[12] Kintsch W. The role of knowledge in discourse comprehension: a construction-Integration model [J]. Psychological Review, 1988 (95), 163-182.

[13] Smith N B. "Perspectives: teaching young children to read" Vistas in reading [A]. International Reading Association Conference Proceedings, 1966: 581-586.

[14] Nellie McCaslin. Creative drama in the classroom and beyond [M]. Boston: Pearson Education, Inc., 2006: 623.

[15] Nellie McCaslin. Creative drama in the classroom and beyond [M]. Longman Publisher US, 1996: 6.

[16] Bakeman R, Quera V. Analyzing interaction: sequential analysis with SDIS and GSEQ [M]. Cambridge: Cambridge University Press, 1995.

[17] Pena-Shaff J B, Nicholls C. Analyzing student interactions and meaning construction in computer bulletin board discussions [J]. Computers & Education, 2004, 42 (3): 243-265.

[18] Kurtzberg T R. Feeling creative, being creative: an empirical study of diversity and creativity in teams [J]. Creativity Research Journal, 2005, 17 (1): 51-65.

二、中文文献

[1] 张义兵. 知识建构：新教育公平视野下教与学的变革 [M]. 南京：南京师范大学出版社，2018.

[2] 教育部. 义务教育科学课程标准：2022 年版 [S]. 北京：北京师范大学出版社，2022.

[3] 教育部. 义务教育信息科技课程标准：2022 年版 [S]. 北京：北京师范大学出版社，2022.

[4] 宋佳样. 西方戏剧教育学：历史与理论 [M]. 厦门：厦门大学出版社，2018.

[5] 唐明，李松林. 聚焦意义建构的语文深度阅读教学 [J]. 中国教育学刊，2020 (5)：60-65.

[6] 徐静. 表现性评价在教育戏剧活动课中的应用 [J]. 成功密码（综合版），2017 (6)：35-40.

[7] 蔡伟，赵丹，李莉. 整本书阅读的实施困境及其突破策略 [J]. 课

程·教材·教法，2019，39（12）：103-108.

［8］李金云，李胜利. 指向深度学习的整本书阅读研讨：性质、定位及其核心教学策略［J］. 课程·教材·教法，2019，39（2）：79-85.

［9］罗文娜，严孟帅. 教育人类学视域中教育戏剧的转化逻辑研究［J］. 当代教育与文化，2019，11（1）：36-41.

［10］阿马比尔. 情境中的创造力［M］. 刘艳，付晗晓，译. 成都：四川人民出版社，2016.

后 记

无论出于个人的教育兴趣，还是响应教育管理者的要求，对于一名即将使用知识建构理念进行教学的教师或开展家庭知识建构的家长来说，最关心的问题可能就是："在日常教学或生活中开展知识建构是可能的吗？孩子真的能从中获得发展吗？"显然，本书所描述的这些案例生动地回应了这些问题，并且可以看到，案例中的教师或家长在十二条知识建构原则的基础上发展出了相当丰富的知识建构思想，从学科教学、假期成长、教师培训、亲子互动、发展评价等角度全方位展示了知识建构实践是如何从基本原型走向深度变革的，为教师和家长思考和践行知识建构以赋能儿童发展提供了可供参考的范例。

对于从未接触过知识建构的教师或家长来说，这个过程的开始总是困难的。一方面，知识建构要求学生或孩子进行以观点为引领的深层建构，这与任务驱动、项目式学习等更多强调具有现实可操作的任务或项目相比，对教师和家长的要求更高，因为知识建构中的项目或任务总是随着观点动态"生成"的，而不是预设好的。另一方面，开始这个过程的关键也在于教师或家长要抱有一种开放的心态及在观念上做一些准备，因为与教授固定知识点的传统教学相比，让孩子自己提出问题和观点、开展对话和探究、表达自我和为社区做出贡献等会让教师或家长感到孩子脱离了他们的控制，这不免让人担心是否会影响到学习成绩。事实上，当孩子能够亲身投入问题提出和观点形成的过程中去，以及他们置身于与同伴直接交互的过程中时，孩子就会将学习看成自己的事情，而非教师或家长额外干预的事情，而一些意料之外的变化就会产生，正如老师们所表达的那样："当我们进行知识建构的时候，整个班级如此投入、兴奋而且富有成效，我反而不需要像以前那样在课堂管理上花费太多的时间，而只需要将精力专注到支持学生的探究上。"也正如案例中的家长惊喜地发现，她的孩子已经从跟不上班级同学的进度，逐渐进步成为共同前进的一员。显然，这种变化远远优于课堂强化训练和课外培训所带来的短期效果，因为这种变化是通过激发孩子内部的力量所获得的，因此对孩子的影响也更有意义和更为深远。

变化既令人兴奋，又使人紧张。特别对于基础教育阶段的教师来说，仅仅初步接受知识建构理念开展尝试性的行动就已经需要巨大的勇气了，更不用说在此基础上进一步走向深度变革的课堂。改革已经使用多年的教学理念或方法，无论从个人还是系统层面来说，都需要很长时间。开展知识建构需要一些努力、尝试及一定时间的调整，这是转变过程的一个自然组成部分。当教师们亲自带领学生经历过较长时间的知识建构之后就会发现，他们同孩子们一样变得更加自信而且更具有教学智慧，看待课程与教学的方式也与传统的教师有明显差异，他们已经在专业发展的道路上走了很远。对于家长来说，与孩子的知识建构互动也会让他们对孩子的学习有更为深刻的理解。因此，如果你愿意为孩子的成长付出最大的热情和努力，那么你就会享受知识建构的过程并像孩子一样获得成长。

《知识建构教学案例精选：从基本原型到深度变革》一书的付梓，令我们深感欣慰与自豪。本书的编撰，是在南京师范大学附属邗江实验小学校长张义兵的全面指导下进行的，他也是南京师范大学教育科学学院教授、博士生导师，凭借深厚的专业素养、独到的眼光及丰富的学术经验，为本书倾注了大量心血。他全面把控本书的顶层设计、理论架构，而卞国湘、彭俊蓉、陆慧等校领导精心统筹与编排，确保了所选内容的质量与教育价值，为本书增添了深厚的学术内涵，大大提升了本书的实用价值。

在此，特别感谢参与本书编写、审校和出版工作的专家、学者和教师们。本书凝聚了南京师范大学附属邗江实验小学众多一线教师的智慧与心血，是集体智慧的结晶。感谢卞国湘老师为本书内容审核和文字校对做出的努力；感谢龚赞勇、陈志锋、陈夏鲜、周萍、王芳、汤倩、任雯、王蓓、李春霞、高月梅、季昕等学科把关人和教研组长的专业引领；感谢陈兆玲、陈晓君、陈兵、唐雨佳、钟晓清、束文慧、刘倩倩、杨澜、樊菁、郭苏欣、徐勇、马璐璐等24位案例撰写骨干教师的理论研究与课堂实践。感谢新疆石河子第二十中学高婕和王蕊老师参与教学实践，并提供鲜活案例。同时感谢南京师范大学张义兵教授带领的研究生团队博士研究生满其峰、高兴启、易素萍、胡金艳、蒋纪平、陈羽洁，硕士研究生韩雪、许馨予、梁正明、黄润雅等同学为本书的资料整理与收集做出的大量工作。他们的辛勤付出和无私奉献，确保了本书的顺利出版和高质量呈现。他们的努力，不仅为小学课堂教学变革提供了宝贵的资源，也为推动基础教育课程改革做出了积极贡献。